KB261656

미디어문화와 사회

저자 : 강준만 · 권혁남 · 김선남 · 김승수 · 김영호
김은규 · 나미수 · 박영학 · 윤승욱 · 이영원
장낙인 · 차유철 · 최용준 (가나다 순)

일진사

책머리에

1910년대 라디오가 처음 출발했을 때 그 미래는 불확실했다. 라디오가 텔레비전과 경쟁하리라는 생각은 아무도 못했다. 거점에서 거점으로 메시지를 전달하는 수단인 전신도 마찬가지였다. 특히 일부 사람들은 항공 산업의 미래로 생각했다. 라디오는 비행기의 신호를 제공하는 수단이 되었다.

이처럼 매 시기마다 등장하는 새로운 미디어의 궁극적인 활용을 예견하는 것은 매우 어렵다. 전신이 새로 고안되었을 때 많은 사람들은 세계 질서에 깊은 영향을 줄 것으로 생각했다. 세계의 각 나라가 전신으로 연결되어 오해가 사라지고, 편견이 사라지고, 평화가 지배하리라고 예측하였다. 전신은 전혀 그런 방향으로 나아가지 않았다.

알렉산더 그레이엄 벨이 전화를 고안하였을 때는 한 가정의 여러 방을 연결하는 커뮤니케이션 수단으로 이용되리라고 생각했다. 즉, 집과 사무실 사이처럼 특별한 두 지점을 연결하는 수단이 될 것이라고 생각하였다. 또 다른 사람들은 전화가 유선화 라디오의 일종으로 서비스할 것으로 믿었다. 라디오가 처음 출발하였을 때 대부분의 사람들은 전화 또는 전화 커뮤니케이션에 적용될 것으로 생각하였다. 그러나 라디오의 발상 뒤에는 방송의 발전이 도사리고 있었다. 인터넷의 궁극적 미래를 우리는 얼마나 정확히 예측할 수 있을까?

이 책은 크게 3부로 나뉜다. 1부는 개별 미디어를 이해하는 데 중점을 두었다. 미디어 변천사에 곁들여 신문, 방송, 뉴미디어를 사회와의 관계 안에서 살피는 데 주안점을 두었다. 2부는 정치, 소통의 정치 경제학, 알권리, 지역 분권, 공공성을 사회와 연계하여 살폈다. 3부는 미디어 문화 콘텐츠 비평을 주안점으로 삼았다.

1장 '커뮤니케이션 미디어의 진화'는 인류의 커뮤니케이션 수단의 발전을 살폈다. 인간 커뮤니케이션의 발전이 언어, 쓰기, 회화, 전신과 전화, 사진과 활동사진, 라디오와 텔레비전, 컴퓨터로 전개되는 과정을 설명하였다. 또한 매스 커뮤니케이션의 역사적, 문화적 맥락은 다양한 미디어 출현의 특수사에 담긴 깊은 의미를 보충하였다. 언어는 기원전 20만 년에서 10만 년에 출현하였다. 쓰기는 기원전 3500년, 회화는 기원전 1500년, 사진과 활동사진, 전화와 전신은 1800년, 라디오와 텔레비전은 1900년, 그리고 그 후 컴퓨터가 등장한다.

2장 '신문과 사회'는 인류가 쓰기(writing)를 고안한 후, 요하네스 구텐베르크가 고안한 인쇄술의 영향으로 근대적 신문이 등장한 이후 지구상에는 단위국가들이 다양한 신문을 보유하는 과정을 살폈다. 수많은 신문이 진화 발전하는 과정은 변화무쌍하다. 신문은 무엇을 위해, 그 존재 목적은, 작동 논리는 무엇인지를 살폈다. 신문 발전을 E-P-S모델을 원용하여 설명하고 사회적 기능도 함께 설명하였다.

3장 '광고와 사회'에서는 일상적으로 광고에 노출되는 소비자를 들여다본다. 텔레비전, 신문, 인터넷이나 길거리의 입간판 등 소비자는 수없이 많은 광고에 노출된다. 전자제품, 비누, 의류 등 유형의 재화나 금융, 의료 등 무형의 서비스를 소비자에게 알린다. 광고는 새로운 아이디어를 알리는 데도 이용된다. 이처럼 현대 사회에서 다양하게 이용되는 광고에 대한 이해를 높이기 위해 광고의 종류를 살피고, 상업 광고를 중심으로 순기능과 역기능, 마케팅, 경제 문화적 측면을 살폈다. 특히 인터넷이 등장하여 새롭게 변화하는 광고 환경을 살폈다.

4장 '뉴미디어와 사회'는 디지털 기술이 급속히 발전하고 보급되어 유무선 통합이 이뤄지는 현상을 살폈다. 디지털 융합 시대에 출현하는 다양한 뉴미디어에 채울 수 있는 새로운 콘텐츠 생산이 절실하다. UCC는 그 대안이 될 수 있다는 점을 살폈다.

5장 '정치와 미디어'는 현대 정치에 미디어가 차지하는 중요성과 영향력을 살폈다. 매스 미디어는 유권자 또는 개인에게 중요한 정치 정보원이며 영향을 미치는 원천이다. 정당 및 기타 정치 제도 조직 내부의 비공식 커뮤니케이션 채널의 대행자이기도 하다. 불안전한 정치 제도의 수정자이며 보완자 임무를 수행한다. 특히, 권력은 텔레비전에서 나온다고 할 만큼 오늘날의 선거는 텔레비전 선거라고 하여도 틀리지 않는다. 이 장은 정치와 텔레비전을 중심으로 살폈다. 텔레비전을 정치 수단, 이미지 정치와 연계하여 살피고 한국 언론의 선거 보도 경향을 짚었다. 한국 선거 보도 문제점을 10개 항목을 나누어 보고 그 개선 방안이 무엇인지 고민하였다.

6장 '소통의 정치 경제학'은 한국 사회의 커뮤니케이션 부재 현상을 깊이 따졌다. 선거 민주주의가 피할 수 없는 민주 제도인 점을 고려한다면 소통의 귀결인 타협과 화합은 정치 경제학적 이해 조정이 가능할 때 달성할 수 있다. 이 장은 현대 한국 사회의 소통을 가로막는 요인을 승자 독식주의, 연고주의, 초강력 중앙 집권주의, 서열주의, 지도자 추종주의, 극단주의, 이념의 사유화, 각개 약진, 압축 성장, 고도의 대외 의존이라고 진단하였다.

7장 '알권리와 정보 공개 제도'는 저널리즘의 자유 보장을 정보 제공권, 정보 수집권, 정보 수령권, 정보 공개 청구권에 기초하여 살폈다. 이런 권리의 바탕에는 알권리가 도사린다. 알권리는 자유로운 의사 표현을 위한 기본적인 전제 조건이다. 또한 인간의 존엄성과 행복할 권리를 추구하는 대전제이다. 여론 형성에 기여함은 물론 국민 주권을 실질적이게 하는 임무를 띤다. 정보 공개 제도는 미국, 프랑스, 일본, 스웨덴의 사례를 분석한 바탕 위에 우리나라 제도의 역사와 내용을 살폈다.

8장 '지역 분권과 지역 신문'은 1980년대 중반 이후 국가 권력의 지역 분산 요구의 해결책은 끝이 안 보이는 핵심 과제이다. 국가 균형 발전, 지방 분권은 서울로 대표되는 중앙 집중적인 한국 사회의 기형적인 발전을 교정하려는 요구이다. 지역 분권화와 지역 언론은 불가분의 관계이다. 지역 분권화가 이루어지면 지역 언론의 입지는 상대적으로 강화될 것이다. 이 장은 지역 신문이 당면한 문제를 국가 사회의 구조적 요인 못지않게 지역 신문 스스로 안고 있는 고질에서 찾는다. 지역 신문이 처해 있는 현실을 품질의 위기, 유통의 위기, 신뢰의 위기로 요약하였다.

9장 '지역 미디어와 공공성'은 공공성의 이념과 가치를 검토하고 변화하는 환경 속에서 미디어의 공공성 개념이 적용 가능한 여지를 논의하였다. 아울러 지역 미디어의 공공성 확장을 위해 지역성이라는 개념이 그 지평을 어떻게 열어야 할지를 살폈다. 사회의 공개장 구실을 하는 미디어는 그런 측면에서 공적 영역이다. 시장이 확대되어 미디어는 공공성 못지않게 생존을 위해 시장성을 도외시할 수 없는 것이 현실이다. 미디어는 공공성과 시장성 또는 기업성을 조화롭게 구현해야 하는 이중 구조를 지닌다.

10장 '미디어 산업의 구조 연구'는 새로운 자본, 새로운 기술이 도입되어 새로운 시장을 형성하는 한국의 미디어 산업을 점검하였다. 통신 산업 자본, 재벌 자본, 외국계 자본이 미디어 시장에서 서로 주도권 싸움을 벌이는 형편이다. 승부는 누가 수용자의 신뢰와 이용 습관을 선점하느냐에 판가름날 것이다. 이 장은 수용자의 선택이 미디어 시장에서 돈, 영향력, 언론 권력의 향방에 중요한 영향을 미칠 것으로 보았다. 수용자의 미디어 선택은 유권자가 대통령이나 국회의원을 선택하는 것과 비슷한 효과를 갖는다. 어떤 후보가 정직하고 유능한가를 유권자가 판단하듯 어떤 자본의 미디어가 정확성, 정의감을 앞세워 정보를 공급할 수 있는지를 판단하여 선택하여야 한다는 점을 지적한다.

11장 '미디어 수용자와 질적 연구'는 실증주의적 계량적 연구가 미디어 텍스트 또는 미디어 생산자 및 수용자 연구로 이행하는 경향을 짚었다. 민속지학적 접근을 통해 수용자를 질적으로 챙겨보는 장이다. 미디어 연구의 질적 접근이 수용자와 미디어 텍스트 관계를 논의하는 데 비해, 이 장은 민속지학적 수용자 연구를 이해하는 데 주안점을 두었다. 우리나라 민속지학적 수용자 연구는 텍스트 해독, 미디어 소비, 하위 문화 연구로 구분된다. 방법론상의 문제는 전통적 실증주의적 관점에서 제기된 문제, 인류학 민속 지학적 관점에서 제기된 문제를 주로 논의하였다.

12장 'TV 드라마와 여성 문화'는 TV 드라마가 갖는 사회적 의미를 비판적으로 살폈다. 드라마 수용자의 특성, 수용하는 방법, 드라마 편성 비중의 확장 원인, 드라마 속의 성 역할 묘사 방법, 성 역할에 대한 고정관념의 재생산 방법을 고찰하였다. 시청자들은 일반적으로 드라마에서 묘사하는 여성 비하와 왜곡된 여성상을 비판 없이 수용한다. 이런 왜곡을 방지하기 위해 미디어 교육이 제도적으로 마련되어야 한다. 시청자들이 적극적으로 동참하여 성 차별적 드라마를 교정하는 데 앞서야 한다. 이 장은 오랫동안 TV 드라마가 전통적이고 비현실적인 여성상을 재현하고 그것을 받아들이는 보수적인 수용 행태 사이에 형성된 일정한 상호 관계를 주목해야 한다는 점을 지적하였다.

13장 '미디어 폭력과 청소년'은 부적절한 영상물의 홍수 속에 살아가는 청소년을 보호하는 데 주안점을 두었다. 유해 영상물의 홍수 속에 빠져 있는 청소년을 보호하는 방안은 무엇인가. 이 장은 폭력 영상물이 청소년들에게 끼치는 부정적인 영향을 최소화하는 정책적 방안을 모색하고 긍정적으로 소비할 수 있는 방법을 강구한다. 청소년들은 여가 시간의 대부분을 TV 시청과 컴퓨터 게임 또는 온라인 게임으로 소비한다. 그만큼 폭력 영상물에 노출될 수 있다는 의미이다. 이런 현상은 폭력적 행위와 저속하고 위협적인 언어에 익숙해져 실생활에 이용될 수 있다는 점을 주목하였다.

14장 '대중문화와 광고의 활용'은 광고의 활용 방안을 살핀다. 광고는 더 이상 광고가 아니다. 광고가 아니면 무엇인가. 광고는 교육, 스토리, 창의력이라고 주장한다. 광고를 이용한 학교 수업 방법을 소개하여 실생활에서 광고를 적극적으로 학습하는 방법을 제시하였다.

『미디어 문화와 사회』의 필자들은 각기 커뮤니케이션학의 관심 분야가 서로 다르다. 각자 눈보라 속에서 눈을 못 보듯 또는 그 반대로 숲 속에서 숲을 못 볼 수 있다. 그러나 필자들은 커뮤니케이션학이라는 커다란 눈보라와 숲 속에 깃을 치고 있다.

소통은 인간의 원초적 욕구이다. 그 욕구 충족을 위해 인류는 무한한 상상력을 동원하여 커뮤니케이션 수단을 발전시켰다. 그 족적을 살피고 현상을 이해하고 실사회에 적용하기 좋은 간단하고 쉬운 책을 의도했으나 생각처럼 쉽지 않았다.

개정판이 나올 때는 내용을 좀 더 쉽게, 좀 더 풍부하게 다듬을 것을 약속하며, 정성을 다해 만든 이 책이 모쪼록 독자 여러분에게 유익한 지적 자양분이 되기를 간절히 희망한다. 그리고 어려운 시기에 이 책을 출간해 주신 일진사와 이 책을 출간하는 데 지원해 주신 전주 MBC, JTV 전주 방송에 감사의 마음을 전한다.

2009년 1월
필자 일동

Ⅱ 현대 사회와 미디어

I

개별 미디어의 이해

커뮤니케이션 미디어의 진화

제1장

인간 커뮤니케이션의 수단은 언어, 필사, 인쇄, 전보와 전화, 사진과 활동사진, 라디오와 텔레비전을 거쳐 컴퓨터에 이르렀다. 매스 커뮤니케이션의 역사적 및 문화적 맥락은 다양한 미디어 출현의 특수사를 의미한다.

1. 언어

선사 시대 조상들은 비언어적인 제스처를 이용하여 소통하였을 것이다. 그런 후 구어를 사용하는 언어적 커뮤니케이션이 개발되었을 것이다. 계속 비언어적 커뮤니케이션에 의존할 수 없었기 때문이다.

입은 쓱 먹고 숨쉬는 데만 사용하였을까? 듣기와 말하기를 못 하는 사람은 어떻게 소통을 하였을까? 구어의 기원은 확인할 수는 없지만, 몇 가지 이론은 그런 현상에 대한 설명을 향상시켰다.[1] 음성 신호는 대상을 가리키거나 옆에 있는 대상을 보고 으르렁거리지 않고도 아무 데서나 같은 사물을 의미하는 데 사용하였을 것이다 (윌버 슈람/최종수 역, 15쪽)

---

1) 딩동설, 멍멍설, 푸푸설, 홍얼설, 얌얌설, 웅얼설이 있다.

만약 선사 시대 인류가 밤에 사냥을 하거나 이동을 성공적으로 수행하려면 음성 언어를 사용해야 했을 것이다. 도구나 수제 무기를 쥔 손이 자유롭지 못하면 언어가 제스처를 대신하였을 것이다. 선사 인류가 말을 하기 시작하였을 때는 기원전 10만 년 전 또는 기원전 4만 년 전이라고 한다.

언어는 초기 수렵인에게 협동 사냥을 하도록 지시를 내려 효과적인 사냥이 가능해졌다. 강자가 약자를 명령하는 문제는 매우 세련된 사회적 권력 구조를 배태하였다. 표시 도구(marking tool)나 또는 용구 사용법은 점차 교육 제도를 배태하였다.

인류의 구어 문화(oral culture) 발전은 언어(language)와 구어(spoken word)에 의존하는 것을 말한다.[2] 구어 문화는 역사, 신념, 민속 등 엄청난 양의 정보를 개인의 기억에 의존하여 다음 세대로 전승해야 한다. 한 개인의 기억은 한계가 있기 때문에 구어 사회의 정보와 지식의 성장은 매우 느렸다. 건축의 위대한 거보를 이루었던 잉카 문명의 망실은 구어 문화의 가냘픈 보전력 때문일 것이다. 인류의 언어 발전은 다양한 음식 채취 수단을 확장시켰다. 농경 생활인은 식량을 구하려 거대한 영토를 배회하려는 욕구가 감소된 사냥꾼과 결합하여 소규모 경작촌을 발전시켰다. 곡물 수확 때 바큇자국을 유지하는 수단, 촌락의 일부인 가축 소유의 기록(writing)이 정착 생활에 도움을 주었다.

2. 쓰기

쓰기 체계가 고안되는 데는 구두 음성이나 사상을 대신할 수 있는 상징과 그 상징을 기록할 수 있는 면(surface)이 해결되어야 한다.

---

2) 구어 문화와 문자 문화에 관한 탁월한 저서는 월터 J.옹/이기우 · 임명진 옮김, 『구술문화와 문자문화』, 문예출판사, 1995를 참조할 것.

(1) 기호와 발음 쓰기

첫째 문제는 '기호 표기(sign writing)'라고 부르는 초기 상징 체계이다. 기호 표기의 초기 형태는 기원전 3500년 수메르(오늘의 이라크) 인의 쐐기문자(cuneiform)와 기원전 3000년에 처음 나온 이집트 상형문자(hieroglyphic)이다. 이 시기는 나일 강 계곡과 메소포타미아 사이에 접촉이 빈번하던 때이다. 가장 오래된 기호 표기 형태는 기원전 약 2000~1500년 중국에서 해결되었다(*International Encyclopedia of Communications*, vol. 4, pp. 321~326. 이하 IEC로 표기함).

둘째 표기 체계는 시리아의 도시국가에 살았던 셈어족(Canaanite/그리스어로 Phoenician)이 기원전 1700년경에 고안한 알파벳 27개이다. 해상 무역상이었던 포에니시안의 이 고안물은 점차 지중해를 거쳐 그리스까지 퍼졌다(IEC, vol.1, p.44).

호메로스(Homeros)의 서사시는 기원전 약 800년에 쓰기 형식으로 작성되었다. 로마는 그리스를 정복한 후 그리스 알파벳을 차용하였으나 중세 때는 라틴어 알파벳 23자에 몇 자를 덧붙여 오늘날 유럽어의 알파벳 26자로 채용되었다(IEC, vol.1, p.46). 알파벳은 이집트 인과 중국인이 사용했던 상형문자보다 훨씬 효율적인 필사 방법이었다.

(2) 점토판과 종이

수메르 인들은 부드러운 점토판에 날카로운 도구로 그림문자를 기록하였다. 점토판은 그늘에서 말렸다(IEC, vol .4, p. 332). 값이 싸고 오래갔다. 점토판은 이동이 매우 불편하고 선명한 선과 자세히 표시하는 데는 어려움이 컸다. 이집트 사람들은 나일 강 지역에서 성장하는 파피루스로 종이를 만들었다. 파피루스를 벗겨 함께 끓여 불린 후, 편편한 판에 부드러워질 때까지 돌로 사정없이 두드려 마무른다. 붓이나 펜으로 파피루스에 상형문자를 그리거나 휘갈겼다(IEC, vol .4, p. 332).

기원전 2500년에 이집트와 중동에서는 동물 가죽을 벗겨 문자를 썼다. 탈무드를 썼으며 사해의 두루마리로 이용되었다. 양피지는 기원전 1400년 대 중반에 인쇄 신문이 나올 때까지 중요한 필기면(writing surface)이었다. 1800년에 고안된 철필이 나올 때까지 갈대 펜은 중요한 필기구였다. 양피 지는 파피루스보다 오래갔으나 제조 비용이 너무 많이 들었다. 양피지나 파피루스는 길게 두루마리로 바느질하여 사용했다(IEC, vol .4, p. 333).

중국의 종이는 궁정 관리인 채륜이 105년에 맨 처음 고안했다(IEC, vol. 4, p. 334). 나무를 벗긴 속껍질에 다른 피륙을 혼합하여 그릇 속에 끓인 후 나무 매로 판에 두들겨 햇빛에 건조하였다. 종이는 가볍고 값싸고 문자 를 쓰기가 쉬웠다. 낱장을 접고 묶어 오늘날의 책처럼 만들 수 있게 되었 다. 중국인은 서기 100년경에 종이를 제조하였으나 유럽에서 널리 쓰이는 데는 무려 1,000여 년이 걸렸다.

(3) 필사본의 영향

필사 이전의 모든 사람들은 동일한 수준의 커뮤니케이션 기술, 즉 듣고 말하는 정도였다. 따라서 많은 정보를 접근하는 사람이 많은 권력을 누렸 다. 이 무렵의 권력은 통치자에게 그리고 통치자의 필사생(筆寫生)에게 집 중되었다. 이집트는 뒷날 파라오의 정부를 위해 또는 성직자가 될 특권층 어린이들만 읽고 쓰기를 가르쳤다.

둘째, 필사는 징세 기록, 급료 회계 관리에 효율적이었다. 기록은 군대 의 정규 급료 지불에도 요긴하였다. 사령관의 명령이 필사되어 관리하기 가 편해졌다. 필사는 상업 발전과 국가의 재정을 증가시켰다. 파라오 메네 스가 통치하던 이집트 제1왕조는, 이집트의 상형문자 개발 시기와 부합하 지는 않지만, 상·하 이집트를 통일하고 멤피스에 수도를 설치하여 이집 트 제국을 유지하였다. 필사는 그리스와 로마 제국의 성립과 유지를 도왔 다(IEC, vol .4, p. 324).

셋째, 필사 이전 시대는 세대 사이의 문화 전수를 기억에 의존하였다. 그런 지식의 전수는 인간 기억의 한계, 망각, 왜곡으로 방해받았다. 그리스의 알렉산더 대왕은 이집트를 정복하고 새 도시 알렉산드리아를 세워 석조 도서관을 마련하였다. 기원전 331년에 세운 알렉산드리아 도서관(Library of Alexandria)에는 약 50만 개의 두루마리를 소장하여 그리스 국경 넘어 지중해 전역의 학자들을 불러들였다(IEC, vol. 2, p. 423). 알렉산드리아 도서관은 지식 저장고이며 증식로였다.

넷째, 필사가 나오기 이전에는, 합법적 판결이 특정 마을이나 공동체를 대표하는 지방 판관의 관장 하에 이루어졌다. 판결을 뒤받침해 줄 법률에 관한 일반적, 우선적, 비개인적 실체가 없었다. 필사가 등장하면서 법은 지역과 개인 환경을 변화시켰다. 역사상 위대한 법률 문건인『함무라비 법전(*Code of Hammurabi*)』은 기원전 1700년경 수메르 인에 의하여 처음으로 집필되었다.

(4) 중세 암흑 시대

로마 제국은 기원전 6세기에 종말을 맞았다. 봉건 제도가 뒤를 이었다. 이 무렵 책은 어마어마하게 출현하였으나 평민과는 거리가 멀었다. 초기의 책은 필사생들이 손으로 직접 쓴 필사본이었다.

기독교가 유럽 전역에 퍼졌을 때, 서적 제작은 수도사들이 모여 사는 수도인 중심으로 이루어졌다. 수도사들은 개별적으로 양피지에 봉건 시대의 가장 중요한 종교 서적을 조심스럽게 복제하고 그림을 그려 넣었다. 많은 저자들이 자신만 아는 약자를 사용하였으므로 원본이 뒤죽박죽일 때가 있었다.

최종 필사본은 예술 작품으로 엄중한 엄호를 받았다. 어떤 책은 수도원을 이탈하지 못하도록 사슬로 묶어 두었다. 초기 서적은 주제나 저자에 따라 분류되지 않았으므로 학자가 어떤 책을 찾으려면 전적으로 사서의 기억에 의존해야 했다.[3] 사서가 기억을 못 하는 책은 영원히 도서관 내부의 어느 곳에 매장되었다.

중세 유럽의 상업 발달은 정보 요구를 증대시켰다. 상인들은 재정 정보와 다양한 시세를 문서화하였다. 비교적 평화로운 11세기 유럽은 활발한 상거래를 자극하였다. 북프랑스의 도시들이 확장되어 추기경들의 재판과 행정 업무가 증가하였다. 추기경은 교황과 세속의 정치인과 소통할 필요가 생겼다. 추기경은 사제에게 라틴어를 교육할 필요가 생겼다(IEC, vol. 4, p. 271). 15세기 서유럽은 거의 대학을 두었다. 파리대학은 1150년에 설립되었다. 같은 시기에 옥스퍼드 대학은 지주반(持株班, holding classes)[4]으로 시작하였다. 수도원 중심으로 봉건제가 강화되자 정부는 징세와 국경 방위 정보를 필요로 했다. 법관은 판결 기록을 필요로 했다. 이런 모든 요구를 수도원의 제책(製冊) 과정으로는 감당할 수 없게 되었다.

필기상점(writing shops)과 필사점이 유럽 전역에 문을 열었다. 복제업은 널리 종이 도입에 조력하였다. 종이에 베껴 쓴 책은 양피지 서적보다 저렴하였으나 여전히 비싼 편이었다. 14세기 초에 필사본 한 권을 소지하려면 필사생 물색, 가격 흥정, 잉크 색, 제본 형태, 일러스트레이션을 결정한 후에도 적어도 1년 넘게 기다려야 했다. 서적의 수요에 공급이 못 미쳤다.

3. 인쇄

고대 중국에서는 글자를 목판에 새겨 돌출 부분에 잉크를 칠하고 낱 종이를 돌출부에 얹은 뒤 반대로 압박하는 방법으로 인쇄하였다. 처음에는

---

3) Umberto Eco의 1980년 소설 『장미의 이름』(*The Name of the Rose*)은 중세 수도원의 도서관을 매혹적으로 묘사하였다.

4) 학생들이 돈을 모아 교수를 초빙하는 형식. 우리나라의 과거 서당 제도와 유사함.

진흙을 사용하였으나 뒤에 목각 활자를 만들었다. 현존하는 가장 오래된 서적은 868년에 간행되었다. 중국은 이동식 활자 체계를 완비하였다. 한국은 704~751년에 세계 최초로 추정되는 『금강경』을 인쇄하였다(IEC, vol.3, p. 355). 13세기 초 한국에서 만든 금속활자는 15세기 후반기에 널리 사용되었다(IEC, vol.3, p. 356).

(1) 구텐베르크의 활자

1436년과 1460년 사이에, 처음에는 스트라스부르크에서 나중에는 마인츠에서 활동한, 독일인 구텐베르크(Johannes Gutenberg)가 이동식 금속활자를 고안하여 그 유명한 『42행 성서(1452~1456)』를 간행하였다. 구텐베르크의 성경이 출현한 이후 불과 30년 만에 서유럽에서만 110개 이상의 타운에서 인쇄 출판을 시작하였다.

인쇄 출판의 등장은 유럽 제국의 일상어 발전을 도왔다. 인쇄 출판 이전 단계의 대부분의 필사본은 라틴어로 썼다. 라틴어는 가톨릭 교회와 고등 교육의 언어였다. 이런 책을 읽으려면 2차 언어를 사용할 수 있는 유형의 사람이어야 했다. 많은 초기 인쇄인들은 프랑스, 독일, 또는 영국으로 인쇄 서적 시장을 넓혀 교회보다는 자국의 일상어와 밀착되었다. 이런 추세는 문해력의 성장을 자극하였다. 더 많은 서적이 발간되도록 고무하였다.

신문이 나오기 이전, 교회의 교리 및 정책에 찬성하지 않은 성직자들은 자기 이사를 표현할 캐널을 얻기가 힘들었다. 보급미꺼 힌게기 있었디. 또한 당국에 의하여 쉽게 검열 또는 압수당했다. 이런 상황이 구텐베르크의 활자 고안 이후 영원히 변화하였다.

마틴 루터(Martin Luther)의 집필은 일상어로 쓰였다. 그의 인쇄된 팸플릿은 유럽 전역에 배포되었다. 루터의 유명한 95개 조항이 유럽에 확산되는 데는 단 1개월이 소요된 것으로 추산된다. 루터는 95개 조항의 교회 개혁 문건을 비텐베르크(Wittenberg)의 교회 문에 부착하였다. 교회는 루터의 집필을 압수하고 불태웠으나 종교개혁 운동은 계속되었다. 일상어로 번역된 인쇄 성경이 개별적으로 직접 읽히고 이해되었다. 즉 성직자의 개입을 필요로 하지 않았다.

인쇄의 도래는 과학적 연구 성과를 신속하게 확산시켰다. 과학적 탐구 결과가 책으로 인쇄됨으로써 필사생들이 손으로 써서 제작하던 때보다 훨씬 적은 시간이 걸렸다. 인쇄 출판은 탐험을 도왔다. 극히 일부만 알려진 바이킹(Viking) 족의 탐험 사실은, 인쇄가 발달한 후 콜럼버스(Columbus)의 아메리카 방문으로 이어졌다(앤터니 스미드/김지운 역, 17쪽).

콜럼버스가 귀환한 지 1년 후에 그 사실이 유럽에 널리 알려졌다. 인쇄물은 초기 탐험가들의 발견, 신세계에 종교 소개, 신대륙의 삶의 감격, 투자 사업을 돕는 내용을 실었다. 초기 항해사들의 여행은 아메리카의 수로 및 지리 정보를 실은 서적 발간을 도왔다.

인쇄 출판은 학자와 지식인의 성장에 과분할 만큼 영향을 미쳤다. 중세기 필사본 시절에는 한 권의 책을 한 학급에서 여러 명이 공유하는 형편이었다. 서적의 숫자가 증가함으로써 한 대학에서 공부하는 숫자도 증가하였다. 문해력도 증가하였다. 그리스와 로마 시대의 고전에 대한 관심이 인쇄 서적의 출현으로 되살아났다. 외국 학자들을 대상으로 책이 나왔다. 인도, 무슬림, 아랍인이 이룩한 수학이 널리 확산되었다. 인쇄 출판이 없었다면 16세기 르네상스는 일어나지 않았을 것이다.

마지막으로 인쇄 출판은 오늘날 '뉴스'라고 부르는 것을 발전시켰다. 초기 신문이 17세기 초 유럽에 퍼졌다. 절대 군주 정권은 비정상적인 것도 아닌 뉴스 내용에 압제 또는 검열을 가했다. 정부의 통제에 대한 출판 자유의 견해가 일어난 것은 17세기 말이다.

(2) 기술과 문화의 변화

인쇄가 종교개혁의 원인은 아니지만 종교개혁 운동을 확산시키는 데 조력했다. 금속활자는 1790년대 말에 크게 발전하였다. 증기력이 거대 출판에 가세하였다. 인쇄술의 향상은 대중신문(mass paper)이라고 할 수 있는 엽전신문(penny press)의 등장에 힘을 보탰다.

펄프로 만든 종이의 질 향상은 1880년대에 실용화되었다. 동시에 금속활자 라인을 구성하고 분류하는 고안물인 자동 식자기 리노타이프(linotype)가 도입되었다. 사진 제판술(photograving)이 불과 10년 뒤인 1890년에 종이 위에 가시화되어 망판 인쇄(halp-tone)로 발전하였다.

열금속활자(hot metal type)가 1970~1980년대의 사진 제판 및 옵셋 인쇄 방법을 제공하였다(IEC, vol. 3, p. 357). 발견과 발명 시대는 거칠게 정리하면 17, 18, 19세기를 포괄한다. 이 시기의 학자들은 지식을 국민 개몽에 이용하였다. 가톨릭 교회의 전통적인 권위는 서서히 파괴되었다.[5]

이탈리아, 프랑스, 영국의 과학 단체는 지식의 개척자들 키우는 데 힘썼다. 인쇄 출판이 모든 새로운 발견을 뉴스로 배포하여 새롭고도 획기적인 발견을 부추겼다.

이 두 세기에 갈릴레오의 망원경과 태양 중심의 천체이론. 신체를 순환하는 혈액 이론, 뉴턴의 만유인력, 근대 화학의 뿌리, 전기, 미세 박테리아 발견 등을 보게 되었다. 중기 기관, 기관차, 쟁기, 내연 엔진, 자동차, 방적기, 발전기, 그 외에도 또 다른 주역들이 출현하였다(오진곤, 1996 참조).

4. 전신과 전화

전신과 전화는 미디어 세계의 많은 특징을 예감하는 기술과 관련된다.

---

5) 지식인은 지식의 원천을 들추는 데는 약하지만 그 원인과 관찰에 더욱 힘을 쏟았다. 베이컨(Bacon), 데카르트(Descarts), 로크(Lock) 같은 철학자는 감각이 지각하는 것에 토대를 둔 체계적인 연구를 주장하였다.

예를 들면, 전신은 전기를 활용하여 결과적으로 라디오 기술을 발전시켰다. 디지털 커뮤니케이션(도스와 대시)도 같은 원리이다.

(1) 전신의 발달

19세기 초 전신의 등장 이전, 몇몇 소수를 제외하면, 메시지를 운송하는 가장 빠른 수단은 여행이었다. 말 잔등에 앉은 메신저가 달리는 정도였다. 가장 빠른 메시지의 운송 형태는 통신용 비둘기(carrier pigeon)였다. 트로이 전쟁 때 봉화는 하룻밤에 약 500 km를 전진하였다(Cees J. Hamelink, p. 15). 이후 전신이 나왔다. 전신은 믿기지 않을 만큼 초당 18만 6,000마일의 속도로 유선을 따라 메시지를 거의 광속으로 옮겼다. 전신은 시간과 공간을 뛰어넘는 점대점(point-to-point) 커뮤니케이션의 첫 고안물이다.[6]

전신 데이터의 필수적인 기술은 전기의 발견이 뒷받침했다. 많은 초기 발명가들은 켰다 껐다 하는 전류의 시간 변화를 단순화하여 메시지를 전달하는데 전기가 유용할 것이라고 생각했다.[7]

새뮤얼 모스(Samuel Morse)는 아메리카에서 전신 창안을 이끈 숨은 공로자이다. 모스의 고안은 전달 키, 유선, 그리고 전류의 변화를 종이 테이프에 일치시켜 기록하는 수신기로 구성되었다. 전달할 메시지를 부호로 단순화한 모스는 지금도 여전히 쓰이는, 대시와 도스로 구성된 부호를 개발하였다. 모스의 고안물은 1844년에 발명되었다. 모스는 볼티모어와 워싱턴 사이에 유선을 설치하고 '하느님이 하신 게 무엇입니까? (What hath God wrought?)'라는 유명한 메시지를 미국에 처음으로 서비스하였다.

---

6) 현재 상투적으로 쓰는 정보초고속도로(information superhighway)의 선행주자이다.

7) 전신을 뜻하는 'telegraph'은 '멀리 쓰기(to write at a distance)'라는 의미의 그리스어에서 유래하였다.

(2) 전신의 충격

전신선은 전기선(lightning lines)이라 불리는 전신주 사이에 영향을 주었다. 어떤 사람은 전신 메시지의 원천까지 찾아가 발신자를 대조 확인할 때까지는 새로운 고안물이 작업한 것을 믿지 않으려 하였다. 어떤 사람은 머리 위로 흐르는 전기를 두려워하였고, 건강에 위험하다는 생각 때문에 전선 밑으로 걸어가는 것을 피했다.

1849년에 유럽과 아메리카 동부를 잇는 대서양의 해저에 매설되었다(임영호, 292쪽, 참조).

모스의 고안은 상업에 큰 영향을 미쳤다. 구매자와 판매자 사이의 커뮤니케이션이 신속해졌다. 즉각적인 커뮤니케이션은 상품 시장의 가격 표준화를 도입하였다.

전신은 뉴스를 전달하는 신문의 역량을 크게 강화하였다. 원거리의 정보는 신문사에 도달하여 꼬박꼬박 주말에 실렸다. 전신과 대서양 케이블을 타고 온 유럽의 뉴스가 다음 날 편집되었다. 신문 발행인은 이 뉴스 고안물의 잠재성을 빨리 알아챘다. 많은 발행인들이 신문 제호에 '텔레그래프(telegraph)'라는 단어를 포함시켰다.

또한, 전신은 업자들이 명명한 뉴스 에이전시(news agencies) 또는 유선 서비스(wire services)의 형성에 조력하였다. 신문사가 연합하여 만든 AP(The Associated Press) 통신은 소비자들에게 뉴스를 공급하는 데 전신 서비스를 활용하였다.

마지막으로, 전신은 보도 스타일을 변화시켰다. 초기 전신 회사가 낱말로 전신을 감당한 이후, 뉴스 스토리는 더욱 짧아졌다. 기사의 역피라미드형이 개발되었다. 19세기 초의 뉴스 보도의 특징이었던 장황하고 사려 깊고 설명적 보도보다는, 전신은 특종(scoops), 단선 뉴스(breaking news), 적나라한 사실을 강조하였다.

5. 사진과 활동사진

전신과 전화는 전자 기술의 향상을 이끌었다. 사진의 발전은 화학 분야의 향상 없이는 발생할 수 없었다.

(1) 초기 기술 발전

이미지를 영원히 저장하는 데는 첫째, 표면에 이미지를 초점으로 맺히게 하는 방법, 둘째, 표면에 이미지를 노출한 결과를 오랜 시간 동안 대체할 수 있어야 한다. 첫째 요구는 16세기에 한쪽 벽에 바늘구멍을 뚫은 '카메라 암실(camera obscura)'의 발견으로 채웠다. 작은 구멍을 통해 암흑상자 속으로 들어간 광선이 반대 벽에 이미지를 투사하였다(IEC, vol. 3, p. 275).

두 번째 요구가 이루어지는 데는 오랜 시간이 걸렸다. 1824년에 프랑스인 형제 클라우드(Claude)와 니에프스(Joseph Nicéphor Niépce), 1829년 다게르(Louis Jacques Mandé Daguerre)가 빛에 노출되는 변화 다양한 본질을 실험하였다. 결과적으로 은 옥소(silver iodide)가 최상의 결과를 제공하였다. 다구레는 자신의 발견을 프랑스 정부에 팔았다. 다구레와 같은 시기에 활동한 영국인 과학자 탈벗(W. F. Talbot)은 1830년대 말에 네거티브 형태의 종이 이미지를 포착하여 이미지를 복제할 수 있는 과정을 정교하게 다듬었다. 그는 사진을 '자연의 붓(the pen of nature)' 또는 '자연스러운 마술의 편린(a bit of natural magic)'이라고 했다(IEC, vol.3, p.279).

유연한 셀룰로이드 필름을 활용하는 또 다른 발전이 신속하게 뒤를 따랐다. 1887년 말과 1888년 초 사이에 조지 이스트먼(George Eastman) 회사는 대량 생산과 공중 소비를 위해 카메라를 재계획하였다. 그 해 말 시장에 내 놓은 첫 코닥 박스 카메라는 "당신은 버튼을 눌러라. 나머지는 우리가 한다(you press the botton, we do the rest)."였다. 코닥은 대량 판매를 계획하였다. 카메라에 필름 롤을 장착한 아마추어 사진사는 간단히 버튼만 눌러 필름을 꺼낸 뒤 코닥사에 보내면 인화된 사진을 사진사에게 돌려 주었다(IEC, vol 3, p. 281).

(2) 사진 저널리즘

뉴스 사진이 처음으로 등장한 것은 1842년 독일 함부르크 파괴와 화재 사건이다. 이 화재 사건은 《Illustrated London News》에 일러스트레트 사진으로 실렸다. 불길에 휩싸인 영국의 스카이라인을 대영박물관의 프린트로 이용한 사진이었다.

맨 처음 일러스트레트 잡지는 파리에서 나온 《L'Illustration》과 독일 라이프치히(Leipzig)의 《Die Illustrierte Zietung》이다. 미국에서는 매튜 브레디(Mathew Brady)가 티모시 오설리반(Timothy O'Sullivan)과 알렉산더 가드(Alexander Gard)와 팀을 이루어 남북전쟁을 7,000여 장의 눅눅한 평판(wet plate)에 네거티브로 찍었다. 남북전쟁 사진은 《Haper's Weekly》와 《Frank Leslie's Illustrated Newspaper》에 게재되었다. 《New York Tribune》의 기자가 된 덴마크계 미국인 Jacob Riis는 19세기 말 뉴욕 게토 지역 이민의 남루한 생활 환경을 신문이 아닌 『How the Other Half Lives(1890)』라는 제목의 사진첩을 냈다. 카메라가 나오기 이전 사진은 부식 동판화였다(IEC, vol.3, p. 286).

미국의 사진사 Stephen H. Horgan이 처음으로 초점판 사진 인쇄(screened photographic print)인 2색조 사진을 한 신문에 실었다. 독일 뮨헨에서는 1883년 인쇄인 Georg Meisenbach가 《Leipziger Illustrierte》에 처음으로 2색조 사진을 게재하였다. 영국의 첫 사진 신문은 사진을 목판 인쇄한 《Daily Graphic》이다(IEC, vol.3, p. 286).

1885년 일러스트레이션 저널리즘의 선구자는 뉴욕의 발행인 Joseph

Pulitzer의 《*World*》이다. 1890년대 스페인-미국 전쟁을 배타적으로 보도하는 경쟁은 옐로 저널리즘의 횡행을 이끈다. 퓨리쳐의 《*World*》와 William Randolph Hearst의 《*New York Journal*》은 사진을 과도하게 사용하는 신문이었다. 사진 보도는 스페인-아메리카 전쟁 열기에 기여하고 보급 부수를 증가시켰다 (IEC, vol.3, p. 287).

1890년대에 유럽과 미국의 잡지가 2색조 인쇄를 시작하였다. 스페인-아메리카 전쟁 후 미국 잡지 《*Cllier's*》가 사건 4주 후에 사진을 게재하였다. 1900년에 미국 신문은 2색 사진을 싣는 것이 보통이었다. 사건 전담 기자가 '특종(scoop)'을 찍었다. 1919년 뉴욕의 《*Illustrated Daily News*》가 사진을 독점적으로 싣는 미국의 첫 신문이 되었다. 영국에서는 《*Mirror*》가 사진을 전문 타블로이드판 신문을 냈다 (IEC, vol.3, p. 287)

2색 인쇄 같은 인쇄 처리의 향상은, 20세기 초 미국에서 사진을 실은 많은 일간지와 주간지를 발간하게 하였다. 칼럼 인쇄는 줄어들고 사진에 몰두하는 지면이 증가하였다.

《라이프(*Life*)》 같은 사진 잡지와 타블로이드판이 인기를 얻었다. 《라이프(*Life*)》지는 세계 제2차 대전 동안 전 세계에 약 360개 사무실을 두고 6,700명의 전속 사진 기자를 두었다. 미국내 잡지 광고를 지배하였으나 1960년대 말 텔레비전 광고와 우편요금 인상으로 종합잡지 부수의 이윤은 잠식당했다 (IEC, vol.3, p. 288).

(3) 활동사진

활동사진은 첫째, 19세기 초에 일어난 미국의 산업혁명에 힘입은 바가 크다. 둘째, 20세기에도 지속된 산업화는 일자리를 찾으려고 공장과 플랜트가 가까운 도시로 이사하는 사람들로 도시화가 뒤따랐다. 1914년 미국인의 1/4이 도시 가까이 살았다. 셋째, 이민이다. 약 2,500만 명이 1871년과 1914년 사이에 미국으로 이민을 왔다. 이민자 대부분은 일자리를 찾으려고 공장이 있는 도시로 몰렸다. 이런 추세는 활동사진이라는 새로운 미디엄의 새벽을 열었다. 이민자들은 불편한 벤치나 혹은 붙박이 의자, 딸랑거리는 피아노, 빈약한 환기통뿐인 개조된 극장에서 돌리는 5센트 극장(nickelodeons)에 몰입했다.

1910년 미국 전역에 이런 니켈로던이 1만 곳 이상이었다. 활동사진 산업이 시작되었다. 많은 이민자들은 니켈로던으로부터 새롭게 이민 온 나라의 관습과 문화를 익혔다.

활동사진은 미국인의 여가 시간을 영원히 대신하였다. 가벼운 희가극(vaudeville)은 금방 사라졌다. 활동사진 수용자는 사실성을 요구하였다. 점차 뉴스 가치가 활동사진 속에 진입하였다. 보드빌과 뮤직홀의 대형 천막이 뉴스릴의 머리기사로 자리 잡았다(IEC, vol.3, p. 201).

1차 대전으로 유럽의 활동사진 산업이 붕괴되었다. 미국이 활황기를 맞았다. 미국의 뉴스릴은 짧은 역사임에도 전 세계에 퍼졌다. 메이저 뉴스릴 회사가 해외와 미국내 주요 도시에 지부를 설치하였다. 《Fox》만 무려 47개 외국에 12개국 이상의 언어로 뉴스릴을 내보냈다. 이 단일 회사의 뉴스릴을 보는 격 주간의 전 세계 수용자는 2억 명 이상이었다(IEC, vol.3, pp. 202~203).

1910년경에 시작한 뉴스릴(newsreel)은 주간 혹은 격 주간으로 등장하여 문맹자의 뉴스 원천이 되었다(IEC, vol.3, p. 287).

대형 영화 스튜디오가 뉴스릴을 통제하였다. 수용가는 유럽에서 건너오는 내용, 약간의 전국 뉴스, 스포츠, 특집 또는 두 가지 모두, 그리고 인간적 흥미거리를 보려는 기대에 부응하려고 10분짜리 뉴스 영화로 표준화하였다. 뉴스릴은 1950년대와 1960년대에 시들해졌다.

6. 라디오와 텔레비전

세계 제1차 대전이 없었더라면 라디오의 발전은 오래 걸렸을 것이다. 1차 전쟁은 라디오 발전의 주요 결과와 짝을 이루었다. 많은 병사들이 뉴 미디어의 기초를 학습하는 통신 부대(signal corps)에 입대하였다. 전쟁에서 재대한 병사들은 많은 아마추어 라디오 클럽을 만들어 라디오를 살리는 데 흥미를 가졌다.

(1) 방송

초기 라디오 방송국의 인기는 고맙게도 전국적 열광을 불러일으켰다. 1920년대 초 라디오는 스포츠, 음악, 토크, 뉴스를 거실에 끌어들인 맨 첫 번째 매스 미디엄이었다(IEC, vol.3, p. 418).

현대 라디오는 '표효의 20년대(roaring twenties)'를 맞았다. 경제 환경은 활기에 넘쳤고, 소비자 상품은 쉽게 이용할 수 있었으며, 주식은 치솟았다. 라디오 방송은 상업 방송으로 쉽게 선회하였다. 많은 라디오 방송국이 생겨 주파수 문제를 야기하였다. 1927년에 미의회는 연방 라디오 위원회(Federal Radio Commission : FRC)를 만들었다. 이 연방 라디오 위원회는 미디엄의 기술 측면을 규제하였다. 연방 라디오 위원회와 그 계승자인 연방 커뮤니케이션 위원회(Federal Communications Commission : FCC)는 상업 방송인에게 우호적이었다. 규정을 되도록 밝은 측면에서 접근하였다(IEC, vol.3, p.420).

타블로이드판 신문이 독자를 붙잡았고 할리우드 영화가 붐을 이루었다. 이런 추세는 라디오 편성의 미래에 영향을 미쳤다. 1930년대 경제 대공황은 라디오에게 재정적 손해를 끼쳤지만 또한 편성에 크게 협조하였다. 보드빌, 레코드 산업, 극장의 많은 공연자들, 공황으로 배회하는 실직자들이 라디오에서 특히 네트워크 라디오에서 그 재능을 펼쳤다. 결과적으로 오락의 품질은 전문주의적인 수준으로 증진되었다. 1937년에 미국의 거의 모든 힘센 라디오 방송국은 네트워크 산하에 들어갔다.

(2) 라디오의 충격

라디오는 첫째, 다양한 종류의 음악에 도움을 주었다. 강력한 시그널을 지닌 초기 라디오 방송국 가운데 하나는 네슈빌(Nashvill)의 《WSM》이었다. 《WSM》의 'The Grand Old Opry'은 수천 명의 청취자에게 거의 매일 컨츄리 뮤직을 방송하였다. 흑인 리듬과 블루스 류의 음악 방송이 인종 장벽을 넘어 백인 사이에 청취자를 확보하였다. 더욱이 그 무렵 라디오는 로큰롤, 레게, 랩의 인기를 올리는 데 조력하였다. 라디오는 여성용 낮 드라마(soap opera)에 주력하였다. 1940년대는 모든 낮 시간대 편성 네트워크의 60% 이상이 여성용 낮 드라마(soap opera)를 방송하였다.

어린이들을 겨냥한 미국 오락 시리즈 'Jack Armstrong the All American Boy'와 'Captain Midnight'는 젊은이를 겨냥하였다. 이 프로그램의 특징은 젊은이의 스타일 혹은 내용은 적었으나 사실은 라디오 방송인의 태도를 많이 전파하는 데 특징을 찾을 수 있다. 어린이들을 가시적인 시장으로 생각한 방송인은 광고를 보내면 시장이 형성될 것이라고 믿었다.

라디오 뉴스는 1930년대의 수용자들에게 Mohandas Gandhi, Benito Mussolini, Adolf Hitler, Franklin D. Roosvelt 등 많은 세계적인 정치 지도자의 목소리를 생생히게 전달히었다. 라디오 수용자는 계속 증가하여 1930년 미국 가정의 1/3이 라디오를 소지하였다. 1935년에는 2/3로, 1938년에는 Welles 와 그의 Mercury Theatre 회사가 H. G. Welles의 '세계 전쟁(The War of the World)'을 드라마화하였는데, 의외로 라디오가 강력한 사회적 영향력을 갖는다는 것을 알았다. 수천 명의 청취자들은 화성인이 지구를 습격한 줄 알고 혼비백산하여 거리로 쏟아져 나오는 공항을 경험하였다(IEC, vol.3, p. 420). 라디오는 오락과 뉴스의 일차적인 원천이었다.

가족들은 좋아하는 프로그램의 최신 에피소드를 청취하려고 초저녁이면 라디오 수상기 주변에 모여들었다. 1940년대에 텔레비전에서도 통용되는 '프라임 타임(prime time)'에 버금가는 현상이었다.

(3) 텔레비전

텔레비전이 실용화된 것은 1938년이다(오진곤, 510~511쪽). 텔레비전 수상기는 전기 신호를 빛으로 바꾸고 전자총으로 전자 빔을 발사하면 브라운관에 부딪쳐 영상으로 나타나는 원리이다. 브라운 표면에는 화소(picture element)라는 많은 점이 광선을 받으면 빛을 낸다. 화면을 화소로 분해, 조립하는 것을 '주사(scanning)'라 하고, 그 주사 흔적을 주사선, 완성된 주사화면을 '프레임'이라 한다. 한국에서 채택한 NTSC 방식의 한 주사선은 700개의 화소로 이루어졌다. 주사선 수는 525선이다. 이처럼 1초에 525줄을 30회(프레임)나 주사하지만 시청자는 빛의 깜박거림을 움직이는 영상으로 느낀다(손병우, 220쪽).

제2차 세계대전은 텔레비전의 성장을 중단시켰으나 오래가지 않아 전쟁 전 흑백 텔레비전이 컬러화를 요구하기에 이르렀다(IEC, vol.4, p. 219).

텔레비전 뒤에 숨은 레이더 영역의 새로운 발견이 텔레비전 시스템을 증진시키는 쪽으로 옮겨왔다. 텔레비전은 1950년대에 미국 전역으로 퍼졌다.[8] 가정마다 거실에 텔레비전 수상기를 중심으로 가구를 재배치하기에 이르렀다.

(4) 텔레비전의 충격

교외로 이사하는 풍조가 늘었다. 여자들은 엄청난 수의 노동력으로 편

---

8) 전후 재건 시기 이후, 미국 산업은 소비상품을 대량생산하였다. 전쟁 중에 자제했던 오랜 욕구를 충족하는 방법이었다. 미국인들은 새로운 차, 접시세척기, 바비큐 그릴, 에어 컨디션을 구매하였다.

입되기 시작하였다. 1960년대 미국은 민권(civic right) 운동의 시작, 베트남 전쟁과 '반문화(counter culture)'의 성장을 보였다. 텔레비전은 미국인의 거실에 이러한 사건들을 실어 날랐다.

TV 뉴스는 1950년대 말에 어마어마한 영향력을 보였다. 특히 'See It Now'의 Edward R. Murrow와 그 뒤를 이은 'CBS Evening News'의 앵커 Cronkite는 엄청난 영향력을 미쳤다. Cronkite는 1968년 한 프로그램에서 월남전 종식을 요청하였다. 대통령 Lyndon Johnson이 재선되지 않도록 영향을 미치는 말이었다. 1970년대는 위성 방송과 CATV, 비디오, 컴퓨터가 텔레비전과 연결되어 지구 규모로 증가하였다. 70년대와 80년대는 제3세계와 관련하여 새로운 국제 정보 질서를 위해 다양한 포럼이 열렸다(IEC, vol.4, p. 230).

정치 집회는 텔레비전을 위해 무대화되었다. 후보는 텔레비전 자문역을 고용하고 수백만 달러를 텔레비전 광고료로 지불한다. 텔레비전은 옷맵시, 머리 모양, 언어, 태도에 영향을 미쳤다. 텔레비전 뉴스는 가장 중요하고도 신뢰할 수 있는 정보 원천이 되었다. 영화처럼 텔레비전은 스타와 유명인의 전체적인 모습을 새로 창조하였다. 텔레비전은 어린이들을 사회화하는 중요 원천이 되었다.

텔레비전은 케네디 대통령의 장례식을 텔레비전화한 이미지로, 달에 착륙한 아폴로 11호, 베를린 장벽의 철거, 챌린저 호의 폭발, O. J. Simson의 재판, 영국 황태자비 다이애나의 장례식을 인상 깊게 심어 주었다.

7. 디지털 혁명 – 컴퓨터와 인터넷

컴퓨터의 최대 충격은, 컴퓨터가 텍스트, 숫자, 음성, 그래픽을 디지털 형식으로 변경하기 때문에 또 다른 미디어라는 점이다. 이 과정은 디지털 오디오, 디지털 비디오, 디지털 포토, 비디오 게임과 마찬가지로 현재 영화와 텔레비전에 공통되는 특별한 효과를 내고 있다.

또한 인터넷이 모든 사람이 이용 가능한 정보의 산맥이라는 점이다. 이메일, 차드 룸, 뉴스 그룹은 '가상' 공동체를 창조하여 그런 일을 대신하고 있다.

월드 와이드 웹은 누구나 매스 커뮤니케이터가 되게 한다. 만약 우리가 거점 대 거점 커뮤니케이션의 대신하는 것을 전보와 전화로 본다면 거점 대 다수 커뮤니케이션의 대신하는 것을 라디오와 텔레비전으로 볼 수 있다. 그렇다면 다수 대 다수 커뮤니케이션의 대표로서 웹을 인식할 수 있을 것이다.

〈참고 문헌〉

손병우, "라디오/텔레비전", 강상현 · 채백 엮음, 『대중매체의 이해와 활용』, 서울 : 한나래, 2002.

오진곤, 『과학사 총론』, 서울 : 과학전파사, 1995.

월터 J. 옹/이기우 · 임명진 옮김(1995), 『구술문화와 문자문화』, 서울 : 문예출판사, 1995.

월버 슈람/최종수 역, 『커뮤니케이션이란 무엇인가』, 서울 : 전예원, 1997.

Cees J. Hamelink, *Trends in World Communication*, Penang, Southbound Third World Network, 1994.

Erik Barnouw et.al, ed., *International Encyclopedia of Communications*, vol. *1 · 2 · 3 · 4*, Oxford University Press, 1989.

신문과 사회

제2장

1. 신문의 이해

신문에 게재되면 사람들은 '매스컴 탔다.'고 부추긴다. 이 말 속에는 비아냥과 부러움이 섞여 있다. 신문은 우리가 세계를 이해하는 통로이지만, 특정 신문의 보도 행태에 함몰되어 편향적인 시각을 가질 수도 있다. 특정 신문을 오래 구독하는 사람은 그 신문의 논조에 물들어 특정 신문이 대변하는 논지에 함몰되는 경우가 그런 좋은 증거이다. 이런 신문이란 도대체 무엇인가?

(1) 신문의 속성

신문은 라디오와 텔레비전에 비해 정보량을 많이 취급하는 이점이 있다. 그렇다고 신문을 처음부터 끝까지 다 읽을 필요는 없다. 한눈으로 훑어보고 관심 없으면 그냥 넘겨도 좋은 미디어이다. 적당한 곳에 쌓아 두었다가 필요하면 꺼내 읽기 좋은 매체이다. 신문은 이런 점이 장점이지만 단점도 많다.

라디오나 텔레비전에 비교하면 속보성에서 한참 뒤진다. 라디오와 텔레비전은 귀만 열면 접할 수 있는 미디어이지만 신문은 반드시 문자 해독력이 전제되어야 하는 지적 미디어이다. 따라서 문맹률이 높은 지역은 신문 산업이 발달할 수 없다. 배포 속도가 느린 점도 다른 미디어에 비교하면 약점이다. 그런데 이런 신문은 거대한 조직과 재정을 필요로 한다. 거대 조직의 구성원인 기자는 자칫 거대한 톱니바퀴에 얽매인 유순한 톱니에 지나지 않아 개별 저널리스트의 언론 자유 의지가 구현되지 못 하는 경우가 흔하다. 신문사의 규범에 눌려 자유 언론을 펴지 못 하는 경우는 신문사 내의 내적 통제 때문이다.

거대한 조직을 유지하기 위해 거대 재정이 필요한 것은 신문 운영의 불가피한 현실 문제이다. 신문이 무리하게 판매 경쟁을 펴는 이유이다. 여기에 겹쳐 신문은 엄청난 복제 시설, 즉 인쇄 시설을 갖추어야 한다. 신문 사업은 누구나 할 수 있도록 열려 있으나 자본력이 없으면 쉽게 다가설 수 없는 사업이다.

(2) 신문의 종류

신문은 분류하는 기준에 따라 다양하다. 배포 범위를 기준으로 분류하면 신문은 국제지, 전국지 또는 중앙지, 광역지, 지역지로 나뉜다. 한편, 주 독자층을 어디에 두느냐에 따라 대중지와 고급지로 나눌 수 있다. 미국의 뉴욕 시사 주간지 《타임》은 고급지이지만 《유에스 투데이(US Today》는 대중지이다. 한국에는 유감스럽게도 고급지가 없다. 하나같이 대중지이며 상업지이다.

신문은 다루는 범위에 따라 다시 종합지와 전문지로 구분된다. 〈한겨레〉신문은 종합지이다. 〈매일경제〉는 전문지이다.

(3) 신문의 내용

신문에 실리는 내용은 크게 뉴스, 피쳐, 광고로 나뉜다. 뉴스는 사건을 가공하여 독자에게 알리는 정보이다. 뉴스는 있는 사실(fact)에 기자의 의견이나 해설을 덧붙이지 않는다.

직선적으로 옮기는 새로운 소식이 뉴스이다. 피처는 기획 또는 특집 등 뉴스와 광고를 제외한 모든 게재 내용을 말한다.

(4) 뉴스의 가치

신문에 실리는 뉴스는 사건, 보도, 수용자가 전제되어야 한다. 개인끼리 주고받는 편지 속에 사건이 게재될 수 있으나 그것을 뉴스라고 부르지 않는다. 다수의 수용자에게 공개되는 보도가 아니기 때문이다. 신문의 영자 표기인 'newspaper'를 살펴보면 'news+paper'이다. 뉴스를 실은 종이라는 뜻이다.

사건이 뉴스가 되기 위해서는 사건끼리 격심한 각축전을 펴야 한다. 신문 한 귀퉁이에 실리는 단 한 줄의 기사라고 하더라도 그것은 심한 경쟁을 통해 살아남은 사실(fact)임을 알아야 한다.

사건이 무턱대고 모두 뉴스가 되는 것은 아니다. 그 나름의 가치(value)를 지녀야 뉴스가 될 개연성이 높다. 우선 사건은 그 시기에 적합해야 한다. 이것을 시의성이라고 한다. 11월 김장철에 '올해 크리스마스는 화이트일까?'라는 표제의 기사는 시의성을 잃은 뉴스이다. 11월은 김장철이므로 배추값과 김장에 소요되는 비용과 관련하는 기사가 때에 알맞은 뉴스이다.

저명성이다. 사건을 구성하는 요소, 즉 물리적 공간이니 사람이 널리 알

> **■▪◆ 뉴스와 소식**
>
> 뉴스(news)는 새로운 소식을 뜻하는 'new tidings'라는 표기의 마지막 's'가 new에 붙어 new의 복수형인 news가 되었다는 주장이 있다. 성서가 처음 영어로 번역되던 시기에는 복음(good news)을 뜻하는 새 소식을 표기할 때 tidings가 news보다 훨씬 많이 쓰였다고 한다.

려졌을 때 그 사건은 뉴스 가치가 높다. 너나없이 성인이 되면 대개 결혼을 하지만 모두 기사화되는 것은 아니다. 그러나 잘나가는 연예인의 결혼식은 온 나라 매체들이 법석을 떤다. 연예인은 널리 알려진 인물이기 때문이다. 이름 없는 시골 다리보다 한강교와 관련된 사건은 뉴스가 될 확률이 높다. 한국인 치고 한강교를 모르는 사람은 없기 때문이다.

사건은 근접성이 있어야 한다. 인간은 자신을 중심에 세우고 자신을 싸고도는 가까운 주변부터 차차 멀리 관심을 보이기 마련이다. 부모, 형제, 친척, 마을사람, 시 도, 한국, 아시아 등으로 관심권이 확대된다. 내가 중심이 되어 파문처럼 넓혀지는 이런 모형을 '관심의 동심축'이라고 부른다. 이런 근접성은 심리적인 것과 물리적인 것으로 나뉜다.

심리적 근접성은 한국인이 밀집되어 사는 미국 LA 지역 사건이 우리 신문에 대서특필 되는 경우이다. 피를 나눈 동포이기 때문이다. 재미 동포는 피치 못할 이유로 미국 시민으로 미국 땅에서 삶을 영위하고 미국연방, 주, 시 정부에 세금을 납부하더라도 한국인의 이웃이며 친척이며 형제이기 때문에 그쪽 소식은 늘 한국인의 마음 속에 가까이 산다.

물리적 근접성은 지리적인 거리가 친밀감의 척도가 되는 경우이다. 한국 사람은 한국 관련 국제 뉴스에 먼저 눈이 가는 경우가 그 좋은 예이다.

영향성이다. 사건이 지닌 파급력을 말한다. 대통령이 한마디하면 모든 미디어가 앞을 다투어 기사화하는 것은 대통령이 지닌 저명성 못지않게 그가 지닌 국가 지도력이 온 국민에게 파급되는 효과 때문이다.

마지막으로 흥미성이다. 신문을 왜 읽느냐는 질문에 대해 재미로 본다는 답은 이런 증거이다. 돈, 성, 투쟁, 이상성, 모험, 발견 발명에 관련된 사실은 인간적 흥미를 끄는 요소들이다.

이처럼 사건은 이러한 가치를 지닐 때 비로소 뉴스가 될 개연성이 크다. 최소한 앞서 살핀 다섯 가지 가치 가운데 한 가지라도 구비했을 때 그 사건은 그렇지 않는 사건에 비해 뉴스가 될 확률이 높다.

(5) 기사의 구조

일반적으로 기사는 뉴스, 즉 보도 기사와 의견 기사로 나뉜다. 의견 기사는 사건에 의견을 곁들이는 기사이다. 사설이나 해설 기사가 여기에 해당한다. 보도 기사는 이른바 뉴스를 말한다. 뉴스는 대체적으로 헤드라인, 리드, 본문으로 구성된다. '한 기사는 한 지면에서 세 번 말한다.'는 표현은 이를 두고 쓰는 말이다.

기사는 헤드라인, 리드, 본문을 어떻게 배치하여 쓰느냐에 따라 역삼각형, 정삼각형, 혼합형 기사로 나뉜다. 역삼각형 기사는 기사의 머리 부분에 사건의 대략을 압축하여 쓰고(리드), 이어서 보충 사항을 본문에 먼저 쓰고 세부 사항(본문)을 그 뒤에 받치는 기사 작성법이다. 이런 기사 작성법은 기사를 구성하는 중요 부분은 앞에 배치하여 게재 지면이 부족할 때 중요 사항이 잘려 나가는 것을 예비하기 위해 고안된 기사 작성법이다(AP 통신이 처음으로 개발한 기사 작성법으로 알려져 있다).

정삼각형 기사 작성법은 논리적인 순서를 따라 서론, 본론, 결론순으로 엮는 기사이다. 사설이나 칼럼처럼 이미 제한된 기사량에 맞추어 쓰는 기사가 그 좋은 예이다. 혼합형은 중요한 요소를 먼저 쓰고 그 뒤를 이어 사건의 전개 과정을 풀어 쓰는 경우이다. 수사학에서 언급하는 양괄식이다.

(6) 취재 양식

신문사는 효과적인 취재를 위해 고정 배치방식과 자유 배치 방식을 병용한다. 고정된 취재 영역을 설정하여 담당 기자를 배치하는 방식은 출입처 기자(beat man/woman)라 한다. 한국의 청와대 국회, 정부 청사, 정당, 경제 단체, 대학, 사회 단체 등을 취재 범위로 삼아 뉴스원을 점검하는 방식이다.

한편 고정 출입처가 없이 사건을 찾아 자유롭게 활동하는 기자를 일선 기자(leg man/woman)라고 부른다. '기사는 발로 쓴다.'는 말은 일선 기자를 이르는 표현이다. 기자가 사건 현장을 직접 목격하는 것은 행운이다. 대개 사후 현장에 출동하여 현장을 목격한 사람이나 제보자를 면담하여 사건을 복원한 바탕 위에 기사를 작성하기 마련이다.

현대처럼 복잡다단한 사회 정황을 취재하는 데는 한 사람의 기자 힘으로는 역부족일 때가 많다. 이럴 경우 신문사는 주제에 따른 심층 취재를 위한 대안으로 '팀플레이'를 할 수 있다. 정밀 취재에 용이한 방법이다.

2. 신문의 자취

구텐베르크가 인쇄술을 고안하고 그 영향으로 근대적인 신문이 등장한 이후 지구상에는 단위 국가마다 다양한 신문을 보유하게 되었다. 수많은 신문이 진화 발전하는 과정은 다양하다. 주로 신문이 무엇을 위해 출현하였으며 존재하는 목적이 무엇인가에 따라 외형은 유사하지만 신문의 작동 논리는 서로 다르다.

(1) 독일의 신문 출현

인쇄술의 등장과 더불어 서구에서는 근대 신문이 나온다. Karl d'Ester에 따르면, 인류가 경험하는 첫 정기 간행물인 주간지는 1609년 독일 아우크스부르크와 스트라스부르크에서 발간한 《Relation('보도'라는 뜻)》이라고 한다. 현재 하이델베르크 도서관에 보관되어 있다(이해창, 191쪽).

1600년대 전반기는 유럽의 각 지역에서 신문이 출현하는 앞을 다툰 시기이다. 이 무렵 유럽은 '30년 전쟁(1618~1648)'에 휩싸여 신문 성장을 촉진시켰다. 유럽의 신문 중심지가 독일에서 네덜란드로 옮겨간 것도 이 시기이다. 네덜란드 신문이 영국과 프랑스의 신문 발전의 촉매제였다.

유럽은 1559년부터 실시되던 가톨릭의 금서 목록이 해를 거듭할수록 보강되다가 1566년 금서 해제를 단행하기에 이른다.

이런 추세 하에 1650년 라이프치히에서 세계 최초의 일간지《아인코멘데 짜이퉁(*Einkommende Zeitung*)》이 나온다. 다른 한편에서는 1660년 라이프치히에서 나온《라이프찌거 짜이퉁(*Leipziger Zeitung*)》을 세계 최초 일간지로 들기도 한다(서정우 외 3인, 54쪽).

신문 발달은 정치 경제 사회적 성장 분위기와 밀착되어 활발했다. 유럽 각국의 신문 출현과 활성화가 이룬 때는 17세기부터 18세기에 이르는 시기이다. 대체적으로 이 시기는 중세 기독교 중심의 봉건 사회가 무너지고 초기 자본주의 사회가 성립되는 때이다. 문예부흥, 종교개혁, 프랑스혁명, 산업혁명 등 유럽을 휩쓴 격동은 근대사회로 옮겨가는 도정의 산물이다.

독일이 신문 출현을 선도한 데는 자유 상업 도시의 등장과 상업의 자유로운 유통 속성에 근거한다. 자유 상업 도시가 연대한 한자 동맹은 이후 세력을 강화한다. 상업은 새로운 소식에 대한 사회적 요구에 응답하는 산업이다. 유럽 북부 저습 지대의 자유 상업 도시는 새로운 소식의 원활한 유통을 촉매시킨 거점이었다.

■◆ 30년 전쟁과 웨스트팔리아 조약

30년 전쟁(1618~1648)은 30년 동안 지속된 독일 내전이다. 종교개혁에 반대한 합스부르크(Habsburg) 왕가는 가톨릭을 중심으로 독일 통일을 도모하였다. 이에 반기를 든 독일의 대제후들이 연대하여 30년 동안 내전을 치른 것이 30년 전쟁이다. 이 지루한 전쟁을 종식시키기 위해 덴마크군, 스웨덴군, 프랑스군이 차례로 독일에 진주하여 합스부르크 왕가를 상대로 웨스트팔리아에서 대접전을 전개하였다.

웨스트팔리아 대접전에서 승리한 프랑스는 웨스트팔리아에서 평화 조약을 체결하고 유럽의 패자가 된다. 이를 계기로 프랑스 문화가 유럽 전역에 확산되고 스위스, 네덜란드가 독립을 촉구하는 등 독일은 급속도로 황폐해졌다.

(2) 프랑스 · 영국의 경험

신문은 18세기에 이르면 유럽 전역에 보편화된다. 프랑스의 경우 절대 군주체제를 견지했던 루이 14세는 왕권 신수론(王權神授論)을 앞세워 극도로 출판 탄압 정책을 폈다.

프랑스 신문인들은 신교 공화국인 네덜란드로 망명하여 망명 신문인 《네덜란드 가제트》를 발행하여 프랑스로 밀수입하였다. 물론 프랑스를 공격하는 내용을 실어 프랑스혁명 사상을 배양하였다(서정우 외 3인, 57쪽).

1789년 7월 14일부터 1794년 7월 28일에 걸친 프랑스 대혁명 시기에 비밀 신문, 팸플릿, 호외, 포스터 등이 혁명 분위기를 고조시켰다. 혁명 전야의 언론은 과격했으나 아무런 법적 간섭이 없었다. 이 시기의 신문과 팸플릿은 1,000여 종이 넘었다(서정우 외 3인, 57쪽).

뒤이은 나폴레옹의 독재 정권이 언론을 크게 압박하였다. 나폴레옹이 쫓겨난 뒤 찰스 10세는 프랑스를 완전히 혁명 전으로 되돌렸다. 1830년 7월 출판 자유를 정지하는 칙령을 발표하였다. 이에 언론인 아돌프 디이르가 칙령에 항의하자 파리 대학생들이 동조하였다. 인쇄 직공이 이 대열에 합류하여 7월 혁명의 발단이 되었다. 프랑스 7월 혁명은 오직 신문을 위하여 신문을 통해 일어난 혁명이다(서정우 외 3인, 58쪽).

영국은 1644년 존 밀턴(John Milton)이 영국의회의 출판물 사전 검열에 대항하는 소책자 『Areopagitica』를 발간하여 1643년에 공포한 출판 금지 명령을 철회하라고 요구하였다.

1657년 영국 출판인들은 조합을 조직하여 권력과 결탁한 가운데 인쇄 출판 독점권을 행사하였다. 비조합원 출판인이 출판계에 진입하는 것을 차단하는 악질적인 조처였다. 이어서 1662년에 출판법이 제정되어 출판 자유를 더욱 옥죄었다.

1702년에 최초의 영국 일간지 《데일리 코런트》가 나온 후 영국 신문은 문학과 저널리즘이 혼합된 형태로 발전하였다. 이 시기의 신문을 '에세이

페이퍼'라고 부른다(서정우 외 3인, 61쪽).

1712년 앤 여왕은 에세이 페이퍼가 선동과 비방을 주도한다는 점을 부각시켜 이를 단속할 목적으로 인지세법(stamp act)를 공포하였다. 이 법에 따라 영국 신문업계와 식민지 아메리카 신문들은 경영에 심각한 타격을 받았다. 인지세는 신문값을 올려 구독 수를 줄이려는 교묘한 꼼수였다. 인지세법은 식민지 아메리카의 강력한 저항을 불러 일으켜 독립 운동으로 비화되었다. 18~19세기 영국 신문은 정치 권력과 정면 승부를 걸어 언론 자유를 쟁취하였다(서정우 외 3인, 61쪽).

3. 신문의 진화 : E-P-S 모델

신문이 오늘날처럼 대중지로 자리 잡는 데는 오랜 시간이 걸렸다. 신문이 출현한 후 1860년부터 80년대 후반까지는 보급률이 그리 높지 않았다. 신문 보급률은 1910년대에 이르러 보편화하기 시작하여 1920년대에 상승하였다가 20년 이후 보급률이 다시 낮아진다.

존 메릴(John C. Merrill)과 랠프 로웬슈타인(Ralph Lowenstein)은 신문 보급률과 관련하여 신문의 진화 과정을 맨 처음 E-P-S 모델로 정형화하였다. E-P-S 모델은 엘리트 단계(elitist stage), 대중화 단계(popular stage), 전문화 단계(specialized stage)를 말한다.

메릴과 랠프 로웬슈타인의 E-P-S 모델은 수용자 규모와 시간의 경과를 고려한 모델로 완만하게 '벌어진 역(逆) U자 곡선'임을 알 수 있다.

(1) 엘리트 단계

엘리트 단계는 신문 독자는 소수 지배 엘리트로 구성된 초기 단계를 말한다. 교육, 경제 신분 등이 높은 계층의 취향에 부합하는 신문이다. 즉 귀족, 관리에 이어, 상인, 기업가 등 새로 출현한 시민 계급이 주요 독자층을 이루었다.

시민 혁명을 통해 중세 사회가 무너지고 새로운 민주제가 등장하는 시기여서 이 시기의 신문은 정치적 이해를 반영하는 데 기여하였다. 정치적인 주의 주장을 강하게 드러내는 정론지 시기였다.

미국의 경험을 빌리면 이 시기 대도시의 신문 발행 부수는 기껏 1,500부를 넘지 못했다. 자연히 신문값이 비쌀 뿐만 아니라 문자 해독률과 밀착되어 상류 계층이나 접할 수 있었다. 급속한 사회 변화 시기에 신문은 소수 정파의 이해를 반영하였다. 신문은 다양한 이해 충돌의 들어내는 역할을 했다(임영호, 59쪽).

(2) 대중화 단계

산업혁명과 밀접하게 관련된 시기이다. 권력으로부터 자유로워진 신문은 도시화, 산업화에 힘입어 독자층이 확대되었다. 신문은 정치 권력으로부터 자연스럽게 경제 요인의 영향하에 들어섰다. 일반 대중을 겨냥한 신문의 등장은 시대적인 필연이었다.

> ■■◆ **뉴저널리즘과 황색 저널리즘**
>
> 뉴저널리즘은 일생생활 속에서 일어난 경쾌한 흥미거리에 사진이나 그림을 곁들인 편집 태도를 말한다. 현상 공모와 캠페인을 펴는 일도 이 시기에 볼 수 있는 신문의 변화 모습이다.
>
> 뉴저널리즘 시기는 지나친 폭로와 공격적인 취재 경쟁을 펴 지나치게 선정적인 지면 꾸미기로 이어졌다. 이 시기를 황색 저널리즘(yellow journalism) 시대라고 부른다. 추문 들추기라는 부정적 평가를 받기도 한 황색 저널리즘은 1900대에 시들해진다. 황색 저널리즘 현상은 부정적인 평가 못지않게 빈민층을 옹호하고 비리를 폭로하는 등 취재 및 편집 관행을 크게 갱신한 공로를 남겼다(임영호, 62쪽).

대중지의 첫걸음은 1833년 미국의 베자민 데이(Benjamin Day)가 구상한 《뉴욕선(New York Sun)》이다. 당시 신문 가격 체계로는 매우 파격적인 1센트(penny)에 팔았다. '페니 페이퍼(penny paper)' 시대가 열린 것이다. 이런 현상은 신문의 대량 생산에 필요한 인쇄 기술의 급속한 발전에 힘입은 바가 크다. 시간당 기껏 1,100매 남짓 찍을 수 있었던 1810년대의 실린더 인쇄 능력에 비해 1830년대에 이르면 그 4배 가까운 4,000매에 이른다(임영호, 61쪽).

대중화 단계의 신문은 정치적 입장보다는 지역 사건, 섹스, 폭력, 인정미담 기사가 주류를 이루는 선정적인 편집 태도를 보였다. 페니 페이퍼의 성공을 지켜본 다수의 신문들이 앞을 다투어 대중지를 표방하기에 이른다. 정론지를 대체한 페니 페이퍼의 등장과 더불어 저널리즘의 지형도 크게 바뀌었다. 이른바 19세기 말 영국과 미국에는 뉴저널리즘(new journalism)에 이은 황색 저널리즘(yellow journalism) 시대를 야기하였다.

20세기 후반에 이르면 신문계는 다시 지각 변동을 경험하였다. 20세기 신문은 대량 생산 대량 소비 원칙이 준용되었다. 자본력이 약한 신문은 도태되는 시기이다. 신문 업계는 거대 신문사 위주로 재편되고, 광고주는 발행부수가 많은 거대 신문 지면을 선호하기에 이른다. 광고 효과를 최대화하려는 광고주의 이해와 맞물리는 시기이다.

(3) 전문화 단계

1930년대에 몰려든 세계 대공황과 함께 라디오의 등장으로 신문 시장이 큰 타격을 입었다. 더욱이 1940년대의 세계 대전으로 정치 사회적 격변기가 도래하였다. 대중화 단계에서 보다 섬세한 해설과 뉴딜 정책과 같은 생소한 경제 용어를 평이하게 소개하는 경제 보도 등 이른바 전문성을 표방하는 보도 태도가 독자들의 반응을 불러일으켰다.

1960년대에 이르러 이런 사회적 요구는 더욱 확장되어 주창 보도, 탐사 보도 등이 유행하기에 이른다. 또한 신문이 특정 영역에 깊이 파고들어 대중지가 놓친 틈새를 파고드는 색다른 경향이 등장하였다.

1982년에 선보인《USA Today》가 대표적인 사례일 것이다. 과감하게 그래픽과 사진을 곁들이고 내용을 짧게 쓰는 한편 제목을 크게 늘려 읽는 신

■◆ E′가설

E′단계는 전자(electronics)에서 연유한다. 곧 전자화 단계라는 것이다. E-P-S 주기의 S단계 다음은 다시 E단계로 회귀하는가라는 물음에는 여전히 확답을 망설이게 된다. E-P-S 주기의 세 번째 단계인 S(전문화, specialization) 단계는 미국의 대중 매체가 미국 문화 속에 신속히 자리 잡는 계기였다. 미래학자 앨빈 토플러는 이런 현상을 '매스 미디어의 탈 대중화'라고 불렀다.

이런 전문화가 소비자의 비용 증가를 이끈 것은 당연하다. 오늘날 전문 잡지는 그 전에 비해 엄청난 지불을 강요한다. 영화에 덧붙는 잡지 나부랭이를 읽는 데도 높은 비용을 감수해야 한다. 읽기 위해 주머니 부담이 큰 컴퓨터와 컴퓨터용 디스켓을 구매해야 한다.

E-P-S 주기의 P단계를 거칠 때 TV는 자유롭게 향유할 수 있는 미디어였다. 필요한 것은 오직 수상기와 안테나였다. 그러나 지금은 사정이 다르다. 전문화한 텔레비전 프로그램을 이용하기 위해 많은 비용을 지불해야 한다. 이런 비용은 쌍방향 텔레비전의 이점을 누리려고 할 때 더욱 증가하였다. 분명히 쌍방향 텔레비전은 젊은이들의 학습을 가속화할 어마어마한 잠재력을 지닌다.

엘리트와 대중 사이에 엄숙하게 존재하는 경제적 사회적 차이는 전문화 단계를 한 단계 뛰어넘어 새로운 주기로 진입하기에 이른다. 새로운 정보시대의 정보 부자와 가난한 사람 사이의 메울 수 없는 지식 격차는 어마어마할 것이다. 또한 그것이 새로운 신분의 정보 엘리트 계층을 형성할 것이다. 다시 말하자면 전문화 다음 단계는 다시 정보를 많이 즐기는 신종 엘리트 단계로 회귀할 것이다. 이 신종 엘리트는 이메일과 긴밀하게 연결된 'e'이다. 그럼으로 메릴과 로웬슈타인이 보지 못한 21세기는 다시 E-P-S모델의 마지막 단계를 새로운 E단계, 즉 E′단계로 규정해 봄직하다.

문에서 보는 신문으로 탈바꿈한 경우이다. 대도시 거대 일간지가 기우뚱하는 틈새를 주간지, 생활 정보지 같은 작은 신문이 파고드는 새로운 현상이 등장하였다. 20세기 후반에 이르러 연예, 스포츠, 경제 전문지가 얼굴을 들어내어 전문성을 견지하였다(임영호, 66쪽).

이 단계에 이르러 미디어는 고차원으로 분화된 대중에 의하여 소비되었다. 대중은 개개인의 관심과 문화 활동에 따라 분화된 미디어를 추구하였다.

4. 신문과 사회 체제

한 나라에 존재하는 신문 미디어는 그 나라의 정치 체제와 밀접한 관계를 맺는다. 정치 체제는 미디어와 정부 관계를 극명하게 드러낸다.

언론학자와 철학자들은 16세기 이후 정부와 신문 관계를 자유와 통제 측면에서 규명하려 하였다. 다양한 이론이 개발되었으나 그 '‒ism'은 권위주의와 자유주의 사이의 스펙트럼상에 머문다.

(1) 권위주의 이론

인쇄 신문이 등장한 영국의 16세기 신문 작동 논리를 설명하는 유용한 이론이다. 권위주이 체제는 통치 엘리트들이 우월한 신념 밑에 대중을 이끄는 것을 정당화한다. 대중의 지적 능력이 낮기 때문에 대중의 공개적인 의견 표명이나 비판은 정부와 국민을 위해 결코 바람직하지 않다고 생각한다.

권위주의자들은 다수의 국민을 소수 지배 권력에 순응하도록 유순하게 길들이는 것이 저널리즘의 임무라고 생각한다. 그렇게 길들이는 것이 국민을 위해서 좋은 일이고 그 일을 하기 위해 신문은 존재한다. 따라서 신문 발행 허가제, 사전 검열, 우회적인 배타적 신문 발행권 허용, 임의로 발행권 변경, 정부 비판에 대한 무자비한 탄압 등을 정당화한다.

(2) 자유주의 이론

이 이론은 권위주의 이론의 대척점에 선다. 자유주의는 인간을 이성적이며 자기 의사 결정력을 가진 존재로 본다. 정부는 개인을 위해 봉사하는 존재이며 거짓으로부터 진실을 분리 구별하기 위해 보통 시민이 관련 문제를 여과 없이 청취할 권리를 가져야 한다고 믿는다.

사상의 표현을 억제하는 정부는 시민의 자유를 억누르는 것이므로 정부는 신문을 간섭하지 않는 것이 최상의 봉사라고 생각한다. 다시 말하면 정부는 신문을 통제하지 말아야 하며, 정치 권력으로부터 절대적으로 자

▪▪◆ 책임 저널리즘과 발전 저널리즘

책임 저널리즘은 기본적으로 저널리즘이 정부와 기타 사회 제도를 비판할 권리를 갖지만 근본적으로 공중에게 정보를 제공하고 사회적 욕구를 반영하여 민주주의를 보존할 책무를 걸머쥐어야 한다는 이론이다. 만약 저널리즘의 자유로운 활동이 공적 이익을 충분히 보장하지 못하면 정부는 문제시되는 규칙에 따라 미디어 운영에 개입하여 자율적으로 제어하도록 자극할 수 있다.

발전 저널리즘은 스펙트럼상 권위주의 편에 기울어 있는 이론이다. 정부는 저널리즘을 경제 및 사회 발전을 위해 기여하고 국가 목적에 봉사하도록 규정한다. 새로운 정보 질서를 논의하는 중심 문제 가운데 하나이다. 최근까지 발전 이론은 많은 제3세계 국가들의 경제 성장을 위해 노력하는 독재 정권을 정당화하는 데 이용되었다.

제3세계는 제2차 세계대전 이후 주권을 회복한 신생 독립국가들이 대부분이다. 주로 정치적 민주주의 경험이 낮은 수준인 터에 독재 정권의 사이비 민주주의를 호도하는 데 이용되었다. 공권력을 사유화하여 저널리즘을 국민 총동원을 위해 이용하는 것을 정당화할 소지가 큰 이론이다.

유로워야 한다는 이론이다.

20세기에 겪은 두 차례의 세계 대전과 경제 공황은 세계 정치 질서를 크게 변화시켰다. 미디어 산업 역시 거대 비즈니스로 변모하였다. 자유도 방만하게 누리는 지경에 이르렀다. 이에 자유주의와 권위주의 저널리즘 철학을 새롭게 음미하는 일군의 경향이 등장한다. 이것이 사회적 책임 이론이다.

(3) 공산주의 이론

공산주의 체제는 권위주의의 틀을 약간 수정한 데 불과하다. 신문을 포함한 모든 미디어는 국가를 대표하는 사람이 소유한다. 국가가 미디어를 소유하는 목적은 마르크스주의 체제를 지지하며 공산당을 통하여 발현되는 국가 목표 달성을 위해 언론은 존재한다고 보는 철학이다.

공산주의 이론은 최근의 역사를 살펴보면, 정부가 정보를 견고하게 통제하는 폐쇄 사회야말로 가장 훌륭한 저널리즘 활동 국가라고 평가할 것이다. 그러나 국민은 공식적인 미디어에 대한 신뢰가 두텁지 못한 결과를 빚었다. 1980년대 말의 러시아와 동유럽의 붕괴 사태가 단적인 예증이다.

냉전 시기 동유럽 시청자들은 BBC, VOA, CNN, Radio Liberty, Radio free Europe과 서독 방송 및 위성 방송을 통해 서방의 텔레비전을 지켜보았다. 그리고 비디오 카세트로 할리우드 영화를 감상하며 동유럽과 러시아의 정치 경제 체제의 단명을 예감히 있다.

5. 신문의 사회적 기능

매스 미디어의 일반적인 사회적 기능은 대체적으로 환경 감시. 해석, 연계(linkage), 가치의 전수, 오락을 든다(Joseph R. Dominick, pp.33~4).

신문은 이런 일반적인 미디어 기능 외에 특별히 정보 제공, 지도, 오락, 광고 기능을 수행한다(F. Fraser Bond, p. 4). 경우에 따라서 동원 기능을 덧붙이기도 한다.

(1) 정보 제공 기능

신문이 수행하는 기능 가운데 제일 먼저 언급되는 기능이 정보 제공이다. 신문에 실리는 기사마다 수행하는 임무가 다른 것은 기사의 성격 때문이다. 뉴스는 역사적 현재에서 발생한 사건을 알린다. 독자에게는 그것을 정보로 수용한다.

우리는 아침에 눈을 뜨면 조간 신문을 들고 화장실에 앉는다. 간밤 이전에 일어난 세상을 이해하기 위해서이다. 수많은 기사는 독자에게 생소한 소식이어서 어떤 경우는 유용한 정보로 활용된다. 새롭게 가구 구입을 생각하는 주부는 신제품을 소개하는 기사에서 눈을 떼지 못할 것이다.

신문은 그날의 정치 경제 사회 문화 등 모든 분야의 정보를 제공한다. 신문은 현실 사회의 다양한 면모와 주요 인사들의 동정을 뉴스로 가공하여 독자의 눈앞에 드민다.

◆ 마취적 역기능과 지위 부여의 기능

미국의 사회학자 폴 F. 라자스펠드(Paul F. Lazarsfeld)와 로버트 머톤(Robert Merton)은 현안 문제를 호도하기 위해 신문 등 미디어를 동원하여 스포츠나 오락물을 도배하는 경우를 독자가 오락물에 마취되어 현안 문제를 등한시한다는 논리를 주장하였다. 이런 기능은 마취적 역기능이라고 한다.

지위 부여의 기능은 보통 사람이 신문에 게재됨으로써 널리 알려지게 되어 사회적 위신이 상향되는 경우이다. 이와 반대로 사악한 행위로 인하여 신문에 오르내리는 사람은 이미 알려진 위신이 실추되는 '지위 하락'을 경험할 수 있다(윌버 쉬람 편 / 김규환 편역, 293~300쪽 참조).

해마다 한반도를 위협하는 태풍을 예를 들어 보자. 현재 제주 남방 마라도 부근까지 육박했다는 뉴스 보도는 독자에게 장마철을 맞은 한국인에게 중요한 정보이다. 특히 바다 낚시꾼이나 여행사는 날씨와 밀접한 사업이기 때문에 더욱 중요하다.

국회가 국방비 증액을 승인했다는 보도는 군수 산업계에는 요긴한 정보이다. 뉴스 보도가 무엇을 알린다는 측면은 모두 정보 제공 임무를 수행하는 셈이다.

(2) 지도적 기능

지도적 기능은 독자에게 영향을 미치는 일이다. 태풍이 제주도에 상륙하는 지경에 이르면 신문은 태풍의 피해 범위를 예시하고 적절한 대피 요령을 사설 또는 해설 기사를 통해 교시한다. 독자는 그런 기사를 읽고 나름대로 대비책을 세울 것이다. 낡은 지붕을 손질하거나 낡은 간판을 살펴보고 가족 여행 계획을 재조정할 것이다.

신문 보도는 독자의 사실 이해에 기초하여 사건에 대응할 처신을 교시한다. 일종의 해석과 처방 기능이다.

(3) 오락 기능

신문은 즐거움을 선사한다. 태풍이 휩쓸고 간 피해 현장에 뿌리 뽑혀 넘어진 동구 밖 해묵은 느티나무를 보며 우리는 태풍의 위력에 탄성을 지를 것이다. 거대한 위력에 놀라워할 것이다. 그것이 한 편의 드라마를 보듯 즐거움을 선사한다.

신문을 펴든 채 수험 공부하듯 탐독하는 독자는 흔치 않다. 대개 스포츠 연예 기사 등을 통해 독자는 즐거움을 얻는다. 이것이 오락 기능이다.

상업적인 신문은 대기업의 부도덕한 탈세 행위를 사회 구조적 맥락보다는 개인의 도덕적 해이로 몰아 선정적인 표제를 달 수 있다. 이 경우 독자들은 사건의 본질 이해보다는 은밀한 추문을 좇게 된다.

(4) 광고 기능

신문사의 수입은 크게 구독료, 광고료, 부대 사업비로 구성된다. 그 가운데 광고료는 무시할 수 없는 신문사의 재원이다. 신문사가 광고 유치를 위해 치열한 경쟁을 벌리는 것도 이 때문이다.

전자 매체의 등장에 따라 신문 광고 시장이 다소 위축되는 기미를 보이지만 광고가 신문사 수입 규모에서 차지하는 비중은 막강하다. 신문에 광고가 등장함으로써 독자는 싼값으로 신문을 구독하는 이점이 있다. 물론 광고료는 상품에 배분되어 결과적으로 소비자가 부담하게 된다.

자본주의 체제를 지탱한 두 축은 자유로운 생산과 소비이다. 광고는 소비를 촉진하는 자본주의 꽃이다. 널리 신제품을 알려 소비자의 선택을 돕는 한편, 기업은 대량 소비를 촉진함으로써 이윤을 극대화하는 중요한 메커니즘이다.

6. 저널리즘의 의무

오늘날 신문은 독자들에게 유용한 정보를 제공하는 미디어이다. 독자는 생활 정보를 신문에서 찾는 경향이 짙다. 또한 신문을 통해 독자 개개인 나름의 보상을 얻는다. 그러므로 신문은 자유를 누리는 만큼 그에 따른 사회적 책무를 스스로 짊어져야 한다.

어떤 유형으로든 신문은 자존심으로 일관하여야 한다. 이것은 중요한 덕목이다(이하, F. Fraser Bond, pp.3~4 요약).

신문은 독립적이어야 한다. 외부 지원 없이 스스로 얻은 이익으로 홀로 서야 한다. 제 발로 땅을 딛고 서는 것을 말한다. 그 누구의 연 꼬리에 매

달리는 한 공중에게 봉사하는 신문이 될 수 없다.

신문은 열려 있어야 한다. 신문은 동시대의 지식이며 역사의 일부이기 때문에 말이 많은 정치인을 침묵하게 하고 침묵하는 정치인에게 말을 걸어야 한다. 저널리스트의 임무는 역사가와 같다. 모든 사건의 위에 서서 진실을 추구하는 것이 임무이기 때문이다.

신문은 공정해야 한다. 저널리즘은 대부분의 개인이 성취하려는 덕 못지않게 공정해야 한다. 기자가 훌륭할수록 신문이 훌륭할수록 고의적이고 의도적인 당파성을 배제한다. 잘못, 편향, 선입견과 거짓 색깔에 물들어서는 안 된다. 민주주의의 영광은, 많은 실무 저널리스트들이 지적하듯, 일관되게 소수자의 권리를 담보하는 정부 형태에 있기 때문이다.

신문은 정확하여야 한다. 불편 부당은 저널리즘을 평가하는 중요한 척도이다. 저널리즘이 주목해야 할 이상은 진실과 객관적 사실이 빛나게 하

■■◆ 인쇄와 중세 기독교

중세 기독교가 책의 출현을 경계하는 모습은 빅토르 위고(Victor Hugo)의 소설 『노트르담의 꼽추(Hunchback of the Notredame』 속에서 늙은 사제가 "서적이 교회를 죽이리라."고 혼자 중얼거리는 독백 속에서 엿볼 수 있다. 구텐베르크의 활자 고안과 인쇄물의 등장은 소수 지배층의 전유물이었던 지식이 책의 인쇄를 통해 보편화되는 계기를 맞는다.

구텐베르크가 인쇄한 첫 서적이 성서이다. 이 성서를 구텐베르크 성서 또는 『42행 성서』라고 부른다. 이 첫 인쇄 성서는 2단 체재인데 한 단이 42행으로 조판된 데서 따온 이름이다.

라틴어 성서를 맨 처음 마틴 루터(Martin Luther)가 독일어로 번역하였다. 어려운 라틴어 성경이 일상어인 독일어로 번역된 것은 성서 이해를 위해 애써 사제나 지식인에게 메이지 않아도 괜찮을 만큼 교회 중심의 결속력이 이완된다는 의미이다.

루터는 수도원의 수사였다. 루터의 종교개혁 메시지가 인쇄술과 결합하여 독일 전역에 확산되는 데는 일 주일밖에 소요되지 않았다.

는 일이다. 일간지의 정확성은 시간에 구속되어 실수를 범할 수 있기 때문이다.

신문은 정직해야 한다. 선은 일상의 투쟁 없이 쉽게 유지되는 것이 아니다. 사업은 변화무쌍한 요구를 지닌 공중과 접촉하는 일이다. 그런 변화무쌍한 사회적 요구와 부대끼며 지면을 꾸리는 것이 저널리즘이다. 이것이 뉴스와 광고가 정직해야 하는 이유이다.

신문은 책임감이 있어야 한다. 신문은 준공공 제도(semi public institution)이기 때문에 신문은 식권을 얻는 이상의 폭넓은 의미를 지닌다. 언론 자유를 향유하는 것 못지않게 사회적 책임이 크다. 신문은 사회를 지탱시킬 의무를 진다는 뜻이다.

신문은 점잖아야 한다. 점잖아야 한다는 뜻은 단지 신문에 실리는 언어와 사진만이 아니다. 법률적 관점에서 뉴스가 게재되는 방법이 역시 점잖아야 한다. 몰래 카메라나 녹음기를 감춘 채 취재하는 행위는 점잖지 못하다.

7. 미디어와 사회 변화

이니스(Harold Adams Innis)는 커뮤니케이션 매체가 사회 변화의 원천이라는 기술 결정론을 폈다. 기술 개혁이 사회 변화를 이끄는데 그 기술 개혁은 먼저 커뮤니케이션 과정에 적용되었다고 보았다. 즉 인쇄술의 개발이 기계 시대를 열었다면 전신술은 전자 시대를 낳았다는 주장이다.

이니스의 견해에 따르면, 인쇄술의 도입이 중세 기독교의 구어 문화 중심의 윤리 형이상학을 공격하여 문어 문화와 과학 기술 중심의 세속적 권위를 신장시켰다는 것이다. 구어 전통이 무너짐에 따라, 권위의 원천이었던 중세 기독교가 해체되어 세속 국가로 바뀌었다는 것이 이니스의 주장이다. 이니스의 견해는 거시적 관점에서 보면 커뮤니케이션 기술이 사회 조직에 영향을 주고 그것이 다시 문화에 영향을 미친다는 주장이다(서정우 외 3인, 403~405쪽).

  이니스의 견해를 구체화한 맥루한(Herbert Marshall Mcluhan)은 사회변화의 동인을 커뮤니케이션 기술에서 찾았다. 맥루한은 인류 역사를 3단계로 구분하여 부족국가 시대는 구전(口傳) 중심 사회였으나, 구텐베르크 시대에 이르면 인쇄 언어에 의한 개인주의·특수주의·민족주의의 태동을 촉진하였으며 제3단계인 20세기 전기 시대에 이르면 라디오·텔레비전 등 전자 매체의 개발에 따라 지구는 하나의 지구촌(a global village)으로 변모하였다는 주장이다(서정우 외 3인, 406쪽).

  두 사람의 관점은 커뮤니케이션 기술이 사회를 변화시킨다는 점에서 일치한다. 인쇄술이 고안되어 성서 중심의 중세 기독교의 지식 독점 체제가 깨진 것은 의미 깊은 사회 문화 변화의 한 방증일 것이다.

<h3 style="text-align:center">〈참고 문헌〉</h3>

서정우 외 3인 공저, 『신문학이론-전정신판』, 박영사, 2001.

이해창 역편, 『독일신문학연구』, 이화여대 출판부, 1973.

임영호, 『신문원론-개정2판』, 한나래, 2005.

F. Fraser Bond, *An Introduction to Journalism*, New York, The Macmillan Co., 1961.

Joseph R. Dominick, *The Dynamics of Mass Communicationm*, McGraw-Hill, 1999.

광고와 사회

현대 생활에서 소비자들은 일상적으로 광고에 노출되어 있다고 해도 과언이 아니다. 흔히 접하는 텔레비전이나 신문 등 대중 매체에서 뿐 아니라, 인터넷이나 길거리의 입간판 등 옥외 광고를 통해서도 끊임없이 광고에 노출되어 있다. 특히, 디지털 기술의 발달로 맞이하게 된 유비쿼터스(ubiquitous) 환경에서 광고는 모바일 매체를 통해서도 자연스럽게 우리 생활로 파급되고 있다.

일반적인 광고에 대한 정의는 '다양한 매체를 통해 자신의 이름을 밝힌 스폰서의 제품(재화, 서비스 또는 아이디어)에 관한 정보로서, 통상적으로 유료이고 설득적 속성을 지니며 조직적으로 구성된 비인적 커뮤니케이션'(Arens, 2002/2006)이라고 할 수 있다.

광고의 정의에서도 알 수 있듯이, 광고는 스폰서가 비용을 지불하는 유료성의 메시지이며, 설득적 목적을 가지고 있고, 매체를 통해 다수의 소비자를 대상으로 하는 커뮤니케이션이라는 점에서 일반적인 커뮤니케이션과는 차별성을 지닌다.

또한, 광고는 가전 제품이나 비누, 의류 등 유형의 재화(goods)나 금융이나 의료 등 무형의 서비스(services)를 소비자에게 알리는 것뿐 아니라, 새로운 아이디어(idea)를 알리기 위해서 활용되기도 한다. 이처럼 광고는 재화나 서비스 등 제품(product)을 알리거나 아이디어를 소개하기 위해 개인이 아닌 다수의 수용자들을 대상으로 매체라는 채널을 활용한다는 점에서 그 파급 효과가 크다고 하겠다.

본고에서는 이처럼 현대 사회에서 다양하게 활용되고 있는 광고에 대한 이해를 높이기 위해 우선 광고의 종류를 살펴보고, 그 중 상업 광고를 중심으로 광고의 순기능과 역기능을 사회, 마케팅, 경제, 문화적 측면에서 각각 살펴보기로 한다. 또한, 인터넷의 등장으로 변화한 매체 환경에서 광고의 역할을 함께 점검해 보고자 한다.

1. 광고의 종류

광고는 크게 상업적 이윤을 추구하는 상업 광고(commercial advertising)와 기부나 자발적 지원, 혹은 소비자 행동의 변화를 위해 정부나 비영리 단체에서 주관하는 비상업 광고(noncommercial advertising)로 분류할 수 있다. 각 광고별 특성을 살펴보면 다음과 같다.

(1) 상업 광고

상업 광고는 기업이 이윤 추구라는 영리적 목적으로 제작, 시행하는 것이다. 대부분의 상업적 광고는 유형의 재화나 무형의 서비스를 소비자에게 알리기 위한 목적으로 제작되며, 매체라는 커뮤니케이션 채널을 이용해 표적 수용자들을 대상으로 제품을 소개한다(강승구, 김병희, 2008). 광고를 통해 수용자에게 제품이나 브랜드를 알리고, 이를 통해 제품이나 브랜드에 대한 인지도를 높이고, 장기적으로 브랜드 애호도를 만드는 효과를 기대한다.

상업 광고에서 활용하는 매체로는 텔레비전, 라디오, 신문, 잡지 등 4대

매체뿐 아니라, 옥외 광고, 인터넷 광고와 모바일 광고 등 다양한 형태의 광고가 등장하고 있다.

또 다른 상업 광고로는 지역 소비자들을 대상으로 신문지에 끼워 넣는 전단지 형식의 소매 광고가 있다. 이는 특정 지역의 소비자들을 상점으로 유인하기 위해 활용하는 광고이다. 이 밖에 기업에 대해 긍정적 이미지를 만들기 위한 기업 광고가 있는데, 이는 단기적인 목표보다는 장기적인 차원에서 소비자에게 기업에 대한 호의적 이미지와 명성을 심어 주기 위해 활용되는 광고이다. 기업 광고를 통해 소비자와 호의적 관계를 가짐으로써 기업의 이미지와 신뢰도를 높이고 나아가 소비자의 제품 선택에 영향을 미치려는 목적이다.

〈그림 1〉 기업 광고 사례

(2) 비상업 광고

비상업 광고는 상업 광고와는 달리 영리를 목적으로 하지 않는 광고이다. 비상업 광고의 특징으로는 광고의 주체가 대부분 비영리 단체이며, 캠페인 성격의 광고를 통해 공익적 이슈나 사회 문제, 정치적 쟁점 등에 대한 태도 등을 중심으로 수용자들을 설득하려는 것이다(강승구, 김병희, 2008).

대표적인 비상업 광고의 하나인 공익 광고(public service advertising)는 정부나 공공 기관이 주체가 되어 실시하는 교통 안전 캠페인이나 건강 캠페인과 같이 주로 공익적 이슈를 다룬다. 대한 적십자사나 미국 공동모금 기구(United Way), 미국 암협회(American Cancer Society) 등에서 지원하는 헌혈이나 기금 모금 등의 캠페인도 비영리적 목적을 가진 공익 광고들이다.

이 밖에 사회적 관심을 받고 있는 이슈에 대해 특정 집단이나 단체가 자신들의 주장을 싣는 논설 광고나 선거 캠페인에서 정치 후보자들이 자신을 홍보하고, 호의적 이미지를 주기 위해 제작하는 정치 광고도 비상업 광고의 사례들이다.

〈그림 2〉 공익 광고 사례

2. 광고의 기능

광고는 영리적 이윤을 목적으로 하는 상업 광고와 비영리를 추구하는 비상업 광고로 분류할 수 있다고 하였다. 오늘날 다양한 형태의 광고가 등장하면서 광고의 사회적 영향력은 더욱 커지고 있다. 광고의 영향력에 대한 이해를 높이기 위해 상업 광고를 중심으로 광고의 기능을 사회, 마케팅, 경제, 문화적 측면에서 살펴보고, 이의 역기능적인 측면도 함께 살펴보고자 한다.

(1) 광고의 사회적 기능

광고의 개념 정의에서도 나타나듯이, 광고는 대인 채널이 아닌 대중 매체를 통한 커뮤니케이션을 바탕으로 한다. 광고가 메시지를 전달하는 데 매체를 이용한다는 점에서 대중 매체의 영향을 받게 된다. 오늘날 대중 매체가 갖는 사회적 영향력은 오락, 정보 채널로서의 역할뿐 아니라, 사회화 과정에서 주요한 하나의 사회 제도로 그 기능이 인식되고 있는 실정이다. 이는 대중 매체가 사회의 하부 시스템들을 연결하고 유지시키는 하나의 사회 기관으로 작용한다는 기능주의적 시각(McQuail, 2000/2002)과도 상통하는 것이다.

광고가 소비자에게 기여하는 가장 큰 기능 중의 하나는 상품이나 서비스에 대한 정보를 제공해 준다는 것이다. 특히, 제품의 기능이나 용도가 다양할 경우, 광고를 통해 소비자에게 제품에 대한 올바른 정보나 사용법 등을 알려 줄 수 있으며, 새로운 제품이 시장에 나왔을 때도 광고를 통해 소비자에게 신상품에 대한 정보를 알려 줄 수 있다. 광고라는 커뮤니케이션 형태를 통해 소비자에게 유용한 정보를 전달해 주어, 소비자로 하여금 올바른 선택을 할 수 있게 해 준다는 점에서 효율적인 정보 채널로서 광고가 그 역할을 하는 것이다.

소비자들이 상품이나 서비스 관련 정보를 탐색하는 과정에서 이용하는 정보 채널을 분류하는 기준은 학자에 따라 차이가 있다. 올샤브시키(Olshavsky, 1995)는 광고나 상품 포장 등 시장 관련 채널, 판매원 등을 통한 전매 채널, *Consumer Reports*나 신문이나 잡지 등의 독립적 성격의 제3집단 채널, 친구나 가족 등의 대인 채널, 자신이 직접 상품을 확인하는 직접 확인 등으로 정보 채널을 구분하고 있다(Schmidt & Spreng, 1996). 박찬수(2006)는 소비자가 이용하는 정보원을 기업 정보원(광고나 판매사원 등), 소비자 정보원(가족, 친구 등)과 중립적 정보원(정부 기관이나 언론 등)으로 구분하고 있다.

광고가 소비자들에게 유용한 정보 채널로 활용된다는 것은 광고를 통해 올바른 제품 정보가 제공된다는 것을 바탕으로 한다. 그러나 일부 광고의 경우 소비자에게 그릇된 정보나 과장된 내용을 전달하는 사례가 있어 광고의 사회적 역기능으로 지적되고 있다. 소비자에게 상품이나 서비스의 속성에 대해 부정확하거나 일부 과장된 내용을 전달하는 경우, 소비자의 올바른 제품 선택을 방해하는 요인이 될 수 있다는 것이다. 아렌스(Arens, 2002/2006)는 과장(puffery) 광고에 대한 정의를 '주관적 의견이나 찬사, 과장들, 그리고 모호함을 이용하고, 일반적으로 구체적인 사실을 진술하지 않으면서 판매되는 품목에 대한 칭찬으로 묘사'된 경우라고 설명한다. 예를 들어, '암을 예방합니다'라는 광고나 '젊음을 돌려드립니다'라는 광고 문구는 소비자에게 허위 약속을 하는 불공정 사례들로 본 수 있으며, 제품에 대한 불완전한 묘사나 소비자를 오도하는 광고 내용 등도 과장, 허위 광고에 해당될 수 있다는 것이다.

소비자들에게 상품이나 서비스에 관한 올바른 정보를 제공해야 한다는 것은 광고를 지원하는 광고주들의 사회적 책임(social responsibility)과도 무관하지 않다. 기업의 사회적 책임이란 광고주인 기업이 국민의 복지를 위해 기여해야 한다는 도덕적 의무와 관련된 것으로, 기업이 사회적 책임으로서 행하는 사회적 의무에 대한 대응 행위라고 볼 수 있다(Brown & Dacin, 1997). 기업이 단순히 이익만을 추구하는 것이 아니라, 사회적 기관으로서 소비자들에게 올바른 정보를 제공하여 소비자들의 선택을 돕는 것도 사회적 기구로서 그 책임을 다하는 것의 하나로 볼 수 있다는 것이다. 그밖에, 미국의 광고 전문가들은 미국 광고연맹(AAF), 광고위원회(Ad Council), 미국 광고대행사협회(AAAA) 등을 구성하여 자선 단체나 공공 대행사들에 무료 봉사를 하거나 장학금이나 기부금 등을 통해 지역 사회에 공헌하고자 노력하고 있다(Arens, 2002/2006).

(2) 광고의 마케팅적 기능

마케팅의 목적은 개인이나 조직의 지각된 욕구나 기호, 목표를 충족시켜 줄 수 있는 교환을 창출하는 데 있다(Aresn, 2002/2006, p.113). 개인이나 조직의 욕구나 기호, 목표 등은 심리적, 문화적, 기능적 차원에서 다양할 수 있는데, 이러한 다양한 욕구들을 충족시켜 개인이나 조직에게 만족감을 주는 것이 궁극적인 마케팅의 목적이다. 이처럼 상품이나 서비스를 통해 개인의 욕구나 기호를 충족시켜 주는 것이 바로 제품의 효용(utility) 가치인데, 광고는 소비자들에게 이러한 제품의 효용 가치를 알리는 역할을 한다. 광고를 통해 소비자에게 제품이 제공할 수 있는 효용 가치를 알림으로써 소비자의 제품 구매 욕구를 자극하게 되는 것이다. 이처럼 광고는 소비자들의 상품 구매 의욕을 자극함으로써 소비자의 구매 결정에 영향을 미치게 된다.

기업 입장에서 광고는 가장 효과적으로 활용할 수 있는 촉진 활동 중의 하나이며, 효율적인 마케팅 커뮤니케이션의 한 수단이기도 하다. 광고를 통해 상품이나 브랜드의 인지도를 높이고, 이를 통해 소비자의 구매 결정에 영향을 미침으로써 제품 판매에 영향을 줄 수 있다. 광고는 대인 채널이 아닌 대중 매체를 통한 커뮤니케이션이기 때문에, 광고 효과의 범위나 규모가 일반 커뮤니케이션에 비해 크고 막강하다. 이러한 광고 효과 때문에 기업에서는 많은 비용을 들여 상품이나 서비스에 대한 광고를 하고 있는 것이다.

또한 광고는 제품이나 브랜드의 인지도를 높일 뿐 아니라, 소비자의 제품이나 브랜드에 대한 기억 접근성(accessibility)을 높이는 기능을 한다. 기억접근성은 소비자가 제품이나 브랜드에 대해 갖고 있는 태도와 연관이 있다. 일반적으로 소비자는 광고를 통해 제품이나 브랜드를 인지하게 되는데, 이 과정에서 반복적인 광고 노출을 통해 제품이나 브랜드에 대한 호, 불호의 태도를 갖게 된다. 광고가 소비자에게 긍정적 이미지를 줄 경우, 소비자는 그 제품이나 브랜드에 대해 긍정적 태도를 갖게 되며, 이러한 소비자의 태도는 기억 근접성을 통해 구매에 영향을 미치게 된다. 즉, 광고 등을 통해 얻어진 소비자의 브랜드에 대한 태도는 소비자의 기억 속에 저장되어 있다, 구매 시점에서 기억 근접성을 통해 소비자의 선택에 영향을 미치게 된다.

기억 근접성을 파지오(Fazio, 1990)는 '개인이 갖는 태도가 기억 속에서 자동적으로 떠오르는 정도(p.80)' 라고 정의하고 있는데, 기억 접근성이 높은 태도는 기억에서 빨리 복구되는 특성이 있는 반면, 기억 접근성이 낮은 태도는 기억에서 복구가 힘든 경향이 있다고 그 속성을 설명하고 있다. 이러한 기억 근접성은 기억 속에 저장되어 있는 태도에서 비롯되는데, 이러한 기억 근접성은 개인의 태도가 개인의 관심이나 인지, 행동 등에 영향을 미치는 데 중요한 역할을 한다(Roskos-Eweldsen, 1997).

제품이나 브랜드의 판매율을 높이기 위해선 구매 시점에서 소비자의 기억 근접성을 높이는 것이 중요한데, 기억 근접성을 높이기 위한 방안으로 몇 가지를 살펴보면 다음과 같다.

우선, 반복적인 광고 노출을 통해 제품이나 브랜드에 대한 평가(호, 불호의 태도)를 반복적으로 하게 되면, 브랜드와 소비자의 태도 간에 연상 작용이 높아져 소비자에게 학습 효과를 가져 올 수 있다는 것이다. 이러한 소비자의 학습 과정이 반복될수록 브랜드에 대한 태도는 소비자의 기억 속에 유용한 정보로 남게 되어, 브랜드에 대한 높은 기억 근접성으로 작용하게 된다는 것이다(Fazio, 1995).

이와 함께 최근에 기억된 정보일수록 기억 근접성이 높은 성향이 있기 때문에, 시간적으로 가장 최근에 기억되어진 브랜드의 평가(태도)가 구매 결정 과정에서 브랜드의 선택에 큰 영향을 미칠 수 있다는 것이다(Roskos-Ewoldsen, 1997).

한편, 소비자의 구매 결정은 소비자의 제품이나 브랜드에 대한 태도뿐 아니라, 개인적 특성이나 상황적 요인 등에 의해서도 영향을 받기 때문에 가외 요인들도 고려해야 한다는 주장들도 있다(Chaiken, Giner, & Chen, 1996; Bettman, Luce, & Payne, 1998; Vermeir & Kenhove, 2005; Vermeir, Kenhove, & Hendrickx, 2002). 소비자의 구매 결정은 항상 소비자의 기억 속에 있는 제품이나 브랜드에 대한 태도로만 결정되는 것이 아니라는 것이다. 즉, 소비자의 브랜드에 대한 태도와 구매 행동이 항상 일치하지는 않는다는 것이다. 예를 들면, 특정 브랜드에 대해 긍정적 태도를 갖고 있다 하더라도 상황적 요인에 의해 – 제품 가격이 비싸거나, 품절이 되었을 경우 등 – 다른 브랜드의 제품을 구매하는 경우가 있다.

한편, 기업들 간에 치열한 시장 경쟁으로 광고를 통한 촉진 활동이 활발해지면서, 과열된 광고 시장이 소비자에게 혼란을 줄 우려가 있다고 지적하기도 한다.

제품의 차별성이나 브랜드 특성에 대한 소비자의 인식이 부족할 경우, 제품 간의 과대한 경쟁은 소비자의 제품 선택에 혼란을 줄 수 있다는 것이다. 그러나 제품 간의 경쟁을 통해 소비자들이 양질의 제품을 저렴한 가격에 이용할 수 있다는 점에서, 광고를 통한 촉진 활동은 소비자에게 다양한 혜택을 제공하기도 한다.

오늘날 많은 광고주들은 효과적인 촉진 활동의 하나로, 상호 관련된 광고물들을 통해 광고에 대한 보완 효과나 강화 효과를 기대하고 있다. 즉, 한 가지의 광고보다는 다양한 매체나 광고물들을 통해 광고 효과를 높이고자 하는 것이다. 이러한 현상은 상호 관련된 목표를 이루기 위한 일련의 광고물이나 광고물 제작을 지원하는 광고 캠페인을 통해 나타난다(Parente, 2005/2006). 또한 매체를 통한 제품 광고뿐 아니라, 소비자들을 매장 안으로 끌어들이기 위해 다양한 광고물들을 활용하고 있다. 기업입장에서는 최종 구매자인 소비자들의 브랜드 애호도를 높이기 위해 광고 등을 통한 촉진 활동으로 소비자들을 끌어들이는 풀(pull) 전략을 활용하고 있다.

(3) 광고의 경제적 기능

소비자는 광고 노출을 통해 특정 상품이나 서비스의 이미지를 갖게 된다. 광고를 통해 소비자가 갖는 상품이나 서비스의 이미지, 나아가 브랜드 이미지는 제품이나 브랜드에 대한 소비자의 선택에 영향을 미치게 된다. 이처럼 제품이나 브랜드의 긍정적 이미지는 소비자로 하여금 브랜드의 품질에 대해 신뢰를 갖게 하여, 제품이나 브랜드의 내재적 가치를 높이는 효과를 가져 온다(Arens, 2002/2006).

브랜드가 창출하는 부가가치인 브랜드 자산(brand equity)은 브랜드 인지도와 브랜드 이미지로 구성되는데(박찬수, 2006), 브랜드 인지도와 이미지 형성에 광고는 큰 영향을 미친다.

소비자들은 반복된 광고 노출을 통해 브랜드 인지도를 높이게 되며, 광고에서 만들어 낸 특정 이미지를 브랜드 이미지로 받아들이게 된다. 기업은 자신이 원하는 이미지를 광고를 통해 소비자에게 전달하며, 광고에 노출된 소비자들은 특정 이미지를 통해 브랜드 인식을 하게 된다. 이러한 과정을 통해 특정 브랜드는 특정 가치(이미지)를 소비자에게 제공할 수 있는 브랜드로 인식되며, 이에 따른 브랜드의 내재적 가치도 높아지는 것이다.

또한, 시장 경제에서 광고는 제품 간의 경쟁을 활성화시킴으로써 제품의 가격을 낮추는 역할을 하기도 한다(Arens, 2002/2006). 광고를 통해 제품의 인지도가 높아지면 제품 판매량에도 영향을 미치게 되어 대량 판매가 가능해진다는 것이다. 그 결과, 제품의 대량 생산 체계가 가능해짐으로써 제품의 단위 생산 비용을 절감할 수 있다는 것이다. 즉, 규모의 경제 논리로 볼 때, 광고를 통해 대량 생산이 가능해짐으로써 제품의 생산 원가를 낮추게 되어 궁극적으로 소비자에게 가격 부담을 덜어 줄 수 있다는 것이다.

한편, 광고에 따른 비용이 제품 가격에 반영됨으로써 제품 가격이 인상되는 결과를 가져온다고 지적하는 시각도 있다. 그러나 이러한 주장에 대해서, 제품 비용에서 광고비가 차지하는 비율은 매우 낮기 때문에 광고비로 인해 제품의 가격이 인상된다는 것은 설득력이 떨어진다는 주장을 제기한다(이종호, 2004; Arens, 2002/2006).

(4) 광고의 문화적 기능

광고만큼 소위 말하는 트렌드를 빠르게 보여 주는 커뮤니케이션도 없다. 광고가 현실을 조장하고 왜곡한다는 일부 지적도 있지만, 광고는 소비자의 욕구와 필요를 바탕으로 한 그 시대의 욕망을 가장 빠르게 반영하는 메시지이기도 하다. 이는 광고가 소비자의 욕망과 필요를 반영한다(김광수, 1999)는 점에서도 알 수 있다.

광고를 통해 현대인들이 원하는 가치와 욕망을 알 수 있으며, 매체에서는 수많은 광고들을 통해 소비자의 욕망을 자극하고 있다. 광고에서는 이러한 소비자의 가치와 욕망을 때로는 우아하게, 혹은 유머러스하고 때로는 섹시한 분위기로 소비자에게 전달한다. 소비자는 상품이나 서비스를 구매할 때 자신이 원하는 가치를 기대하게 되며, 구매를 통해 이를 충족했을 때 그 상품이나 서비스는 소비자에게 효용 가치를 제공하게 된다.

소비자들이 상품이나 서비스 구매를 통해 기대하는 가치는 소비자가 속한 집단의 사회, 문화적 요인이나 개인적 특성 등에 따라 다를 수 있다. 문화적 요인으로 주로 언급되는 요인 중 하나가 집단주의(collectivism)와 개인주의(individualism)에 따른 차이이다(Aaker & Maheswaran, 1997; Wulf, Odekerken-Schroder, & Lacobucci, 2001).

집단주의 성향이 강한 동양 문화권의 경우, 제품을 선택할 때 개인적인 취향보다는 준거집단(reference group) 등 주변 사람들의 의견이나 판단을 중시하는 성향이 있는 반면, 개인주의 성향이 강한 서양 문화권에서는 주변 사람들의 의견보다는 자신의 취향을 중시하는 경향이 있다는 것이다. 이러한 성향은 브랜드 선택에서도 나타나, 동양 문화권의 경우 다른 요인보다 브랜드를 보고 제품을 선택하는 성향이 서양 문화권에 비해 높다는 것이다. 이러한 소비자의 성향은 광고에도 반영되어, 일부 자동차 광고의 경우, 동양 문화권에서는 제품의 속성보다는 브랜드를 강조하는 광고 전략을 사용하는 등 차별적인 광고 전략을 사용하기도 한다.

소비자들은 문화적 요인뿐 아니라, 개인적 특성에 따라서도 구매 결정에 차별적인 가치 성향을 가진다. 일부 소비자들은 가격 요인을 가장 중요하게 생각해 가격에 민감하며, 일부는 디자인을 중시하거나, 혹은 브랜드를 가장 중시하여 제품의 브랜드를 보고 구매를 결정하기도 한다.

이처럼 소비자들이 제품 구매 과정에서 가치를 두는 요인은 다양하지만, 어떠한 제품이 자신이 원하는 가치를 제공하는가는 제품 광고를 통해서 전달된다. 광고를 통해 소비자에게 제품이 제공하는 다양한 가치를 전달하고, 소비자는 자신이 원하는 가치를 제공하는 제품을 선택, 구매함으로써 자신의 욕구를 충족시키게 되는 것이다. 이처럼 광고는 소비자가 원하는 다양한 가치와 욕망을 표출함으로써 소비자에게 선택의 폭을 넓혀 줄 수 있다.

한편, 광고가 소비자들에게 소비를 자극함으로써 물질주의나 쾌락주의 등을 조장한다는 일부 비판도 있다(Arens, 2002/2006). 이는 소비자가 광고 노출을 통해 자신에게 불필요한 제품에 대한 욕구를 갖거나 구매를 갈망함으로써 물질주의 성향을 확대시킬 수 있다는 것이다. 또한 이러한 물질주의나 쾌락주의는 궁극적으로 소비자들의 가치 체계에 부정적 영향을 미치게 된다는 것이다.

그러나 이러한 주장에 대해 일부 학자들은 광고가 소비자에게 물질주의를 조장한다는 것은 소비자의 합리적 사고 능력이나 의사 결정 과정을 과소평가하는 견해에서 비롯된 것이라고 반박한다(박찬수, 2006; 이종호, 2004). 즉, 소비자는 매체를 통해 전달되는 광고 내용에 의해 자신의 소비나 욕구를 결정하기보다는 자신의 이성적 판단에 따라 자신이 필요로 하는 상품이나 서비스를 선택, 구매한다는 것이다. 소비자는 합리적이기 때문에 유용한 정보 채널로 광고를 활용하며, 광고 때문에 불필요한 소비나 잘못된 구매를 하는 경우는 많지 않다는 것이다.

또한, 광고에서 등장하는 특정 계층의 묘사에 문제점이 있다고 지적하기도 한다. 즉, 일부 광고에서 여성이나 특정 계층이 고정화된 이미지로 등장하여 수용자들에게 일부 계층에 대한 스테레오 타입을 조장할 우려가 있다는 것이다(Arens, 2002/2006; 윤태일, 2004). 예를 들면, 광고에서 순종적인 가정주부의 모습이나 선정적 모습의 몸매를 강조한 여성 모델의 등장이 많아 사회 내에서 수동적 역할이나 성 상품화의 매개로 여성이 묘사되는 경우가 많다는 것이다.

또한 미국과 같은 다인종 사회의 경우, 광고 속에서 흑인이나 남미 계층에 대한 편향된 모습을 보여 줌으로써 소비자들에게 특정 계층에 대한 왜곡된 이미지를 심어 줄 우려가 있다는 것이다.

3. 인터넷 시대의 광고

디지털 기술의 발달로 매체 환경이 급속히 변화하면서 새로운 광고 매체들이 등장하고 있다. 시간과 공간의 제한을 뛰어넘는 인터넷의 보급과 디지털 기술을 활용한 모바일 매체의 등장으로 수용자의 매체 이용은 더욱 다양해지고 있으며, 이에 따라 새로운 형태의 광고가 등장하고 있다.

인터넷 이용률이 높아짐에 따라 인터넷의 광고 시장도 그 규모가 커지고 있는데, 인터넷 광고 시장은 2004년 3,927억 원에서 2005년도에는 5,669억 원으로 증가하여 40% 이상의 성장률을 보였으며, 2005년도 인터넷 광고비는 전체 광고비의 약 8%를 차지하는 것으로 나타났다(이시훈, 최환진, 홍원의, 2007). 인터넷을 활용한 인터넷 광고의 유형으로는 자사의 다양한 정보를 담고 있는 웹 사이트, 웹 페이지에 부분적으로 깔리는 배너 광고, 배너와 유사한 버튼 광고, 스폰서십(sponsorship) 광고, 틈새형 광고, 분류 광고 등이 있다(Arens, 2002/2006).

인터넷 광고의 특징을 일반 광고와 비교하면 다음과 같다(이시훈 외, 2007).

첫째, 인터넷 광고는 소비자의 브랜드에 대한 태도뿐 아니라, 구매에까지 이르는 위계적 효과 단계를 측정할 수 있다는 것이다. 즉, 인터넷 광고를 통해 소비자가 직접 상품 구매가 가능함으로써 광고 노출에 따른 직접적인 효과 측정이 기능하다는 것이다.

둘째는, 인터넷의 상호 작용적 특성을 반영한 쌍방향성을 들 수 있다. 인터넷 이용자가 자신의 필요에 따라 광고의 이용과 통제를 선택함으로써 광고의 개인적 적합성을 가질 수 있다는 것이다. 또한 쌍방향성을 기본으로 한 광고의 침투성이 높다는 점과 개인적 이용에 따른 일대일 마케팅이 가능하다는 특성도 함께 갖고 있다.

오늘날 광고는 보다 효율적인 마케팅을 위해 통합 마케팅 커뮤니케이션

(integrated marketing communication)의 하나로 활용되고 있다. 통합 마케팅 커뮤니케이션은 '소비자, 고객, 종업원 혹은 기타 조직 내·외부의 관련된 모든 공중을 대상으로 상호 조정되고 측정 가능하며 설득적인 마케팅 커뮤니케이션 프로그램을 지속적으로 적용하는 전략적인 사업 과정'(김일철, 돈 슐츠, 2006, 37쪽)으로 정의할 수 있는데, 이 개념은 기업의 촉진 활동의 하나로 운영되던 광고를 보다 통합적 차원에서 활용하는 것이 마케팅적 효과를 극대화할 수 있다는 시각에서 비롯된 것이다. 광고나 PR 등 설득 커뮤니케이션의 메시지들이 통합적인 차원에서 일관성 있게 제작, 운영되는 것이 보다 효율적인 설득을 얻어낼 수 있다는 것이다.

달라진 매체 환경에서는 광고가 단순히 브랜드의 이미지나 태도를 형성하는 것뿐 아니라, 제품 구매라는 소비자의 행동까지도 영향을 미칠 수 있기 때문에, 마케팅적 시각에서 광고가 운영되는 전략이 필요하다. 끊임없는 설득 과정을 통해 소비자들을 유혹하는 광고가 변화된 매체 환경과 시장에 어떻게 대응하는가가 지속적인 과제이다.

〈참고 문헌〉

강승구·김병희,『현대광고와 카피전략』, 한국방송통신대학교출판부, 2008.

김일철·돈 슐츠,『마케팅 커뮤니케이션의 통합과 온광고론』, 서울 : 나남출판, 2006.

김광수,『광고학』, 서울 : 한나래, 1999.

박찬수,『마케팅 원리』제3판, 서울 : 법문사, 2006.

윤태일, 여성의 날씬한 몸에 관한 이미지 담론 분석,『한국언론학보』, 48(4), 5~32쪽, 2004.

이시훈·최환진·홍원의,『웹 2.0시대 인터넷 광고론』, 한국광고학회, 2007.

이종호,『광고관리론』, 서울 : 경문사, 2004.

Aaker, J. L., & Maheswaran, D. The effect of cultural orientation on persuasion, *Journal of Consumer Research*, 24, pp.315~328, 1997.

Arens, W. F. *Comtemporary Advertising*, (8th ed.), 2002. 리대룡, 김봉현, 김태용 역, 『현대광고론』. 서울 : 한경사, 2006.

Bettman, J., Luce, M., & Payne, J. Constructive consumer choice processes, *Journal of Consumer Research*, 25, pp.187~217, 1998.

Brown, T., & Dacin, P., The company and the product: Corporate associations and consumer product responses. *Journal of Marketing*, 61(1). pp.68~84, 1997.

Chaiken, S., Giner, S., & Chen, S. *Beyond accuracy: Defense and impression motives in heuristic and systematic information processing*, In P. Gollwitzer et al. (Eds.), *The psychology of action: Linking cognition and motivation to behavior* (pp.553~578). NY : Gulford Press, 1996.

Fazio, R. H. Multiple processes by which attitudes guide behavior: the mode model as an integrative framework, *Advances in Experimental Social Psychology*, 23, pp.75~109, 1990.

McQuail, D., *Mass Communication Theory* (4th ed.), 2000. 양승찬 · 강미은 · 도준호 역, 『매스커뮤니케이션 이론』, 서울 : 나남출판, 2002.

Parente, D., *Advertising Campaign Strategy* (4th ed.), 2005. 조병량 · 한상필 역, 『광고 캠페인 전략』, 서울 : 한경사, 2006.

Roskos-Ewoldsen, D. R. Attitude accessibility and persuasion : review and a transactive model, In B. Burleson's eds. *Communication Yearbook 20*, pp.185 · 225, Beverly Hills, CA:Sage, 1997.

Schmidt, J. B., & Spreng, R. A. A proposed model of external consumer information search, *Journal of the Academy of Marketing Science*, 24(3), pp.246~256, 1996.

Vermeir, I., & Kenhove, P. V. The influence of need for closure and perceived time pressure on search effort for price and promotional information in a grocery shopping context, *Psychology & Marketing*, 22(1), pp.71~95, 2005.

Vermeir, I., Kenhove, P. V., & Hendrickx, H. The influence of need for closure on consumer's choice behavior, *Journal of Economic Psychology*, 23, pp.703~727, 2002.

Wulf, K. D., Odekerden-Schroder, G., & Lacobucci, D. Investments in consumer relationships : A cross-country and cross-industry exploration, *Journal of Marketing*, 65, pp.33~50, 2001.

뉴미디어와 사회

- 모바일 미디어와 동영상 UCC

1. 서론

디지털 기술의 급속한 발전과 보급, 그리고 유무선 통합에 따른 인터넷 환경은 과거에 볼 수 없었던 또 다른 기회와 변화를 우리에게 안겨 주었다.

과거 인터넷 이용자들은 정보에 대한 검색 및 이를 활용하는 수동적인 모습을 보였다면, 근래의 이용자들은 자신을 표현하고 이를 다른 사람들에게 알리며, 인터넷 공간에 적극적으로 참여하는 모습을 보이고 있다. 한국 인터넷 진흥원(2007)의 UCC(user created contents) 이용 현황 조사에 의하면, 조사 대상자의 83.5%가 UCC를 보거나 이용한 경험이 있으며, UCC 이용자는 주평균 4.7시간 이용하는 것으로 조사되었다.

특히 인터넷 이용이 일상적인 삶이 되면서 이제는 인터넷 없이는 하루도 살 수 없는 사회적 환경이 구축되었다. 이와 더불어 웹 2.0의 도입에 따른 웹 환경의 변화는 이용자 누구나가 정보와 콘텐츠를 생산하고 이를 전파하는 주체가 되었다.

그리하여 현재는 한 개인이 곧 미디어가 되고, 개인의 창조에 의해 탄생된 창작물은 위대한 콘텐츠가 되어 전 세계에 영향을 미칠 수 있는 시대를

맞이하게 된 것이다.[1]

지난 2006년은 'UCC 세상'이라 해도 과언이 아닐 것이다. 미국의 시사 주간지 《타임》은 2006년 '올해의 발명품'으로 동영상 UCC 사이트인 'YouTube'를 선정하였고, '올해의 인물'로 UCC 사용들을 상징하는 'YOU'를 선정한 바 있다. 이에 인터넷에서의 킬러 콘텐츠 혹은 킬러 애플리케이션이 동영상 부문으로 급속한 이행을 진행하고 있다.

나아가 인터넷 기술의 고도화, 지능화로 비즈니스 모델의 지속적인 진화가 예상되며 3.5세대 이동 통신, WiBro, HSDPA 등을 통해 모바일 애플리케이션도 확대되고 있다(삼성경제연구소, 2006, 4쪽).

더불어 향후 인터넷 비즈니스 모델 전망에 있어 4대 견인 요소로 이용자 참여, 동영상, 지능화, 모바일화를 제시한 바 있다. 따라서 동영상 UCC는 정보의 생산 및 전달력 그리고 강력한 유통 네트워크에 힘입어 지속적으로 성장할 전망이며, 모바일 미디어를 통한 언제 어디서나 생산과 유통이 가능한 콘텐츠로 부각될 것이다.

한편, PC 기반의 인터넷 환경에서 개발된 웹 관련 기술은 점차 모바일 환경에 맞춰 진화하고 있으며, 향후 도래할 유비쿼터스 컴퓨팅 환경에 적응하기 위한 기술적 변화를 더욱 가속화하고 있다. 특히 다양한 콘텐츠의 수용과 편리한 사용자 인터페이스, 그리고 5any(anytime, anywhere, anydevice, anynetwork, anyservice)를 실현할 수 있는 웹으로의 발전을 모색하는 과정에서 차세대 웹에 대한 논의가 한창 진행 중이다. 그 과정에

---

1) 2005년 4월에 발생했던 버지니아 공대의 총기사건에서도 동영상 UCC는 그 위력을 여지없이 발휘하였다. 토목공학과 대학생이 노키아 휴대전화로 촬영한 현장의 동영상은 곧바로 주요 언론들이 영상 자료로 활용하여 전세계에 소식을 전한 바 있다. 한편, 'icantread01'의 아이디를 사용하는 한 블로거가 이번 총격 사건으로 부상 당한 여자 친구 이야기를 블로그(icantread01.livejournal.com)에 올려놓자 주요 언론들이 경쟁적으로 인용 보도하고 있다. CBC 뉴스월드, NPR, MTV 뉴스 등은 잇달아 이 블로거의 글들을 인용 보도하면서 사건 당시의 참사를 전해줬다(아이뉴스, 2007. 4. 17).

서 유무선 연동 서비스로의 풀 브라우징에 대한 논의가 부각되고 있다. 풀 브라우징(Full-Browsing)은 이동성과 휴대성이 강조되는 모바일 미디어에서 유선의 인터넷 사이트에 언제나 접근 가능한 것으로 개방과 참여라는 웹 2.0의 특징이 모바일 미디어에 접목되는 것이다.

또한 디지털 융합 시대로 인해 새로운 미디어들이 지속적으로 출현하고 있는데, 이러한 뉴미디어를 채워 줄 수 있는 새로운 콘텐츠가 필요한 이때 UCC가 그 해결책으로 제시되고 있다. 2005년부터 실시한 DMB의 경우, '손 안의 TV', 'Take Out TV', '걸어 다니는 TV'라는 수식어로 세간의 주목을 끌었으나 콘텐츠의 부족 현상이 나타나고 있다. 결국 지상파 DMB의 경우 방송 시작 7개월 만에 1,000억 원이 넘는 적자를 기록한 바 있다.

이에 유비쿼터스 미디어(u-media)라 일컬어지는 모바일 미디어에서 UCC를 활용하는 방안이 모색되어야 할 것이다. 특히 풀 브라우징에 의한 유무선 연동 서비스와 모바일 웹 2.0에 의한 콘텐츠의 생산, 유통, 소비는 사회 각 분야에 커다란 변화를 가져올 것이다.

본고에서는 모바일 미디어와 UCC에 대한 일반적 논의를 통해 모바일 콘텐츠로서의 UCC에 대한 활성화 가능성을 알아보기 위해 풀 브라우징을 통한 모바일 미디어 환경의 변화, 이에 대한 해외 사례, 그리고 주요 정책적 이슈와 당면 과제를 살펴볼 것이다.

2. 모바일 미디어와 콘텐츠

스프라울과 키슬러(Sproull & Kiesler, 1991)는 기술의 발전 단계를 그 기술이 미치는 효과에 따라 효율성의 증대 효과, 그리고 사회적 파급 효과로 설명한 바 있다.

새로운 기술이 시장에 처음 나타나게 되면 그 기술의 간편함, 유용성, 속도 등의 가시적 효율성을 증대시키고, 새로운 기술이 사회에 확산됨에 따라 새로운 행태의 변화가 사회에 나타난다는 것이다. 이의 대표적인 예를 전화로 들 수 있다. 전화가 초창기에는 비즈니스의 효율성을 높이는 도구로 인식되었으나, 차츰 산업적 측면뿐 아니라, 개인의 삶과 사회적 변화를 야기시켜 커다란 사회적 파급 효과를 가져온 것이다. 이에 휴대전화가 가져온 사회적 파급 효과는 과거의 전화와는 비교할 수 없는 엄청난 사회적 파급 효과를 가져왔다.

1980년대에 등장한 일명 Homo PCcus 이래 Homo Notebookus, Homo PDAcus에 이어 Homo Mobilius가 신인류로 등장하였다(송해룡, 2003, 319쪽). 인터넷 및 통신 기술의 급속한 발전을 통해 탄생하게 된 이 신인류는 디지털 카메라, 디지털 캠코더, 휴대전화 등의 다양한 디지털 장비를 이용하여 그들의 행동 반경과 영향력을 넓혀가고 있다. 특히 컨버전스에 따른 휴대전화의 끝없는 진화는 이들의 생활 습관에도 커다란 변화를 양산하여 언제 어디서나 원하는 정보와 콘텐츠를 얻고, 직접 생산에도 참여하여 이동형 라이프 스타일을 창출하였다. 이렇듯 휴대전화를 통하여 생활을 영위하는 사람들을 '모티즌(motizen)'이라 지칭할 수 있을 것이다. 그리고 이들이 새롭게 창출해 나가는 사회를 '모바일 사회'라 할 수 있을 것이다. 또한 이동성과 휴대성이 강조되는 현대의 모바일 사회에서 휴대전화, 스마트폰, PDA, PMP 등 언제, 어디서나 상호 작용적으로 이용할 수 있는 미디어가 모바일 미디어이다.

초기에는 통신용의 휴대전화, 문서 처리를 위한 PAD, 음악 및 동영상의 저장과 재생을 목적으로 출발하였던 PMP 등의 미디어들이 새로운 기능이 추가되고, 다양한 기능들이 융합되면서 멀티미디어로 변모하게 되었다. 나아가 유무선이 통합되면서 이동성이 고도화되고, 네트워크를 통한 상호 작용성을 폭넓게 구현하면서 유비쿼터스 사회로 예견되는 미래 사회의 주요 미디어로 자리매김하고 있다.

이와 관련하여 이재현(2004)은 모바일 미디어를 '간편하게 사용할 수 있는 기기를 통해 이동 중에도 다양한 정보 처리와 무선 통신이 가능하도록 인터페이스가 고안되어, 독특한 상호 작용 및 커뮤니케이션 양식을 만들어내고 있는 디지털 멀티미디어'라고 정의한 바 있다. 즉, 휴대가 가능한 크기로 이동 중에도 이용이 가능하고, 무선 통신으로 다양한 정보 처리와 서비스를 이용할 수 있으며, 인간과 인간, 인간과 기기 사이의 상호 작용이 가능하여 독특한 커뮤니케이션 양식을 구현할 수 있는 미디어라는 것이다.

이에 우리 사회는 모바일 미디어를 통하여 인간과 인간, 인간과 기기 간의 상호 작용성 증대, 개인의 기호 및 욕구, 취향에 맞는 정보를 선택할 수 있는 선택성의 증가, 시간과 공간의 제약에서 벗어나 언제 어디서나 정보와 서비스를 이용할 수 있는 편리성의 증대, 영상화된 정보 전달 형태를 통한 소구력의 증대, 정보 처리에서의 생산성과 효율성의 증대라는 기술적 특성이 제공해 주는 새로운 환경으로 변화해 가고 있다.

특히 이러한 모바일 환경의 인프라는 모바일 미디어를 기반으로 하는 부가서비스, 다시 말해 모바일 콘텐츠라고 하는 새로운 수요를 창출하고 있다. 또한, 이동성과 양방향성, 그리고 개인화의 특성을 지닌 모바일 미디어가 일반화되면서 이용자들은 문화와 콘텐츠를 소비하는 동시에 콘텐츠를 직접 생산하고 공유하며 소비하는 시대를 맞이하였다. 이용자들은 디지털 기술을 기반으로 정보를 소비하고 직접 생산하는 '디지털 프로슈머(digital prosumer)'로 진화하고 있으며, 직업과 접목시킨 '잡노마드(job nomad)'[2]들까지 출현하고 있다(박은희 편, 2007, 7쪽). 나아가 이들은 때

---

2) '잡 노마드(job nomad)'라는 용어는 미래학자인 군둘라 엥리슈(Gundula Englisch)가 직업을 따라 유랑하는 디지털 유목민이라는 의미로 사용하면서 널리 쓰이게 되었다.

와 장소를 가리지 않고 자신의 창의력을 발휘해 새로운 부가가치를 창출하는 창조 계급(creative class)으로 성장해 문화 콘텐츠 생산과 소비의 새로운 트렌드로 자리매김하고 있다.

이와 관련하여, C 세대(contents generation)라는 용어가 회자된 적이 있다. C 세대란 '소비자가 직접 콘텐츠를 창조하는 세대'를 의미하는 것으로, 사진이나 음악, 동영상 등과 같은 콘텐츠를 소비자가 직접 관련 기기로 생산해 인터넷에서 공유하는 사람들을 일컫는다. 인터넷의 미니홈피와 블로그 등을 관리하고 운영하는 개인이 그들만의 콘텐츠를 제작하고 일반에게 공개함으로써 본격적인 '1인 미디어 시대'를 연 것이다. 이러한 C 세대의 확산으로 인하여 디지털 기기에 의한 자가 발전형(自家發電形) 콘텐츠 문화가 확산되고 있다.

한편, 디지털 기술의 지속적인 발전으로 디지털 콘텐츠 시장은 많은 변화를 겪고 있다. 이에 대해 홍효진(2006)은 멀티 플랫폼화, 복합화, 동영상 중심, UCC의 확산, 온라인 콘텐츠 마켓플레이스의 등장 등 5가지로 구분하여 디지털 콘텐츠 시장의 패러다임 변화를 정리하였다.

먼저, 하나의 콘텐츠를 동시에 다양한 플랫폼에서 구현 가능하도록 한 '멀티 플랫폼화'가 진행되고 있다. 각기 다른 형태로 생산된 콘텐츠가 디지털 패킷화를 통하여 다양한 플랫폼으로 전환이 가능한 것이다.

둘째, 콘텐츠의 복합화가 진행되고 있다. 다양한 플랫폼과 소비자 욕구의 다양화로 소비자와 콘텐츠가 만나는 접점이 다양해지면서 콘텐츠의 장르 간 구분이 파괴되어 다양한 콘텐츠들이 서로 융합하면서 시너지 효과를 창출하고 있는 것이다.

셋째, 콘텐츠가 점차 동영상 중심으로 변화되고 있다. 100Mbps급의 초고속 인터넷 서비스와 다양한 동영상 플레이어의 보급, 간단한 조작으로 영상 편집이 가능한 소프트웨어의 발전 등으로 영상 구현에 적합한 인프라가 조성되었고, 각종의 디지털 기기를 이용한 동영상 촬영이 보편화되어 디지털 콘텐츠의 중심이 영상으로 이동할 수 있는 것이다.

넷째, UCC가 디지털 콘텐츠의 생산, 소비, 유통의 총아로 자리매김하게 된다. 웹 2.0의 시대가 본격화되어 소비자들은 적극적이고 전문지식을 갖춘 프로슈머로 변화하게 된다는 것이다.

마지막으로, 온라인 콘텐츠 마켓플레이스의 등장인데, 이는 제휴업체의 콘텐츠만 판매하던 기존의 콘텐츠 사이트와는 달리 판매자와 구매자를 직접 연결함으로써 누구나 참여할 수 있도록 하는 특징을 가지고 있다.

이상의 내용으로 보았을 때, UCC는 이제 인터넷 사이트를 넘어 휴대전화나 PDA, PMP 등과 같은 다양한 플랫폼으로 확대되고 있으며, 기존의 텍스트나 이미지 위주에서 벗어나 동영상 중심의 멀티미디어 세계를 개척하고 있다. 특히 WiBro, HSDPA 등 영상 관련 기술의 발달과 통신 사업자들의 콘텐츠 확보 경쟁 등으로 UCC 동영상이 모바일 콘텐츠로 등장하게 되었다. 이에 다음에서 웹 2.0 기반의 UCC에 대해 살펴보기로 한다.

3. 웹 2.0과 동영상 UCC

(1) 웹 2.0의 등장

웹이 우리에게 소개된 지 갓 10년이 지난 시점에서, 웹 2.0이라는 용어가 근래의 화두로 등장하였다. 웹 2.0이라는 용어는 미국의 IT 전문 출판 미디어인 오라일리(O'Reilly Media Inc.)의 팀 오라일리(Tim O'Reilly)가 콘퍼런스를 위한 브레인 스토밍 중 "닷컴의 붕괴에서 살아남은 구글, 아마존닷컴, 야후와 같은 기업들의 성공 요인에는 어떤 공통점이 있다."고 지적한 데서 시작되었다.

기존의 웹 1.0은 사업자가 인터넷상에서 정보를 생산하고 관리하며 배급하는 방식으로 이용자에게 보여 주기만 하였다면, 웹 2.0은 사업자가 모두에게 개방된 열린 공간을 제공하고 이용자가 적극적으로 참여하여 정보와 지식을 생산, 공유, 소비하는, 다시 말해 '열린 인터넷', '참여의 웹'을 의미한다. 결국 정보나 지식의 소유자, 독점자가 없으며, 어느 누구나 손쉽게 정보와 지식을 생산하고 이를 타인과 공유할 수 있도록 한 이용자 참여 중심의 새로운 인터넷 환경을 말한다.

이러한 의미에서의 웹 2.0은 차세대 웹이 지향하고 있는 다양한 디바이스, 네트워크, 서비스, 데이터 등을 통합하여 보다 편리한 이용자 환경을 제공하기 위한 '플랫폼으로서의 웹 기술'이라 정의할 수 있다(한국정보사회진흥원, 2006, 102쪽).

웹 2.0의 등장은 언제 어디서나 열린 플랫폼으로 많은 사람들이 상호 작용할 수 있는 환경을 제공하였다. 이용자들은 개인이 생산한 글과 사진, 동영상 등을 게시하거나 외부로부터 얻은 정보와 지식, 콘텐츠 등을 공유하고 타인에게 전파하는 등의 적극적인 정보의 생산과 유통을 담당하게 되었다. 따라서 정보의 양과 다양성이 확대되고 정보가 빠른 속도로 전파되어 역동적 융합 및 재창조로 이어지는 선순환 구조를 형성하게 된다.

특히 API(application programming interface; 응용 프로그램 환경)라는 장치가 웹 2.0 기업의 핵심 역량이라 할 수 있는데, 이는 소프트웨어나 프로그램의 기능을 이용자가 누구나 사용할 수 있도록 공개된 함수이다. API를 기업이 공개하면 특정 프로그램의 기능을 다른 프로그램에서도 활용할 수 있어, 원하는 서비스를 이용자가 직접 개발하고 이용할 수 있다. 최근 들어 포털 사이트가 API를 공개하여 많은 이용자들이 자신의 취향에 맞게 서비스를 개발할 수 있는 환경을 제공하고 있다.

그리고 웹 2.0은 다품종 소량 생산 경제로의 전환을 촉진하게 되는데, 불특정 다수를 대상으로 한 대중 매체에서는 제품 구매자가 관련 정보를 얻기가 힘들었다. 하지만 웹 2.0 시대에서는 다양한 취향을 가진 소비자가 여러 틈새 제품에 대한 정보를 공유함으로써 제품 구매를 촉진시키며, 나아가 오프라인 매장에서 배제되던 틈새 제품의 유통이 용이해진다(삼성 경제연구소, 2007, 6쪽).

한편, 미디어 기술의 지속적인 발전으로 쌍방향적 커뮤니케이션이 가능해지고, 모바일 미디어와 같은 개인 미디어의 발달로 인해 많은 사람들은 '참여'의 기회를 가지게 되었다. 특히 모바일 웹이 웹 2.0과 결합하면서 모바일 환경에서도 웹 2.0이 지니는 속성이 나타나고 있다. 모바일 웹 1.0에서는 이동 통신사가 자사의 망을 독자적으로 운영하여 이용자는 이동 통신사가 제공하는 제한적인 콘텐츠만 이용할 수 있었지만 모바일 웹 2.0은 개방형 모델로 유무선 통합 환경 구현이 가능하다. 또한 개방형 API를 통해 다양한 서비스 제공이 가능하고 이용자 중심의 메뉴 구성이 가능하여 컴퓨터와 거의 유사한 인터페이스를 구현할 수 있다(홍상균, 2007, 12~13쪽).

따라서 웹 2.0의 보급 및 모바일 웹 2.0은 더 많은 사람에게 개방하고 이들의 참여를 유도함으로써 활발한 상호 작용을 통해 창조적인 문화 활동을 가능하게 한다. 또한 인터넷의 생활화, 일상화를 전진시켜 사회 전반의 변화를 유발하고 있으며, 이용자의 가치를 중요시하고 있어 기업들은 다양한 정책과 전략을 통해 이용자의 참여를 유도하고 네트워크 효과를 얻기 위해 고심 중이다.

(2) UCC의 개념과 유형

UCC라 함은 '이용자(user)가 제작한(created) 콘텐츠(contents)'의 약자로 '이용자 제작 콘텐츠', '이용자 창작 콘텐츠', '손수 제작물' 등 다양한 용어로 해석되고 있다. 한편, 해외에서는 UCC 대신 UGC(user generated contents)라는 용어를 사용하고 있으며, 웹상에서의 백과사전이라 할 수 있는 위키피디아(wikipedia)에서는 UGC를 '2005년부터 웹 퍼블리싱과 새로운 미디어 콘텐츠 제작 분야에서 주류가 된 것으로, 방송사, 프로덕션 회사와 같은 전통적인 매체 생산자와는 다른, 웹 사이트의 이용자에 의해 생산되는 온라인 콘텐츠'라고 정의하고 있다.

하지만 엄밀한 의미에서의 UCC는 최근에 생겨난 개념이 아니라, 이전부터 존재해 왔던 개념이라는 것이다. 싸이월드의 미니홈피, 디지털 카메라 사진 전문 사이트인 디시인사이드, 블로그, 개인 홈페이지, 동호회 커뮤니티, 위키피디아 등은 이용자가 직접 글과 그림, 사진 등을 업로드하고, 다른 사람들이 평가나 답글, 댓글을 달 수 있도록 하고 있다. 이렇듯 우리에게 친숙한 사이트의 서비스들은 결국 UCC 기반의 서비스인 것이다.

이에 현재 회자되고 있는 UCC라 함은 대부분 동영상 UCC를 칭하는 것으로, 이에 대한 명확한 구분이 필요하여 UCC의 유형 구분을 통해 그 의미를 알아보고자 한다.

UCC는 콘텐츠의 매체에 따라 텍스트, 이미지, 오디오, 비디오, 그리고 복합 미디어로 구성된 UPC(user packaged contents)로 구분할 수 있다. 또한 콘텐츠의 제작 목적 혹은 그 내용에 따라 정보 제공을 위한 I-UCC, 엔터테인먼트를 위한 E-UCC, 수익 창출을 위한 B-UCC로 구분된다. 그리고 콘텐츠의 형태에 따라 순수하게 이용자의 독창성에 의해 제작된 이용자 제작 콘텐츠(UGC), 기존의 존재하던 소스 콘텐츠에 이용자의 의견, 또는 다른 소스 콘텐츠를 조합하여 변형시킨 이용자 가공 콘텐츠(UMC), 기존에 있던 두 개 이상의 콘텐츠를 조합하여 전혀 새로운 의미나 부가가치를 생산해 내는 이용자 재창조 콘텐츠(URC)로 분류할 수 있다(임순옥, 2007; 김문형, 남제호, 홍진우, 2006, 마케팅 사관학교 & 김영한, 2006).

인터넷과 네트워크의 급속한 발전은 다양한 UCC를 가능하게 하였다. 나아가 컨버전스가 진행되면서 더욱 UCC를 활성화시켰으며, 개인 중심의 모바일 미디어와 이에 대한 특화된 서비스가 제공되면서 이용자가 정보와 콘텐츠를 직접 생산하고 소비하는 프로슈머로서 활동할 수 있는 보다 편리한 이용자 환경이 조성되었다.

한편, 동영상 UCC로 인하여 기존의 언론사와 미디어 기업, 동영상 관련 전문업체, 포털 사이트, 인터넷 쇼핑업계, 통신 사업자들은 많은 변화를 겪게 되었다. 동영상 UCC는 기존의 언론사와 엔터테인먼트 산업, 영화 산업에도 커다란 영향을 미치게 되는데, 미국의 유투브(YouTube)의 경우 하루 방문자 수는 900만 명에 이르고 1억 7,600만 페이지뷰를 기록하면서 웬만한 TV 방송사의 1일 시청자 수에 근접하고 있다. 그리고 하루에 업로드 되는 동영상 클립 수가 35,000여 개로, 미국 내의 모든 방송사가 제작할 수 있는 콘텐츠 양을 훨씬 앞지르고 있다(디지털 타임즈, 2006.5.15).

이렇듯 동영상 UCC가 활성화되고 콘텐츠 산업의 주요 메카로 자리할 수 있는 데는 다음과 같은 요인과 환경이 제공되었기 때문이다.

첫째, 동영상 UCC는 비언어적(nonverbal) 커뮤니케이션 콘텐츠라는 것이다. 동영상이라는 형태의 콘텐츠는 텍스트, 이미지와는 달리 시각 언어를 사용하기 때문에 그 전달력이 높고, 또한 다양한 언어나 문화적 배경, 연령, 교육 정도에 상관없이 누구나 즐길 수 있는 콘텐츠라는 장점을 가지고 있다.

둘째, 초고속 인터넷의 일상화 및 멀티미디어 가공 기술의 대중화를 들 수 있다. 정보통신부의 자료에 의하면, 2008년 10월말 현재 초고속 인터넷 가입자 수는 1,539만 명으로 우리나라 대부분의 가정에서 초고속 인터넷에 가입하여 고속의 인터넷을 일상적으로 이용하고 있다. 또한 유·무선망의 고도화외 컴퓨터의 성능 개선(멀티미디어 PC)으로 다양한 콘텐츠를 이용할 수 있으며, 멀티미디어 콘텐츠의 제작 및 유통, 공유와 관련된 다양한 소프트웨어 및 기술이 보급되어 언제 어디서나 원하는 콘텐츠를 이용할 수 있게 되었다. 나아가 고정형·이동형 동영상 뷰어(viewer)의 보급 확대로 PMP, 디지털 TV, IPTV, 휴대전화, DMB 등의 미디어에서도 공유와 이용이 가능하여 동영상 UCC를 더욱 활성화시켰다.

셋째, 자기 표현의 욕구가 강한 디지털 세대, 영상 세대의 출현과 더불어 개인의 아이디어, 재미, 놀이가 강조되는 트렌드의 확산을 들 수 있다. 자기 개인에 대한 '홍보(publicity)'와 '시민(citizen)'의 합성어인 '퍼블리즌(publizen)'은 인터넷을 통해 자신의 일상을 알리거나, 생각을 공유하고 싶어 하는 젊은 디지털 세대를 지칭하는 대표어 중 하나이다. 이들의 자발적인 참여와 공유를 통하여 생산되는 동영상 UCC는 인터넷 포털뿐 아니라, 기존의 언론 매체, 방송의 프로그램 속에서, 그리고 기업의 마케팅 전략으로 활용되고 있다. 특히 오락적 요소가 가미되어 제작하는 사람과 시청하는 사람이 놀이 문화로 인식하여 그 확산 속도가 빠르다고 할 수 있다.

넷째, 동영상 UCC를 통한 광고시장 및 동영상 서비스 관련 시장의 성장에 대한 높은 기대치로 투자가 확대되었다. 일례로 2006년 말 구글은 세계 최대의 동영상 UCC 사이트인 유투브를 16억 5,000만 달러에 매입하였으며, 인수 후 주가가 급등하여 동영상 UCC에 대한 가치를 인정받은 바 있다. 또한, 영상 콘텐츠의 확보를 위해 웹 사이트들은 업로드되는 파일의 용량을 무제한으로 지원하고 있어 동영상 UCC의 활성화에 기여하고 있다.

4. 모바일 콘텐츠로의 UCC 활용 가능성

(1) 풀 브라우징으로의 유무선 연동 : WAP에서 WEB으로

3.5G 이동 통신 서비스 확산과 맞물려, 휴대전화를 통해 인터넷을 이용할 수 있는 '풀 브라우징(Full Browsing)'에 대한 관심이 높아지고 있다. 국내에서는 SK텔레콤과 KTF가 '모바일 웹', '모바일 웹 서핑'이라는 서비스명으로 2006년 2월부터 풀 브라우징 서비스를 제공하면서 유무선 통합 및 망 개방에 대한 기대가 확산되어 가고 있다. 물론 현재까지 무선 환경에 맞는 다양한 신규 서비스가 지속적으로 제공되고 있다. 하지만 유선 인

터넷의 환경에 미치지 못 하는 이동 통신의 무선 포털에 국한된 콘텐츠의 이용, WCDMA, HSDPA 등 무선 인터넷 기술의 발달에 따른 대용량의 정보 전송 가능, 모바일 웹 2.0의 확산, 무선망 개방이라는 시대적 요구와 맞물리면서 풀 브라우징 서비스는 주목을 받고 있다.

풀 브라우징이라는 용어는 일본의 NTT-Docomo에서 웹 브라우징이 가능한 휴대전화용 서비스를 개발하면서부터 사용되기 시작했는데, 'Full Internet Browser'의 의미로 기존의 휴대전화에서 다양한 유선의 웹 사이트를 이용할 수 있는 개념을 말한다. 따라서 이용자는 컴퓨터에서 이용 가능했던 웹 사이트를 휴대전화를 통해 모든 인터넷의 웹 서핑이 가능하여 이동 통신사가 제공하는 무선 포털의 콘텐츠에 국한되지 않고 직접 URL을 입력하면 유선의 웹 사이트로 직접 접속이 가능한 개념인 것이다.

그 동안의 모바일 콘텐츠 이용 환경은 폐쇄적인 구조를 지니고 있었는데, 각각의 이동 통신사가 제공하는 접속 프로그램을 이용하여 각 이통 통신사의 무선 포털에 접속, 이동 통신사와 계약을 맺은 콘텐츠만을 이용할 수 있었다. 나아가 이용하고자 하는 콘텐츠에 접근하기 위해서는 여러 단계를 거쳐야 하는 불편함까지 감수해야 했다. 하지만 풀 브라우징의 도입은 이러한 제한을 뛰어넘어 모든 유선의 사이트에 접속이 가능하여 다양하고 양질의 콘텐츠를 언제 어디서나 이용할 수 있다.

현재의 휴대전화에서는 WAP이라는 표준 규격에 기반하고 있고, WAP은 HTML을 사용하지 않기 때문에 휴대전화를 통해서는 유선의 웹 사이트를 구현할 수가 없었다. 하지만 유선에서와 마찬가지로 국제 표준화 단체인 W3C[3]를 중심으로 모바일 웹 표준화에 대한 준비가 이루어지고 있으

---

3) World Wide Web Consortium의 약자로 월드와이드웹 컨소시엄을 뜻한다. W3C는 웹 표준을 제정하는 등 웹의 장기적인 발전을 위해 1994년에 창립된 인터넷 관련 국제 컨소시엄이다. W3C는 HTML표준안을 확정하는 곳으로 인터넷 웹 사이트의 향방을 손에 쥐고 있다(NAVER 백과사전).

며, 이통 통신사가 앞장서 3.5G에 대비한 풀 브라우징 서비스 개발에 박차를 가하고 있다.

풀 브라우징의 특징은 첫째, 웹 2.0이 지원되면서 더욱 강화된 검색 기능을 제공하게 된다. 모바일 콘텐츠의 증가에 따라 휴대전화에서도 검색 기능이 중요한 이슈로 부상하고 있다. MS사는 모바일용 검색 기술을 제공하고 있는 프랑스의 Motion Bridge사를 인수하여 모바일 검색을 활용한 윈도라이브(WindowLive) 서비스를 실시하고 있다 (디지털타임즈, 2006.2.15). 또한 얼마 전에 선보였던 삼성전자의 '구글폰'에는 휴대전화 메뉴에 구글의 아이콘이 별도로 설치되어 있어, 한 번의 클릭으로 구글의 모바일 검색 사이트인 '구글 서치'에 접속할 수 있다. 그리고 지도, 위성 사진, 위치 정보 등을 이용할 수 있는 '구글 맵', 'G메일' 등도 휴대전화로 언제 어디서나 손쉽게 이용할 수 있다. 기존의 텍스트 위주 검색이 동영상 UCC 검색과 같은 멀티미디어 검색으로 진화되어 검색에 대한 중요성이 부각될 것이다.

둘째, 유선 인터넷에서의 웹 서핑은 물론 홈페이지, 즐겨찾기 등을 설정할 수 있고, 주소창에 직접 사이트 주소를 입력하면 원하는 페이지로 이동할 수 있다. 나아가 이미지만 보기, 텍스트만 보기, 동영상만 보기, 확대·축소하기 등의 다양한 부가 기능을 통해 휴대전화에서도 편리하게 인터넷을 이용할 수 있다. 그리고 인터넷을 검색하다가 마음에 드는 이미지나 글, 동영상 등을 자신의 휴대전화 보관함에 저장하여 오프라인상에서도 저장해 놓은 이미지와 글을 볼 수 있다.

셋째, 이용자 측면에서는 접근의 용이성, 이용의 편리성을 기반으로 휴대전화의 대기 화면과 모바일 위젯(Mobile Widget)의 적용이 가능하다. 위젯은 이미 유선 인터넷의 포털 사업자들이 제공하고 있는 서비스이며, 그래픽 시술, 포팅 기술 등 위젯을 모바일로 구현할 수 있는 기술이 발달되면서 휴대전화로도 그 영역이 확장되고 있다 (홍상균, 2007, 20~21쪽).

이는 이용자가 자주 사용하는 프로그램을 휴대전화 대기 화면에 재구성하여 바로 웹에 접속할 수 있도록 하는 채널 역할을 하게 된다.

한편, 모바일 미디어는 단말기의 크기, CPU 성능, 저장 공간, 화면 크기, 네트워크 속도, 입력 장치 등에서 컴퓨터 환경과는 상이한 하드웨어적 특성을 지니고 있으며, 상대적으로 열악한 조건을 수용할 수 있는 웹 기술의 뒷받침을 요구한다(한국정보사회진흥원, 2006, 105쪽). 이에 모바일 웹 2.0 기술은 고속의 유무선망 연동, XML 기반의 콘텐츠, 개방형 API와 풀 브라우징을 통한 모바일 웹 서비스, AJAX와 같은 표준 기반의 이용자 인터페이스 환경을 제공하여 다양한 이용자의 요구를 반영하게 된다. 이를 통해 이용자의 참여를 기반으로 하는 모바일 UCC, 모바일 커뮤니티 등도 점차 활성화될 것이다. 또한 점차 유무선 연동형 서비스에 대한 이용자의 관심이 높아지고, 휴대전화에서의 다양한 웹으로의 접근이 가능해져 유무선 연동 서비스 사업자의 입지가 크게 높아질 것으로 전망된다.

(2) 풀 브라우징 서비스 해외 사례 및 주요 이슈

일본은 2004년 이미 풀 브라우징 서비스를 제공하였으며, 현재 일본에서 가장 활성화된 시장 중의 하나이다. NTT-Docomo, KDDI, Softbank Mobile 등의 이동 통신 3사가 모두 풀 브라우징 서비스를 실시하고 있으며, 가장 먼저 서비스를 도입한 KDDI는 'PC Site Viewer'라는 서비스 명칭으로 최대 용량 1MB를 제공하고 있다. 또한 구글과 인터넷 검색 서비스 분야에 관해 업무 제휴를 체결하였고, 지도 검색을 포함한 휴대전화와 PC용 인터넷 서비스를 융합하는 등 제휴 범위를 확대해 나가고 있다.

그리고 NTT-Docomo는 'Full Browser'라는 명칭으로 최대 500KB의 속도로 PC 기반의 인터넷 사이트의 열람과 동영상 감상 서비스를 제공하고 있다. 또한 구글의 검색 포털을 휴대전화에 탑재하여 지도와 날씨, G메일 서비스를 하고 있다.

일본 최대의 검색 포털은 야후 재팬을 산하에 두고 있는 Softbank Mobile은 단말기에 야후를 상징하는 'Y'를 탑재하였다. 이를 통해 야후의 콘텐츠를 휴대전화와의 연계 강화에 주력을 다하고 있다. 'Y' 버튼을 누르면 Yahoo! Keitai 화면이 표시되고 휴대전화상에서 ID를 입력하게 되면 검색, 뉴스, 날씨 등을 모두 무료로 이용할 수 있다.

한편, 독일의 T-Mobile의 경우 이미 2005년 10월에 'Web n Walk'라는 풀 브라우징 서비스를 시작하였으며, 2006년에는 업계 최초로 월정액에 무제한 인터넷 접속이라는 새로운 상품으로 가입자 100만 명을 확보하였다(박민우, 2007, 32쪽). 특히 구글과의 협력을 통해 접속 초기 화면으로 구글 사이트를 제공하고 있으며, 독일에서의 무선 인터넷 사용량이 2006년 이후 4배 이상 증가하였다.

한편, 풀 브라우징 서비스에 있어서 가장 큰 현실적 문제는 ActiveX, 플래시 등 비표준 기술을 지원하지 않아 웹 페이지의 100% 구현이 어렵다는 것이다. 현재 제공되는 서비스는 변환서버를 통해 웹상의 HTML 문서를 이미지화하고 실제의 웹 문서 데이터량을 최소화해 최적화된 이미지를 보여 주는 정도이다(홍상균, 2007, 23~24쪽). 이에 변환 서버의 매개 역할 없이 휴대전화를 통한 유선의 인터넷 사이트에 접근을 용이하게 하기 위해서는 무엇보다도 유선 웹 환경의 표준이 마련되어야 한다.

현재 국내에서는 모바일 웹 표준화를 위해서 지난 해부터 ETRI를 중심으로 이동 통신사, 단말기 제조사, 포털, 무선 솔루션 업체 등 기관과 기업들이 참여한 '모바일 OK' 추진 준비 위원회가 구성되어 국내 실정에 맞는 모바일 웹 표준화를 개발 중에 있다(박민우, 2007, 39쪽).

이러한 모바일 웹의 표준화는 휴대전화를 비롯하여 PDA, 스마트폰 등에 이르는 모바일 미디어를 통해 인터넷 웹 사이트의 이용이 가능하여 유무선 연동 서비스에 있어 중요한 부분으로 자리하고 있다. 또한, 유선 인터넷에서의 비표준 기술과 비표준 환경 역시 유무선의 연동 서비스를 저해하는 요소이다. 이에 유선 인터넷의 웹 페이지부터 무선 인터넷 접속이 고려된 표준화된 규격으로 개발되어야 하는데, 여기에는 웹 페이지의 크기, 개별 이미지 및 동영상과 같은 멀티미디어 데이터의 포맷 종류와 크기, 각종 스크립트 언어에 대한 규격이 마련되어야 할 것이다(박민우, 2007, 40쪽).

다음으로, 이용 요금에 대한 과금 정책에 대해 면밀한 검토가 요구된다. 모바일 인터넷의 활성화에 저해하는 요소 중 가장 커다란 부분은 이용 요금에 대한 이용자의 부담감일 것이다.

지금까지의 모바일 인터넷 이용 요금은 망 이용에 따른 데이터 통화료(패킷 요금)와 콘텐츠 이용 가격의 합산으로 이루어져 이중의 부담을 지우게 된다. 이에 종량제의 성격보다는 정액제 기반의 서비스를 제공하여 보다 많은 이용자의 확보가 필요할 것이다. 또한, 유료 콘텐츠 이용에 대한 과금과 정산의 문제 역시 논의를 진행하여 콘텐츠 제공업자, 이동 통신 사업자, 이용자 상호 간의 윈윈 전략을 모색해야 할 것이다.

5. 킬러 콘텐츠로의 모바일 UCC

삼성경제연구소(2006)의 보고서에 따르면 향후 인터넷 비즈니스 모델에서 주요 견인의 여할을 담당한 요소로 이용자 참여, 동영상, 지능화, 모바일화 등의 4대 견인 요소를 제시한 바 있다. 이를 종합해 보면, 이용자의 참여를 유도하여 이용자들이 직접 생산한 동영상 UCC를 인터넷 기술의 고도화, 지능화로 예상되는 3G/3.5G 이동 통신, WiBro, PMP 등의 모바일 미디어를 통해 제공된다면 차세대 비즈니스 모델을 형성하는 데 기여할 수 있음을 의미한다고 하겠다.

지금까지의 모바일 콘텐츠의 수익 구조는 벨소리, 통화 연결음, 게임 등의 소수의 인기 콘텐츠에 국한되어 이용자의 선택권을 부여하지 못했다. 또한, WAP 기반의 폐쇄망 구조에서는 모든 콘텐츠가 이동 통신사의 무선 포털을 통해 제공되기 때문에 이동 통신사가 해당 콘텐츠 가격에 대해 일괄적으로 과금하고 추후 해당 CP와 정산하는 체계를 가지고 있었다(홍상균, 2007, 25~26쪽). 이에 망 개방에 대한 논의가 한창 진행되었지만 아직까지 이동 통신사 중심의 콘텐츠 제공과 이동 통신사와 콘텐츠 사업자와의 종속적 관계는 유지되고 있는 실정이다. 나아가 이용자가 생산해 낸 콘텐츠에 대해서는 유선 인터넷과 달리 전혀 수익 창출을 이룰 수 없었다.

	인터넷 검색	인터넷 미디어	전자상거래	디지털 가전
이용자 참여 UCC	UCC 기반 검색 확대	UCC 기반의 수익 모델 모색	오픈 마켓 형태로 이전 가속화	인터넷 연계형 솔루션 확대
동영상	동영상 검색 기술 진보	인터넷 동영상이 킬러앱으로 정착	부가가치형 쇼핑몰로 진화	TV, 캠코더 등이 인터넷 단말기화
지능화·고도화	검색 시스템의 인공 지능화	개인화, 양방향 미디어 구현	개인화된 쇼핑 솔루션 제공	S/W적으로 기능 고도화
모바일화	모바일 검색의 중요성 증가	모바일 TV 모블로그 확대	모바일 상거래 실험 지속	휴대전화 등의 혁신 가속화

※ 출처 : "인터넷 비즈니스 모델의 진화와 시사점", 삼성경제연구소, 2006, 『SERI 경제 포커스』, 제117호, 4쪽

하지만 앞에서 살펴본 유무선 연동 서비스인 풀 브라우징의 경우는 개방형의 모델로 이용자가 휴대전화와 같은 모바일 미디어를 통해 유선 인터넷 콘텐츠의 이용이 가능하기 때문에 이동 통신의 포털과는 전혀 관련이 없게 된다. 또한 경쟁에 의한 양질의 콘텐츠가 제공되며, 콘텐츠와 서비스의 다양화로 이용자의 선택권이 확보된다. 이를 통해 모바일 인터넷 관련 시장의 활성화를 꾀할 수 있어 무선 통신 시장 환경의 인프라 환경

구축이 가속화될 것이다.

인터넷 사업자의 입장에서는 블로그와 미니홈피, UCC로 대표되는 1인 미디어 시대로 전환되면서 무선 인터넷에서도 동영상 서비스가 새로운 수익 모델로 큰 기대를 가지게 되었다.

국내의 UCC 전문업체 중 하나인 판도라 TV와 메시징 서비스 전문 기업인 인포뱅크는 모바일 UCC #8282 서비스를 개시하였다. 인포뱅크의 '모바일 UCC #8282' 서비스는 MMS-MO(multimedia messaging service-mobile originated)[4]를 이용한 UCC 서비스로, 휴대전화로 찍은 동영상이나 사진 등 멀티미디어 콘텐츠를 특정 MO 번호(#8282)로 전송함으로써 인포뱅크 자사의 메시징 전문 사이트(www.mand.co.kr) 내 모바일 UCC 메뉴에 등록되는 서비스이다. 따라서 휴대전화의 인터넷 메뉴에 접속하여 해당 웹 주소를 입력하거나 휴대전화를 컴퓨터에 연결하는 등의 번거로움과 모바일 인터넷 접속 비용에 대한 이용자의 부담이 줄어들게 된다.

SK텔레콤도 야후 코리아와 제휴하여 네이트를 통해 야후의 멀티미디어 검색 서비스 '야미'를 제공하기로 했다. 이에 이용자들은 컴퓨터에서 뿐만 아니라, 휴대전화를 통해 '모바일 야미 동영상 검색' 서비스에 접속하여 야미의 엔터테인먼트 및 주변 음식점, 지역 정보 등의 검색을 동영상으로 이용할 수 있다.

또한 기존의 디지털 카메라나 캠코더에 비해 이동성과 휴대성이 뛰어난 휴대전화를 가지고 언제 어디서나 이용자가 콘텐츠를 생산할 수 있으며, 실시간 웹 전송이 가능해진다. 또한, MMS를 지원하는 고기능의 휴대전화 보급률이 급증하면서 휴대전화를 이용한 모바일 UCC 서비스 이용자가 더

---

4) 오프라인상에서 휴대전화를 이용해 사진, 동영상 등의 이미지, 텍스트, 동영상 등과 함께 MMS를 작성해 할당된 특번으로 메시지를 보내면 실시간 웹에 등록되는 신규 모바일 서비스

욱 늘어날 것이다. 이를 뒷받침하듯, 휴대전화 제조사인 노키아는 DVD급으로 동영상을 촬영할 수 있는 일명 'UCC폰'이라 명명되는 'N93i'를 선보인 바 있다. 이 제품은 3.2메가 픽셀(mega pixel) 수준의 카메라를 장착하고 있으며, 1GB 미니 SD 메모리에는 MPEG-4 VGA(640×480) 형식의 DVD급 동영상 45분 분량을 저장할 수 있다(K모바일, 2007, 2. 12).

모바일 UCC는 일반 UCC에 비하여 문제 발생 시 전송자의 휴대전화 번호를 추적할 수 있어 익명으로 인한 악성 UCC를 원천 차단할 수 있고, 휴대폰상에서 원본의 조작이나 편집이 어렵다는 큰 장점을 가지고 있다.

이제 UCC 영향력은 유선의 인터넷 사이트를 뛰어넘어 이동 통신 등 다양한 디지털 플랫폼으로 확대되고 있다. 또한, 디지털 콘텐츠 시장에 걸친 동영상 기조에 힘입어 UCC 역시 기존의 텍스트나 사진 위주에서 벗어나 동영상 중심의 멀티미디어 시대를 맞이하였고, WiBro, HSDPA 등 영상 관련 기술의 발달과 이동 통신사들의 콘텐츠 확보 경쟁 등으로 UCC 동영상이 킬러 모바일 콘텐츠로 자리할 날도 머지않은 듯하다.

6. 맺는말

이상에서 살펴본 바와 같이, 웹 2.0은 이용자 중심의 웹 환경으로 변화를 주도하였다. 이를 통해 다양한 문화적 산물이 생산되고 있으며, 세계 경제의 흐름과 사회 전반을 바꾸어 놓을 만큼 열풍으로 다가오고 있다. 특히 모바일 미디어와 접목되면서 언제 어디서나 콘텐츠를 생산하고 유통하고 소비할 수 있는 진정한 모바일 사회를 실현시키고 있다.

이에 몇몇의 소수 콘텐츠에 의존하던 인터넷 업계의 수익 구조는 풀 브라우징에 의해 다양한 플랫폼에서 서비스가 가능하며, 부족한 콘텐츠를 이용자로부터 제공받을 수 있어 커다란 수익 창출이 가능하게 되었다. 이동 통신사 역시 모바일 웹 2.0을 통해 기존의 서비스와 전혀 다른 새로운 서비스를 제공함으로써 부가가치 창출이 가능하게 되었고, 기업 역시 전통 매체와 유선 인터넷이라는 한계에서 벗어나 새로운 형식과 전략으로 UCC를 활용할 수 있게 되었다. 따라서 풀 브라우징 서비스는 사업자에게 유무선 연동의 무한 경쟁 시대를 제공하고, 이용자에게는 접근의 용이성을 제공하여 모바일 검색과 함께 3G 및 3.5G 시대의 킬러 서비스로 부상하게 될 것이다. 특히 새로운 수익원 확보에 혈안이 되어 있는 소프트웨어 산업과 디지털 콘텐츠 산업에 새로운 기회를 제공해 주고 있다.

한편, 최근 부각되고 있는 UCC 열풍을 '거품'으로 바라보는 회의적인 시각도 존재한다. UCC의 상당 부분이 순수하게 이용자 자신이 제작하고 생산한 콘텐츠가 아니라, 방송이나 영화 등의 기존 매체 콘텐츠를 복제하고나 재편집한 것이다 보니 '무늬만 UCC'라는 비판과 함께 저작권 문제 등의 부담에 직면해 있는 것도 사실이다(오세근, 2007, 14쪽). 또한 음란 동영상의 유포와 진실을 왜곡한 동영상 UCC의 사례[5]라는 커다란 걸림돌이 자리하고 있다.

무엇보다도 저작권의 문제는 동영상 UCC의 활성화를 위해 하루 속히 풀어야 할 과제이다. 최근 저작권 심의 조정 위원회 저작권 보호 센터가 발표한 동영상 UCC 관련 통계를 보면, 조사 대상인 10개 동영상 UCC 전문업체에서 유통되는 콘텐츠 중 80% 이상이 저작권 침해물인 불법 복제물인 것으로 조사되었다. 이에 방송 3사를 중심으로 저작권 위반 행위의 시정을 촉구하는 공문까지 발송한 바 있으며, 외국의 경우에 있어서도 법정 소송이 진행 중이다.

---

5) 2004년 2월 같은 반 친구들이 왕따 당하는 친구를 괴롭히는 동영상이 인터넷에 유포됨에 따라 사회적 이슈화된 적이 있다. 이로 인해 이 학교의 교장은 자살을 하였는데, 학생들끼리 재미로 자작하여 꾸민 동영상이라는 사실이 밝혀지면서 사회에 커다란 충격을 준 사건을 들 수 있다.

이와 관련하여 판도라 TV가 제시하였던 인용권 개념의 도입에 대해서도 진지한 고민과 구체적인 내용 정립도 필요하다. 그리고 무엇보다도 이용자들이 많은 콘텐츠를 생산하는 것이 UCC 활성화를 위해 바람직한 현상이겠지만, 신뢰성 있는 정보, 양질의 UCC를 선택하기 위해서는 엄청난 시간과 노력이 필요하다는 딜레마가 발생한다(황지연·성지환, 2006, 52쪽). 따라서 놀이와 재미 위주의 UCC보다 다양한 분야의 전문가급 이용자가 직접 제작하는 PCC(proteur created contents) 서비스를 활성화시키는 데 노력해야 할 것이다.

정보 통신부는 저작권의 보호와 UCC의 활성화를 위해 디지털 콘텐츠 식별 체계(UCI) 제도의 도입 등을 준비하고 있다. 이와 관련하여 문화 관광부와 저작권 보호 센터는 'UCC 가이드라인 콘퍼런스'를 개최하여 저작권 개념의 적용 방안을 모색하기도 하였다. 이에 대한 사회 각계의 논의를 바탕으로 규제의 측면보다 활성화 정책을 마련하는 것이 필요하다.

<h3 style="text-align:center">〈참고 문헌〉</h3>

김문형·남제호·홍진우, "UCC의 동향 및 전망", 『주간기술동향』, 정보통신연구진흥원, 2006.

김신동, "호포 텔레포니쿠스의 등장", 『한국언론학보』, 제45-2호, 62~85쪽, 2001.

Daum Corp, "UCC를 통해 보는 참여와 공유의 인터넷", 2006년 KNP 세미나 발표자료집, 2006.

마케팅사관학교 & 김영한, 『You! UCC』, 랜덤하우스, 2006.

박민우, "모바일 웹 표준화 논쟁", 『SW Insight 정책리포트』, 제20호, 한국소프트웨어진흥원. 30~46쪽, 2007.

박은희 편, 『디지털 마니아와 포비아』, 커뮤니케이션북스, 2007.

삼성경제연구소, "인터넷 비즈니스 모델의 진화와 시사점", 『SERI 경제 포커스』(제117호), 2006.

송해룡, 『디지털 미디어, 서비스 그리고 콘텐츠』, 다락방, 2003.

유지은, "UCC의 비즈니스 모델", 『SW Insight 정책리포트』, 제19호, 한국소프트웨어진흥원. 48~62쪽, 2007.

이경전, "UCC 기반 비즈니스 모델 리뷰 및 기존 비즈니스 연계 방안", UCC 콘퍼런스 자료집, 2006.

이재현, 『모바일 미디어와 모바일 사회』, 커뮤니케이션북스, 2004.

장현수, "동영상 서비스 : 인터넷 포털 & 전문 포털", 『SW Insight 정책리포트』, 제16호, 한국소프트웨어진흥원. 72~78쪽, 2006.

전경란, "모바일 콘텐츠의 장르와 특성", 『모바일 콘텐츠 이론 연구』, 한국언론학회 세미나 자료집, 111~133쪽, 2004.

전종훈 · 이승윤, "웹 2.0 기술 현황 및 전망", 『전자통신동향분석』, 제21권, 제5호, 한국전자통신연구원, 141~153쪽, 2006.

정병주, "유비쿼터스 사회의 인터넷 미디어 진화와 과제", 『유비쿼터스사회연구시리즈 제21호』, 한국정보사회진흥원, 2006.

정보통신부, 유무선 통신서비스 가입자현황(9월), 2008.

최양수, "Key Issues in Producing and Programming Mobile Media Contents", 2004 International Conference 자료집, 2004.

한국인터넷진흥원, "웹 2.0시대의 네티즌 인터넷 이용 현황", 『2006년 인터넷 이슈심층조사 요약보고서』, 2006.

한국인터넷진흥원, "UCC 이용실태 조사", 『2007년 인터넷이슈심층조사 요약보고서』, 2007.

한국전산원, "엄지족의 현대생활백서", 『NCA ISSUE REPORT』, 제8호, 2006.

한국정보사회진흥원, "유비쿼터스 사회 구현을 위한 IT 전략 연구", 2006.

홍상균, "모바일콘텐츠서비스, 폐쇄에서 개방으로", 『SW Insight 정책리포트』, 제20호, 한국소프트웨어진흥원, 6~29쪽, 2007.

홍효진, "컨버전스 시대의 디지털 콘텐츠 시장", 『NCA ISSUE REPORT』, 제12
　　호, 한국전산원, 2006.

황지연·성지환, "융합시대 사회문화 트렌드와 UCC 활용 전망", 『정보통신정
　　책』, 제18권 17호(통권 401호), 26~55쪽, 2006.

Muller-Veerse, F., Mobile *Commerce Report*, Durlacher Corp. ： London,
　　1999.

Sproull, L. & Kiesler, S., *Connections*； *New Ways of Working in the
　　Networked Organization*, Cambridge, MT ： The MIT Press, 1991.

ThinkEquity Partners, *Think Media* ： Understanding Convergence, 2006.

II 현대 사회와 미디어

정치와 미디어

제5장

우리는 시간적, 공간적으로 매우 제약된 생활을 하고 있다. 이러한 시간적, 공간적 제약을 미디어가 해결해 주고 있다. 우리나라 대통령과 정치인들의 동정 등 국내 정치 소식은 물론이고 세계적인 경제 위기, 오바마 미국 대통령의 동향 등 외국의 소식에 대해 우리가 알고 있고, 느끼고 있는 것 대부분은 직접 경험보다는 미디어에 의해 제공된 것이라 할 수 있다. 다시 말해, 미디어는 인간들의 정치 세계에 대한 지식, 가치관, 태도는 물론 정치 행위에도 직간접으로 영향을 미치고 있다 하겠다.

현대 정치에서 미디어, 특히 매스 미디어가 차지하는 중요성과 영향력은 더욱더 강화되고 있다. 과거 정치에서 큰 비중을 차지했던 정당의 영향력이 급속히 쇠퇴하고, 정치인과 정치 제도에 대한 불신이 증대됨에 따라 매스 미디어는 개인 또는 유권자에게 중요한 정치 정보원과 영향원으로서, 정당과 기타 정치 제도에게는 조직 내의 비공식적인 커뮤니케이션 채널을 대신하는 대행자로서 역할을 하고 있다.

또한 정당을 포함한 불완전한 정치 제도의 수정자요, 보완자로서의 역할이 크게 늘어나고 있다. 아울러 현대의 정치 선거를 미디어 선거로 규정할 정도로 미디어는 선거 과정에서 유권자와 정치 후보자들에게 많은 영향을 미치고 있다.

미디어 중에서도 가장 쉽게 접할 수 있고 신뢰도와 영향력이 가장 큰 텔레비전이 갖는 정치적 함의와 정치에 미치는 영향에 대해 자세히 살펴보기로 하자.

1. 텔레비전과 정치

권력은 텔레비전에서 나온다. 오늘날의 정치 선거는 전적으로 텔레비전에 의해 승패가 결정되기 때문에 모든 후보들의 선거 운동은 텔레비전을 중심으로, 그리고 유권자보다는 텔레비전을 겨냥하여 선거 전략을 세울 수밖에 없다. 이런 점에서 오늘날의 선거는 '텔레비전 선거'이다.

오늘날 텔레비전은 우리나라 국민들의 가장 중요한 정치 정보원이며, 동시에 가장 믿을 수 있는 매체로 자리하고 있다. 지난 1980년대에 편파 보도의 대명사로 불렸던 텔레비전은 이제 국민들에게 가장 쉽게 접근할 수 있고, 신뢰할 수 있는 매체로 부상하였다.

국민들의 약 절반인 2,000만 명이 매일 밤 거실이나 안방에 편안히 앉아 텔레비전 뉴스를 시청하면서 정치에 참여하고 있다. 분명 텔레비전은 '길거리 선거'를 '안방 선거'로 바꿔 놓을 만큼 막강한 힘을 갖고 있음에 틀림없다.

국민들의 텔레비전에 대한 의존도가 높아지면서 텔레비전의 정치적 영향력 또한 커지고 있다. 텔레비전은 뉴스 보도, 정치 광고, TV 토론, 여론조사 보도, 후보자 연설 등을 통해 후보들과 직접 접촉하기 어려운 유권자들에게 후보들의 정책과 정치적 능력을 알 수 있게 해 줌과 동시에, 후보들의 인간적인 면을 느끼게 해 준다. 여론조사에 의하면 유권자들은 지지 후보를 결정하는 과정에서 텔레비전으로부터 가장 많은 영향을 받은 것으로 나타났다.

(1) 정치 수단으로서의 텔레비전

텔레비전의 정치적 영향력은 한 정권이 권력을 획득하고, 권력을 유지, 확대하는 과정을 살펴보면 쉽게 알 수 있다. 일찍이 영웅들은 권력을 획득하고 유지, 확대하는 데 있어서 언론을 가장 강력한 도구로 이용해 왔다. 역사적으로 몇 가지 사례들을 살펴보도록 하자.

정치적 수단으로서의 언론의 성격은 인류 최초의 신문 유사물로 기록되고 있는 로마 시대의 〈악타 세나투스〉와 〈악타 듀르나 포폴리 로마니〉에서도 잘 나타나고 있다. 카이사르가 로마의 통일적 지배를 위해 좀 더 강력하고 유용한 커뮤니케이션 수단으로서 개발한 이들 신문 유사물은 카이사르에게 있어서 좋은 정치 선전 수단이었다.

20세기에 들어서는 루스벨트 대통령과 히틀러를 들 수 있는데, 이들은 당시대에 가장 지배적인 매체였던 라디오를 통해 정권을 획득하거나 유지할 수 있었다. 먼저 루스벨트 대통령은 1930년대 미국이 대공황으로 어려움을 겪자, 라디오에 출연하여 국민과의 노변담화를 통해 국민적 에너지를 한곳으로 끌어 모을 수 있었고, 국민들에게 용기와 희망을 불러일으켜 결국 국가적 위기를 극복할 수 있었다. 루스벨트 대통령 자신의 권력이 더욱더 견고해졌음은 말할 것도 없다. 히틀러 역시 라디오를 이용하여 여론을 조작하여 권력을 획득하였고, 권력을 확대 재생산할 수 있었다.

오늘날 정치선진국이나 후진국 모두 텔레비전을 중요한 수단으로 이용하여 권력을 획득하고 있다. 단지 차이가 있다면 선진국에서는 아주 교묘하게 텔레비전을 포함한 언론을 이용하여 여론을 조작함으로써 권력을 차지하는 반면, 후진국에서는 언론을 노골적으로 통제하고 도구화함으로써 권력을 차지한다는 점이다.

후진 국가에서 언론은 권력을 탈취하고, 탈취한 권력을 정당화하는 데 있어서 결정적인 역할을 한다. 언론이 사회의 중요하고 영향력 있는 제도로 자리 잡기 전까지 권력 탈취는 대통령 등의 최고 권력자의 관저나 주요 정부 건물, 기간산업 시설을 점령함으로써 이루어졌다. 그러나 현재에 와서는 제3세계 국가에서 쿠데타 등으로 권력을 탈취하는 집단은 국가 기관이나 산업 시설에 앞서 방송사를 먼저 점령한다.

이러한 사실은 1961년 5.16 쿠데타나 1980년 5.17 쿠데타에서도 우리가 직접 경험한 바 있는데, 이와 같이 쿠데타 집단이 우선적으로 언론을 장악하는 것은 자신들의 쿠데타에 대한 군대, 경찰, 일반 국민들의 저항이나 반대를 사전에 억제하고 새로운 권력 집단으로서, 자신들의 지위를 강화하고 자신들의 권력 장악을 기정 사실화하기 위해서이다.

선진 국가에서도 언론이 권력을 획득하고 유지하는 데 중요한 역할을 수행하고 있다. 이들 국가에서는 언론을 조작하여 권력 획득을 하고 있지만 선거 자체가 어느 정도 공정하기 때문에 정치 권력의 정통성에 대한 시비는 일어나지 않는다. 이들 선진국에서 정치가들은 권력을 획득하기 위해 언론을 통한 자신의 이미지를 관리하고 조작하여 선거에서의 승리를 꾀하고 있다.

텔레비전을 정치적으로 가장 잘 활용한 정치인으로는 미국의 레이건, 클린턴 전 대통령이 꼽히고 있다. 정치가들은 개인의 정치적 능력을 개발하고 더 좋은 정책을 입안하는 데 힘쓰기보다는 선거에서 유권자들에게 자신이 얼마나 더 멋있게 보일 수 있을 것인가에 관한 포장술에 더 많은 관심을 두고 있다. 또한, 유권자들은 이슈나 정책보다는 후보의 이미지를 중심으로 하여 투표 행위를 하고 있다.

(2) 텔레비전과 이미지 정치

그러면 오늘날의 선거가 후보의 이미지 중심으로 변하게 된 원인은 어디에 있는 것일까? 그 원인은 여러 가지가 있겠지만 무엇보다도 텔레비전이 주범임에 틀림없다.

텔레비전의 선거 캠페인 보도는 선거에서 논쟁이 되고 있는 이슈를 전달하여 유권자로 하여금 후보 선택을 심사숙고하도록 하기보다는 마치 프로야구나 축구 등의 스포츠나 경마를 중계하는 방식으로 보도하여 선거를 단순히 흥밋거리로 즐길 수 있는 일종의 오락으로 인식하도록 만들었다는 비난을 받고 있다.

이와 함께 선거에서 텔레비전을 최대의 무기로 활용하고자 하는 후보들 역시 텔레비전의 속성에 맞추어 정치 광고나 TV 토론에서 정책 이슈보다는 자신의 이미지를 짧은 시간 안에 강하게 전달하는 데 초점을 두고 있다.

이와 같이 텔레비전 보도 방식이나 텔레비전을 이용하는 후보들의 선거 캠페인 방식이 결과적으로 유권자로 하여금 후보의 이미지 중심의 투표행위를 하도록 조장하고 있다. 실제로 신문보다 텔레비전을 많이 이용하는 유권자들이 이미지 중심의 투표를 하고 있다는 실증적인 연구 결과들이 많이 있다. 그래서 일부 정치인들은 "파는 것은 이미지이다. 본질은 아무런 가치도 없다."라고 서슴없이 말하기도 한다.

(3) 텔레비전 정치의 그림자

모든 세상사가 그렇듯이 텔레비전 정치 역시 밝음과 어두움을 동시에 갖고 있다. 텔레비전이 본질보다는 이미지를 강조하기 때문에 이미지 정치가 만연되고 있다는 비난이 거세지고 있다. 이미지 정치로 인한 폐해는 결코 적지 않다.

무엇보다도 가장 큰 문제점은 선거에서 후보들 간의 승패가 정치적 능력이나 정책 등의 본질적인 문제보다는 사소한 단서나 피상적인 이미지에 의해 가려진다는 점이다. 다시 말해 시청자들은 대통령이나 국회의원의 직무 수행과 직접적으로 관계없는 후보의 용모, 표정, 말솜씨, 연기력 등의 단서들을 가지고 후보를 평가한다는 점이다. 그래서 TV 토론에서는 토론의 내용과 상관없이 잘생기고 거침없이 말 잘하고, 실수하지 않으며 때로는 사전에 준비한 연기력을 완벽히 소화해 내는 후보가 승리하게 되어 있다.

예를 들어 일상생활에서 어려운 질문을 받으면 오래 고민해야만이 좋은 대답이 나오고, 우리는 그러한 사람을 신중한 사람으로 좋게 평가한다. 그러나 TV 토론에서는 정반대이다. 텔레비전은 침묵을 증오한다. 텔레비전에서 2~3초 동안의 침묵은 20~30초만큼이나 길게 느껴지게 만든다. 따라서 후보들은 아무리 어려운 질문이 나와도 말이 되든 안 되든 카메라와 시청자를 향해 즉각적으로 대답해야 하며, 여기에 사전에 준비한 표정과 몸짓 등의 연기력으로 부실한 응답 내용을 위장하지 않으면 안 된다. 잠시 머뭇거리거나 더듬거리면 무능하고 무식한 사람으로 보여질 수밖에 없다.

텔레비전 시대에 살고 있는 정치인들은 이제 하나의 상품으로 전락하고 말았다. 더 잘 팔리기 위해서는 내용보다는 겉모양이 매력적으로 포장되어야 하고, 무엇을 말할 것인가보다는 어떻게 말할 것인가를 더 많이 생각하지 않으면 안 된다.

2. 한국 언론의 선거보도 경향

한국의 60년 선거사는 불공정의 역사이다. 지금까지 불공정 시비로부터 자유로웠던 선거는 한 번도 없었다. 선거의 불공정 시비의 중심은 여당에 의해 동원된 관권과 언론의 편파 보도이다. 1980년대 초반까지는 관권에 의한 불법, 부정선거 시비가 많았으나, 1980년대 중반 이후부터는 언론의 편파 보도가 불공정 선거 시비의 핵심으로 자리하게 되었다. 특히 1971년 한국에서 처음으로 선거에 동원된 텔레비전은 1980년대 5공화국 시절부터 편파 보도의 대명사가 되어 버렸다.

언론의 편파 보도 논쟁은 곧 언론의 정치적 영향력을 기본 전제로 하고 있음은 물론이다. 한국의 선거 역시 외국과 마찬가지로 언론이 막대한 영향을 미치고 있는 것이 사실이다. 후보자와 직접 접촉할 수 없는 유권자들은 언론을 매우 중요한 정치 정보 전달자와 영향원으로 의존하고 있다.

이와 같이 한국의 선거에서 차지하는 언론의 중요성이 나날이 더해 가고 있는 시점에서, 과거 우리 언론이 보여 주었던 선거 보도의 문제점을 알아보기로 하자.

(1) 선거 보도의 문제점

한국의 선거는 70년대까지는 여촌야도(與村野都 : 시골은 여당 후보를, 도시는 야당 후보를 지지하는 투표 성향)라는 도시화 요인이, 1980년 이후부터는 지역주의 요인이 결정적인 변수로 작용하였다. 매번 선거 때만 되면 언론과 식자층들은 가장 이상적인 투표 행태로 여겨지고 있는 이슈-정책 중심의 투표를 호소하고 있고, 그러한 투표 행위가 제대로 이뤄지지 않는 데 대해 안타까워하고 있다.

한국의 언론은 1960년대 초반까지 선거에서 정당 간의 정책이나 공약 같은 것은 별 의미가 없다고 판단, 선거 행위 자체에 따르는 문제, 다시 말해 부정 선거 폭로가 보도의 대부분이었다. 그러나 1960년대 이후 정부로부터 철저히 통제를 받은 언론은 여당에게 유리하게 편파 보도함으로써 언론에 대한 국민들의 불만과 불신이 팽배하였다. 이러한 국민들의 언론, 특히 텔레비전에 대한 불만과 불신은 1980년대 5공화국에서 절정을 이루게 되어 '텔레비전 시청료 납부 거부 운동', '텔레비전 안 보기 운동' 등의 국민들이 언론에 대한 집단적 항거가 일어나기도 하였다.

그러면 한국 언론의 선거 보도가 구체적으로 어떠한 문제점들을 안고 있는지를 구체적으로 살펴보도록 하겠다.

① 한국 언론은 한결같이 후보들의 선거 유세나 득표 활동을 중심으로 보도하고 있다는 점이다. 그러나 그 선거 유세마저도 후보들이 내세운 정책 이슈보다는 유세장 분위기나 유세장 폭력을 중심으로 기사화하는 경향이 많아 각 후보들의 국가 또는 지역을 위한 정책이 서로 어떻게 다르며

그 문제점은 무엇이고, 또 그 정책 공약이 과연 실현 가능한 것인지에 대해서는 거의 언급을 하지 않고 있다. 그러기 때문에 후보자들은 실천 불가능한 공약들을 남발하는 것이다.

② 언론의 보도가 후보들의 캠페인 활동 중심적으로 되다 보니, 자연히 이슈나 후보들의 개별적인 공약이 실릴 수 있는 해설이나 배경기사에 대한 할애가 매우 부족하다. 이렇게 부족한 해설, 배경 기사마저도 각 언론사의 독자적인 시각이나 자체 평가를 기준으로 삼기보다는 각 정당이나 후보가 전달한 보도 자료를 중심으로 기사화하기 때문에 언론은 필경사, 앵무새, 확성기에 지나지 않는다는 비난을 면하기 어렵다.

③ 언론사 간의 취재 경쟁으로 특정 후보 측이 유포시킨 흑색선전을 확인하지 않고 그대로 보도하여 다른 후보들이 피해를 입는 사례가 적지 않았다. 또 이와 유사하게 언론이 후보들로부터 역으로 언론 플레이를 당하는 경우가 많았다.

④ 언론이 과열, 불법 선거를 조장했다는 비난을 면하기 어렵다. 언론, 특히 신문은 각 정당의 공천이 시작되기도 전에 소위 출마예상자들의 경력과 입장, 강점 등을 취재 보도하여 후보들의 사전 선거 운동을 촉발시키고 후보들 간의 대결 양상을 심화시키는 경향이 적지 않았다. 그런데 언론은 후보들 간의 경쟁심과 조바심을 불질러 놓고는 나중에 가서 '선거 과열', '선거 혼탁' 등으로 선거판을 부정적으로 몰아붙여 모든 책임을 후보들에게 떠넘긴다.

⑤ 선거 기간에 우리 언론이 가장 많이 즐겨 사용하는 기사는 가십이나 스케치 기사인데, 이러한 기사들은 대부분이 후보들의 재담, 각 참모들과 정당 대변인들의 상대방 비방 등 자극적인 내용이나 아무 쓸모도 없는 말장난들이어서 선거 보도를 흥미 위주로 보도하는 경향이 강하다. 실제로 지난 15대 국회의원 총선에서의 텔레비전 뉴스 보도를 분석해 보면 전체 기사의 69.2%가 후보들의 선거 운동 장면이나 선거 유세장의 분위기를

전달하는 스케치 기사이며, 스트레이트 뉴스가 25.7%로 두 번째로 많았다. 따라서 TV 선거 기사의 94.9%가 정보가 피상적일 수밖에 없는 스케치 기사와 스트레이트 뉴스인 셈이다. 이에 반해 비교적 심층적인 정보를 담을 수 있는 해설 기사는 5.1%에 지나지 않아 텔레비전 뉴스는 매우 피상적인 선거 정보만을 전달해 주었다.

　⑥ 선거 자체를 심사숙고해서 이성적으로 결정해야 될 대상이라기보다는 흥미 위주의 게임이나 오락으로 인식시킬 수 있는 표현과 용어들을 많이 사용한다. 제목이나 본문 기사 속에서 후보들 간의 관계를 대결 양상으로 묘사하다 보니, 스포츠 용어나 전투 용어, 경우에 따라서는 저속어들이 함부로 사용되었다. 제목에서는 「불붙은 ○○회전」, 「열전 18일 막오른 총선 표밭」, 「○○ 작전, 전략」 등의 표현 방식이 많았으며, 본문 내용에서는 제목에 사용되는 용어들과 함께 「사생결단」, 「결사항전」, 「○○결투, 대결」 등의 섬뜩한 용어들과 그 밖에 전투 용어, 스포츠 용어들이 자주 발견되었다.

　⑦ 국회의원 선거임에도 불구하고 뉴스의 초점이 되는 사람은 국회의원 후보가 아니라, 정당의 지도자들이라는 점이다. 다시 말해 국회의원 총선거에서 7~8명 내외의 정당 지도자들이 거의 매일같이 텔레비전 뉴스에 등장하고 있다.

　⑧ 언론, 특히 텔레비전의 편파 보도이다. 과거에 비해 양적인 측면에서의 여당 편향성은 많이 줄어들었으나, 방송 내용 면인 측면에서는 아직도 완전히 균형된 보도가 이루어지지 않고 있다. 여당 후보나 정당 지도자는 밝은 모습이나 화합하는 장면 등을 많이 보여 주는 반면에, 야당은 어둡거나 무거운 분위기, 갈등 장면 등을 상대적으로 더 많이 보여 주고 있다. 또한 여당에 비해 야당은 내부적으로나 외부적으로 갈등적 요소가 담긴 기사들을 더 많이 보도하고 있다.

　⑨ 경마식(horseracing) 보도 방식이 지배적이라는 점이 문제이다. 경

마식 보도란 이슈나 후보의 개인적 특성, 배경 등의 본질적인 내용보다는 투표율 예측이나 어느 후보가 얼마나 앞서고 있는가에 관한 여론조사 보도라든지, 특정 지역이나 선거구의 분위기 기사, 캠페인 전략, 후보의 공중 접촉, 군중 수와 반응, 선거 자금, 정치 광고, 캠페인 활동, 특정 집단이나 계층의 정치적 지지에 관한 내용을 중심으로 기사화하는 보도 방식을 말한다. 한 연구에 의하면 우리나라 텔레비전 뉴스의 절대 다수인 85.2%가 소위 경마식 저널리즘과 관련된 기사라고 한다.

⑩ 후보자들이나 언론 모두 우리나라가 안고 있는 가장 심각한 문제인 지역 감정의 조장이나 부추김을 자제하려는 노력을 하지만, 가끔씩 언론은 선거를 지역 간의 대립으로 인식하도록 만드는 기사들을 내보내고 있다. 과거 '영호남' 간의 대립은 크게 부각하지는 않으나, 새로운 지역권의 개념이 나타나기 시작했다. 이른바, '중부권', '경북·대구권', '수도권'과 같은 용어들이 바로 그것이다. 특히, 노태우 전 대통령의 퇴장 이후 모든 선거에서 대구, 경북 지역에 대한 관심이 집중되었는데, '무주공산', '주인 없는 TK 지역'이니 하면서, 이 지역 주민들의 감정을 건드리기도 하였다.

(2) 개선 방안

한국 언론의 선거 보도는 과거에 비해 크게 개선되었지만, 아직도 보도의 내용과 화면의 분위기 등 질적 측면에서의 편파성이 완전히 없어지지 않았다.

공정보도는 어느 한 쪽의 의견이나 입장에 치우침이 없이 특정 인물이나 사건을 중립적으로 보도, 논평하는 자세를 말한다. 물론 공정성은 객관성을 전제로 한다. 그래서 객관 보도는 공정 보도의 충분조건은 아니지만 필요조건에 해당되는 셈이다. 어떤 보도가 공정하기 위해서는 객관 보도가 담보되어야만 한다.

그러면 객관 보도는 무엇인가? 그것은 의견과 사실을 구별하여 사실만을 보도하는 것을 말한다. 그러나 사실과 의견을 철저히 구분하여 사실만을 보도한다는 것이 쉬운 일이 아니다. 특히나 선거판에서 왜곡, 조작되기 일쑤인 사실을 거짓으로부터 구별해 내기조차 어렵기 때문에 엄격한 의미에서 객관성은 거의 존재할 수 없다. 그렇기 때문에 객관성과 공정성 논의가 무의미하다고 주장하는 사람도 있다.

그러나 완전한 객관성 확보가 어렵다고 해서 공정성을 포기해서는 안된다. 지나치게 엄격한 척도를 가지고서는 객관성과 공정성을 제대로 측정할 수가 없다. 따라서 많은 사람들이 인정할 수 있는 상식과 균형 감각이 동원되어 재단된 공정성은 그리 큰 문제가 되지 않을 것으로 생각한다.

한편 위에서 지적한 문제점들의 대부분이 후보의 선거 캠페인 활동 중심적인 보도에서 일어나는 것이기 때문에, 이러한 문제점들을 동시에 해결하는 방법은 오직 후보의 선거 캠페인 활동 중심적인 보도로부터 탈피하여 이슈와 정책 중심의 보도 방향으로 나가는 것이 바람직하다.

후보들의 캠페인 활동 중심적인 보도가 유권자들의 선거에 대한 관심을 불러일으킬 수 있으며 직접 접촉할 수 없는 후보들의 동정은 물론 그들의 가치관, 능력, 성격, 지지도 등을 판단할 수 있게 해 준다는 점에서, 긍정적인 기여를 하고 있다. 그러나 이러한 후보들의 캠페인 활동 중심적인 보도는 많은 문제들을 파생시키고 있다. 앞의 문제점에서 살펴본 바와 같이, 자연히 게임이나 경마식 보도를 선호하게 만들어 결과적으로 대의민주주이 체제에서 가장 이상적인 투표 행태를 추구하고 있는 이슈 중심이 선거가 진행되기 어려우며 나아가 과열, 불법, 타락 선거를 조장할 위험성이 따르는 것이다.

아울러 해설, 배경 기사를 강화시켜야 한다. 현재 우리 신문들은 대부분의 선거 기사가 가십이나 스케치 기사로 집중되어 있다. 기껏해야 후보들 간의 말장난이나 비방으로 가득찬 흥미 위주의 가십 기사나 선거 유세장 분위기, 선거 운동원들 간의 충돌, 유권자들의 반응이 고작인 스케치 기사를 과감히 줄이고 이슈 중심의 해설, 배경 기사를 대폭 늘려야 할 것이다.

　이러한 언론의 선거 보도 경향이 획기적으로 달라지기 위해서는 언론인의 의식이 바뀌져야 할 것이다. 개인으로서의 언론인과 제도로서의 언론은 선거 과정에서 자신들의 막중한 역할과 책임에 대한 철저한 인식이 있어야 한다.

　이러한 언론의 역할과 책임은 좁게는 보도의 균형성과 객관성에 입각한 정보를 유권자에게 충분히 전달해야 하는 것이지만, 넓게는 대의 정치의 효과적인 기능화와 관련되어 있는 것이다.

3. TV 토론

　현대 정치에 있어서 텔레비전은 민주주의를 위한 강력한 도구로 자리매김하고 있다. 대의 민주 정치에서 우리 국민들이 정치인들을 평가하고 이들에게 책임을 부가할 수 있는 방법 중의 거의 유일한 것이 바로 선거이다. 선거에서 후보들에 대한 정보는 국민들이 선출될 공직자에 대한 판단과 평가를 내리는 데 필수적이고 동시에 결정적이다. 불완전하고 부정확한 정보는 국민들의 결정을 흐리게 만들고 잘못된 선택으로 유도한다. 따라서 풍부하고 정확한 정보를 기초로 한 투표가 담보되어야만 참다운 민주주의가 실현될 수 있는 것이다.

　바로 이러한 점에서 TV 토론의 가치는 빛난다. TV 토론은 어떠한 다른 매체보다도 유권자들에게 풍부하고, 제3자에 의해 걸러지거나 변형되지 않은 정확한 정보를 유권자가 직접 채취, 해석하여 후보들에 대한 판단에 활용할 수 있게 해 준다는 점에서 매우 유용한 도구이다.

　물론 선거철에 유권자들은 언론의 선거 캠페인 보도, 정치 광고, 후보자 방송 연설 등을 통해 선거 관련 정보를 입수하고 있다. 그러나 우리나라의 선거는 불공정의 역사로 기록될 만큼 선거의 공정성과 관련된 시비가 끊이지 않았는데, 언론, 특히 텔레비전은 편파 보도 시비의 중심에 있어 왔다. 언론의 선거 보도는 언론 스스로가 메시지를 여과, 통제하기 때문에 항시 불공정 시비로부터 자유로울 수 없었다. 정치 광고 역시 후보 측이 메시지를 통제하기 때문에 그 내용이 일방적인 정치 선전으로 인식되고 있다. 후보자 방송 연설 역시 한 명의 후보가 나와 자신이 직접 작성한 메시지를 유권자들에게 일방적으로 전달하기 때문에 유권자들의 큰 흥미를 불러일으키지 못한다.

반면에 TV 토론은 똑같은 조건에서 경쟁하는 후보들을 한자리에 모아 놓고 후보들 간의 논쟁 대결을 통해 이들의 자질과 정책을 직접 비교해 볼 수 있는 유일한 기회이다. 또한 자신이 지지하지 않는 후보에 대해서도 새롭게 지켜볼 수 있는 기회를 제공한다.

TV 토론은 유권자들에게 긴장감과 현장감과 흥미를 불러일으킬 수 있을 뿐만 아니라, 후보들 간의 우열을 가릴 수 있게 하여 지지 후보를 결정하는 데 필요한 풍부하고 정확한 정보를 유권자 개인이 직접 채취할 수 있게 해 준다는 점에서 중요한 의미가 있다.

또한, 우리나라의 고질병인 고비용 선거 구조를 개혁해야 한다는 여론이 팽배해진 정치 상황에서 TV 토론만큼 유용하고 강력한 대안이 없다. 선거를 혼탁하고 과열로 치닫게 만들어 결과적으로 고비용 선거를 만드는 요인 중이 하나가 바로 유세장 청중 동원이다. 후보들은 가능한 한 많은 유권자를 만나기 위해 옥외 대중 집회를 갖지 않을 수 없다.

반면에 유권자들은 정치에 흥미를 잃어 가고 있고 바쁜 생활 때문에 대중 집회장에 가기가 더욱더 어려워진다. 그러기 때문에 후보자들은 세과시와 세몰이를 위해 청중들을 동원하며 선거 비용이 증가할 수밖에 없는 악순환이 계속되었던 것이다. TV 토론은 바로 이러한 문제를 대폭 해결해 주고 있다.

(1) TV 토론의 역사

TV 토론은 미국에서 만들어져 성공한 최대의 텔레비전 정치 이벤트이다. 미국의 TV 토론은 법으로 강제되어 있지 않지만 이제는 어느 누구도 TV 토론을 파기할 수도, 피할 수도 없게 되었다.

미국의 TV 토론은 1960년 대통령선거에서 시작된다. 그 이전까지는 TV 토론을 하고 싶어도 법적인 장벽 때문에 할 수가 없었다. 법적인 장벽이란 바로 연방 통신법 315조에 규정되어 있는 '동등 시간 원칙(equal time rule)' 또는 '동등 기회 원칙'이다. 동등 기회 원칙이란 방송사가 법적으로 자격이 있는 후보에게 방송을 사용하도록 허락하였다면 다른 모든 후보들에게도 동등한 방송 시간과 동등 시설, 동등 비용을 부여해야 한다는 원칙이다. 이 원칙 때문에 군소 후보들을 제외한 민주당과 공화당 후보들만의 TV 토론이 불가능하였다.

그러나 1960년 대통령선거를 앞두고 연방 통신법 315조의 효력을 일시 정지시킴으로써 케네디와 닉슨 후보 간의 TV 토론이 가능하게 되었던 것이다. 1960년 TV 토론은 3대 방송사들이 주최를 하였는데, 모두 네 번의 60분짜리 토론이 텔레비전 스튜디오로부터 전국으로 중계 방송되었으며, 패널리스트들도 방송인들이 대부분이었고 신문 기자들이 한두 명 포함되었다.

1960년 이후 1976년 선거 때까지 동등 시간 원칙 때문에 TV 토론이 또다시 중단되었다. 그러나 1975년 소위 아스펜 원칙(Aspen Ruling)이 TV 토론을 부활시키는 중요한 계기로 작용한다.

또한 아스펜 원칙은 TV 토론의 주최자, 개최 장소, 사회자 및 패널리스트에의 방송인의 참여 문제 등에 중대한 영향을 미쳤는데, 특히 이 원칙에 따라 TV 토론의 주최권이 방송사에서 여성 유권자 연맹(League of women voters)으로 넘어가게 되었다.

아스펜 원칙은 방송이 군소 후보들에게 동등 시간 원칙을 적용하지 않을 수 있는 다섯 가지 조건을 명시하였는데, 그 조건은 다음과 같다. ▲ 뉴스를 제작하고 보도하지 않는다는 가정에서 방송사가 아닌 제3자에 의해 토론회가 열릴 경우 ▲ 토론회가 방송국 스튜디오 밖에서 열릴 경우 ▲ 토론회가 생방송될 경우 ▲ 편집에서 오는 잠재적 편파성을 배제하기 위해 전체 내용이 전달될 경우 ▲ 토론회가 특정 단일 후보자의 이익에 편향되지 않고 저널리스트적 판단이 중심이 될 때 등이다.

아스펜 원칙에 따라 1976년 대통령선거에서 여성 유권자 연맹은 모두 네차례의 TV 토론회를 주최하였다. 그 이후 1980년, 1984년 대통령선거에서의 TV 토론은 모두 여성 유권자 연맹이 주최권을 행사하였다. 그러나 1981년 미국의 연방 통신 위원회(FCC)는 자격 있는 주최자가 토론회를 맡는 한에 있어서 방송사의 기술적 편의를 위해 방송국의 스튜디오에서 토론을 중개하는 것을 허락하였다.

이어서 1983년 11월 8일 연방 통신 위원회는 TV 토론의 주최권을 심대하게 바꿔 놓는 규칙을 발표하였다. 여성 유권자 연맹의 강력한 반대에도 불구하고 FCC는 동등 시간 규정의 제약 없이 방송사가 직접 선택한 후보들을 불러 라디오와 텔레비전으로 토론회를 주최할 수 있도록 규정을 바꿨다. 이러한 규정에 따라 1984년 대통령선거 때부터 방송사들이 예비 선거 기간 동안 각 정당내 후보들 간의 TV 토론을 주최하게 되었다.

1988년 선거를 앞두고 여성 유권자 연맹은 민주당과 공화당 후보들이 TV 토론을 앞두고 자신들에게 유리한 토론회의 진행과 포맷을 지나치게 요구하자 토론회 주최권을 포기한다고 선언하였다. 여성 유권자 연맹의 주최 거부 이후, 방송사와 정당의 압력으로부터 자유로울 수 있는 독립적이고 연속성이 있으며, 동시에 공적 권위가 있는 새로운 토론회 주최 기관이 필요하게 되었다.

이렇게 해서 1987년 대통령 토론위원회(commission on presidential debates)가 발족되었다. 비정치적, 비영리적 단체인 이 위원회는 10명의 위원, 1명의 실무 책임자, 그리고 50명의 자문위원으로 구성되어 있다. 이 위원회는 양당의 정치인과 노동계 대표, 경제계 대표, 시민 단체 등이 참여하고 있으며, 위원회의 임무는 대통령선거 토론을 주최하고 유권자를 교육시키는 일이다. 이 위원회는 예비 선거에는 전혀 관심이 없고 오직 정당간의 공식적인 후보들을 대상으로 하는 토론만을 전담하고 있다.

우리나라에서의 TV 토론은 1995년 6·27 지자제 선거 때 처음으로 등장하였다. 그러나 TV 토론이 본격화된 것은 지난 1997년 12월 18일에 있었던 15대 대통령선거가 중요한 계기가 되었다. 선거 초반에 무려 100여 차례나 실시된 언론사 개별 초청 TV 토론에 대한 비판적인 여론이 들끓자, 정치권은 국민의 여망을 받아들여 전격적으로 합동 토론회를 실시하였다. 여야는 선거법을 개정, '대통령선거 방송토론 위원회'를 구성하여 1997년 12월 1일, 7일, 14일 모두 세 차례에 걸쳐 각 120분씩 합동 토론회를 개최하였다. 사실상 TV 토론의 원년으로 기록될 1997년 15대 대통령선거 후보자 합동 토론회는 성공했다고 평가할 수 있으며, 우리나라 대통령선거 캠페인 방식을 크게 바꿔 놓았고, 대통령선거의 승패를 결정짓는 가장 중요한 요인으로 자리하게 되었다는 점에서 중요한 의미를 갖는다.

(2) TV 토론의 효과

분명히 TV 토론은 여러 면에서 긍정적인 효과를 가져다 주었다. 정치에 대한 무관심, 냉소주의, 혐오주의로 가득 차 있는 시민들도 TV 토론에는 관심을 기울인다. 주로 네거티브 전략을 사용하는 정치 광고, 정쟁으로 얼룩진 정치 뉴스에 외면하던 시민들도 후보들 간의 치열한 대결이 흥미롭게 펼쳐지는 정치 이벤트인 TV 토론만은 시청한다. 결국 TV 토론은 선거에 대한 유권자의 관심을 증대시켜 정치적 참여를 높이며, 후보자와 그들의 정책과 이슈에 대한 유권자의 지식을 향상시킴과 동시에 지지 후보를 결정하는 데 있어서도 많은 영향을 미친다 (권혁남, 2006).

실제로 TV 토론은 국민들로부터 커다란 호응을 불러일으켰으며, 선거에 적지 않은 영향을 미쳤다. 예를 들어 1997년 15대 대통령선거를 앞두고 실시한 세 차례의 합동 토론회는 모두 50% 이상의 높은 시청률을 기록하였다. 그리고 15대 대통령선거가 끝난 뒤 실시한 조사에 의하면, 유권자들은 지지 후보를 결정하는 데 있어서 TV 토론으로부터 가장 많은 영향을 받았는데, 응답자의 63.8%가 이같이 응답하였다(한국언론연구원, 1998 : 82쪽). 또한, 선거 기간에 지지 후보를 바꾼 유권자의 50.0%가 TV 토론이 중요한 계기가 되었다고 응답하였다(〈한겨레〉, 1997년 12월 19일).

또한 2002년 16대 대선에서도 우리나라 유권자들이 지지 후보를 결정하는 데 있어서 TV 토론을 가장 유용한 정보로 활용한 것으로 나타났다. 16대 대통령선거 당시 2차 합동 TV 토론회가 끝난 직후인 12월 13일부터 18일까지 6일 동안 서울 시민 500명을 상대로 조사된 양승찬(2003)의 연구에 의하면 비록 지난 15대 대선(31.3%)에 비해 그 비율(22.8%)이 크게 떨어졌지만 TV 토론은 여전히 지지 후보를 결정하는 데 있어서 가장 중요한 요인으로 작용하였다.

그러나 미국의 2000년, 2004년 대통령선거에서는 TV 토론이 생각보다 선거 결과에 중대한 영향을 미치지 못한 것으로 나타났다. 이에 대해 캠벨(Campbell, 2000 : 56)은 토론을 시청한 유권자들은 대부분이 누구를 찍을 것인지를 이미 결정한 사람들이기 때문에 유권자들이 토론으로 인해 지지 후보를 바꾸지는 않는다고 말한다. 따라서 토론이 끝난 직후 실시하는 여론조사를 보면 후보의 지지율이 달라지지만 그것은 단지 며칠뿐이며, 다음 번 TV 토론이 열리기 전에 예전의 지지율로 돌아가고 만다는 것이다.

(3) TV 토론의 문제점

모든 세상사가 밝음과 어두움을 동시에 갖고 있듯이 TV 토론 역시 장점과 함께 나름대로의 부작용이 있다. 우선 가장 우려되는 점이 TV 토론에서 후보들 간의 우열이 정치적 능력이나 정책 등의 본질적인 문제보다는 사소한 단서나 피상적인 이미지에 의해 가려진다는 점이다. 다시 말해 시청자들은 대통령의 직무 수행과 직접적으로 관계없는 후보의 용모, 표정, 말솜씨, 연기력 등의 단서들을 가지고 후보를 평가한다는 점이다. 그래서 TV 토론에서는 토론의 내용과 관계없이 텔레비전에 맞게 잘생기고, 즉 텔레제닉하고, 거침없이 말 잘하고, 실수하지 않으며 때로는 사전에 준비한 연기력을 완벽히 소화해 내는 후보가 승리하게 되어 있다.

TV 토론이 적지 않은 문제점을 갖고 있음에도 불구하고 TV 토론이 갖고 있는 유용성을 뒤엎을 수는 없다. 중요한 것은 TV 토론의 부작용과 그것이 가져올 수 있는 폐해를 정확히 인식하여 그것들을 최소화할 수 있는 방안들을 강구하는 일이다(권혁남, 2006 : 299).

4. 정치 광고

(1) 정치 광고의 개념 및 역사

정치 광고는 미디어의 뉴스 보도와는 달리 후보자가 유권자들에게 전달할 내용과 의제를 미디어 등의 제3자의 손을 거치지 않고 직접 전달할 수 있는 유일한 수단이라는 점에서 중요한 의미를 갖는다. 정치 광고에 대한 정의는 매우 다양하지만 정치 광고학자인 케이드(Kaid, 1981)의 정의가 일반적인데, 그녀는 '정치 광고란 정당이나 후보들이 돈을 지불하여 대중매체를 통해 유권자를 직접 접촉할 수 있는 기회를 획득해서 유권자들의 정치적 태도, 신념, 행동 등에 영향을 미치려는 의도를 가지고 자기들의 철저한 관리 하에 정치적 메시지를 직접 전달하는 커뮤니케이션 과정'이라고 하였다.

현대 정치에서의 정치 광고는 TV 광고가 주류를 이루고 있는데, 선거에서 TV 광고가 처음으로 등장한 것은 1952년 미국의 대통령선거에서이다. 미국의 역대 대통령선거 정치 광고에서 가장 성공적이었던 것으로 평가되는 정치 광고는 1964년의 데이지 광고를 들 수 있다. 재선을 노리던 존슨 대통령 진영은 일반 국민들이 보수적인 공화당의 배리 골드워터(Barry Goldwater) 상원의원의 호전적인 행동에 대해 의심하고 있는 점을 노렸다. 60초짜리의 이 광고는 딱 한 번 방송되었음에도 불구하고 너무나도 큰 반향을 일으켰다.

미국과는 달리 우리나라에서는 정치 광고가 제대로 활성화되지 못했다. 그렇게 된 데에는 우리나라의 과거 불행했던 정치 상황적 요인이 크다고 하겠다. 우리나라의 정치 광고는 1948년 대한민국 정부 수립 이후 등장하였는데, 초창기 정치 광고들은 성명서의 신문 게시 수준을 넘어서지 못하는 조잡하고 수준이 낮은 초보적인 단계였다. 그러다가 1963년 12월에 실시된 5대 대통령선거에서부터 대중 매체를 활용한 조직적인 정치 광고가 나타나기 시작하였다. 이때부터 대통령선거법상에 처음으로 신문 정치 광고 사용에 관한 법적인 근거가 마련됨으로써 정치 광고 발전의 새로운 장을 열었다(탁진영, 1999 : 28-34).

우리나라에서 정치 광고가 전면에 등장한 것은 1987년 13대 대통령선거 때부터이다. 13대 대선은 16년 만에 대통령 직선제가 부활되면서 정치 광고 시대의 본격적인 막이 열렸다. 이때부터 여론조사, 후보자의 이미지 만들기 등 일관된 선거 전략의 수립, 그리고 직업적인 정치 광고 전문가들에 의한 본격적인 정치 광고가 등장하였다.

또한 광고 회사들이 정치 광고 제작에 뛰어들면서 한국 정치는 좀 더 세련되고, 미국식의 정치 광고를 적용하기 시작하였다. 그러다 1992년 대통령선거에서 텔레비전 정치 광고가 허용되면서 비로소 이미지 정치 시대에 걸맞은 후보자 이미지를 창조하기 위한 광고 기법이 도입되었으며, 텔레비전이 정치 광고의 전면에 나타났다.

특히 1997년 15대 대통령선거에서 김대중 후보의 세련된 광고 전략이 당선에 결정적이었다는 평가를 받았다. 과거의 딱딱한 이미지를 과감하게 버리고 친근감을 강조하는 일관된 광고 전략이 당선에 결정적 영향을 미쳤던 것으로 분석된다(권혁남, 2006 : 271).

또한 2002년 16대 대통령선거에서 노무현 후보 진영은 노후보의 서민적 이미지로 부동층의 감정을 건드리는 전략을 수립하였다. 민주화를 경험했던 40대의 감정을 자극하는 감성적 소구 광고인 〈눈물〉편이 바로 이러한 전략이 잘 반영된 광고였는데, 커다란 반향을 일으켰다.

〈그림 1〉 노무현 후보의 정치 광고 〈눈물〉

(2) 정치 광고의 긍정적 효과

정치 광고가 갖고 있는 장점과 긍정적인 측면을 살펴보도록 하자.

첫째, 정치 광고는 유권자의 알권리를 충족시켜 줄 뿐만 아니라, 선거를 정책 이슈 중심으로 이끌 수 있어 결과적으로 유권자들이 합리적으로 후보자 선택을 할 수 있도록 도와준다는 점이다. 정치 광고는 유권자들의 정치 토론을 위한 중요 쟁점을 제공해 주며, 그 쟁점을 정의해 주고, 선거 정보를 경제적으로 얻을 수 있게 해 줄 뿐만 아니라, 후보들 간의 비교를 가능케 해 준다는 점에서 의의가 있다.

둘째, 미디어의 뉴스 보도에 있어서 차별받는 군소 후보와 정치 신인들로 하여금 대유권자 접촉을 늘릴 수 있도록 하고, 유권자 입장에서는 잘 몰랐던 후보자들에 대한 정보를 확보할 수 있는 장점이 있다.

셋째, 우리나라 정치권의 고질적인 병폐인 고비용 저효율 선거 구조를 개선할 수 있는 대안이 될 수 있다는 점이다. 물론 정치 광고 역시 광고를 제작하고, 이를 방송하거나 인쇄 매체에 싣는 과정에서 어느 정도의 경제 비용이 수반되지만 과거 조직 중심의 선거 운동 캠페인 방식에 비하면 선거 비용은 크게 줄어들게 된다. 문제는 선거 자금이 부족한 군소 후보들의 경우에는 선거 공영제 차원에서 이들도 최소한의 정치 광고를 할 수 있도록 국가 차원에서 배려를 해 주어야 한다고 본다.

넷째, 정치에 무관심하고 불신을 갖고 있는 유권자들의 선거에 대한 관심을 불러일으켜 결과적으로 투표율을 높일 수 있다는 점이다. 특히 정치적 관심과 투표 참여율이 낮은 20대 젊은이들은 영상에 매우 익숙해 있는데, 텔레비전 정치 광고가 이들 젊은이들에게 쉽게 접근할 수 있는 이점이 있다.

(3) 정치 광고의 문제점

앞에서 살펴본 정치 광고의 많은 장점에도 불구하고 정치 광고는 적지 않은 문제점을 안고 있다. 그 문제점을 살펴보도록 하겠다.

첫째, 무엇보다도 정치 광고가 후보자의 참모습보다는 허상을 과대 포장하여 주작, 생산된 이미지를 확산시킴으로써 유권자의 이성적인 판단을 흐리게 할 수 있다는 점이다. 텔레비전은 개인의 능력보다는 개성을, 내용이나 본질보다는 스타일을, 복잡성보다는 단순성을 강조하며, 특히 현실을 이미지로 환원하고, 그래서 이미지와 기호에 의해 완벽하게 결정되고 통제받는 일차원적 사회를 그리는 것이 문제이다.

둘째, 선거를 이성적이고 심사숙고의 대상이라기보다는 게임이나 전략 대결로 인식시킬 수 있는 위험성이 있다. 이러한 전략적 대결 중심의 보도는 유권자에게도 좋지 않은 영향을 미치는데, 결과적으로 수용자들을 소극적이고 수동적이며, 또한 선거에 대해 무책임한 존재로 만들 위험성이 있다.

셋째, 정치 광고가 안고 있는 가장 심각한 문제점은 역시 부정적, 공격적 광고가 판을 친다는 점이다. 상대방에 대한 비난과 공격 중심적인 부정적 정치 광고는 유권자들로 하여금 선거에 대해 혐오감과 냉소주의를 조장하여 결국 투표율을 떨어뜨릴 수 있다.

5. 선거 여론조사

흔히 현대 민주정치를 여론의 정치, 매스 미디어 정치로 규정하고 있는데 이러한 여론과 매스 미디어는 불가분의 관계에 있다고 할 수 있겠다. 여론은 그 자체가 힘을 갖고 있다기보다는 그것이 매스 미디어를 통해 지배층과 다수의 공중들에게 전달될 때 비로소 위력을 갖게 된다.

또한, 오늘날과 같이 정치에서 매스 미디어가 중심적인 역할을 차지할 수 있게 된 힘의 원천은 언론이 국민의 여론을 발굴하고 수렴, 형성할 수 있는 권한을 갖고 있기 때문이다. 언론이 주도적으로 실시, 보도하고 있는 여론조사는 이러한 언론의 정치적 힘을 강화시켜 주는 중요한 도구인 것이다.

언론의 선거 여론조사는 1824년 미국의 해리스버그 펜실베이니아 신문이 당시 대통령선거 캠페인에서 잭슨(Andrew Jackson)이 앞서고 있다는 여론조사 결과를 발표한 것이 최초로 기록되고 있다. 20세기 들어 1930년대까지는 여러 신문들에 의해 간이 여론조사(Straw Poll)가 실시되다가, 1936년 대통령선거에서 갤럽(Gallup), 로퍼 폴(Roper Poll) 등이 루스벨트의 압도적인 승리를 정확히 예측하면서 여론조사는 대통령선거가 실시되는 해에 하나의 중요한 보도 기사로 자리하게 되었다. 언론의 여론조사 붐이 일기 시작한 1960년대 초반부터 갤럽과 해리스(Harris)는 여론조사 뉴스 기사 배급을 놓고서 치열한 경쟁을 하고 있으며, 주요 신문사와 방송사들은 정규적으로 전국 여론조사를 실시하고 있다.

선거 여론조사가 선거에 미치는 효과에 대해 알아보도록 하겠다. 오래 전부터 많은 정치인들이나 학자들은 선거 여론조사 보도가 투표 행위에 미치는 효과, 즉 우세자 편승 효과(bandwagon effect) 또는 열세자 동정 효과(underdog effect)에 대한 관심을 많이 기울었으나 지금은 이것들에 대한 증거 부족으로 관심이 거의 사라져 버렸다. 수적으로 많지 않은 선거 여론조사 효과 연구들의 대부분은 여론조사가 선거에서 어떠한 유의미한 효과를 일으키지 않고 기껏해야 수용자가 이미 갖고 있는 의견을 보강해 주는 것에 지나지 않는다는 결과들을 보여 주고 있다.

그러나 근래에 여론조사의 효과는 강력하다고 주장하는 학자들이 다시 등장하고 있는데, 이들은 보도된 여론조사가 여론의 분위기(climate of opinion)에 미치는 효과를 강조하고 있다. 대표적으로 노엘레노이만은 의견 형성이나 선택 과정에서 의견의 분위기, 즉 어떤 의견이 지배적인가에 대한 개인의 지각이 결정적인 역할을 한다고 주장하였다.

(1) 한국의 선거 여론조사

선거철만 되면 덩달아 바빠지는 사람들이 있다 바로 점쟁이와 여론조사가들이다. 이들은 모두 선거 결과를 예측한다는 점에서는 차이가 없지만, 판단의 근거가 다르다. 점쟁이는 사주나 관상, 수상 등 출마 후보자의 개인적 자료에 근거를 하지만 여론조사가는 소위 민심을 파악하여 선거 결과를 예측한다. 그러기에 점쟁이의 예측 행위는 미신으로 치부되고, 여론조사가의 예측 행위는 과학의 이름으로 포장되어 사람들에게 비교적 강한 믿음을 준다.

그러나 서투른 무당(점쟁이) 생사람 잡듯이, 서투른 여론조사가 나라를 망친다. 실제로 지난 1996년 15대 국회의원 총선을 앞두고 방송 4사가 야심적으로 준비한 투표자 여론조사는 세계적인 망신거리가 되고 말았다. 투표 시간이 마감되자마자 방송된 투표자 여론조사 결과는 온 국민에게 강한 충격과 혼란을 주었는데, 개표 결과 253개 선거구 중 무려 39군데에서 당락이 바뀌었고, 비록 당선자를 맞추기는 하였지만 대부분의 선거구에서 표본 오차(±4.3% 포인트)의 범위를 벗어났다.

결국 3,500명 조사원의 노력과 16억원의 막대한 조사 경비는 방송 전파와 함께 공중으로 날아가 버렸다. 이를 두고서 로이터 등 세계의 유수 언론은 '한 편의 코미디', '세계 선거 여론조사 사상 최악의 우둔한 결과'라고 평하였다. 이후 우리나라의 여론조사 업계는 조사 방법론적으로 많은 개선을 시도하였으나, 2000년의 16대, 2004년의 17대, 2008년의 18대 총선에서 연달아 예측이 실패하고 말았다.

선거 여론조사의 백미는 역시 선거 결과를 예측하는 일이다. 그러나 다른 여론조사와는 달리 선거 여론조사는 선거 결과가 모든 것을 검증해 준다. 그래서 일찍이 갤럽은 "선거가 끝난 직후 여론조사가들은 벌거숭이로 남게 된다."고 하였다. 선거 여론조사의 예상 결과와 실제 투표 결과가 다르게 나왔다면 변명의 여지없이 여론조사가 잘못된 것이다.

이러한 선거 여론조사의 참담한 실패는 우리나라만의 문제는 아니다. 지금은 선거 결과를 거의 정확히 예측하고 있는 미국도 참으로 부끄러운 과거를 갖고 있다.

1948년 미국의 대통령선거를 앞두고 갤럽 등 여론조사 회사들은 듀이후보가 트루만 대통령을 누르고 당선될 것이라고 예측하였고, 대부분의 언론이 이를 인용 보도함으로써 1936년 '리터러리 다이제스트'의 대실패 이후 또 한 번의 커다란 오보를 하고 말았다. 1948년의 대실패 이후 미국민들의 선거 여론조사에 대한 신뢰도는 땅에 떨어졌으며, 이를 회복하는 데에는 무려 12년의 세월이 걸렸다. 1960년 닉슨과 케네디 후보 간의 박빙의 대결을 앞두고 미국의 여론조사 회사들은 케네디 후보의 근소한 승리를 예측하여 선거 결과를 정확히 맞추었던 것이다. 1948년의 대실패는 미국 언론사와 여론조사 회사들에게 씻을 수 없는 오명을 주었지만, 한편으로는 절치부심할 수 있는 교훈과 기회를 주었던 것이다.

이러한 미국의 사례는 어제 일을 쉽게 잊어버리고 심각한 반성도 없이 또다시 여론조사를 남용하고 있는 우리와는 너무나도 대조적이다. 물론 국회의원 선거보다는 대통령선거에 대한 예측이 상대적으로 용이하다. 그렇지만 우리 언론이 과거의 실패를 교훈으로 삼지 않고, '오보를 낼망정 다른 언론사보다 먼저 보도하는 것이 낫다.'는 생각으로 무분별하게 여론조사 결과를 보도하는 행태는 참으로 문제가 아닐 수 없다.

<h2 style="text-align:center">〈참고 문헌〉</h2>

권혁남, 『미디어선거의 이론과 실제-개정판』, 서울 : 커뮤니케이션북스, 2006.

양승찬, 『16대 대선 유권자 의식조사 결과로 본 언론』, 한국언론재단/한국기자협회/PD연합회/한국언론법학회/인터넷신문협회 주최 세미나 발표 논문, 한국언론재단 연수센터, 2003.

탁진영, 『정치 광고의 이해와 활용』, 서울 : 커뮤니케이션북스, 1999.

한국언론연구원, 『미디어 정치시대 선거보도』, 1998.

Alger, D. E., *The media and politics, 2nd, ed.*, NY : Wadsworth, 1996.

Campbell, J. E., *The American Campaign : U. S. Presidential Campaigns and the National Vote*, TX : Texas A & M University Press, 2000.

Kellner, D., *Television and the Crisis of Democracy*, NY : Westview Press, 1990.

소통의 정치 경제학

제6장 – 한국 사회의 소통을 가로막는 10가지 이유

'소통' 담론은 홍수 사태라고 해도 좋을 정도로 우리 사회에 철철 흘러넘친다. 촛불집회에 참여한 시민들은 "국민은 소통을 하려고 하는데 불통이 되니까 울화통이 터집니다."라거나 "우리는 이제 '우리의 소원은 통일'이라 외치지 않습니다. 우리의 소원은 소통입니다."라고 말할 정도로 소통에 갈증과 굶주림을 호소했다.[1]

그러나 김진석이 잘 지적했듯이, "'소통의 부재'는 그 자체로 원인이기보다는 결과이자 증상에 가깝다."[2] 소통(疏通)의 사전적 의미는 '뜻이 서로 통하여 오해가 없음'이지만, 그 실천 이념은 화이부동(和而不同)이다. 뜻이 서로 통하지 않더라도, 다른 의견을 존중하고 포용해야 한다는 것이다. 그런데 그것이 말처럼 쉽지 않다. 그렇게 하다가 어느 세월에 일을 할 수 있겠느냐는 반론이 제기될 법하다. 많은 이들이 소통을 '홍보'로 오해하는 것도 무리는 아니다.

---

1) 권태선, 〈소통? 불통! 울화 '통'〉, 『한겨레』, 2008년 6월 13일자 ; 이태희, 〈아고라가 청와대에 말한다…재벌과의 핫라인 철폐부터 촛불의 새로운 상상력까지 그들의 말 말말〉, 『한겨레 21』, 제715호(2008년 6월 16일).
2) 김진석, 『기우뚱한 균형』(개마고원, 2008), 239~240쪽.

우리는 지도자와 권력의 소통 능력을 문제 삼는 일에는 익숙하지만, 우리 사회가 전반적으로 소통을 중요하게 생각하고 높게 평가하는가 하는 점은 외면하고 있다.

한국은 '빨리빨리'에 중독된 사회이다. 소통은 시간이 좀 걸린다. 한국인들이 사랑하는 '과감한 결단'과 '저돌적 추진'의 적(敵)이라고 해도 좋을 정도이다. 오늘날 한국인 다수가 자랑스럽게 생각하는 한국의 '압축 성장'은 소통을 건너뛴 '시간 절약'의 결과로 보는 것이 옳지 않을까?

소통의 귀결로 여겨지는 타협과 화합은 우선적으로 정치 경제적 이해관계가 조정될 때에 가능하다. 그걸 외면하고 명분만으로 일을 풀려고 하는 건 어리석을 뿐만 아니라 위험하다. 그런데 우리는 매사를 '옳다 그르다'로 판단하려는 기질을 갖고 있다. 오죽하면 이미 80여 년 전 단재 신채호가 "도덕과 주의(主義)가 이해(利害)에서 났느냐, 시비(是非)에서 났느냐?" 하는 질문을 던져 놓고, "우리 조선 사람은 매양 이해 이외에서 진리를 찾으려 한다."고 개탄했겠는가?[3]

우리가 진정 소통을 원한다면, 그 정치 경제적 기반에 주목해야 한다. 그 '인프라'를 외면한 채 소통 부재의 책임을 개인과 집단에게만 물어서는 답이 나오지를 않는다.

정치 경제적 기반은 문화를 생산하고, 문화는 다시 정치 경제적 기반을 생산하는 과정을 반복하기 때문에 원인과 결과의 구분은 어려우며, 결과가 원인으로 부활하는 순환 관계를 형성하고 있는 점을 유념할 필요가 있다.

김홍우는 "소통의 부패는 두 가지 양극화 현상 속에서 급속히 진행된다. 첫 번째는 담론의 독점과 기피라는 양극화이고, 두 번째는 '대항하는' 담

---

3) 하우봉, 〈새로운 시각에서 쓴 한국유교사 : 옮긴이의 말〉, 강재언, 하우봉 옮김, 『선비의 나라 한국유학 2천년』(한길사, 2003), 501~502쪽.

론과 '위하는' 담론 간의 양극화이다."라고 했다.[4] 그런 양극화에 대대적인 균열이 일어날 때에 혼란은 불가피하다. 그 균열의 생산지는 바로 인터넷이다.

'소통' 담론이 폭발적으로 증가한 노무현, 이명박 정권 시대는 소통 방식의 혁명적 변화를 가져온 인터넷 폭발 시기라는 점은 반드시 짚고 넘어가야 할 대목이다. 사회적 소통의 주체가 될 수 없었던 보통 사람들이 인터넷을 통해 소통의 주체로 등극하면서 새로운 소통 문법이 창출되었지만, 아직 그 문법이 전 사회적으로 공유되지 못한 데 따른 혼란도 있다는 것이다. 이는 촛불집회 참여자들 사이에서 가장 큰 어려움 중의 하나가 내부 소통 문제였다는 점에서도 확인되는 사실이다.[5]

크게 보자면 한국 사회의 소통을 가로막는 10가지 이유로 ① 승자독식주의 ② 연고주의 ③ 초강력 중앙집권주의 ④ 서열주의 ⑤ 지도자 추종주의 ⑥ 극단주의 ⑦ 이념의 사유화 ⑧ 각개 약진 ⑨ 압축 성장 ⑩ 높은 대외의존도 등을 들 수 있다.

1. 승자독식주의

가장 문제가 되는 것이 바로 '승자 독식주의'이다. 승자가 독식을 하는 체제하에서는 소통은 미덕이 아니다. 전혀 불필요하고 거추장스러운 것이다. 무조건 이기면 되는 것이지, 소통이 무슨 소용이란 말인가? 우석훈이 "소통은 어떤 의미에서 잔인한 개념이다."라고 말하는 것도 바로 그런

---

4) 김홍우, 〈닫힌 사회와 소통의 정치: 한국 정치의 활성화를 위한 제언〉, 김홍우 외, 『삶의 정치, 소통의 정치』(대화출판사, 2003), 50쪽.
5) 노현웅 외, 〈"촛불을 끌 수 없다" … 시위 방식엔 의견 갈려 : 촛불주역 28명 심층면접〉, 『한겨레』, 2008년 8월 9일자.

이유 때문일 것이다.

"한국의 지배자와 토호들은 땅값으로 소통한다. 그리고 단순히 이들만이 아니라 50%에 해당하는 주택 소유자들도 땅값으로 소통하려고 한다. 여기에 대해 한국의 생태 미학을 만들어내려는 사람들은 아름다움, 감동 혹은 그 무엇이 되었든 땅값이 아닌 방식으로 서로의 의사를 전달하고 이해할 수 있는 양식을 과연 만들 수 있을까? 답이 쉽지 않은 질문이다. 다만 그렇게 할 수 있기를 바란다."[6]

선거란 무엇인가? 그건 헌법이 보장하고 국가가 공인해 주는 승자 독식의 도박 축제이다. 선거 시즌이 따로 있는 것이 아니다. 승자는 다음 선거에서 또 이기기 위해 승리한 그 날부터 다시 선거 체제에 돌입한다. 패자도 마찬가지이다. 선거에 의해 움직이는 정치의 본질도 도박이라는 것은 두말하면 잔소리이다.

승자 독식 체제하의 경쟁 세력들은 각자 방대한 먹이사슬 체계를 갖고 있다. 그 체계의 말단이 각 지역, 동네마다 존재하는 이른바 '여론 선도층'이다. 정치에 아무런 이해관계가 없는 일반 대중도 이 여론 선도층의 자장(磁場) 안에 들어가 있다.

우리가 흔히 개탄하곤 하는 지역주의 선거도 바로 이런 자장의 산물이다. 그런 다단계를 거치면서 떡의 존재는 눈에 잘 보이지 않게 되며, 명분과 이념의 포장을 뒤집어쓰게 된다.

해방 정국에서 중간파가 설 자리가 없었던 이유는 무엇인가? 줄 떡이 없고, 피를 끓게 만드는 담론을 생산해 낼 수 없었기 때문이다. 한국처럼 '급변의 소용돌이'가 휘몰아치는 사회에서 떡의 공정 분배를 선호하고 피와 열정을 멀리하는 중간파의 운명은 고독과 고립이다. 오랜 세월 독재

---

6) 우석훈, 『직선들의 대한민국 : 한국 사회, 속도 · 성장 · 개발의 딜레마에 빠지다』(웅진지식하우스, 2008), 177쪽.

정권을 거치면서 중간파가 기회주의나 사쿠라의 오명을 뒤집어쓴 탓도 있다.

어떤 정권이 들어서고 어떤 조직의 우두머리가 누가 되느냐에 따라 지성 사회 구성원의 인정 욕망 실현이나 세속적 팔자마저 달라지는 현 상황에선 중간을 포용하는 지성 사회의 회복도 기대하기 어렵다. 정치라는 도박 산업이 관장하고 있는 떡의 양을 대폭 빼앗아 시민 사회의 자율 영역으로 돌리지 않는 한, 그 어떤 변화도 기대하기 어렵다. 떡의 포장지가 아무리 화려해도 문제의 핵심은 떡과 떡고물이다.

이런 '떡 이론'은 천박하거니와 순수한 마음으로 자신의 명분, 이념을 위해 헌신하는 사람에게 모욕적일 수 있다. 그것을 잘 아는 사람이 왜 그런 말을 하는가? 우리 모두의 투철한 자기성찰을 위해서이다. 단지 '이름' 하나라도 내가 얻는 '떡'이 있다고 생각하게 되면 좀더 겸허해질 수 있지 않을까? 소통을 어렵게 만드는 독선과 오만은 자신의 순수성에 대한 과도한 확신(착각)에서 비롯되는 경우가 많다. 남 이전에 자신을 먼저 의심해 보자.

승자 독식주의를 깨지 않고서는 소통은 살아나지 않는다. 무엇보다도 정치 바람을 타지 않는 중립 영역을 넓혀 나가야 한다. 예컨대, 현재로서는 빈 껍데기 뿐인 '기관장 공모제'를 제대로 해 보는 것도 그 한 방안이다. 대통령이 바뀌었다고 모든 공적 영역의 리더들을 갈아 치우는 것은 자멸(自滅)로 가는 코스이다. 그것에도 그 나름의 장점은 있겠지만, 줄서기와 아첨을 융성하게 하여 소통을 죽이는 결과를 초래한다.

일사불란(一絲不亂)은 소통의 원흉이다. 우리는 그간 목이 터져라 정치 개혁을 외쳐 왔으면서도 이런 게임의 룰 자체를 바꿔 볼 생각은 하지 않았다. 그저 편 가르기 싸움만 하면서 '우리 편 이겨라.'를 개혁 구호로 여겨 온 탓이다.

2. 연고주의

2006년 한국개발연구원(KDI)의 '사회적 자본 실태 종합조사' 보고서에 따르면, 우리나라 국민들의 사회적 관계망 가입 비율은 동창회가 50.4%로 가장 높고, 종교 단체 24.7%, 종친회 22.0%, 향우회 16.8% 등이 뒤를 이었다. 반면, 공익성이 짙은 단체들의 가입률은 2%대에 머물렀다.[7]

언론은 사회적 관계망 가운데 시민 단체의 활동에 가장 많은 지면과 시간을 할애하지만, 한국 사회의 실세는 연고 단체이지 시민 단체가 아니다. 그럼에도 연고 단체는 '음지의 문화'로 취급받는다. 아니, '이중성의 문화'라고 하는 것이 더 정확하겠다. 사적으로는 연고 단체를 가장 사랑하고 가장 많은 신경을 쓰지만, 공적으로는 감추려 든다. 물론 그럴 만한 이유가 있다.

사회적으로 큰 물의를 빚은 사건의 내막을 들여다보면 주범들이 대부분 학연으로 똘똘 뭉쳐 있다. 조직에서 인사 문제로 잡음이 일어나는 것을 보면 대부분 '학연 마피아'의 독식과 관련이 있다. 대학의 총학장 선거에서부터 학회 회장 선거에 이르기까지, 비정치적인 엘리트 집단의 선거에서도 가장 큰 힘을 쓰는 변수는 바로 학연이다.

전남대 총장에 당선된 김윤수 교수는 "20년 간의 총장 직선제로 대학 민주화는 진전됐지만 총장 선거가 속된 말로 '골목대장'을 뽑는 것이라는 지적을 받을 만큼 연고 집단이 지배가 강화됐다."고 했다. 임기가 끝나가는 한 총장은 "교수들에게 밥 사 주고, 눈치 보고, 당선 후에는 보직 나눠 주자니 환멸을 느꼈다."라고 말했다.[8]

대학 교수들로 구성된 학회의 회장 선거만 해도 온갖 부작용이 속출해

---

7) 오관철, 〈소득·학력 높을수록 '연줄 중시'〉, 『경향신문』, 2006년 12월 27일, 3면.
8) 양영유, 〈대학총장은 욕먹는 걸 두려워 말라〉, 『중앙일보』, 2008년 5월 26일자.

회장 직선제를 택하지 않는 학회가 생겨나고 있다. 그래서 선거를 하지 않는 게 좋다는 말이 아니다. 소통에 가장 능할 것 같은 지식인들조차 '소통'을 쓰레기통에 내던지고 '연고'로 대체하는 것이 당연시되는 사회에서 소통은 원초적으로 가능할 수 없다는 것을 말하고자 함이다.

연고주의에 대한 세상의 인식은 부정적인 것 같지만, 그대로 믿을 것은 못 된다. 누구나 공적 영역에선 연고주의를 비판하지만, 사적 영역에서는 연고를 정(情)과 행복과 경쟁력의 근원으로 삼고 있기 때문이다. 또 한국의 복지 수준이 낮다고는 하지만, 어려울 때 친인척, 동문, 동향인들이 도와주는 한국 특유의 '연고 복지'를 생각하면, 연고주의는 일방적으로 비판할 수만은 없을 정도로 한국인의 정체성을 구성하고 있다고 보는 것이 옳을 것이다.

바로 그렇기 때문에 '공공적 연고주의'가 필요하다. 연고주의의 전면 부정은 비현실적이기에 일종의 타협책으로 '공공적 연고주의'를 역설하는 것이다. '공공적 연고주의'란 연고주의에 어느 정도의 공적 성격을 가미하는 것을 의미한다. 예컨대, 모임이 있을 때마다 회비의 1%라도 떼내어 공익적 목적을 위해 쓰자는 것이다. 한번 버릇만 들이면 되는 일이다. 그 돈 자체가 중요한 것이 아니라, 그런 상징적 행위가 연고 단체의 공공적 품질을 높일 수 있다는 데에 주목하자.

이 타협책은 연고주의에 비분강개(悲憤慷慨)하는 사람들로부터 비판과 조롱을 받기도 했지만, 나는 그들이 비분강개 이외에 어떤 현실적 대안을 내놓고 실천할 수 있는지 알지 못한다. 비분강개는 필요한 덕목이지만, 오직 비분강개 일변도로만 나가면 탈 난다. 비분강개하면서도 현실적인 해법을 수용할 수 있는 포용력도 키우는 것이 좋겠다.

공공적 소통이 숨쉴 수 있는 눈꼽만큼의 공간이라도 일단 만들어 보자는 제안은 개혁이나 '아래로부터의 민주주의'를 위한 모든 시도가 한국 사회의 가장 강력한 보루라고 할 연고 단체와 따로 노는 현실에 대한 성찰의 결과이다. 연고 단체에 공공적 성격을 가미하는 시도를 하지 않고서는 사회적 진보의 성과를 거두기 어렵다는 것을 인정하고 기존 '모드'를 한 번 바꿔 보자는 뜻이다. 사회를 향해서는 연고주의를 비판하면서 자신의 사적 영역에서는 연고주의의 단물을 빨아먹는, '범국민적 쇼'를 그만두고, 이젠 좀더 실천 가능한 대안을 모색할 때가 되지 않았느냐는 문제 제기이기도 하다.

3. 초강력 중앙집권주의

한국 정치의 최대 특수성은 두말할 필요 없이 '서울 1극 구조'이다. 이건 서양 정치이론으로 도저히 감당할 수 없는 한국적 현상이다. 이것을 정면으로 다룬 것은 아닐망정, 한국적 특수성을 가장 잘 보여 준 책은 단연 그레고리 헨더슨(1922~1988)의 『소용돌이의 한국 정치』(1968)이다.[9] 이 책에 대해서는 그간 많은 반론이 제기되었지만, 이 책의 핵심 메시지는 여전히 유효하다. 그것이 바로 '중앙과 정상을 향한 맹렬한 돌진'이다.

헨더슨은 한국을 '엘리트와 대중 사이를 중재할 수 있는 조직의 취약함으로 인하여 양자가 서로 직접적으로 대면하는 원자화된 사회, 사회적 관계의 무정형성과 고립성을 특징으로 하는 사회'로 보았다. 부분적으론 오류의 소지가 있지만, 엘리트-대중을 매개할 수 있는 조직의 취약함만큼은 제대로 본 것이다. 정당을 비롯한 각종 매개 조직은 많지만, 이들에 대한 사회적 신뢰도는 지금도 10%대이거나 한 자리수에 머물고 있다. 이런 현실에 근거한 것이 바로 '소용돌이 민주주의'이다.

---

9) 그레고리 헨더슨, 박행웅 · 이종삼 옮김, 『소용돌이의 한국 정치』(한울아카데미, 2000).

한국 정치에서 미디어가 절대적으로 중요한 이유가 바로 여기에 있다. 한국인들은 정당 등의 매개 조직을 경유하지 않은 채 미디어를 통한 '직거래'를 선호한다. 아니, 선호라기보다는 직거래를 하지 않으면 안 될 상황에 처해 있다고 보는 것이 옳겠다. 이는 최근의 촛불시위가 드라마틱하게 입증해 보이고 있는 사실이다.

'서울 1극 구조'의 정점은 미디어 구조이다. 한국처럼 한 대도시에 미디어가 집중되어 있는 나라가 또 있을까? 미디어의 서울 집중은 다른 어떤 분야보다 더 심하다. 그런데 흥미로운 것은 노무현 정부 때 꽃을 피운 지역 균형 발전, 지방 분권 담론에서도 '미디어 1극 구조'는 거의 거론되지 않았다는 사실이다. 아니, 오히려 지역 균형 발전, 지방 분권 담론을 키우기 위해 미디어 1극 구조와 유착한 혐의마저 있다.

인터넷은 미디어 1극 구조를 깰 수 있는 가능성으로 주목을 받았지만, 그 가능성은 상징적인 수준에 지나지 않는다는 것이 곧 밝혀졌다. 포털의 공룡화가 잘 보여 주듯, 집중과 쏠림이 인터넷의 속성이 아닌가 할 정도로 인터넷은 기존 1극 구조를 오히려 강화시키는 결과를 초래했다.

중앙을 향한 소용돌이의 확대 재생산 효과에 주목할 필요가 있다. 대니얼 부어스틴의 표현을 빌리자면, 베스트셀러는 잘 팔리기 때문에 잘 팔리는 책이요, 유명인은 유명하기 때문에 유명한 사람인 바, 베스트셀러와 유명인은 동어반복(同語反覆 : tautology) 현상이다.[10] 소용돌이 현상도 마찬가지이다. 1극을 향해 사람이 몰리기 때문에 사람이 몰린다. 사람 구경하기 위해 가는 사람이 다른 구경꾼을 불러 모은다는 뜻이기도 하다.

여기에 의미 부여를 하는 것은 바로 언론과 언론에 의해 발언을 요구받는 지식인이다. 아니, 의미는 애초에 존재했지만, 그것을 증폭시켜 '동어

---

10) Daniel J. Boorstin, *The Image : A Guide to Pseudo-Events in America*(New York : Atheneum, 1985), p. 74.

반복' 속성을 은폐하는 효과를 낸다고 보는 것이 옳겠다. 촛불시위를 예찬하는 쪽이나 폄하하는 쪽이나 다를 것이 없다. 이것을 가리켜 '소용돌이 저널리즘'이라 불러 보자.

'소용돌이 저널리즘'의 정의를 내려 보자면, 엘리트와 대중의 매개 조직이 없거나 약한 1극 집중 구조에서 그 구조를 반영하는 언론의 1극 집중 구조가 공적 소통의 '직거래 문화'를 1극 집중 구조로 증폭시키는 저널리즘이라 할 수 있다. 이는 가공할 역동성을 보여 줄 수 있다는 장점이 있지만, 소통이 설 자리가 없다는 한계를 안고 있다. 소용돌이와 소통은 상극이다.

4. 서열주의

한국인들은 어려서부터 철저한 서열 교육을 받고 자란 탓에, "호랑이와 상어가 싸우면 누가 이겨?"라는 식의 질문을 하는 것을 좋아한다. 정치와 교육은 다른 게 아니라 정치가 교육보다 높다고 본다. 그래서 총장 다음에는 대통령을 꿈꾸는 것이 아주 자연스럽게 여겨진다.

의전 서열 갈등은 전국 곳곳에서 행사가 있을 때마다 벌어지고 있다. 의전 서열을 정할 때 직위 직급 등은 물론 봉급을 따지기도 한다.[11] 의전 서열 문제는 이해할 수도 있는 일이기는 하지만, 진짜 문제는 의전 서열의 내면화일 것이다. 이른바 '입신양명의 정치학'이다.

입신양명(立身揚名)은 원래 좋은 의미였다. 세상을 위해 좋은 일을 한다는 뜻이 강했다. 그러나 입신양명의 좋은 취지는 변질돼 이미 조선조에서부터 오늘날과 같은 의미의 출세주의를 뜻하게 되었다.

---

11) 홍권희, 〈의전 자리다툼〉, 『동아일보』, 2006년 1월 7일, 30면.

김재영은 "양명 의식은 그동안 우리 역사에서 어떻게든 높은 지위를 차지해야만 안심할 수 있다는 관료주의적 사고가 그 바탕을 이루고 있다. 우리가 얼마나 이러한 지위에 집착하고 있는가는 그동안 조상신에 대한 신앙의 형식으로 신주에까지 관직명을 붙이고 비석을 세웠으며, 지금도 가보, 명함, 각종 모임 등에서 직함을 붙여 호칭을 사용하는 사례를 보면 알 수 있다."고 말했다.[12]

서울대 총장 정운찬이 《월간 중앙》 2005년 1월호 인터뷰에서 밝힌 다음과 같은 솔직한 증언은 고위 관직에 대한 한국인들의 열망이 거의 한(恨)의 수준에 이르렀다는 것을 말해 준다.

"조선 시대 고위 관료로 출세한 조상분들의 묘를 보고 뿌듯해했던 어린 시절의 기억이 있습니다. …… 어머님은 항상 저한테 '자네'라는 호칭을 쓰셨습니다. 이를테면 학창시절의 제게 '자네, 우리 집안에 정승이 3대째 끊긴 것을 아는가?'라는 식의 말씀을 자주 하셨습니다."

서울대 교수 최재천과 경희대 교수 도정일의 이야기도 비슷하다.

"저희 할아버지도 늘 저만 보면 '언제 강릉 시장이 될래?'라고 하셨다니까요. 서울대학을 졸업하고 또 유학을 간다고 하니까 이해를 못 하셨어요. 대학교수가 되고 싶다고 했더니, '대학교수 오래 할 것 없다. 사람은 모름지기 나라의 녹을 먹고살아야 하느니라.'라고 하시더라고요. '강릉 시장이 모자라면 강원도 도지사를 해라.' 이러시더라고요. …… 나도 엇비슷한 이야기가 있어요. 영문과에 간다니까 외삼촌 왈, '그거 해서 뭐가 되는데?' 치과 대학에 다니던 외사촌 형이 옆에 있다가 '영어 잘 하면 미국 대사도 할 수 있죠.'라고 했어요. 그랬더니 외삼촌이 또 말했어요. '그게 다냐?'"[13]

---

12) 김재영, 『한국사상 오디세이』(인물과사상사, 2004), 312~313쪽.

13) 도정일 · 최재천, 『대담 : 인문학과 자연과학이 만나다』(휴머니스트, 2005), 107쪽.

이런 관존민비(官尊民卑) 의식은 사라졌을까? 아직 건재하다. 관존민비는 '정치 과잉'이나 '권력 숭배 문화'와도 통하는 현상이다. 물론 배금주의(拜金主義)라고 해도 좋을 정도로 돈이 큰 위력을 발휘하는 세상이기는 하지만, 돈을 벌기 위해서라도 관(官)의 역할이 절대적으로 중요한 것은 여전하기 때문에 관존민비는 계속 그대로 남아 있는 것인지도 모른다.

한국인들의 강렬한 출세욕에 대해 최상진은 한국인들은 사회적 존경과 세속적 출세를 엄격히 구분하지 않은 상태에서 사회적 자기 실현을 좋은 의미의 출세와 연결시켜 왔다고 분석했다. '나는 무엇이다'보다 '나는 어떠해야 한다.'가 한국인에게는 중요하다는 것이다. 한국 대학생들에게 자기 실현에 대해 기술하라고 요구할 때 이들이 기술하는 내용을 보면, 서구적 의미의 자기 실현에 관계된 내용보다는 사회적 자기 실현의 내용이 주류를 이룬다고 한다.

또, 한국인의 자서전을 보면 마찬가지로 자신이 어떤 직업과 위치를 가진 사람으로 살아왔는가를 역사·기술식으로 열거하는 형태를 띠는 것이 일반적이라는 것이다.

최상진은 한국인의 자기는 서구인의 self보다 미래지향적 목표 지향성이 크며, 사회 현실과 본인이 처한 입장을 보다 구체적으로 반영한다는 점에서 현실성과 구체성이 높다고 평가했다.[14]

한국인의 그런 특성은 타인 지향적 인정 욕구 때문일 것이다. 자기 자신보다는 남들과의 관계에서 삶의 의미와 보람을 찾는다는 뜻이다. 그래서 서열을 매겨야만 직성이 풀린다.

한국은 다른 나라들과는 달리 워낙 동질적 집단이기 때문에 다른 '구별 짓기'의 수단이 없어 더욱 서열에 매달리는 것인지도 모른다. 그래서 대학

---

14) 최상진, 〈한국인의 마음〉, 최상진 외, 『동양심리학 : 서구심리학에 대한 대안 모색』 (지식산업사, 1999), 417~418쪽.

들은 '고교 등급제'를 저질렀고, 기업들은 '대학 등급제'를 열심히 저지르고 있다. 소통은 없거나 무의미하다. 오직 서열과 등급과 계급만이 있을 뿐이다.

5. 지도자 추종주의

한국은 '정당 민주주의 국가인가?'라는 질문에 '그렇다'라고 답하기는 해야겠는데, 대단히 쑥스럽다. 정당의 수명이 워낙 짧기 때문이다. 해방 이후 백 수십여 개의 정당이 명멸한 가운데 정당의 평균 수명이 3년이 되질 않는다. 우리는 그 원인과 책임을 정치인들의 탐욕에 돌리지만, 과연 그렇기만 한 것인지 진실을 직시할 필요가 있다.

"문화는 드러내는 것보다 감추는 것이 훨씬 더 많으며, 더구나 묘한 것은 그 문화에 속한 사람들이 감춰진 바를 가장 모른다는 점이다. 나는 여러 해 동안 문화를 연구하면서 정말로 중요한 일은 외국 문화를 이해하는 것이 아니라 자신의 문화를 이해하는 것이라는 점을 확신하게 되었다."[15]

문화인류학자 에드워드 홀의 말이다. 한국의 '지도자 문화'를 생각할 때마다 절감하게 되는 말이다. 한국인들은 지도자를 필요 이상으로 추종하는 동시에, 지도자가 가진 이상의 것을 기대하고 요구하는 유별난 '지도자 추종주의' 문화를 갖고 있다. 북한 주민의 김일성, 김정일에 대한 태도가 과연 남한과는 전혀 무관한 것일까? 이승만, 박정희 시대를 돌아볼 필요가 있지 않을까?

오늘날에도 지도자 '사모(사랑하는 사람들의 모임)' 클럽 회원들을 보면, 그들의 열성적인 참여 정신에는 경의를 표하다가도 광신도(狂信徒)

---

15) 에드워드 홀, 최효선 옮김, 『침묵의 언어』(한길사, 2000), 58쪽.

의 경지에 이른 사람들이 적지 않음을 볼 때마다 이것은 한국적 문화 탓이라는 생각을 하지 않을 수 없게 된다. 물론 그 문화에는 그럴 만한 배경이 있다.

첫째, 고난과 시련의 역사로 인한 '영웅 대망론'이다. 망국 직전의 개화기 조선을 휩쓸던 영웅사관은 지금도 건재하다. 희망이 없는 상황에서 영웅이 모든 것을 돌파해 주길 기대하는 심리이다. 지금도 이승만, 박정희를 영웅으로 만들지 못해 안달하는 사람들이 좀 많은가? 유엔 사무총장 반기문도 '세계 대통령'이라고 불러야 직성이 풀리는 사람들이 한국인이다.

둘째, 이념과 같은 추상보다는 사람에 더 잘 빠지는 체질과 더불어 한번 마음 주면 웬만해선 돌아서지 않는 정(情) 문화이다. 자신의 감정을 투자한 것에 대한 집착, 고집, 오기도 대단히 강하다. 이것을 지조 있다고 칭찬하는 사람들도 많다. '내부 고발자'를 존경하기는커녕 오히려 탄압하는 한국 사회의 후진성도 이런 특성과 무관치 않다.

셋째, 지도자의 강력한 리더십으로 모든 것을 빨리 해결하고 싶어하는 '빨리빨리 문화'이다. 제도와 법의 제 규정을 따라 일을 처리하는 것은 느린 반면, 지도자의 직접 지시는 매우 빠르다. 재벌의 '황제 경영'은 비난의 대상이 되고 있기는 하지만, 총수가 유능할 경우 총수를 황제처럼 받드는 일사불란한 명령 체계는 한국 기업의 '속도 경영'을 가능하게 해 준 요인이기도 했다.

넷째, 조직, 집단의 기득권 구조에 대한 강한 불신과 저항이다. 정당을 비롯한 주요 사회 제도, 기관 등에 대한 국민적 불신은 세계에서 가장 높다. 지도자는 그런 기득권 구조의 일원일망정 민심을 따를 경우, 기득권 구조를 해체할 수도 있는 강력한 권력과 더불어 유연성을 갖고 있다고 보는 것이 한국인들의 생각이다.

지도자 추종주의는 장점인 동시에 단점이다. 유능하고 강력한 지도자를 만나면 무서운 힘을 발휘할 수 있지만, 그로 인한 부작용도 만만치 않다.

국민 각자 자기 몫을 할 생각은 하지 않고 지도자에게 의존하려는 심리가 강해지기 때문이다. 그래서 지도자를 필요 이상으로 극찬하거나 정반대로 필요 이상으로 매도하는 양극단의 성향을 드러내 보인다.

지도자 추종주의는 사회 전 분야에 걸쳐 만연해 있다. 몇 년 전 어느 장관은 관계의 지도자 추종주의를 가리켜 '조폭 문화'라고 불렀다. 재계도 다르지 않다.

잘나가는 재벌 그룹을 들여다보면 '제왕적 총수'의 리더십에 절대 의존하고 있다. 정·관·재계의 지도자 추종주의를 비판하는 교수도 자신이 몸담고 있는 대학에서는 후배, 제자 교수들과 대학원생들에게 거의 비슷한 성격의 지도자 추종주의를 요구하기도 한다. 과거 운동권 학생들도 '제왕적 의장' 모시기에 바빴다.

지도자 추종주의에서 소통은 불필요하다. 강하게 밀어붙이는 힘, 화끈한 박력, 속이 후련한 카타르시스 연출, '경청(敬聽) 없는 다변(多辯)' 등에 능한 지도자가 선호된다.

한국 유권자들은 원초적으로 소통 능력이 박약한 사람을 지도자로 뽑아놓고서는 소통을 하지 않는다고 분통을 터뜨리곤 한다. 언론과 국민은 지금과 같은 지도자 추종주의를 다시 생각해 봐야 한다. 지도자에게 과부하를 거는 현 방식으로는 답이 나오지 않기 때문이다. 지금 우리는 지도자 추종주의 자체를 문제삼을 생각은 전혀 하지 못한 채 지도자만을 바라보며 탓하는 오류를 범하고 있다.

6. 극단주의

이미 1931년에 안재홍은 조선의 운동은 걸핏하면 최대형의 의도와 최전선적 논리에 열중 집착하는 동안, 종종 일정한 과정적 기획 정책을 소홀히 한다고 개탄한 바 있다.[16] 그 버릇은 지금도 여전하다. 파란만장한 한국의 근, 현대사가 요구한 습속(習俗)으로 볼 수 있다.

특히 6·25 전쟁이 제공한 계급 상승 혹은 사회 이동의 기회 개방은 도덕 없는 '만인에 대한 만인의 투쟁'을 낳았으며, 이는 궁극적으로 남한 사회의 자본주의 발전을 가져오는 이른바 '전쟁의 역설'로 나타났다. '만인에 대한 만인의 투쟁'은 혼자 하는 것보다는 잇속으로 결속된 파벌을 만들 때에 더욱 잘할 수 있는 일이었다.

그런 상황에서 '중간'이란 입지는 더욱 존재하기 어려운 것이었다. 중간을 선택하는 자들은 경쟁에서 밀려날 수밖에 없었다. 이는 이미 전쟁의 와중에서도 적나라하게 입증된 생존을 위한 철칙이기도 했다. 이편 아니면 저편이었다. 중간은 존재할 수 없었다. '중간을 허용하지 않는 문화'는 50년대 내내 왕성하게 위에서부터 조장되었으며 삶의 전 영역으로 확산되었다. 이 또한 '만인에 대한 만인의 투쟁' 문화에 부응하는 것이었다.

극단주의 문화는 전쟁이 강요한 극한 상황에서의 반복 경험이 낳은 것이기도 했다. 이는 '위험을 무릅쓰는 문화(a risk-taking culture)'를 창출했다. 목숨을 내걸고 사는 것도 하루 이틀이지, 그런 체험이 계속 반복되다 보면 위험에 둔감해지는 것은 불가피한 일이었을 것이다. 수많은 사람들이 죽어 간 전쟁에서 살아남은 자로서 갖게 되는 미묘한 죄책감도 '위험을 무릅쓰는 문화'를 낳게 한 주요 이유였다.[17]

'위험을 무릅쓰는 문화'는 모험주의를, 모험주의는 이념이 극단, 즉 '최대형의 의도와 최전선적 논리'에 집착하게 만들었다. 극단주의자 또는 광신도에게는 순수한 점이 많다. 권력에 대한 욕심도 없고 돈에 대한 욕심도

---

16) 서중석, 『한국현대민족운동연구 : 해방후 민족국가 건설운동과 통일전선』(역사비평사, 1991), 136쪽.

17) 김흥수, 『한국전쟁과 기복신앙확산연구』(한국기독교역사연구소, 1999), 54~55쪽.

없다. 아니, 어떤 점에서는 금욕적이기까지 하다. 그런데 문제는 바로 그렇기 때문에 과도한 자기 정당화가 발생하며 자신의 문제를 깨닫기 어렵다는 것이다.

그래서 광신도들이 정치를 피폐하게 만들고 소통과 타협을 어렵게 만드는 주범일 경우가 많다. 광신도는 자신의 평소 주장과 다른 객관적 사실이 드러나도 생각을 바꾸지 않기 때문에 문제가 더욱 심각하다. 특정 정치인이나 정치 세력을 지지하는 광신도의 경우에는 그 지지 행위가 그야말로 종교적 수준이어서 소통 불능이다. 왜 그럴까?

한국인은 정(情)이 많은 민족이다. 그러나 한 가지 단서는 붙여야 한다. 아는 사람에게만 정이 많다. 아는 사람에게나마 정이 많다는 것은 좋은 일이다. 다만 문제는 공적인 거리두기는 기대하기 어렵다는 데에 있다. 이는 민주주의 발전에 치명적인 장애일 수 있다. 비판의 공정성을 확보하기 어렵기 때문이다.

당연히 내부 비판도 기대하기 어렵다. 내부 비판을 하는 것도 어렵지만, 설사 한다고 하더라도 같은 편끼리 그럴 수 있느냐고 아우성치는 사람들이 워낙 많아 소기의 성과도 기대하기 어렵다.

인물 평판 검증은 정부 인사 자료를 제공하는 정보기관만 하는 일은 아니다. 많은 사람들이 사적으로 평판 검증을 시도한다. 예컨대, 딸을 둔 아버지라면 사위 후보에 대해 여기저기 물어 볼 것이다. 무슨 목적으로든 평판 검증을 많이 해 본 사람들의 말을 들어 보면, 개성이 강한 사람의 경우에는 '양극화의 법칙'이 작동한다고 한다. 검증 대상에 대해 좋게 말하는 사람은 한없이 좋게 말하고 나쁘게 말하는 사람은 한없이 나쁘게 말하는 경향이 있다는 것이다.

한국 사회의 공적 비판 행위는 바로 그런 양극화의 법칙에 충실하다. 우리는 그걸 흔히 '당파성'이라고 말하고는 하지만 실은 그 이상의 것이다. 기본적인 사실 관계의 독해마저 아전인수격으로 하는 것을 당파성이라고 부를 수는 없다. 당파성에 정(情)이 결합되면 광신도 수준이 된다. 찬성이든 반대든 광신도처럼 한다는 것이다. 그 결과는 집단적인 자기 교정 능력의 상실이다.

누구든 갈 데까지 간다. 잘못 가도 내부에서는 아무 말이 없다. 전혀 없는 건 아니지만 잘못 가는 것을 막을 수 있을 만큼 일정 세력을 형성하지는 못한다. 그러다가 선거 때 한꺼번에 응징당하는 패턴이 마치 여름철의 홍수를 닮았다. 홍수가 난 다음에는 사후 분석이 쏟아져 나오는데, 모두 다 백 번 지당하신 말씀들이다. 그런데 왜 홍수가 나기 전에는 그것을 몰랐을까? 우리 편에서는 그런 비판이 안 나왔고 반대편에서만 그런 비판이 나왔기 때문이다. 늘 소통은 사후 분석에만 존재한다.

7. 이념의 사유화

사상 때문에 파벌이 생기는가, 파벌 때문에 사상이 생기는가? 미국의 교수들은 사상을 받아들인 다음, 여러 파벌로 나뉘기보다는 이미 여러 파벌로 나뉠 준비가 된 채 사상을 받아들이고 아귀다툼의 세계 속에 자기네 영역을 만들어가는 경우가 많다.[18]

그런 인간적 속성에 '홀로서기'가 더 취약한 한국적 특수성이 가세한다. 한국은 '명분 중독증'에 걸린 '이념 과잉' 사회이다. 한국은 명분이나 이념이라는 공적 가치를 소집단에 대한 충성심과 사적 이해관계로 대치하는 '각개 약진 공화국'이다. 이 두 진술은 상호 모순되는 것처럼 보이지만, 실은 같은 현상을 가리키는 것이다.

---

18) 데이비드 베레비(David Berreby), 정준형 옮김, 『우리와 그들, 무리짓기에 대한 착각』(에코리브르, 2007), 496쪽.

자신이 내세우는 명분과 이념에 대해 조금만 신축성을 보이면 전체를 위해 도움이 되는 경우가 많다. 반대편의 명분과 이념을 갖고 있는 사람과의 소통은 물론 타협이 가능해지기 때문이다. 그런데 그렇게 하지 않는다. 왜 그럴까? 명분과 이념에 자신의 사적 이익을 다 걸었기 때문이다.

그렇다고 해서 명분과 이념이 순전히 빈 껍데기라는 뜻은 아니다. 물론 그런 경우도 많지만, 명분과 이념이 진실한 신념이라는 것을 의심할 필요는 없다. 문제는 자신의 명분과 이념이 승리할 때에 자신의 이익이 극대화된다는 데에 있다. 그 관계를 의식하지 못할 수도 있지만, 결과는 마찬가지이다.

명분과 이념이 진실로 국리민복(國利民福)을 위한 것이라면 소통과 타협을 배척하거나 두려워할 이유가 없다. 그러나 명분과 이념은 사적 이익과 직결돼 있기 때문에 명분과 이념이 곧 절대적인 목표가 된다. '명분 중독'과 '이념 과잉'이 나타나는 이유이다.

물론 모두가 다 그런 것은 아니며, 정도의 차이일 뿐, 한국만 그런 것도 아니다. 그렇다고 이 문제를 외면할 것이 아니라, 그 사회적 중요성에 주목해 우리의 문제로 삼아 보자는 것이다.

여기서 말하는 사적 이익은 넓은 개념이다. 자신이 주도해서 세상을 바꾸고 싶어하는 인정 욕망까지 포함하는 개념이다. 그런 인정 욕망은 자신이 소속된 집단이나 패거리의 승리를 바라는 마음으로도 나타나는데, 실제로 이것이 '편 가르기'의 주요 토대가 된다. 이것이 바로 이념과 이익이 유착해 '이념의 사유화'가 일어나는 전형적인 방식이다.

촛불집회 보도에서 조중동과 한겨레, 경향의 차이는 매우 컸다. 왜 그런 차이가 나타난 것일까? 양측 기자들은 입사할 때부터 사로 다른 가치관을 가지고 있는 것일까? 전혀 그렇지 않다. 꼭 이 신문사 아니면 안 된다는 사람은 거의 없다. 입사할 때는 양측 기자들 사이에 아무런 차이가 없다. 입사 이후 달라진다.

어느 기자는 "회사 가치관을 아니까 기사를 만들어내기 위해 자기 검열을 하는 측면이 있다."며 "진보든 보수든 기자 교육 과정 등을 통해 사회화되면서 조직 원리에 순응하게 된다."고 했다. 이혜민은 "이런 '조직 동화'와 '사회화'에 기자들의 '야마 뻥튀기(핵심 주제 확대 해석)'는 양대 매체 논조의 골을 키우는 공신 노릇을 한다.

특히 사건 기자들은 자신들이 일반적인 것보다 특이한 사례와 소재를 찾아 확대 해석(뻥튀기)하는 경향이 있다는 데 누구나 동의한다."고 했다. 어느 기자는 "언론사에 들어와 보니 뉴스의 생성 과정을 알겠더라고요. 입맛에 맞는 사례가 환영받고, 그것들이 모여 여론이 되고…… 이러다 보면 사회의 간극이 벌어지는구나 하는 생각이 들었습니다."라고 말했다.[19]

김영명은 "한국에서 이념 갈등이라고 일컬어지는 것 중 많은 부분이 이념 차이보다는 '성분' 차이에서 나온다."라고 주장했다. 그가 말하는 성분이란 '정서, 취향, 기질, 말투, 행동 양식 등을 아우르는 정서적인 요소와 이에 영향을 주는 연령이나 출신 배경 같은 객관적인 요소, 또 이에 따른 상호 인식이라는 주관적인 요소들의 결합체'를 말한다.[20]

이러한 '성분' 집단은 사실상 '이익 공동체'이기도 하지만, 성분이나 이익은 수면하에서 작동하는 것이고 겉으로 표방하는 것은 이념이나 명분이다. 이념이나 명분은 부차적인 것이지만, 그렇다고 해서 그 강도나 추진 의지까지 부차적인 것은 아니다. 오히려 자신들이 내세우는 이념과 명분이 관철될 때에 자신들의 이익이 극대화되기 때문에 더욱 근본주의적인 자세를 취할 가능성이 높다. 그럼에도 우리는 이런 배경하에서 나타나는 갈등마저 순수한 이념 갈등으로 간주하는 경향이 있다. 소통 불능이 나타나는 주요 이유 중 하나이다.

---

19) 이혜민, 〈"처음엔 같았다, 우릴 갈라 세운 건 조직과 '야마 뻥튀기'…": '동·조·중' 기자들 VS 'M·한·경' 기자들〉, ≪신동아≫, 2008년 8월, 178~190쪽.
20) 김영명, 『한국의 정치변동』(을유문화사, 2006), 390~391쪽.

8. 각개 약진

한국 근현대사가 잘 보여 주듯이, 개인과 가족의 안녕이 국가와 사회의 보호를 받을 수 없었던 오랜 세월은 한국인들로 하여금 각개 약진(各個躍進)에 일로매진하게 만들었다.

각개 약진이란 적진을 향해 병사 각 개인이 지형지물을 이용하여 개별적으로 돌진하는 것을 뜻하는 군사 용어이다. 각개 약진은 한국적 삶의 기본 패턴이다. 공적 영역과 공인에 대한 불신이 워낙 강해 사회적 문제조차 혼자 또는 가족 단위로 돌파하려는 경향이 매우 강하다는 뜻이다.[21]

각개 약진은 문화를 넘어서 아예 한국인의 유전자가 되었다고 해도 과언이 아니다. 심심하면 벌어지는 집단적 열광의 또 다른 비밀도 바로 여기에 있다. 집단적 열광은 각개 약진에 지친 심신을 달래기 위한 집단주의 축제이다.

한국의 각개 약진 문화에는 명암이 있다. 그것은 세계에서 가장 빠른 경제 발전을 이뤄낸 원동력이기도 했다. 공적 영역은 믿을 수 없고 믿을 것이라고는 오직 나와 내 가족뿐이었으니 목숨 걸고 일하지 않으면 안 되었던 것이다. 그렇지만 각개 약진 체제하에서는 모든 문제를 개인과 가족 단위에서 해결해야 하기 때문에 삶은 더할 나위 없이 피곤하고 살벌하기까지 하다. 당연히 행복도도 매우 낮다. 사회 전반에 '불안 증후군'이 감돌고 있다. 잘 나가는 각 분야의 엘리트마저 불안을 느껴 계속 움켜쥐려는 삶을 살고 있다. 이른바 '노블리스 오블리제'는 신기루가 될 수밖에 없다.

개인적 처신에 있어서 기회주의는 아전인수(我田引水)의 법칙이 작용하는 개념이다. 반대편에 있다가 내 편으로 오면 '투철한 성찰'이 되지만 내 편에 있다가 반대편으로 가면 '더러운 변절'이 된다. '이론의 결핍'이

---

21) 강준만, 『각개약진공화국』(인물과사상사, 2008).

라는 것도 가치관의 지배를 받는 것이기에 만인이 동의할 수 있는 판정을 내리기 어렵다. 기존 이론을 뒤엎을 수 있는 화려한 명분을 새로 만들어내는 것은 매우 쉽다. 누구에게는 '추악한 기만'으로 여겨질 수 있는 행동이라도 또 다른 누구에게는 '시대정신에 투철한 결단'으로 인식될 수 있다.

기회주의의 본질은 유연성이다. 그 유연성이 인간관계에서는 파렴치 행위로 욕먹을 수 있지만, 기술·경제 환경의 변화에 대처하는 데에 있어서는 매우 소중한 덕목이다. 기회주의를 후자의 유연성까지 포함하는 넓은 개념으로 쓴다면, 한국은 '기회주의 공화국'임을 자랑스럽게 생각해도 좋을 정도로 탁월한 면모를 보여 왔다. 그 실속에 대해서는 말이 많지만 변화속도가 가장 빠른 정보 기술 산업에서 한국이 선진국이 된 것은 바로 그런 유연성 덕분이다.

여기서 문제는 기술·경제 환경의 변화에 대처하는 유연성과 이념·정치 환경의 변화에 대처하는 유연성이 과연 별개의 것인가 하는 점이다. 겉으론 구분되는 것 같지만, 그 본질은 같다는 가설이 가능하다. 새로운 걸 좋아하는 한국인 특유의 '새것 선호 신드롬'은 비단 소비 문화에서만 나타나는 것이 아니라는 점에 주목할 필요가 있다.

한국 유권자들만큼 정치권 물갈이를 대폭적으로 자주 하는 사람들도 드물다. 흥미로운 것은 그런 행위는 대부분 감성의 폭발로 이루어진다는 사실이다. 이론, 그런 것은 없다. '욱' 하는 기질이 훨씬 더 중요한 변수이다. 그런 점에서 한국 민주주의는 '욱 민주주의'라고 말해도 무방하다.

'욱 민주주의'가 기회주의자를 양산하는 것은 필연이다. '욱'이라는 바람을 타고 출세한 사람들에게 이렇다 할 이론이 있을 리 없다. 물론 나름대로의 이론이야 내세우겠지만, 그걸 검증해 보기도 전에 그들은 곧 새로운 바람에 의해 밀려나거나 다시 그 바람에 자신을 맞춘다. 이렇게 본다면, 기회주의는 '욱 민주주의'의 결과이기도 하다.

기회주의의 최대 장점은 안전 보장과 도약이 가능하다는 데에 있지만,

그 사회적 비용은 '집단적 관망'이다. 언제 어떻게 무슨 바람이 불든 대세를 추종하는 것이 진리요, 정의이다. 대세를 무시하고 양심과 소신을 갖고 나서봐야 손해 보거나 바보된다. 물론 대세에 저항하는 희소성으로 인기를 얻어 새로운 대세를 만들어낼 수도 있지만, 그것은 기만을 수반한 기회주의 프로젝트로 추진할 때에만 가능하거니와 또 그런 성격 때문에 수명은 오래가지 못한다.

기회주의는 한국의 무한한 잠재력이다. 그러나 그렇기 때문에 그 어떤 원칙에 입각한 소통은 기대하기 어려우며, 그 어떤 제도, 조직, 개인도 사회적 존경과 신뢰는 누리기 어렵게 되어 있다. 이것을 깨닫는 것이 우리 모두의 자긍심과 정신 건강을 위해 중요하다.

9. 압축 성장

한국 사회는 너무 빠른 시간내에 빨리 성장했기 때문에 각 단계별로 제대로 옷을 갖춰 입기조차 힘이 들었다. 이른바 '압축 성장의 축복과 저주'론이다. 압축 성장은 어느 정도였나?

복거일은 "영국이 1780년에서 1838년까지, 58년 만에 일인당 국민 소득이 배가 되었습니다. 미국은 1839년에서 1886년까지 47년 만에 갑절로 늘었고, 일본은 1885년에서 1919년까지 34년이 걸렸습니다. 그런데 우리나라는 1966년에서 1977년까지 11년 만에 배로 늘었습니다. 몸집이 갑자기 늘어나니까 부작용이 생기지 않을 수 없는 것입니다."라고 했다.[22]

한홍구는 "우리가 겪은 근대화의 특징은 이식(移植) 근대화이면서 동시

---

22) 복거일 외, 〈한국 지식인, 무엇을 생각하는가 : 아웃사이더의 목소리〉, 『1998 지식인 리포트』(민음사, 1998), 18쪽.

에 압축 근대화라는 점이다. 한 예로 도시화 비율을 보면 1949년 17.3%이던 것이 1960년 28%, 1980년 57.3%, 1995년 78.5%로 가파르게 상승했다. 서구에서 최소 150년에서 200년은 걸렸을 변화를 우리는 불과 30~40년 만에 해치운 것이다."라고 했다.[23]

김진경은 "30년에 300년을 산 사람은 어떻게 자기 자신일 수 있을까?"라는 물음을 던지면서, "일본이 메이지 유신 이후 100년 동안에 서구의 근대 300년의 변화를 압축해 따라갔다면 한국은 60년대 이래 30년 동안에 서구의 300년을 압축해 따라갔습니다. 이러한 속도 속에서, 이러한 광기 어린 변화 속에서 – 좀 과장해 말한다면 – 우리는 30년의 생물학적 시간에 300년의 서사적 시간을 살아 버린 것입니다. 무서운 속도의 서구 흉내 내기 속에서 자신을 돌아본다는 것은 가능하지도 않았고 필요한 일로도 간주되지 않았습니다."라고 주장했다.[24]

그런 압축 성장은 이른바 '천민자본주의'를 낳았고, 또 그 과정에서 사회 전 분야에 걸쳐 공적 불신이 팽배한 가운데 엘리트 계층은 출세 지향적인 삶을 살아왔다. 이종오는 한국 엘리트층의 상당수는 좋은 학벌을 획득한 '벌거벗은 경쟁의 승리자들'로서 '천민 엘리트'라고 꼬집었다.[25]

그러나 좋은 점이 더 많았으니 너무 비관할 필요는 없다. 중요한 것은 압축 성장의 비용을 제대로 인식하는 것이다. 그 비용 중의 하나는 한(恨)과 심정(心情)을 중심으로 한 이심전심(以心傳心) 커뮤니케이션이 일반적인 소통을 위한 명시적 커뮤니케이션을 압도하게 되었다는 점이다.

심정은 외국어로 번역하기가 매우 어려운 단어이다. 지극히 한국적인 개

---

23) 한홍구, 『대한민국사 : 단군에서 김두한까지』(한겨레신문사, 2003), 23~24쪽.

24) 김진경, 『삼십년에 삼백년을 산 사람은 어떻게 자기 자신일 수 있을까』(당대, 1996), 82~83쪽; 정영태, 〈개발연대 지식인의 역할과 반성〉, 장회익 · 임현진 외, 『한국의 지성 100년』(민음사, 2001), 175~176쪽에서 재인용.

25) 이종오, 『한국의 개혁과 민주주의』(나남출판, 2000), 93쪽.

넘이기 때문이다. 중앙대 심리학과 교수 최상진은 한국 문화와 한국인의 심리를 이해하는 데 가장 중요하고 핵심적인 개념은 심정이라고 했다. 그는 심정을 '마음이 일어난 상태와 상황'이자 '움직인 마음과 움직인 마음의 정황'으로 정의했다. 그에 따르면, 한국어에서 마음이란 영어의 mind보다 좁은 의미로 사용된다. 영어의 'mind'는 이성(reason)과 감정(passion)을 모두 포괄하나 한국말의 마음은 주로 'passion'과 관계가 많다. 한국 선거에서의 동정표는 한국인이 심정에 약함을 간접적으로 암시한다. 최상진은 심정 소통방식이 가장 발달한 민족은 한국인이라고 추측했다.

최상진은 섭섭한 심정, 야속한 심정, 억울한 심정, 답답한 심정, 죽고 싶은 심정, 서러운 심정, 울고 싶은 심정 등의 사례에서 볼 수 있듯이, 심정은 주로 부정적 상황에서 발동한다고 평가했다. 심정 표현 언어의 기저를 보면, 그러한 심정을 표현하는 사람 속에 무엇인가를 추구하거나 원하거나 싫어하거나 회피하려는 욕구나 동기가 전제되어 있다는 것이다. 보통 이러한 욕구나 동기가 원하거나 기대하는 방향으로 결과되지 않을 때 심정은 발동한다. 반대로 원하거나 기대하는 방향으로 결과되고 동시에 그러한 결과를 낳은 상대의 행동에 기대 이상의 좋은 마음이 실려 있을 때에도 '눈물겹도록 고마운 심정'과 같은 심정이 일어날 수도 있으나, 일반적으로는 부정적 결과에 대한 심정이 보편적이라는 것이다.[26]

한국 민주주의의 원동력은 바로 심정이 폭발한 시위였다. 4 · 19 혁명에서부터 6월 항쟁에 이르기까지 한국 민주주의의 주요 성과는 모두 시위의 결과였다. 한국인에게 차분한 대화와 토론의 마당은 주어지지 않았고, 그런 경험도 별로 없었다. 잠자코 인내하다가 어느 순간 어떤 사건을 계기로 일시에 욱하고 폭발하는 패턴이 반복되어 왔다. 아직 새로운 문화는

---

26) 최상진, 〈한국인의 마음〉, 최상진 외, 『동양심리학 : 서구심리학에 대한 대안 모색』(지식산업사, 1999), 455~456쪽.

창출되지 않았고, 소통에 의한 갈등 해결을 기대하기 어려운 이유도 여기에 있다.

10. 높은 대외 의존도

이념을 '글로벌 스탠더드'로 간주하는 것만큼 어리석은 일도 없다. 한국의 경우 남북 분단, 지역주의, 유교주의 등 독특한 한국적 현실이 있기 때문에 서양 위주의 스탠더드로 상대방에게 '좌우(左右)', '보수-진보'의 딱지를 함부로 붙이는 것은 왜곡의 위험을 수반하는 일이다.

서양에서조차 좌우 구분은 늘 혼란스럽다. 그런 혼란을 피해 보려고 후버·잉글하트는 좌우 구분과 관련된 범주를, ① 경제적 갈등 ② 중앙집권화 ③ 권위주의 대 민주주의 ④ 고립주의 대 국제주의 ⑤ 전통문화 대 신문화 ⑥ 외국인 혐오 ⑦ 보수 대 변화 ⑧ 재산권 ⑨ 헌법 개혁 ⑩ 국가 방위 등 10가지나 열거하였다.[27]

크게 나누더라도 사람마다 정치적, 경제적, 문화적 성향이 일관되게 같지는 않다. 정치적으로 진보적이더라도 경제적으로는 보수적인 사람이 있으며, 경제적으로 진보적이더라도 문화적으로 보수적인 사람이 있다. 그럼에도 우리는 싸잡아 어떤 사람에게 하나의 딱지를 붙이는 무모한 만용을 자주 저지르고 있다. 그런데 여기서 지적하고자 하는 문제는 한국의 대외 의존도가 세계 최고 수준이기 때문에 우리에게 자율적 결정의 여지가 별로 없다는 점이다. 자유무역협정에서부터 인문 사회 과학에 이르기까지 모든 문제들이 밖과의 관계에 의해 큰 영향을 받기 때문에 소통이 매

---

27) 애셔 애리언, 〈제2장 분열기준으로서의 좌-우 개념〉, 김재한 편, 『분열의 민주주의』(소화, 2001), 75~76쪽.

우 어려워진다. 일제 강점기 때부터 가장 치열한 논쟁 중의 하나가 이른바 보편주의와 특수주의의 갈등이었다는 것을 상기할 필요가 있다.

복거일은 학문의 종속을 '주변부 경제학'의 관점에서 고찰했다. 그는 "중심부와 주변부 사이에는 아주 가파른 '지식의 물매(gradient of knowledge)'가 있다. 그래서 중심부의 지식들은 거세게 주변부로 몰려온다. 그런 상황에서는 창조적 작업이 무척 어렵다."며 다음과 같이 주장했다.

"게다가 그런 사정은 주변부 사회가 자신의 준거 틀을 지니는 것을 막는다. 자연히 주변부 사회는 사물에 대해서 독자적 판단을 내리지 못하고 중심부에 먼저 조회하고 그곳의 기준을 얻어서 평가한다. 어쩌다 창조적 작업이 나오더라도 선뜻 인정받지 못한다. 그것을 평가할 만한 사람들이 적은 데다가 평가자들도 평가에 필요한 정보들을 얻기가 워낙 어렵기 때문이다. 그럴 경우 평가자들은 자신의 무지가 드러나는 것을 겁내게 되어, 처음 보는 작업들을 아예 외면하거나 비현실적으로 높은 수준을 평가 기준으로 내놓는다. 우리 사회에서 인정받지 못한 창조적 작업이 외국에서 높은 평가를 받는 경우가 흔한 것은 그런 사정 때문이다."[28]

복거일이 '지식의 물매'를 극복하기 위해 애를 쓰자는 것인지, 아니면 체념하자는 것인지, 그것은 확실치 않지만, 학계에서의 '서버이벌 게임'이나 '인정 투쟁'이 가급적 보편주의로 나갈 것을 요구하는 것은 분명하다. 한국 정치를 분석하면서도 분석의 틀은 서구의 것을 가져다 쓰는 것이 보수, 진보를 막론하고 일반화되어 있는 것이 우리의 현실이다.

한국 사회의 논쟁들을 보면 거의 대부분 조금씩은 바로 그런 문제에서 비롯된 혼란으로부터 자유롭지 않다. 일반 민중도 기름 한 방울도 안 나는

---

28) 복거일, 〈주변부의 경제학〉, 좌승희 외, 『한국경제를 읽는 7가지 코드』(굿인포메이션, 2005), 48~52쪽.

나라이기 때문에 '밖'을 외면할 수 없다고 하는 본능에 가까운 강박을 갖고 있는데, 이것을 '보수성'으로 파악하는 것은 어리석다.

한국의 높은 대외 의존도에서 비롯되는 문제들은 명시적인 사회적 아젠다가 되기보다는 모든 아젠다에 눈에 보이지 않는 영향을 미치고 있기 때문에, 우리 사회의 소통을 2중, 3중 구조로 만드는 결과를 초래하고 있다.

11. '소통 대한민국'으로 가자

이상 살펴본 바와 같이, 한국은 구조적으로 소통을 기대하기 어려운 사회다. 촛불집회를 계기로 부각된 '숙의 민주주의(deliberative democracy)'는 '소통 민주주의'를 의미하는 것인 바, 바로 그런 구조적 한계때문에 현 단계에서는 가능성으로만 머무를 뿐이다.

물론 이는 결코 한국만의 문제는 아니다. 마이클 왈저가 잘 지적했듯이, 소통의 원초적 비극은 그것이 결코 '독립적 위치'를 가질 수 없는 '기생충적 지위'에 있다.[29] 그간 쏟아져 나온 숙의민주주의 한계에 대한 지적도 대부분 그런 위상의 문제를 건드리고 있다.[30]

---

29) 김홍우, 〈닫힌 사회와 소통의 정치: 한국정치의 활성화를 위한 제언〉, 김홍우 외, 『삶의 정치, 소통의 정치』(대화출판사, 2003), 46~47쪽.

30) 임혁백, 『세계화시대의 민주주의 : 현상·이론·성찰』(나남출판, 2000), 170~172쪽; 최장집, 박상훈 엮음, 『민주주의의 민주화: 한국 민주주의의 변형과 헤게모니』(후마니타스, 2006), 117쪽; 임상원, 〈제1장 자유언론과 민주주의〉, 임상원 외, 『민주화 이후의 한국언론』(나남, 2007), 78~84쪽; 제임스 서로위키, 홍대운·이창근 옮김, 『대중의 지혜: 시장과 사회를 움직이는 힘』(랜덤하우스중앙, 2005), 미번역된 제12장(http://www.minstrelboy.org); 에이프릴 카터, 조효제 옮김, 『직접행동 : 21세기 민주주의, 거인과 싸우다』(교양인, 2007), 416~422쪽; 곽현근, 〈주민자치의 비전과 주민참여 제고방안〉, 『사회과학연구』(전북대학교 사회과학연구소), 제32집1호(2008), 142~143쪽.

다만, 한국의 경우에는 위에 지적한 10가지 이유로 조금 더 심각한 소통의 문제를 안고 있다고 보면 되겠다. 최근 서울대 사회학과 한상진 교수가 발표한 〈정치 체제의 소통능력과 민주주의 질〉이라는 논문에서 한국 정치의 소통 능력이 한국, 칠레, 폴란드, 남아프리카 공화국, 터키, 독일, 스웨덴 7개국 가운데 꼴찌라는 연구 결과가 나온 것은 우연이 아니다. 정당의 정치적 타협 능력을 점수로 매긴다는 것이 좀 우습기는 하지만, 독일이 가장 높은 62.3점이었고, 한국은 32.3점으로 터키 49.3점, 폴란드 48.3점, 칠레 47.0점보다 낮았다.[31]

지금 우리가 목격하고 있는 것은 '소통의 사유화'이다. 소통은 번지르르한 말솜씨로 자신을 마케팅할 수 있는 능력이다. 전화 한 통으로 문제를 해결할 수 있는 능력이다. '줄서기'의 능력이다. 아첨 능력이다. 우리가 일상적인 삶에서 쓰는 소통의 의미는 바로 그런 것이다.

우리는 이른바 '마당발'이 소통 능력이 뛰어난 사람이라고 믿고 있다. 우리는 '사적 소통'과 '공적 소통'을 혼동하고 있는 것이다. 공적 소통은 생면부지의 사람들과 낯선 상황에서 만나게 되는 새로운 문제를 풀어가는 능력과 관련된 개념이다. 우리는 '공적 소통'을 희생으로 하여 '사적 소통'에 모든 것을 다 바치는 사회이다. '공적 신뢰'는 없으면서도 '사적 신뢰'는 발달한 것과 맥을 같이 하는 현상이다.

정치 시장에서는 '소통을 거부하는 강한 주장'이 잘 팔리기 마련이다. 이는 '중간파'가 수난을 당했던 한국 근현대사가 입증하는 역사적 사실이다. 언론도 진정한 소통을 원한다면 보수, 진보를 초월해 '독선, 오만의 상품화'에 능한 사람들의 인기에 편승하거나 부화뇌동하지 말아야 함에도, 오히려 언론이 최전선에 서서 '독선, 오만의 상품화'를 진두지휘하고

---

31) 허진석, 〈"한국 정치권 소통 능력 칠레-터키보다 뒤진다" : 한상진 교수 7개국 분석〉, 『동아일보』, 2008년 5월 16일자.

있다.

한국 사회의 소통을 가로막는 10가지 이유는 소통 가능성에 대해 비관주의를 갖게 할 수도 있겠지만, 나의 취지는 그것은 아니다. 오히려 정반대이다. 이 10가지 이유를 그대로 두거나 오히려 강화하면서 소통만 외쳐대는 것은 기만적이라는 것을 역설함으로써, 소통을 화두로 삼아 점진적일망정 총체적인 사회 개혁의 길로 들어서자는 뜻이다.

우리는 한국 사회가 소통이 어렵기 때문에 얻게 되는 '수익'이 있다는 것도 바로 보아야 한다. 한국인들은 합리적인 소통 가능성을 아예 포기했기 때문에 약육강식(弱肉强食)이라는 사회진화론 세계관을 수용해 각개약진형 경쟁에 임하고 있다. 속된 말로 억울하면 출세하라는 속설을 신봉하는 것이다. 대학입시 전쟁이 가장 대표적인 예이다. 기존 경쟁 체제를 옹호하는 보수파들의 세계관이 바로 사회진화론인 셈이다. 물론 그것을 '수익'이라고 볼 수 있느냐 하는 반론은 가능할 것이나, 개인 실력으로 소통하라는 인생관이 낳는 사회적 효과도 외면하지 않아야 이 문제에 대한 논쟁적 소통도 가능하다는 것은 분명하다.

'소통 대한민국'으로 가자. 더딜망정 방향은 그렇게 잡자. 그러나 우리는 아직도 방향조차 그쪽으로 틀지를 못했다. 역설 같지만, 무엇이 옳으냐 그르냐 하는 생각을 잠시 접자. 서로 충돌하는 모든 집단들이 각자 다 자기들이 옳다고 생각한다.

어떻게 할 것인가? 군사 독재 정권 시절에 이런 말을 하면 사쿠라가 되겠지만, 세상이 바뀐 지금은 바로 그런 사쿠라 정신이 필요할 때가 아닌가? 세상은 바뀌었는데도 여전히 그 시절의 습속(習俗)을 간직한 탓에 소통이 어려운 것은 아닌가?

'선거 민주주의'를 하지 않겠다면 모를까, 그것을 하기로 한 이상, 또 그것을 자유롭게 할 수 있는 여건이 마련된 이상, 이젠 달리 생각할 때가 되지 않았는가? 미우나 고우나 더불어 같이 살아야 하지 않겠는가? 누가 옳든 그르든, 그 누구도 완승(完勝)은 가능하지 않으며, 누가 이기든 승자 독식주의는 나라를 망치는 짓이니, 소통을 해야 하지 않겠는가? 물론 이해관계도 없고 카타르시스도 없는 이런 메시지가 큰 호응을 얻기는 어려우리라. 그러나 이 나라가 잘 되려면 그 길밖에 없다는 결론이 결국에는 받아들여질 것이란 희망을 포기할 수는 없다.

〈참고 문헌〉

강원택, 『인터넷과 한국정치: 정당정치에 대한 도전과 변화』, 집문당, 2007.

강준만, 『각개약진공화국』, 인물과사상사, 2008.

강재언, 하우봉 옮김, 『선비의 나라 한국유학 2천년』, 한길사, 2003.

곽현근, 〈주민자치의 비전과 주민참여 제고방안〉, 『사회과학연구』, 전북대학교 사회과학연구소, 제32집1호(2008).

김영명, 『한국의 정치변동』, 을유문화사, 2006.

김재영, 『한국사상 오디세이』, 인물과사상사, 2004.

김재한 편, 『분열의 민주주의』, 소화, 2001.

김진석, 『기우뚱한 균형』, 개마고원, 2008.

김홍우 외, 『삶의 정치, 소통의 정치』, 대화출판사, 2003.

김홍수, 『한국전쟁과 기복신앙확산연구』, 한국기독교역사연구소, 1999.

도정일 · 최재천, 『대담: 인문학과 자연과학이 만나다』, 휴머니스트, 2005.

복거일 외, 『한국 지식인, 무엇을 생각하는가: 아웃사이더의 목소리』, 『1998 지식인 리포트』, 민음사, 1998.

서중석, 『한국현대민족운동연구: 해방후 민족국가 건설운동과 통일전선』, 역사비평사, 1991.

우석훈, 『직선들의 대한민국: 한국사회, 속도 · 성장 · 개발의 딜레마에 빠지다』, 웅진지식하우스, 2008.

이종오, 『한국의 개혁과 민주주의』, 나남출판, 2000.

임상원 외, 『민주화 이후의 한국언론』, 나남, 2007.

임혁백, 『세계화시대의 민주주의: 현상·이론·성찰』, 나남출판, 2000.

장회익·임현진 외, 『한국의 지성 100년』, 민음사, 2001.

좌승희 외, 『한국경제를 읽는 7가지 코드』, 굿인포메이션, 2005.

최상진 외, 『동양심리학: 서구심리학에 대한 대안 모색』, 지식산업사, 1999.

최장집·박상훈 엮음, 『민주주의의 민주화: 한국 민주주의의 변형과 헤게모니』, 후마니타스, 2006.

최진, 『대통령 리더십 총론』, 법문사, 2007.

한홍구, 『대한민국사: 단군에서 김두한까지』, 한겨레신문사, 2003.

April Carter, 조효제 옮김, 『직접행동: 21세기 민주주의, 거인과 싸우다』, 교양인, 2007.

David Berreby, 정준형 옮김, 『우리와 그들, 무리짓기에 대한 착각』, 애코리브르, 2007.

Edward Hall, 최효선 옮김, 『침묵의 언어』, 한길사, 2000.

Gregory Henderson, 박행웅·이종삼 옮김, 『소용돌이의 한국정치』, 한울아카데미, 2000.

James Surowiecki, 홍대운·이창근 옮김, 『대중의 지혜: 시장과 사회를 움직이는 힘』, 랜덤하우스중앙, 2005.

Daniel J. Boorstin, *The Image: A Guide to Pseudo-Events in America*, New York: Atheneum, 1985.

알권리와 정보 공개 제도

제7장

1. 알권리의 의의와 기능

(1) 현대적 의미의 알권리

알권리의 유형은 보도의 자유를 보장하는 법적 권리인 '정보 제공권', 공권력의 간섭을 받지 않고 정보를 수집(취재)하는 권리인 '정보 수집권', 송신자가 전달하는 정보를 공권력의 방해를 받지 않고 수령할 수 있는 권리인 '정보 수령권(좁은 의미의 알권리)', 국민이 필요로 할 때 공공 기관의 정보를 공개할 것을 요구할 수 있는 권리인 '정보 공개 청구권' 등으로 나누어 볼 수 있다.

현대적 의미의 알권리는 '정보원(情報源)으로로부터 일반적인 정보를 받아들이고 수집하고 취사 선택할 수 있는 권리'인 자유권적 성격을 갖고 있는 소극적 알권리뿐만 아니라, '국민이 공공 기관에 대해 알고자 하는 정보의 공개를 청구할 수 있는 권리'인 청구권적 성격을 갖고 있는 적극적 알권리를 포함하고 있다.

다시 말하면, 현대적 의미의 알권리는 정보 송신자가 아니라 수신자의 측면을 강조한 권리로서, 표현의 자유와 표리 관계에 있는 자유권적 기본권인 동시에 청구권적 기본권을 의미하며, 이러한 알권리는 개인이 자기 실현을 하기 위한 개인적 권리로서, '인간의 존엄과 가치'의 전제가 되는 권리이다. 또한 민주적 의사 결정 과정에 필수적 전제 조건인 올바른 여론을 형성하도록 함으로써 국민 주권을 실질적으로 보장하는 데 기여하는 권리이기도 하다.

(2) 알권리의 기능

자유로운 의사 표현은 자유로운 의사 형성이 전제되어야 하며, 자유로운 의사의 형성은 정보에 대한 자유로운 접근이 보장되어야 가능하기 때문에 알권리는 자유로운 의사 표현을 위한 전제 조건이다. 또한 알권리는 인간의 존엄과 행복을 추구하는 전제 조건이며, 민주적 의사 형성 과정에서 여론 형성에 기여하는 등 참정권적 기능을 수행함으로써 국민 주권의 실질화에 기여한다.

(3) 알권리로서의 정보 공개 청구권

넓은 의미에서 언론의 자유는 사상이나 의견을 발표하는 자유 이외에 개인의 알권리인 정보 공개 청구권, 언론·출판에의 접근권과 그 이용권을 의미하는 액세스(access) 권, 반론권, 언론·출판 기관의 설립권, 취재의 자유와 편집·편성권 및 그 내부적 자유까지를 포함하는 것을 의미한다.

이처럼 정보 사회에서는 언론의 자유가 공정성과 다원성의 확보, 국민의 알권리 보장, 정보의 공개를 요구하는 권리 등을 포함하는 개념으로 확대되어 왔고, 특히 정보 공개 청구권은 공적 성격의 정보를 정부가 독점하거나 지배하지 못하도록 함으로써 사회와 개인의 권력과 자유를 확보하는 기능을 수행하고 있다.

결국 '알권리로서의 정보 공개 청구권'은 자유롭게 정보를 탐색·교환·전달·수령하는 '정보의 자유'가 핵심이며, 자유롭게 표현하고 자유롭게 전달하고 자유롭게 수령하는 정보 유통과 관련된 모든 자유뿐만 아니라, 알권리를 적극적으로 보장하는 '정보의 공개를 요구하는 권리'를 포함한다.

2. 정보 공개 제도의 의의와 기능

케이블 텔레비전, 컴퓨터 통신, 주문형 비디오 등 새로운 커뮤니케이션 테크놀로지의 등장은 쌍방향 커뮤니케이션을 가능하게 함은 물론, 수용자의 개념도 단순히 송신자가 제공하는 정보를 일방적으로 받는 수용자가 아니라 적극적이고 능동적 수용자로 변화시키고 있다.

같은 맥락에서 정보 사회의 등장에 따라 필연적으로 도래하게 될 정보 민주주의는 국민의 의식에 변화를 가져와 국민의 정보 욕구와 민주주의를 신장시키는 데 필요한 정보 관련 영역의 제도화를 필연적으로 요구하게 되었고, 이 같은 정보 민주주의는 국민들이 참여할 수 있는 공공 영역을 확보하는 데 기여할 정보 공개 제도를 통해 제도화되고 있다.

(1) 정보 공개 제도의 개념

정보 공개의 의미는 다음과 같은 세 가지로 나눌 수 있다.

① 국민 개개인의 청구에 의한 의무적인 정보 공개 : 협의의 정보 공개

② 각종 법령에 의한 정부의 일방적 공표 행위 : 정보 공표 의무 제도

③ 행정 기관 자체의 결정에 따른 자발적인 정보 공개 : 자발적 정보 제공

이들 중 ①은 협의의 개념이며, ①+②는 광의의 개념, ①+②+③은 최광의의 개념이라고 할 수 있다.

우리나라의 정보 공개 제도는 국가 기관 · 지방 자치 단체 · 정부 투자 기관 · 기타 공공 기관이 보유 · 관리하고 있는 정보를 국민의 청구에 의하여 공개하거나, 중요 정보를 사전에 국민에게 제공함으로써 국민의 알권

리를 보장하고, 국정 운영에 대한 국민 참여와 투명성을 제고시키기 위한 제도적 장치(공공 기관의 정보 공개에 관한 법률 제1조)를 말하며, '공공 기관의 정보 공개에 관한 법률'로 이를 구체화하고 있다.

우리나라의 정보 공개에 관한 법률은 정보 공개의 개념 중에서 자발적 정보 제공을 포함하는 최광의의 개념을 채택하고 있다. 따라서 우리나라의 정보 공개 제도는 궁극적으로 헌법상 보장되는 기본권의 하나인 국민의 알권리를 실천적으로 구현하고 보장하는 제도이며, 이를 구체화하고 있는 공공 기관의 정보 공개에 관한 법률은 알권리를 구체화한 법이라고 할 수 있다.

(2) 정보 공개 제도의 의의

이러한 정보 공개 제도의 의의를 살펴보면 다음과 같다.

① 국민들의 생활에 직·간접적 영향을 미치는 국가 활동 전반에 관한 정보에 접근할 수 있는 정보 공개 청구권을 보장함으로써 국민의 기본권인 알권리를 실현한다.

② 정보의 자유로운 유통을 보장함으로써 국민의 국정 참여의 폭을 넓힐 뿐만 아니라, 국정 참여 활성화를 통해 간접 민주주의를 보완한다.

③ 공공 기관이 보유·관리하고 있는 정보에 대한 국민들의 자유로운 접근을 보장함으로써, 행정의 투명성을 확보함은 물론 국민의 신뢰를 얻을 수 있다

④ 국민들이 관련 정보에 접근할 수 있는 권리를 보장함으로써, 각종 사회 문제에 대처하여 국민의 권익을 보호한다.

⑤ 공공 기관의 정책에 대한 국민의 이해와 협력을 얻을 수 있을 뿐만 아니라, 정보 공개 후에 주민들의 반응을 파악하고 이에 대처할 수 있는 방안을 마련함으로써 국민과 정부와의 관계를 긴밀화한다.

⑥ 행정에 대한 국민의 그릇된 인식과 편견을 교정한다.

⑦ 궁극적으로는 헌법 제10조에 보장되어 있는 '인간의 존엄성과 행복
을 추구할 권리'를 적극적으로 실현한다.

3. 외국의 정보 공개 제도

(1) 미국

1966년 정보자유법(Freedom of Information Act ; FOIA)이 제정되었으
며, 1967년 7월 4일 발효되었다. '누구나' 연방 행정 기관의 기록에 접근할
수 있는 법상의 권리를 부여했고, 미국 수정 헌법 제1조의 표현의 자유와
알권리 실현을 구체화하였다. 동법의 적용 제외 사유를 9개 항목으로 제
한하여 공개의 원칙에 충실하였으며, 비밀을 지정하는 정부 기관의 재량
권에 대하여 사법심사를 가능하게 하였다.

1974년 워터게이트 사건 이후, 정부의 비밀주의에 대한 비판이 제기되
면서 정보 자유법을 개정하여 기록의 색인 작성 의무·처리 기한 규정·
수수료(탐색 및 복사의 실비만을 청구)에 관한 규정·부분 공개에 대한 규
정·자의적으로 비공개 결정을 한 직원에 대한 제재 규정 등을 두었다. 또
한, 논란이 되었던 적용 제외 조항의 사유를 엄격히 한정하고 사법 심사를
강화하는 7개항의 개정이 이루어졌다. 그 후 1990년대에 들어와 비공개 문
서도 재량적 공개를 하도록 적극적으로 장려하고 있으며, 행정 정보의 전
자화와 공개 청구의 대응 지체 대책이 중요한 과제로 인식되면서 1996년
'전자 정보 자유법' 제정이 이루어졌다.

(2) 프랑스

프랑스에서 행정 민주화의 움직임이 일기 시작한 것은 70년대 초이며,
이러한 움직임이 결실을 본 것이 '행정과 공중의 관계 개선에 관한 1978년

7월 17일의 법률(행정 문서의 Access 자유)'이라는 정보 공개 제도이다.

각국의 정보 공개법은 비공개 문서를 한정적으로 열거하고 그 외의 공문서는 공개한다는 형식을 취하는 것이 통례이나 프랑스의 경우 이 법 제6조에서 비공개로 하는 사항을 열거했을 뿐만 아니라, 제1조에서 공문서를 정의하는 형식으로 공개되는 공문서를 일일이 열거하고 있다.

법의 적용 범위에도 미국의 정보 자유법은 연방 정부의 행정 기관만을 대상으로 하고 있는 데 비하여 프랑스에서는 국가의 행정 기관과 지방 자치 단체는 물론 공적 기관과 사법상의 조직으로 공공 사업을 수행하는 것도 그 대상으로 하고 있다.

행정 Access 위원회를 설치하여 법의 시행을 감시하게 하고 있을 뿐만 아니라, 정보 공개가 거부된 경우 구제 절차로서 행정적 구제의 전치 제도에 따라 위원회는 불복 신청한 당해 사건을 심사하여 당해 행정 기관에 의견을 제시하도록 하고 있다. 또한, 행정부 내에 최종심이 되는 행정 재판소를 두어 정보 공개에 관한 쟁송을 여기서 판단하도록 하고 있다.

(3) 일본

일본의 정보 공개 제도는 1974년 미국의 워터게이트 사건 등으로 대폭 개정된 미국의 '정보 자유법'의 영향을 받아, 1970년대 오키나와 밀약 누설 사건과 록히드 사건 등과 같은 의혹 사건을 계기로 정보 공개를 요구하는 국민 여론에 발맞추어 추진되었으며, 초기에는 국가가 아닌 지방 자치 단체가 중심이 되었다.

일련의 정치·행정 부패와 뇌물 수수에 관한 사건은 행정에 대한 알권리의 중요성과 함께 행정의 투명성 및 행정 감시의 필요성을 국민들에게 인식시켰으며, 이러한 사회적 배경하에 지자체가 행정에 대한 신뢰와 주민의 참여를 향상시키기 위해 중앙 정부보다 먼저 정보 공개 조례를 제정하여 시행하였다.

1979년 5월 카나가와현(神奈川縣)이 최초로 정보 공개 준비 위원회를 설치하고, 1982년 3월 야마가타현(山形縣) 카나야마쵸(金山町)가 일본 최초로 '카나야마쵸(金山町) 공문서 공개 조례'를 제정한 이후, 2001년 4월 말 현재 3,296곳의 지방 자치 단체 중 2,178곳에서 정보 공개 제도를 도입하였다.

일본의 국가 차원의 정보 공개 제도는 일본 국회가 1999년 5월 7일 '행정 기관이 보유하는 정보의 공개에 관한 법률'을 의결하고, 2001년 4월 1일부터 시행함에 따라 도입되었다.

2006년 7월 우리나라 정보 공개 위원회 위원들이 일본에 가서 살펴본 일본 정보 공개 제도 운영상의 특징은 다음과 같다.

① 기관별로 정보 공개 전담 조직이 설치되어 있어 체계적인 운영 가능
 : 기관별로 약 10명 정도의 인원으로 정보 공개과를 설치 운영
② 정보의 체계적 관리를 통해 비공개 사례를 예방하고, 실무 사례 위주의 매뉴얼을 활용함으로써 정보 공개의 활성화에 기여
③ 기관별로 자체 정보 공개 운영 현황을 체계적으로 정리하여 공개함으로써 정보 공개에 대한 주민들의 관심과 참여를 유도
④ 정보 공개 제도가 이미 정착되었다는 인식을 갖고 있으며, 이에 따라 정보 공개 제도 혁신보다는 개인 정보를 보호하는 방향으로 관심을 둠 : 개인의 사생활 보호가 비공개 사유의 대부분을 차지
⑤ 다만 인터넷을 통한 공개, 대국민 만족도 조사, 정보 실태 평가 등에 있어서는 우리나라의 운영 수준에 비해 미흡한 것으로 평가됨 : 도쿄의 경우 정보 공개 건수 3,300건 중 인터넷 청구 건수 1% 정도

(4) 스웨덴

가장 오래된 정보 공개 제도의 전통을 가진 국가인 스웨덴은 1766년 제

정된 '출판의 자유에 관한 기본법'에서 '시민이 공적 기관의 불법한 행위나 부당한 고발로부터 자신을 보호하는 수단으로 공문서를 자유로이 열람할 수 있는 권리'를 인정하여 공문서 공개의 원칙을 확립했다.

스웨덴 통치 헌장에는 '이 나라 민주주의는 의견의 자유(freedom of opinion)와 보편적이며 평등한 선거위에 이룩된다.' '국가의 모든 공권력은 민중으로부터 나온다.' '공권력은 법에 의하여 행사되어야 한다.'라고 시민주권을 명시하고 있다. 이는 시민 주권하에서 공공당국이 작성 · 보관하는 문서는 공공 당국 고유의 재산이 아니라 공공의 재산, 즉 시민의 재산이며 시민이 그것을 열람하는 것은 당연한 권리라는 것을 밝힌 것이다.

정보 없이 의견 형성이 불가능하며 자유로운 의견을 형성하고 교환하는 것이야말로 민주주의의 기초를 이루고 있다는 것을 보여 주고 있는 스웨덴에서는 의회의 비밀주의 문제가 대두되면서 1966년 12월 '공문서는 한정된 예외를 제외하고 공중에게 공개하여야 할 것'을 기본 원칙으로 선언하였는데, 이 원칙은 다른 국가의 경우처럼 특정 법률에 의해 규정되어 있는 것이 아니라, '출판의 자유에 관한 기본법(Freedom of the Press Act)' 제2장 16개조에 걸쳐 규정되어 있다.

4. 우리나라 정보 공개 제도

(1) 정보 공개 제도의 연혁

우리나라의 정보 공개 제도는 1991년 11월 청주 시의회에서 행정 정보 공개 조례를 의결하고 1992년 1월 청주시가 행정 정보 공개 조례를 의결하면서 시작되었다. 이후 1996년 11월 '공공 기관의 정보 공개에 관한 법률'이 국회에서 통과되어 1998년 1월 1일부터 시행되었으며, 법 시행 후 6년이 지난 2004년 7월 개정된 '공공 기관의 정보 공개에 관한 법률'이 시행되었다.

이와 관련한 연혁을 간략히 살펴보면 다음과 같다.

1991년 11월　　　　청주시의회, 행정 정보 공개 조례 의결

1992년　1월　　　　청주시, 행정 정보 공개 조례 제정

1992년　1월　　　　제14대 대통령선거 당시 대통령의 공약 사항으로 정보
　　　　　　　　　　공개법 제정 추진

1994년　3월　2일　행정 정보 공개 운영지침(국무총리 훈령, 제288호) 마
　　　　　　　　　　련.「국민의 알권리 충족과 행정의 신뢰성을 두텁게 하
　　　　　　　　　　기 위하여 행정 기관이 보유 관리하고 있는 정보를 일
　　　　　　　　　　반 국민에게 공개」 목적

1994년　7월　1일　행정 정보 공개 운영 지침 시행

1995년　7월 20일　정보 공개법 제정(안)입법 예고

1996년　8월 13일　입법 예고된 정보 공개법(안)을 대폭 수정하고 명칭도
　　　　　　　　　　변경하여 '공공 기관의 정보 공개에 관한 법률안'을 국
　　　　　　　　　　무 회의에서 의결

1996년 11월 30일　동 법안 국회 본회의에서 의결, 통과

1996년 12월 31일　정부에서 '공공 기관의 정보 공개에 관한 법률(법률 제
　　　　　　　　　　5,242호)' 공포

1998년　1월　1일　'공공 기관의 정보 공개에 관한 법률' 시행

2001년 11월　　　　정보 공개 제도의 개정에 관한 정부안과 시민 단체 청
　　　　　　　　　　원안이 동시에 국회에 제출되면서 정보 공개 제도의 개
　　　　　　　　　　선을 위한 법률 개정 추진

2003년　6월 24일　국무총리 훈령인 '행정 정보 공개의 확대를 위한 지침'
　　　　　　　　　　제정, 시행

2003년 12월 23일　'공공 기관의 정보 공개에 관한 법률' 개정안을 국회본
　　　　　　　　　　회의에서 의결(정부안과 의원발의안을 통합, 보완)

2004년 1월 29일 개정 '공공 기관의 정보 공개에 관한 법률' 공포
2004년 7월 30일 개정 '공공 기관의 정보 공개에 관한 법률' 시행
2008년 2월 29일 일부 개정된 '공공 기관의 정보 공개에 관한 법률' 시행

(2) '정보 공개에 관한 법률'의 2004년 개정 배경 및 주요 내용

1) 법 개정 배경

2004년 '공공 기관의 정보 공개에 관한 법률'이 개정된 배경은 첫째, 행정 환경 변화와 급증하는 국민의 정보 공개 요구에 능동적으로 대응하기 위해 정보 공개 제도를 개선하고, 둘째, 지식 정보 사회로 급변함에 따라 온라인에서도 정보 공개가 원활히 이루어질 수 있는 근거를 마련하며, 셋째, 지난 6년간 정보 공개 제도 운영 과정에서 나타난 미비점을 보완하기 위한 것이었다.

2) 개정된 법률의 주요 내용

① 전자적 정보 공개의 근거 마련(제2조, 제15조)

'문서'에 전자 문서를 포함하도록 근거를 마련함으로써 열람·사본·복제물 교부 이외에 정보 통신망을 통하여 정보를 제공하는 것도 '공개'의 범위에 포함시켜 전자우편(e-mail)으로 공개하는 것이 가능하게 되었다. 정보의 성질상 현저히 곤란한 경우를 제외하고는 전자적 공개에 응하여야 하며, 비전자적 형태의 정보라도 업무 수행에 지장을 주거나 정보의 성질이 훼손될 우려가 없는 한 전자적으로 변환하여 공개하도록 했다.

② 행정 정보의 사전 공표 제도 도입(제7조)

국민 생활에 큰 영향을 미치는 정책, 대규모 예산이 투입되는 사업, 예산 집행 내용과 사업 평가 결과 등에 관한 정보는 미리 공개 범위·주기·시기 및 방법 등을 정하여 공표하고 이를 정기적으로 공개하도록 의무화하였다.

③ 정보 목록의 작성·비치(제8조)

국민이 쉽게 알 수 있도록 해당 기관에서 보유·관리하고 있는 정보 목록을 작성·비치하고 이를 정보 공개 시스템 등을 통해 공개하도록 의무화 하였다.

④ 비공개 대상 정보의 축소(제9조)

헌법 기관 규칙·대통령령·조례 이상의 법령에 의해서만 비밀 또는 비공개 사항을 규정하도록 하여 부령이나 자치 규칙으로 비밀 또는 비공개 사항을 정하지 못하게 하였다. 또한 '기타 공공의 안전과 이익'과 같은 추상적 기준을 삭제하였고, 개인에 관한 사항이라도 개인의 사생활의 비밀 또는 자유를 침해할 우려가 있다고 인정되는 정보만을 비공개로 정하였으며, 법인·단체 또는 개인의 경영·영업상의 비밀에 관한 사항을 비공개로 정하였다.

⑤ 정보 공개 절차의 개선(제10조, 제11조, 제13조)

정보 공개 청구 시 사용 목적을 제시할 필요가 없도록 하였고, 공개 방법을 기재하도록 하여 청구인의 요청 방법에 따라 공개하도록 하고, 청구서를 작성하기 어려운 청구인을 위하여 구술에 의하여 담당 공무원이 청구서를 작성할 수 있도록 하였다(제10조).

공공 기관은 정보 공개 청구를 받은 날부터 10일 이내에 공개 여부를 결정하고 부득이한 사유가 있을 경우, 10일 이내의 범위에서 그 기간을 연장할 수 있도록 하였다(제11조).

공개 청구된 정보의 양이 과다하여 정상적 업무 수행에 현저한 지장을 초래하는 경우 사본·복제물을 일정 기간별로 나누어 교부하거나 열람과 병행하여 교부하도록 하였다(제13조).

⑥ 정보 공개 심의 위원회 구성(제12조)

국가 기관·지방 자치 단체·정부 투자 기관은 정보 공개 여부 등을 심의하기 위하여 정보 공개 심의회를 설치·운영하도록 하였으며, 위원(위원장 제외)의 1/2은 외부 전문가로 위촉하도록 하되, 국가 안전 보장·국방·통일·외교 및 재판·수사·검찰·행형 등과 관련한 국가 기관은 최소한 1인 이상을 위촉하도록 하였다.

⑦ 불복 구제 절차 완화(제4장)

'법률상 이익의 침해'에서 '공공 기관의 결정(비공개 또는 부분 공개)에 대하여 불복이 있는 경우'로 불복 구제 요건을 완화하여 국민의 정보 공개 청구권을 법률상 보호되는 구체적 권리로 인정하는 판례의 추이를 반영하였다. 이의 신청에 대하여 부득이한 사유로 7일 이내에 결정할 수 없는 때에는 기간 만료일 다음 날부터 7일 이내의 범위 내에서 연장할 수 있도록 하였고, 제3자의 비공개 요청에도 불구하고 공공 기관이 공개 결정을 하는 경우 공개 결정일과 공개 실시일 사이에 최소한 30일의 간격을 두도록 하여 제3자의 권리 구제를 강화하였다.

⑧ 정보 공개 위원회 신설(제5장)

범정부 차원의 정보 공개 운영 촉진을 위해 대통령 소속으로 정보 공개 위원회를 신설하여 정보 공개에 관한 정책 수립 및 제도 개선·정보 공개 기준 수립·정보 공개 운영 실태 평가 등을 심의·조정하도록 하였고, 정보 공개 위원회의 위원 중 위원장을 포함한 5인은 민간 전문가로 위촉하도록 하여 위원회 운영의 공정·투명성을 강화하였다. 그러나 정보 공개 위원회는 2008년 2월 29일 '대통령 소속'에서 '행정 안전부 장관 소속'으로 변경되어 그 위상이 약화되었다.

3) 개정된 시행령의 주요 내용

① 공공 기관의 범위 재설정(제2조)

국가 기관·지방 자치 단체·정부 투자 기관 이외에 정보 공개법의 적용을 받는 공공 기관의 범위를 각급 학교, 지방 공사 및 공단·정부 산하 기관·특수 법인·사회 복지 법인 등으로 구체화하였다.

② 정보 목록의 내용 (제5조)

정보 공개 시스템을 통해 공개하는 정보 목록을 기록물 등록대장 등으로 갈음할 수 있도록 하여, 기록물 관리와 정보 목록의 관리를 일원화하였다.

③ 정보 공개 절차의 개선(제12조)

정보 공개 결정 이후 10일 이내의 범위 내에서 공개 일시를 정하도록 하여 신속한 정보 공개를 하도록 하였으며, 청구된 정보량이 과다한 경우 청구인의 열람 후 사본·복제물을 교부하되 특별한 사정이 없는 한, 2월 이내에 교부 완료하도록 하였다.

④ 전자적 방식의 활성화 (제14조)

파일 형태의 정보는 전자우편이나 매체에 저장하여 제공하는 등 다양한 방식의 전자적 공개 방식을 활성화하여 청구인의 편의를 도모할 수 있도록 하였다.

⑤ 비용 부담 (제17조)

정보 통신망을 통하여 전자적 형태로 공개하는 경우 공공 기관의 장은 업무 부담을 고려하여 수수료의 금액을 달리 정할 수 있도록 하였으며, 비영리 단체가 행정 감시를 위하여 정보 공개를 청구하는 경우도 수수료를 감면할 수 있도록 하였으며, 공공복리의 유지, 증진을 위하여 비용 감면을 신청하는 경우 감면 사유에 대한 소명 자료를 첨부하도록 했다.

⑥ 정보 공개 위원회 (제5장)

위원회 심의·조정 사항에 행정 정보의 공표에 관한 사항을 추가하였으며, 공무원인 위원을 법무부·행정 자치부 및 기획 예산처의 차관과 국무조정실의 기획 수석 조정관으로 정하였다.

5. 정보 공개 제도의 성과와 문제점

세계에서 13번째로 시행된 우리나라의 정보 공개 제도는 중앙 부처·지자체·교육청 등에 대한 운영 실태 평가를 통해 지속적으로 보완·발전되어 왔다. 정보 목록 및 비공개 기준 마련·매뉴얼 제작·전담 부서 지정·온라인 '정보 공개방' 운영 등 필수적 기반 요소가 구축되었고, 온라인 시스템을 통한 자발적 사전 공개 대상 정보가 확대되었으며, 자의적 비공개 방지를 위한 비공개 대상 정보의 세부 기준을 마련하였다.

비공개 정보에 대한 자의적 해석을 방지하기 위해 마련된 비공개 대상 정보의 세부 기준을 수립하고 국민에게 공개하도록 한 것은 외국 입법례에서 찾아볼 수 없는 선진적 제도로 인정받고 있는 부분이다.

또한 2006년 4월에 서비스를 시작한 정보 공개 포털 시스템인 '열린 정부(www.open.go.kr)'는 중앙 행정 기관·지방 자치 단체 및 교육청 등 공공 기관의 정보 목록 검색은 물론, 정보 공개 청구 및 공개 자료의 열람까지 원스톱 서비스를 제공함으로써 국민의 정보 접근성을 확대시키는 데 기여했다는 평가를 받고 있다.

그러나 이러한 노력에도 불구하고, 법 제9조에 규정되어 있는 8가지의 '비공개 대상 정보'와 관련해서는 이를 축소해야 된다는 논란이 있을 뿐만 아니라, 이에 따라 '정보 공개법'이 아니라, '정보 비공개법'이라는 비판의 소리도 나오고 있는 실정이다.

우리나라 '공공 기관의 정보 공개에 관한 법률'에서는 이처럼 비공개 대상 정보를 열거함으로써 법률에서 정하지 않은 사항에 대해서는 모두 공개하도록 하고 있는 한정적 열거주의를 채택하고 있고, 법 제9조의 비공개 대상 정보들이 국가 안전 보장·개인의 사생활 비밀 보호 등 대체로 알권리와 충돌할 가능성이 많은 정보들이다.

이와 관련해 공무원들의 자의적 해석에 따른 정보 비공개의 문제가 항상 논란이 되어 왔고, 이를 줄이기 위해 자의적 비공개를 한 공무원에 대한 처벌 규정을 마련해야 한다는 주장과 이익 교량의 원칙을 도입해야 한다는 주장이 제기되고 있는 실정이다.

또한 법 제8조 제1항의 "…… 다만, 정보 목록 중 제9조 제1항의 규정에 의하여 공개하지 아니할 수 있는 정보가 포함되어 있는 경우에는 당해 부분을 비치 및 공개하지 아니할 수 있다."는 단서를 삭제함으로써 공공 기관의 자의적 판단을 막고, 정보에 대한 국민의 접근권을 확대하는 문제도 빠른 시일 내에 풀어야 할 과제이다.

<h3 style="text-align:center">〈참고 문헌〉</h3>

국회사무처 입법조사국, 『주요국의 정보공개제도』, 1988.

권형준, 『알권리 실현을 위한 정보공개제도의 중요성』, 행정자치부 강의자료, 2004.

배병호, 『미국의 정보공개제도와 언론』, 한국언론재단 2008 조사분석 워크숍 발제집, 22~34쪽, 2008.

심영성, 『북유럽국가의 정보공개제도와 언론』, 한국언론재단 2008 조사분석 워크숍 발제집, 35~53쪽, 2008.

이구현·김정순, 기본권으로서의 알권리와 정보공개제도에 관한 고찰, 『언론과법』, 제5권 제2호, 46~90쪽, 2006.

행정자치부, 개정 정보공개법 해설집, 2004.

지역 분권 시대의
지역 신문의 역할과 전망

제8장

1. 지역 신문의 현실

지역 사회 발전을 위해 지역 언론, 지역 신문들이 어떤 일을 해야 하는지에 대한 당위적 역할론에 대해서는 더 이상 언급할 필요가 없을 만큼 충분한 공감대가 형성되어 있다. 더욱이 지역 언론의 활성화를 더 이상 미룰 수 없는 것은 이 시대 최대의 화두이자 명제인 국가 균형 발전과 지역 분권을 성공적으로 실현하기 위해서는 지역 신문이 지금보다 더욱 큰 짐을 떠맡아야 하기 때문이다.

1980년대 중반에 등장한 '지방화 시대'라는 명제는 각 지역이 독자성을 유지하는 가운데, 지역 스스로의 발전 전략에 따라 저발전적 요소들을 제거하고 나아가서는 지역 간의 균형 발전도 도모할 수 있다는 점에서 많은 기대를 걸게 하였던 것이다. 즉 '지방화 시대'만 도래하면 지역 사회가 안고 있는 많은 문제점들이 일거에 해결될 수 있을 것이라는 전망 속에서 지방화의 첫 관문으로서 지방자치제 실시를 손꼽아 기다렸던 것이다.

그러나 '지방화 시대'라는 명제가 대두된 지 20여 년, 가시화된 제도로서 지방자치제가 실시된 지 십수 년이 지난 이 시점에서 중앙과 지방 간의 격차가 과거에 비해 좁혀지고 지역 간의 불균형적 상황이 해소되었다고 믿는 사람은 아마도 거의 없을 것이다. 특히 수도권 집중 현상은 날이 갈수록 더욱 심화되고 있기 때문에 참여정부 시절 행정 수도와 공기업의 이전이라는 특단의 조치까지 나오게 되었으나, 이명박 정부 출범 이후 경제 난국을 타개하기 위한 해법으로, 수도권 규제 완화 정책을 들고 나오자 수도권을 제외한 전국 모든 지역의 강한 반발을 불러일으켰다.

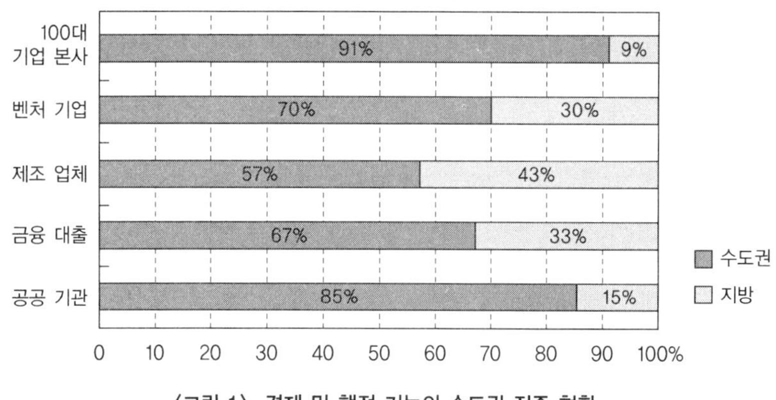

〈그림 1〉 경제 및 행정 기능의 수도권 집중 현황

현재도 전 국토 면적의 11.8%에 불과한 수도권에 인구의 48.3%, 지역 총생산 47.7%, 금융 67.8%, 제조업체 수 56.6%, 대학의 39.3% 집중되어 있는 현실을 감안할 때 수도권 대 비수도권의 문제는 제로섬 게임식의 접근으로는 풀 수 없는 난제라고 할 수 있다.

지역 분권화는 정치적 측면에서의 지역 분권주의만을 의미하는 것이 아니라, 경제적 측면에서는 지역의 특수성과 실정을 감안한 발전 전략의 수립, 문화적 측면에서는 지역 고유의 독자적인 문화권을 형성할 수 있다는 점에서 그 진정한 의미를 찾을 수 있다.

아울러 무엇보다도 의사 결정과 집행 그리고 결과에 대한 책임까지를 지역 스스로가 져야 한다는 점에서나 지역 간의 경쟁을 통한 불균형의 해소와 국가적으로는 세계화 시대에 있어서의 대외 경쟁력 강화라는 목표로

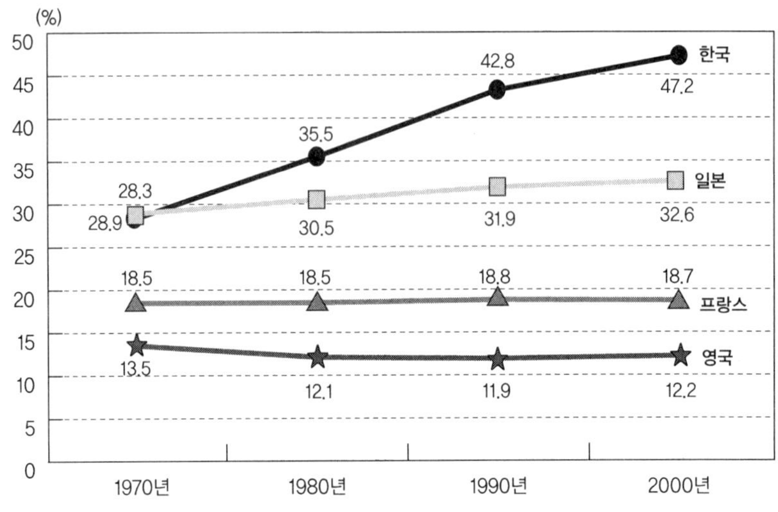

※ 김중석, 2006에서 재인용

<그림 2> 수도권 인구 비중의 국제 비교

연결시킬 수 있다는 점에서 20세기 후반이 산업화와 민주화를 이루기 위해 모든 역량을 경주하였던 시대였다고 한다면 21세기는 정보화와 분권화의 시대가 될 수 있도록 총력을 기울여야 할 것으로 생각한다.

이처럼 사람과 돈과 권력이 온통 서울에 집중되어 있다 보니 지방은 단순한 주거 공간일 뿐, 정치 공간, 경제 공간, 문화 공간으로서의 구실을 전혀 할 수가 없도록 되어 있는 우리나라의 극심한 중앙 집중적이며 집권적인 구조에서 이를 더욱 공고하게 만드는 것은 전국 일간 신문 시장의 90%를 점유하고 있는 거대 중앙 일간지들에 의한 정보와 여론의 독과점적 지배 체제이다.

문화관광부(현 문화체육관광부)에 등록된 2006년 말 기준 전국의 일간 신문(일반)은 모두 143개사인 것으로 나타났다. 이중 지역 일간 신문은 모두 100개사로 69.9%를 차지하고 있다. 이러한 지역 일간 신문의 수치는 등록된 신문만을 집계한 것으로 그 중에서도 정상적으로 발행되고 있는

신문은 약 80여 개사인 것으로 추정된다.[1]

등록된 무료 신문은 모두 3개사이며 그나마 제대로 발행되고 있는 신문은 〈광주드림〉 1개사뿐이다. 2004년 5개사가 발행됐던 것에 비하면, 지역에서는 서울과는 달리 무료 신문이 성공을 거두지 못하고 있는 것으로 나타났다. 지역별로는 경기도가 21개사로 가장 많았고 다음으로 광주광역시가 12사로 뒤를 이었다. 대전광역시와 전라북도도 각각 11사로 높은 등록률을 나타냈다.

지역별 특징을 살펴보면, 대구광역시에서 2006년도에 1개사가 창간하여 경쟁이 심화되었고 인천광역시에서는 3개사가 등록을 함으로써 6개사로 늘었으나 이 중 2개사의 경우 아직 발행되지 않는 것으로 알려졌다.

대전광역시에서도 2005년에 4개사, 2006년에 3개사가 잇따라 등록을 하면서 모두 11개사로 늘었다. 그러나 실제 발행되고 있는 신문사는 7개사이다. 그럼에도 불구하고 불과 2년 전 4개사에 비하면 크게 늘어난 수치이다.

광주광역시에서는 2개 신문사가 줄고 1개 신문이 새롭게 등록하면서 12개사가 경쟁을 하고 있으며 울산광역시에는 5개사가 등록되어 있다. 그러나 광주에서 발행되던 무료 신문 〈광주매일해피데이〉가 등록에서 제외되었고, 울산에서 발행되는 무료 신문 〈울산일보〉도 휴간 중인 것으로 알려졌다.

현황 파악이 가장 어려운 곳은 경기도 지역으로, 2006년 말 21개사가 등

---

1) 정상 발행 여부의 경우 인터넷 홈페이지를 1차로 확인하였으며, 인터넷 검색으로도 홈페이지가 확인되지 아니한 경우 또는 홈페이지가 있다 하더라도 정상 발행이 의심되는 신문은 해당 신문사로 직접 전화하여 발행 여부를 2차 확인하였다. 전화 통화도 불가능한 경우와 1, 2차 확인 과정에서 정상 발행이 의심되는 신문의 경우는 해당 지역의 언론인들에게 직접 전화하여 최종 확인하였다. 3차에 걸친 조사에서도 확인이 되지 않을 경우는 미발행으로 간주하였다.

록된 것으로 나타났으나 5개사 정도는 발행되지 않고 있는 것으로 확인된다. 또 등록은 경기도로 했지만 홈페이지 주소 등을 확인한 결과, 서울에 소재하면서 전국을 겨냥하여 발행하고 있는 신문도 여러 곳 되었다. 따라서 제대로 지역에서 지역 일간지의 역할을 하고 있는 신문은 약 12~14개 정도로 추정된다.

충청북도에서는 4년간 휴간 중이던 〈충청일보〉가 2007년 3월 복간하면서 6개사가 치열하게 경쟁하고 있다. 충주 지역에서도 1개사가 등록을 했으나 발행은 되지 않고 있는 것으로 알려졌다. 전라북도에서는 2006년 1개사가 신규로 창간하면서 현재 11개사가 발행 중이다.

경상북도 지역에서는 포항과 구미에 각각 1개 신문사가 등록을 하면서 6개사가 경쟁을 하고 있으며 경상남도 지역에서는 변동 없는 가운데 무료로 발행되던 〈조간경남〉이 휴간 중이다.

이러한 현황으로 미루어 볼 때 정상적으로 신문을 발행하는 신문사는 대략 80여 개사 정도로 추정된다.

주간 신문의 경우 등록 현황만으로 순수한 지역 주간 신문을 가려내기 어려워 무가지, 특수주간, 기타 간행물, 특수한 분야(경제, 환경, 복지 등)의 신문, 배포 범위가 일정 지역을 벗어날 것으로 판단되는 신문, 일간지에서 발행하는 주간 신문 등을 제외하고 2006년 말 현재 일반 주간 신문은 480여 개사가 등록되어 있다. 이는 전년도에 비해 약 100여 개사가 넘는 증가폭을 보인 것으로 최근 들어 지역 주간 신문이 발행이 활발해지고 있음을 반증하고 있다. 그 중에서도 특히 경기, 충남, 전남, 경북, 경남 지역은 주간 신문의 발행이 매우 활발한 지역으로 나타났다.

역시 주간 신문의 경우도 부침이 매우 심하고 경영 사정이 열악해 휴·폐간 신문을 제외하면 정상적으로 발행되는 신문은 약 360여 개사 정도로 추정된다. 그렇지만 이렇게 많은 지역 신문들이 차지하고 있는 신문 시장의 점유율은 형편없다. 지역신문발전위원회가 조사한 결과에 따르면, 지

〈표 1〉 지역별 일간신문 등록현황 (일반 일간신문 / 2006년 12월 현재)

지역	신문사명
서울(43)	경향신문 / 동아일보 / 서울신문 / 조선일보 / 한국일보 / 중앙일보 / 매일경제 / 일간스포츠 / 한겨레신문 / 세계일보 / 국민일보 / 문화일보 / 환경시사일보 / 내외대한뉴스 / 스포츠투데이 / 내일신문 / 아시아일보 / 메트로(무가) / 더데일리포커스(무가) / 에이엠세븐(무가) / 굿모닝서울(무가) / 국법일보 / 매일노동뉴스 / 한반도일보 / 무궁화일보 / 통일일보 / 시사법률일보 / 내외일보 / 국제일보 / 한국경제 / 한국국정일보 / 한국매일 / 민주일보 / 전국일보 / 시민일보 / 해공일보 / 극동경제(무가) / 데일리줌(무가) / 유티피플(무가) / 민족일보 / 시민매일 / 서울일보 / 데일리노컷뉴스(무가)
부산(2)	부산일보 / 국제신문
대구(5)	매일신문 / 영남일보 / 대구신문 / 대구일보 / 신라일보
인천(6)	기호일보 / 인천일보 / 우리일보 / 한양일보 / 경도신문 / 씨티타임즈
대전(11)	대전일보 / 충청투데이 / 중도일보 / 충남일보 / 충남도민일보 / 충청신문 / 미래일보 / 중앙매일 / 대전매일 / 대전투데이 / 서해일보
광주(12)	광주일보 / 전남매일 / 광주매일신문 / 대한일보 / 광주드림(무가) / 전남일보 / 무등일보 / 광남일보 / 남도일보 / 호남매일 / 호남일보 / 서남일보
울산(5)	경상일보 / 울산매일 / 울산일보(무가) / 울산신문 / 광역일보
경기(21)	경인일보(수원) / 경기일보(수원) / 중부일보(수원) / 경기신문(수원) / 충청도민일보(수원) / 평화일보(수원) / 경기매일(수원) / 일간경기(수원) / 수도권일보(수원) / 투데이뉴스(안산) / 경인매일(수원) / 양평엔(양평·무가) / 수도일보(광명) / 경기도민일보(화성) / 현대일보(광명) / 전국매일(성남) / 굿모닝일보(성남) / 시대일보(부천) / 신아일보(용인) / 일간투데이(안산) / 선경일보(안산)
강원(3)	강원일보(춘천) / 강원도민일보(춘천) / 국민복지일보(원주)
충북(7)	중부매일(청주) / 동양일보(청주) / 한빛일보(청주) / 충북일보(청주) / 새충청일보(청주) / 충청일보(청주) / 바른신문(충주)
충남(0)	–

전북(11)	전북일보(전주) / 전북도민일보(전주) / 전라일보(전주) / 새전북신문(전주) / 전북매일신문(전주) / 전북중앙신문(전주) / 전주매일(전주) / 전민일보(전주) / 전북연합신문(전주) / 전주일보(전주) / 전북대중일보(전주)
전남(2)	목포일보(목포·무가) / 전광일보(순천)
경북(6)	경북매일(포항) / 경북일보(포항) / 경북도민일보(포항) / 일간경북신문(구미) / 대경일보(포항) / 경상매일신문(구미)
경남(5)	경남도민일보(마산) / 경남매일(진주) / 경남신문(창원) / 경남일보(진주) / 조간경남(창원 무가)
제주(4)	제주일보(제주) / 한라일보(제주) / 제민일보(제주) / 제주타임스(제주)
합계	143개사

※ 출처 : 문화관광부, 정기간행물 현황 자료 재구성

역 신문의 구독 신문 시장 점유율은 일간 신문 10.2%, 주간 신문 2.3%에 불과한 실정이다.[2](지역신문발전위원회, 2005, 28~31쪽) 나머지 80% 이상은 전국을 대상으로 하는 신문들이 점하고 있다. 이 결과를 '신문을 구독하지 않는다.' 는 가구를 제외하고 구독 가구만을 놓고 계산해 보면 구독률은 〈조선일보〉 31.5%, 〈중앙일보〉 25.9%, 〈동아일보〉 23.3%, 〈한겨레신문〉 4.7%, 〈매일경제〉 4.6% 등의 순이었다. 조중동 합계가 무려 80.7%에 달했다.

전체 신문 구독 가구 가운데 96% 이상이 전국지를 구독하고 있지만, 지역 주간지를 포함한 지역 신문을 구독하는 가구는 13%도 채 안 된다는 것이다. 지역 일간지와 주간지 등 지역 신문이 배달되는 가정은 각각 5.7%와 1.3%로 전국의 7.0% 뿐이었다.

---

2) 지역 신문발전위원회는 한국갤럽에 의뢰해 지난 2005년 11월 22일부터 12월 3일까지 전국 만18세 이상 성인 남녀 1만 247명을 대상으로 지역 신문 구독 실태에 대해 전화조사를 실시했다.

<표 2> 2005 지역 신문 구독 현황

구분	전국지	지역 일간지	경제지	스포츠지	지역 주간지	무료지	배달 없음
배달 신문 시장 점유율	43%	5.7%	3.3%	2.3%	1.3%	0.1%	55.6%
구독 신문 시장 점유율	77.3%	10.2%	5.9%	4.1%	2.3%	0.2%	–

※ 출처 : 지역신문발전위원회(2005)

  지역 신문의 경우 해당 지역에서 발행하는 신문에 대한 인지도도 큰 차이가 있었다. 제주 지역의 경우 지역 일간 신문에 대한 인지도가 75.5%로 가장 높았던 반면, 인천 · 경기 지역은 13.6%에 불과해 지역별 인지도가 5배 이상 차이가 났다. <표 3>

<표 3> 2005 지역 신문 인지도

단위 : %

	지역 일간지	지역 주간지	생각나는 것 없다
제주	75.7	0.5	23.8
부산 · 울산 · 경남	61.4	5.7	33.0
대구, 경북	57.4	7.4	35.2
강원	56.2	2.9	40.9
전북	52.3	4.4	43.3
광주, 전남	43.4	10.4	46.3
인천 · 경기	13.6	9.9	76.5
대전 · 충남	37.7	8.7	53.6
충북	38.8	7.3	53.9
서울	–	6.4	93.6

※ 출처 : 지역신문발전위원회(2005)

　지역 일간 신문의 인지도가 높은 지역은 제주, 부산·울산·경남, 대구·경북 등이며 인지도가 낮은 지역은 인천·경기, 대전·충남, 충북 등이다.

　지역 신문을 가장 많이 구독하는 지역은 제주였으며, 이어서 영남, 경인 지역의 순으로 나타났다. 반면, 가장 낮은 지역은 호남으로 전국 평균의 절반 수준이었으며, 충청 지역도 매우 낮게 나타났다.

　지역 신문 난립 지역으로 지목되는 경인과 호남 지역 중 경인 지역은 비교적 정기 구독률이 높은 편에 속하는 반면, 호남 지역은 가장 낮은 지역으로 나타난 것은 예상과는 다른 의외의 결과라고 할 수 있을 것 같다.

　다음으로 지역 신문에 대해 어떻게 평가하고 있는가를 보면, 5점 척도에서 평균 2.73으로 평균점 이하의 평가를 하고 있는 것으로 나타났다.

　구체적인 만족도를 항목별로 보면, 강원을 제외한 모든 지역에서 신문 소유주로부터의 자유 항목을 가장 낮게 평가하고 있는데, 특히 경인과 영남 지역은 다른 항목에 비해 월등하게 낮은 점수로 평가하고 있어 주목된다.

　공통적으로 평균점 이상으로 높은 점수를 받은 항목은 지역 사회 발전

〈표 4〉 지역 신문 정기 구독 여부

	제주	강원	경기(인천)	영남	충청	호남	전국
있다	30.1 (90)	14.0 (42)	16.1 (121)	22.6 (244)	9.2 (83)	0.1 (74)	15.4 (654)
없다	64.9 (194)	76.7 (230)	75.6 (567)	73.7 (795)	86.8 (780)	87.9 (807)	79.5 (3,373)
무응답	5.0 (15)	9.3 (28)	8.3 (62)	3.6 (39)	4.0 (36)	4.0 (37)	5.1 (218)
지역 합계	100.0 (299)	100.0 (300)	100.0 (750)	100.0 (1078)	100.0 (899)	100.0 (918)	100.0 (4,245)

과 생활에 도움, 신뢰한다는 항목이었으며, 정부로부터의 자유 항목도 모든 지역에서 비교적 후한 평가를 받았으나 영남만은 낮게 평가하고 있어 지역 정서와 연관이 있지 않은가 추측된다.

〈표 5〉 지역 신문에 대한 평가[3]

5점 척도

지역	만족도	역할과 기능	신뢰도	자유 (정부)	자유 (사주)	공정성	심층성	다양성	생활 도움	지역 사회 발전	지역 평균
제주	2.9264	3.0368	3.1171	2.9498	2.5251	2.8696	2.6288	2.6622	3.1137	3.1237	2.90
강원	2.8833	2.9067	3.0567	2.9000	2.6467	2.9200	2.7067	2.6200	2.7900	3.0443	2.85
경기 (인천)	2.6560	2.6973	2.7933	2.7320	2.3747	2.6840	2.6267	2.6107	2.7613	2.7640	2.67
영남	2.6716	2.7328	2.9017	2.6521	2.2199	2.6243	2.6892	2.6252	2.8692	2.9072	2.69
충청	2.6596	2.7241	2.8888	2.9210	2.4872	2.7686	2.6796	2.6296	2.8120	2.8565	2.74
호남	2.6405	2.7342	2.8410	2.8736	2.4815	2.7614	2.6721	2.6340	2.7582	2.8791	2.73
전국	2.6933	2.7595	2.8935	2.8104	2.4130	2.7340	2.6702	2.6285	2.8264	2.8907	2.73

지역 신문 기사에 대한 질적 평가는 강원과 경인 지역의 순으로 높게 평가하고 있는 반면, 영남과 호남 지역 순으로 낮게 평가하고 있어 신문 전반에 대한 평가와는 약간 다른 경향을 보였다. 즉 경인 지역은 신문 전반에 대한 평가는 가장 낮았으나 기사에 대한 질적 평가는 둘째로 높았다.

이해하기 쉽다는 항목만 모든 지역에서 고르게 높은 평가를 받았을 뿐, 다른 항목들에 대해서는 지역에 따라 평가가 제각기 나타나 일정한 유형을 찾을 수는 없지만 신문 전반에 대한 평가와 신문 기사에 대한 평가는 대체로 유사하게 연결되고 있다는 사실을 보여 주고 있다.

---

3) 한국언론재단, 〈2004 한국의 지역신문〉, 한국언론재단, 2004.

<표 6> 지역 신문 기사에 대한 질적 평가[4]

10점 척도

지역	정확 하다	객관적 이다	공정 하다	중립적 이다	신뢰 한다	이해 하기 쉽다	공익을 우선 한다	배경 설명 잘한다	편파적 이지 않다	해결책 제시 한다	지역 평균
제주	5.6221	5.5217	5.6355	5.4883	5.9431	6.4682	5.5686	5.6120	5.8060	5.2074	5.69
강원	6.1433	6.0000	6.0100	5.8400	6.4667	7.1633	5.9867	5.8867	5.8700	5.3467	6.07
경기 (인천)	5.8920	5.7307	5.7453	5.7107	6.0507	6.6600	5.7280	5.8427	5.5787	5.5627	5.85
영남	5.5176	5.2273	5.1178	4.9564	5.5306	6.3729	5.0195	5.1651	4.7495	4.5881	5.22
충청	5.7675	5.6663	5.6719	5.5996	5.8899	6.4994	5.3682	5.5184	5.3426	5.1513	5.65
호남	5.6187	5.4956	5.5044	5.4063	5.7353	6.3257	5.2582	5.4891	5.2919	4.9172	5.50
전국	5.7114	5.5439	5.5305	5.4245	5.8393	6.5039	5.3786	5.5135	5.2940	5.0495	5.58

한편 지역 신문 기사에 대한 불만은 경인 지역이 가장 높고, 다음으로는 강원, 영남 지역 순으로 나타났으며, 상대적으로 불만이 낮은 지역은 제주, 호남, 충청의 순으로 나타났다.

지역 신문 기사의 질을 비교적 높게 평가했던 강원과 경인 지역이 불만도가 가장 높은 편에 속하는 것이나, 기사의 질을 낮게 평가했던 호남 지역이 불만도 역시 낮게 나온 것은 모순이라고 생각되나, 한편으로는 평가 항목 자체가 다르기 때문에 만족과 불만족을 적극적으로 표현한 결과가 아닌가 하는 해석도 가능할 것 같다.

'제대로 비판을 못 한다.'와 '대안 없이 비판만 한다.'는 비판과 관련된 두 항목에 대해 전 지역이 공통적으로 불만도가 높게 나왔으며, '오보가 많다.'와 '사실 확인이 불충분하다.'는, 즉 정확성과 관련된 항목에 대해

---

4) 한국언론재단, 앞의 책.

서는 비교적 불만도가 낮게 나타난 것으로 보아 응답자들은 지역 신문 기사에 대해 오보는 많지 않지만 비판은 제대로 못 한다고 여기는 것으로 볼 수 있다.

이처럼 중앙 일간지에 비해 지역 일간지의 구독률이나 만족도가 크게 낮은 것은 세계적으로 볼 때 드문 현상이다. 대부분의 국가에서 중앙 일간지보다 지역 일간지의 구독자 수가 많기 때문이다.

2003년 세계 신문 협회가 발표한 자료에서, OECD 회원 국가만을 추출해 비교한 결과, 중앙 일간지의 발행 부수가 지역 일간지 발행 부수보다 많은 나라는 발행 부수를 제시한 22개 회원 국가 중 11개 국가였다. 그러나 한국처럼 지역 일간지의 비율이 전체 신문시장의 10% 이하인 나라는 슬로바키아와 터키뿐이었다. 〈표 9〉

특이한 사실은 대부분의 지역 일간지들이 독자들로부터 외면당하고 있고, 그로 인해 경영 상태가 매우 부실함에도 불구하고 그 숫자가 줄어들지 않고 있다는 점이다. 2003년에는 71개였던 지역 일간 신문이, 2006년에는

〈표 7〉 지역 신문 기사에 대한 불만

4점 척도

지역	회사 이익 우선	제대로 비판 못한다	사실과 의견 혼합	전문성 부족	사실 확인 불충분	정정 보도 불충분	지역 유지 대변	오보 많다	대안 없이 비판만	지역 평균
제주	2.5385	2.7057	2.6789	2.6388	2.5585	2.7893	2.6154	2.3946	2.7391	2.63
강원	2.7167	2.8800	2.8467	2.7933	2.7767	2.900	2.8733	2.6000	2.9700	2.82
경기 (인천)	2.8547	3.0080	2.9280	2.9187	2.7787	2.9400	2.9720	2.7200	2.9453	2.90
영남	2.7430	2.8998	2.7607	2.7356	2.6280	2.8191	2.8321	2.5028	2.9314	2.76
충청	2.7075	2.8076	2.6385	2.7341	2.5729	2.7920	2.7842	2.4939	2.7631	2.70
호남	2.6601	2.7157	2.6242	2.7146	2.5719	2.7015	2.6841	2.4913	2.7625	2.66
전국	2.7216	2.8450	2.7357	2.7609	2.6370	2.8134	2.8028	2.5366	2.8514	2.74

100개로 무려 30개 가까이 증가하였으며, 특히 증가한 지역이 경인 지역, 호남 지역 등 이미 신문이 과포화 상태에 이른 지역이라는 점에서 그 심각성이 더하다고 할 수 있다. 즉, 시장 경쟁 논리가 적용되지 않는 것이다.

단적으로 광주 · 전남 지역의 사례를 보면, 1992년 당시만 해도 지역 일간지의 시장 점유율이 54%로 중앙지를 능가했으나 2003년에는 20% 이하로 떨어졌다. 대부분의 신문들이 매월 수천만 원에서 수억 원에 이르는 적자를 보고 있다. 그럼에도 불구하고 80년대 말 3개에 불과하던 지방 종합 일간지는 98년 말 7개로, 2002년 말에는 10개로, 2004년에는 14개로 늘어났다.[5]

극심한 경영난에도 불구하고 지역 신문의 숫자가 줄지 않고 오히려 늘어나는 것은 지역 언론을 이용해 다른 이득을 취할 수 있기 때문이다. 설사 신문 경영을 통해서는 손해를 본다 하더라도, 언론의 사회적 영향력이나 권력과의 관계를 이용해, 계열 기업을 보호하거나 사주의 정계 진출 등 다른 분야에서 이득을 얻는다는 것이다.

이러한 지역 신문들은 독자 확대나 경영 합리화 같은 시장 생존을 위한 신문 본래의 활동에 심혈을 기울일 필요가 없는 것이다. 이 지역의 언론 현업 출신 학자는 이런 현상을 다음과 같이 이론적으로 설명한다.

즉, 작은 규모의 경제 자본을 투입해 신문사를 소유함으로써 가능한 경제적 이윤 추구에 나서면서 동시에 문화 자본의 기능과 사회 자본의 역할을 함께 추구할 수 있는 강점이 있다는 것이다. 예컨대 신문사주가 되면 '언론'이라는 '말'의 수단을 갖게 되고, 이 때문에 각종 지배 집단에 소속될 수 있는 기회가 그만큼 많아져 자연스레 사회 자본의 획득도 가능케 된다.

---

5) 민형배, "분권화를 위한 '지방 신문' 육성 지원의 전제: 광주지역 사례를 중심으로," 〈분권과 혁신〉, 2003년 3월호.

이런 경우 시장 경쟁력이 떨어지는, 즉 경제 자본의 이윤 추구 가능성이 불확실한 상황에서도 문화 자본과 사회 자본으로 전화 또는 획득이 가능하게 됨으로써 경제 자본의 이윤 추구라는 본래 목적은 잠재적으로 보상받을 수 있게 된다.[6]

지역 언론인들도 이러한 지역 언론사주의 의도들을 잘 알고 있었다. 광주 지역의 3개 신문 기자들을 대상으로 지역 신문사 사주들의 신문 발행 목적에 대해 조사한 결과, 지역 주민들의 알권리 충족이라는 언론 본래의 목적과는 거리가 먼 것으로 나타났다. 사주들이 지역 사회 영향력을 행사하려는 것과 다른 사업에 도움을 얻기 위한 것이라는 응답이 각각 1, 2위로 나타났다.[7] 이러한 구조를 깨트리지 않고는 지방 분권은 영원히 이루어질 수 없다.

<표 8> 지역 신문사 사주들의 신문 발행 목적 평가[8]

복수 응답. 괄호는 %

발행 목적	광주일보	전남일보	광주매일	전체
지역 문화 발전 기여	6(8.6)	4(5.8)	4(5.3)	14(6.5)
지역 사회에 영향력	23(32.9)	23(33.3)	24(32.0)	70(32.7)
경제적인 이윤	5(7.1)	3(4.3)	3(4.0)	11(5.1)
다른 사업에 도움	20(28.6)	17(24.6)	23(30.7)	(28.0)
사주와 가계의 명예	13(18.6)	17(24.6)	16(21.3)	46(21.5)
지역 언론 발전에 기여	3(4.3)	4(5.8)	5(6.7)	12(5.6)
기타	–	1(1.4)	–	1(0.5)
계	70(32.7)	69(32.2)	75(35.0)	214(100.0)

6) 민형배, 앞의 논문.
7) 민형배, 앞의 논문.
8) 민형배, 앞의 논문.

〈표 9〉 OECD 국가의 일간 신문 수와 발행 부수 현황

	일간 신문 수			일간 신문 발행 부수			비고
	전체	전국지(%)	지역지(%)	전체	전국지(%)	지역지(%)	
Australia	48	2(4.1)	46(95.9)	3,083	253(8.2)	2,830(91.8)	2000년
Austria	15	8(53.3)	7(46.7)	2,403	2,089(87.0)	314(13.0)	
Belgium	28	12(42.9)	16(57.1)	1,479	1,017(68.8)	462(31.2)	
Canada	10	22(2.0)	100(98.0)	5,005	598(11.9)	4,407(88.1)	
Czech Rep.	73	7(9.6)	66(90.4)	1,690	1,238(73.2)	452(26.8)	
Denmark	30	9(30.0)	21(70.0)	1,4338	18(57.1)	615(42.9)	
Finland	56	8(14.3)	47(85.7)	2,304	968(42.0)	1,336(58.0)	2000년
France	84	23(27.4)	61(72.6)	7,877	1,995(25.3)	5,882(74.7)	
Germany	374	10(2.7)	364(97.3)	23,240	1,691(7.3)	21,549(92.7)	
Greece	–	–	–	–	–	–	
Hungary	38	14(36.9)	23(63.1)	1,595	765(48.0)	808(52.0)	
Iceland	–	–	–	–	–	–	
Ireland	–	–	–	–	–	–	
Italy	91	–	–	5,888	3,558(60.0)	2330(40.0)	
Japan	95	5(5.3)	90(94.7)	65,007	39,773(61.1)	25,234(38.9)	
Luxembourg	9	–	–	118	–	–	
Mexico	299	2(0.7)	297(99.3)	–	–	–	
Netherlands	35	11(31.4)	24(68.6)	4,311	2,004(46.5)	2,307(53.5)	
New Zealand	26	0	26(100)	764	0	764(100)	2001년
Norway	81	8(9.9)	73(90.1)	2,524	736(29.2)	1,788(70.8)	
Poland	46	12(26.1)	34(73.9)	3,598	1,894(52.6)	1704(47.4)	
Portugal	28	10(35.7)	18(64.3)	686	612(89.2)	74(10.8)	1999년
Slovakia	19	10(52.7)	9(47.3)	511	460(90.0)	51(10.0)	
South Korea	–	–	–	–	–	–	
Spain	136	6(4.4)	130(95.6)	4,300	1,500(34.9)	2,800(65.1)	2001년
Sweden	91	4(4.4)	87(95.6)	3,671	893(24.3)	2,778(75.7)	
Switzerland	98	–	–	2,594	–	–	
Turkey	55	33(60.0)	22(40.0)	3,305	3,227(97.6)	78(2.4)	
USA	1,469	–	–	55,186	–	–	
UK	109	10(9.0)	99(91.0)	18,9891	3,252(69.8)	5,646(30.2)	

※ 출처 : World Association of Newspapers, 〈WORLD PRESS TRENDS 2003〉, 2003

따라서 지방 분권을 통해 지역별로 특성화된 발전 전략을 유도하여 지역 균형 발전이 이루어지도록 하는 것이 결국은 지역 갈등이나 지역 감정을 해소시켜 성숙된 민주주의로 나가는 길이라고 한다면 현재와 같은 기형적 언론 구조는 반드시 바뀌지 않으면 안 된다는 결론에 이르게 된다.

다만, 문제는 현재 상태로서는 지역 신문들에게 그런 역할을 수행할 수 있기를 기대하고 요구한다는 것 자체가 무리일 정도로 이들의 병세가 심각하다는 점인데, 이 병을 치유하자면 환자 스스로 병마로부터 벗어나고자 하는 의지와 함께 적절한 투약과 때로는 수술까지도 병행하지 않으면 안 될 것이다.

지역 신문들이 당면하고 있는 문제는 언론 외적인 국가-사회의 구조적 문제점에 기인하는 바 크지만 그에 못지않게 지역 신문 스스로가 책임져야 할 고질적 병폐 또한 산적해 있는 것이 사실이다.

즉, 지역 신문들은 지역이라는 한정된 시장, 그나마 대부분을 중앙 일간지들이 장악한 나머지의 자투리 시장을 놓고 시장 논리로는 도저히 설명이 되지 않을 정도로 신문들이 난립 현상을 보여 경쟁을 벌이다 보니 독자는 극소수에 불과하고 광고 역시 태부족이니 경영 악화는 필연적이다.

경영 악화는 저임금, 체불 등으로 이어져 기자들은 생계를 위해 촌지 수수, 이권 개입 등으로 사이비화하고, 자치 단체의 계도지나 각종 기관의 홍보 예산을 가장 확실한 수입원으로 삼는 현실에서 권력에 대한 감시라는 언론 본연의 사명은 간 데 없고 권언유착으로 주민들로부터 지탄을 받으며 지역 사회에 기생하는 언론사들도 적지 않은 것이 엄연한 현실이다.

결론적으로 오늘날 지역 신문이 처해 있는 위기는 '품질의 위기', '유통의 위기' 그리고 '신뢰의 위기'로 요약할 수 있는데, 신뢰의 위기라는 문제를 풀지 않고는 아무리 좋은 품질의 신문을 만들고 거대 신문사 못지않은 유통망을 갖춘다 하더라도 지역 주민에게 다가갈 수 없기 때문에 이미지 개선을 위한 뼈를 깎는 노력을 통해 신뢰를 회복하는 것이 선결 과제이다.

2. 지역 신문 지원법의 내용과 쟁점들

바로 이러한 점 때문에 지역 신문을 개혁한다는 것이 결코 쉬운 일은 아니겠으나 그렇다고 언제까지 이대로 방치할 수만도 없는 일이라는 문제의식으로부터 지역 신문 발전을 위한 정책적, 제도적인 배려가 시급하다는 필요성이 대두되어 '지역신문발전지원특별법'과 시행령이 지난 2004년 3월과 9월 지역 언론 현업 종사자, 학계, 시민 단체 등의 강력한 요청에 의해 제정되고 그에 따라 위원회가 구성되었다.[9]

이 법에 따라 '지역신문발전위원회'에서는 지난 2005년 8월 우선 지원 대상 신문사를 선정한 이후 2009년에 이르기까지 5년 동안 매년 지역 일간지 20개 내외, 주간지 40개 내외를 우선 지원 대상사로 선정하여 지역 신문에 대한 지원 사업을 시행하고 있다.

지역 신문의 발전을 위해서는 외부로부터의 지원도 필요하지만 내부로부터의 개혁이 동시에 이루어지지 않으면 결코 이루어질 수 없다는 인식을 토대로 법안이 제정되었기 때문에 이 법안의 성격을 한마디로 요약하면 '지원을 통한 개혁 유도', '개혁을 전제로 한 지원'이라고 할 수 있다.

이처럼 개혁 입법으로서의 성격을 분명히 하고 있음에도 불구하고 법안 제정 과정에서 끊임없이 제기되었던 논쟁점은 두 가지로 요약된다.

첫째, 국민의 세금인 국고로 사기업인 지역 신문사를 어떤 근거에서 지원할 것이며, 지원이 이루어질 경우 과연 언론으로서의 독립성을 유지하며, 언론 본연의 비판과 감시 기능에 충실할 수 있겠는가 하는 점이다.

당연한 지적이고 충분히 우려할 수 있는 사항이다. 그러나 앞서도 지적

---

9) '지역신문발전지원특별법'은 2004년 3월 22일 6년 한시법으로 제정되었으며, '시행령'은 같은 해 9월 23일에 공포되었고, 이 법에 따라 '지역신문발전위원회'가 같은 해 11월 12일 출범하였다.

하였듯이 지역 신문들이 오늘날 처해 있는 어려움은 지역 신문 스스로가
책임져야 할 부분도 크지만 한편으로는 중앙 집권적인 사회 구조로 인한
지역 사회의 붕괴라는 간접적 요인과 거대 중앙 일간지들의 무차별 시장
공세라는 직접적 요인이 겹쳐진 것이 지역 신문들의 어려움을 가중시켰다
고 할 수 있다.

〈표 10〉 외국의 지역 신문 지원 정책[10]

국가	지방지 비율	지 원 정 책
프랑스	71.2%	1986년 광고력이 약한 신문 지원 제도 법률 제정 자본력이 약한 지방 일간지에 지원(1996년의 경우 800만 프랑)
독일	93.1%	영세 신문 지원 제도인 ERP 프로그램을 통해 중소 신문사와 잡지사에 대해 기자 교육과 인쇄기 교체, 사옥 마련에 무이자, 혹은 저리 융자 지원: 발행 부수 16만부 이하인 신문 대상
노르웨이	72%	'언론 과점은 곧 사상과 여론의 독과점을 낳는다.'며 다양한 지원. 1969년부터 각 지역별로 발행 부수가 두 번째 이하인 신문에 대해 직접 보조
영국	66.6%	1960년대 이후 거대 신문에 집중되면서 지역 신문이 줄이어 도산하자 광고비 재분배, 인쇄 보조금 지원 등 다양한 지원책 강구, 지역 신문 활성화를 위한 제안 추진
일본	38.5%	1950년대 중반 지방지가 위협받는 상황에서 불공정 거래 방 법의 고시 등을 통해 지방지 생존 발판 마련
미국	–	1970년 신문 보호법 제정, 독과점 금지법의 예외조항으로 지역내 경쟁적 신문 구조를 유지, 촉진시키기 위한 JOA 제도 시행. 철저한 시장 경쟁의 원칙을 강조한 미국도 경쟁 체제를 통해 사상의 다양성을 보장하기 위해 예외적으로 정부가 적극 개입한 사례임.
한국	11.8%	중앙과 지역 언론 격차 극심(광고 시장은 8 : 2 비율)

---

10) 한국언론재단, 〈신문과 방송〉, 2001년 8월호.

즉, 대기업의 무차별적인 자본 공세로부터 중소기업이나 소상공인을 보호하기 위해 정부가 공정 거래를 통해 시장 질서에 개입할 수 있는 것과 마찬가지로 어떤 형태로든 시장의 균형을 유지하기 위한 조치를 취해야 할 필요가 있으며, 더욱이 그 상품이 물질적 상품이 아닌 정보와 사상과 이념, 여론이라는 정신적 상품인 바에는 몇몇 언론사에 의한 정보와 여론의 독과점적 지배는 반드시 시정되어야 할 문제인 것이다.

따라서 독과점을 시정하기 위한 규제와는 별도로 힘이 부치는 언론사들에 대한 지원을 통해 균형을 유지하도록 하는 것은 충분한 타당성과 근거가 있는 일이며, 외국의 경우에도 이러한 사례들은 얼마든지 찾을 수 있다.

지방자치가 잘 발달되고 지방 분권화가 잘 이루어진 선진 외국에서는 중앙과 지역의 격차가 우리나라처럼 극심하지 않고 균형 있게 발전하고 있으며, 〈표 8〉과 〈표 9〉에서 볼 수 있듯이 신문도 중앙지보다는 지역 신문이 그 지역에서는 구독 부수도 많고 영향력도 크며 사랑을 받고 있다.

특히 여론의 다원화, 사상의 다양성을 확보하기 위해 경영 여건이 열악한 지역 언론에 대해서는 정책적인 지원을 하고 있는데, 현재 신문에 대한 지원 제도를 가장 체계적이고 다양하게 시행하고 있는 나라는 프랑스로 정부가 1973년부터 경제력이 취약한 신문에 대한 지원 기금을 마련해 발행 부수 25만부 이하인 전국 일간지를 지원하고 있고, 1980년대 후반부터는 지역 일간지에 멀티미디어 투자 지원금을 보조하고 있다.

또한 공인된 언론인 연수 기관의 이용비를 교육세에서 상계하는 방식의 언론인 직업 연수 지원도 신문 지원의 큰 축을 이루고 있다.

둘째, 지역 신문에 대한 지원이 이루어질 경우 그렇잖아도 난립되어 있는 지역 신문 시장에서 퇴출시키거나 도태되어야 할 신문들의 수명을 연장시켜 오히려 시장의 혼란을 가중시키는 것이 아닌가 하는 지적이다.

잘 알다시피 이 법은 현재 전국적으로 100여 개에 이르는 지역 일간 신문과 300여 개에 이르는 지역 주간 신문들 모두를 지원 대상으로 하지만 지역 신문들 스스로가 뼈를 깎는 개혁을 하지 않고는 지원을 받기가 어렵게 만들어 놓았다. 즉 건강한 지역 신문은 제 역할을 다할 수 있도록 지원하되 그럴 의지가 없는 신문은 스스로 도태되도록 옥석을 구분하자는 의도를 법안에 담았다고 할 수 있다.

또한, 이 법을 통해 이루고자 하는 목표는 지역 신문의 질적 개선이나 기자의 전문성 향상 등을 통해 지역 신문 시장의 정상화를 이루어 결국은 그 혜택이 지역 사회 발전과 지역 주민의 이익으로 이어질 수 있도록 하자는 것이지 경영이 어려운 언론사에 대한 숨통을 열어 주자는 의도의 법은 아니다.

따라서 일각에서는 이 법을 일컬어 '옥석 구분법'이라고 부를 정도로 지원 조건을 까다롭게 해 놓았기 때문에 사주나 경영진들로부터는 경원을 받기도 하지만 현재 지역 신문계가 공통으로 당면한 부정적 이미지를 개선하여 지역 주민에게 가까이 다가서기 위해서는 당장의 불편함이나 희생은 감수해야 할 것으로 생각한다.

3. 지원 제도 시행 이후의 기대 효과와 전망

지역 신문 지원법은 6년 한시법으로 제정된 특별법이다. 따라서 길게는 6년, 짧게는 지원이 이루어지기 시작한 1~2년쯤 후에는 가시적인 성과가 나타날 것으로 기대하고 대략 다음의 네 단계 정도를 거쳐 그 성과가 나타날 것으로 상정하였다.

첫 단계는 지원을 받기 위해서는 지원 조건을 충족시켜야 하므로 각 신문사별로 경쟁적으로 다양한 노력을 기울이게 되고 그 과정에서 지역 신문들의 고질적 병폐가 시정되는 자정(自淨) 효과가 나타날 것으로 기대하였다.

법과 시행령에 명시된 지원 조건에 맞추기 위해 일단은 모든 지원 대상 신문사들이 자체 정비를 위한 노력을 기울이게 되고, 한편으로는 지자체 등에서도 그동안 지역 신문들과 맺어 왔던 관계를 새롭게 정립하고자 하는 움직임을 보이고 있다.

다음 단계로는 지원 조건을 충족하고자 하는 의지와 능력이 있는 신문사와 의지도 없고 능력도 없는 신문사로 구분되어 지원을 받는 신문사와 그렇지 못한 신문사로 양분되는, 즉 옥석이 가려지는 현상이 나타날 것으로 예측하였다.

이 단계에서 지원을 받는 신문사는 재정 지원 등의 물질적 지원 못지않게 공신력 회복이라는 부수적 인증 효과를 얻게 되면 독자 확장이나 광고 증가로 자연스럽게 연결되도록 유도해야 한다.

다만, 이 단계에서 우려되는 현상은 지원 대상에서 탈락한 신문사들의 강한 반발과 최악의 경우는 어차피 못 먹을 밥, 재나 뿌리자는 심보로 아예 판을 깨려는 기도가 있을 것이라는 점인데, 시행 첫 해였던 2005년도에는 이런 현상이 극심하였으나 그 이후에는 이런 반발은 거의 없어 다행으로 생각한다.

셋째 단계로는 법 시행 초기에 예상되는 시행착오와 지원 대상에서 탈락된 일부 신문사들의 반발 등으로 혼란을 겪겠지만, 일정 부분 옥석이 구분되기 시작하면 시장에서 퇴출되거나 통합되는 신문사들이 하나둘씩 나나나세 되어 사율찍인 시장 징비의 조짐을 보이게 될 것이다.

이상적인 지역 신문 시장의 규모는 전국 10개 광역별로 지역 일간 신문은 2~3개씩 신문사로 총 30개 이내, 지역 주간 신문은 기초 자치 단체 구역별로 1~2개 정도로 250개 내외로 정비되어 경쟁은 있되 난립은 없는 안정적 상태가 가장 이상적 형태라고 생각된다. 물론 한두 해 만에 이런 효과가 나타날 것으로 기대하지는 않지만 시간이 흐르면서 퇴출, 인수 합병 등의 변화는 지금보다 활발하리라고 예상된다.

마지막 단계로는 지역 신문 종사자들에 대한 교육과 연수, 지면 개선을 위한 간접 지원 등으로 신문의 품질이 향상되고, 공동배달제 지원 등을 통해 유통 개선이 이루어지면 지역 신문 전반에 대한 이미지가 상승되고 경쟁력을 갖추게 되어 현재 10% 미만에 머물러 있는 지역 신문 시장의 크기가 30~40% 수준으로 늘어날 수 있도록 파이를 키우는 것을 목표로 하고 있다.

4. 지역 신문 지원 사업의 성과

그동안 이루어진 지원 서업의 성과들은 대략 다섯 가지 정도로 요약될 수 있다.

첫째는 언론으로서 갖추어야 할 기본적인 체제 정비와 개선이 이루어졌다는 점이다. 개념조차도 모호했던 편집 자율권이라든가, 언론 윤리, 지역 사회 및 독자와의 관계 정립 등이 제도적으로 정착하기 시작하였다.

지원 사업이 이뤄지기 전 편집 규약을 갖췄던 지역 신문사는 그야말로 손에 꼽을 정도였다. 그러나 2006년 현재 대략 일간 신문 40여 개사, 주간 신문 90여 개사가 편집 규약을 갖추고 있는 것으로 파악되고 있다. 물론 실제 운용 여부에 대해서는 질적 차이가 있지만 적어도 그간 우선 지원 대상사로 선정된 지역 일간 신문과 주간 신문들의 경우 실질적으로 운용되고 있다고 보아야 할 것이다.

편집 책임자의 임명 방식에 있어서도 대부분의 신문사가 임명 동의제나 또는 복수 추천제, 중간 평가제 등을 실시하고 있었으며, 〈인천일보〉는 직접 선출제를 채택해 시행하고 있다. 이는 전국 일간지에서도 하지 못하는 제도이다. 직접 임명제를 시행하고 있는 회사의 경우도 단순히 회사가 편집국장을 임명하는 것이 아니라 거부권을 갖도록 바꾸고 있다는 점에 비추어 직접 임명을 통해 편집 자율권을 훼손했던 기존의 관례들이 깨지고 있음을 알 수 있다.

이러한 성과들은 윤리강령의 제정과 독자위원회[11] 등의 구성에서도 비슷한 경향을 보였다. 독자위원회의 경우 40개 일간 신문, 80여 개 주간 신문에서 구성되어 운용되고 있으며, 이들 신문사마다 다양한 방법으로 다양한 독자들의 다양한 의견을 수렴하여 지면에 반영하고 있다.

한국 ABC 협회의 가입은 신문사가 발행하는 부수를 공개하도록 함으로써 신문 판매 및 광고 시장의 투명성을 제고하기 위함이다. 2004년도 27개 사에 불과하던 일간지의 한국 ABC 협회 가입사 숫자가 2007년도엔 41개 사로 늘어났다(한국 ABC 협회, 2007). 이는 현재 발행되고 있는 지역 일간 신문 수 대비 ABC 가입률이 50%가 넘는 수치이다.

한편, 주간지의 경우 2004년도 1개사에 불과하던 한국 ABC 협회 가입사 숫자가 3년 만에 100개사로 대폭 늘어났다. 전체 발행되고 있는 지역 주간 신문의 1/3에 가까운 수치이다.

둘째는 지역 신문의 가장 고질적 병폐였던 각종 비리 및 불법 행위를 저지르거나 관여하는 소위 사이비적인 행태가 현저히 감소하고 있다는 점이다.

지역 신문들이 지역 주민들에게 외면당해 온 요인 중의 하나가 일부 종사자들의 일탈 행위로부터 비롯된 이미지 실추라는 점을 감안하면 지원을 통한 질적, 경영적 개선과 부정적 이미지의 개선은 지역 신문 제자리 찾기의 양대 축이라고 할 수 있다. 그런 의미에서 구성원 한 사람의 불법 행위로 인해 신문사 전체가 불이익을 당하도록 되어 있는 법 체계가 다소 가혹하다고 할 정도로 엄격한 것이 아닌가 하는 지적도 있지만 이에 대해서는

---

11) 신문사별로 지면 평가 위원회, 지면 개선 위원회, 독자 권익 옹호 위원회 등 다양한 명칭으로 운용되고 있다.

이미 충분한 공감대가 형성되어 있고 신문사들 스스로의 자정(自淨) 노력과 상호 감시 체계를 통해 점차 감소되어가고 있다.

최근 몇 년 사이 지역 신문들 사이에서 구성원들의 불법 행위에 대해 매우 민감하고 즉각적으로 대처하고 있는 것이 사실이다. 예전 같았으면 범법 행위를 저지르고도 어물쩍 넘어갔지만 이제는 사과문을 내고 적절한 조치를 즉각적으로 취하는 것이 기본이 되었다.

심지어는 징계 위원회를 열어 가차 없이 중징계를 내리기도 하고, 형이 확정될 경우 가혹하게 보일 정도로 해직 결정을 내리기도 한다.

사실 일부 기자들의 사이비 행위로 인해 지역 신문 기자들은 비리 집단으로 오해받기 일쑤였다. 실제로 대검찰청에서 취합한 지난해 자료에 따르면, 지난 2001년부터 2004년까지 4년 간 각종 비리로 구속된 지역 언론인은 무려 220명에 달했다(〈미디어오늘〉, 2006). 〈표 11〉

그러나 '지역신문발전지원특별법'이 발효된 2004년부터 그 숫자는 급격히 줄어들고 있는 추세이며 최근 들어 범법 사실로 구속된 언론인은 손에 꼽을 정도이다.

이러한 사이비 행태의 급격한 감소는 사회적 추세이기도 하지만, 지역 신문 지원 특별법의 제정이 가져온 효과의 하나라는 점은 의문의 여지가

〈표 11〉 사이비 지역 언론인 구속 현황

연도	인원	구속 인원	비고
2001	94	64	–
2002	121	75	–
2003	74	52	–
2004	51	29	–
2005	11	5	2005년부터 사이비 언론으로 통계를 뽑지 않고 지역 토착 비리 유형으로만 취합

※ 출처 : 〈미디어오늘〉

없을 것이다.

덩달아 지역 신문의 신뢰도는 크게 높아졌다. 한국 언론 재단이 조사한 바에 따르면, 지역 신문의 독자신뢰도는 2002년 2.97점(5점 만점)에서 2004년 3.02점, 2006년 3.06으로 상승했다(한국 언론 재단, 2006 : 한국 언론 재단, 2004).

셋째는 지방 자치 단체들과의 관계가 과거의 음성적 유착 관계에서 보완적 협조 관계로 전환되어 가고 있다는 점이다.

지역 신문들이 난립으로 인해 경영적으로 어려움을 겪으면서도 정작 지역 신문의 숫자가 줄지 않는 이유는 지자체의 각종 지원, 즉 계도지 구입, 광고 배정, 해외 공짜 취재 등 취재 지원, 지자체 사업 참여 등에 의존해 온 바 크다.

이러한 잘못된 관행이 하루아침에 근절되기는 어렵지만, 극히 일부 지역을 제외하고는 계도지를 철폐하거나 돌려먹기식 광고 배정에 변화를 모색하는 등의 긍정적 변화를 통해 언론과 정부의 가장 이상적 관계라고 할 수 있는 건설적 비판자 관계로 회복되는 움직임이 나타나고 있다. 이에는 지역 신문 스스로의 노력도 중요하지만 자치 단체장을 비롯한 지자체의 의식 변화가 우선되어야 하기 때문에 지역 사회와 시민 단체의 적극적인 감시 활동이 요구된다.

관언 유착의 대표적 지표인 계도지 예산을 보면, 매년 감소하고 있음을 볼 수 있다. 2006년도만 히더리도 선정된 신문사 18개사 중 계도지를 받았던 신문사는 11개사에 이르렀으나 그 해 상반기에 8개사가 계도지 예산을 반납했다. 2007년도 선정된 신문사 21개사 중 계도지를 받고 있는 신문사는 강원도 소재 2개 신문사를 포함하여 단 3개사에 불과한 실정이다.

액수를 살펴보면 2005년 지역 신문의 계도지 예산 집행액은 58억 6,000여 만원에 이르고 있다. 〈표 12〉

이 예산의 대부분은 강원, 경기, 대전, 전남, 경북, 제주 등 일부 자치 단체에 한정되고 있고 2005년도 비지원 대상사가 전체 예산의 73.8%를 차지해 우선 지원 대상사들의 계도지 철폐 의지를 읽을 수 있었다.

이로 미루어 볼 때 아직 많이 부족하지만 곳곳에서 관언 유착의 고리가 끊어지고 있음을 느낄 수 있다. 물론 시대의 변화에 따른 것이기는 하지만, '지역신문발전지원특별법'이 가져온 큰 효과 중 하나일 것이다.

이러한 관언 유착의 단절을 위한 움직임은 지역 신문 스스로의 노력도 중요하지만 자치 단체장을 비롯한 지자체의 의식 변화가 우선되어야 하기 때문에 지역 사회와 시민 단체의 적극적인 감시 활동이 요구되는 부분이기도 하다.

넷째는 전반적으로 기사의 질적 수준과 지면이 향상되고 상대적으로 규모가 작은 신문사의 경우에는 현격하게 경영 개선이 이루어지고 있다는 점이다.

현재 개별 지역 신문사에 대한 지원은 크게 두 가지로 볼 수 있는데 신문의 품질을 향상시키기 위한 기획 취재, 취재 및 편집 장비, 지면 개선 등에 대한 지원과 종사자들에 대한 교육 연수, 인턴 사원, 프리랜서 지원 등을 통한 인적 지원이 있으며, 다른 한편으로는 경영 개선을 위한 구독료 지원, 융자 사업 등이 있다.

〈표 12〉 2005년 계도지 예산 현황[12]

2004년 이전 계도지 예산 집행액	2005년 지역 신문사 계도지 예산 집행액	2005년 우선 지원 대상사 계도지 예산 집행액
114억 1,749만원	58억 5,960만원	15억 352만원

※ 출처 : 지역신문발전위원회

---

12) 2004년 이전의 통계수치는 자치 단체별로 연도별로 일관성이 없는 수치를 합산한 것이며, 2005년의 자료는 지방 자치 단체로부터 제공 받은 자료를 합산한 것이다.

그간 지원을 받아 왔던 신문사와 그렇지 못했던 신문사 간에 지면 등에서 두드러지게 수준의 차이가 나타나는 것을 2007년과 2008년 두 차례 개최된 바 있는 지역 신문 컨퍼런스 등을 통해 확인할 수 있었으며, 고용 인원, 월 평균 급여 등 양적 측면에서도 증가세를 나타내 지원 효과가 가시화되고 있는 추세이다.

지역 일간 신문의 부채 비율은 매년 낮아지는 추세이다. 산업자원부 중소기업청이 실시하는 중소기업 육성 자금의 지원에 있어 업종별 지원 제한 부채 비율을 보면 출판, 인쇄 및 기록 매체 복제업 318%, 출판업 361%로 되어 있고 정부는 각 기업체의 부채 비율을 200% 이하로 낮추도록 권고하고 있다.

2007년 선정된 지역 일간 신문의 경우 자본 잠식된 6개사를 제외한 15개사의 2005년 평균 부채 비율은 217.76%이다. 이는 지난 2004년 294.80%에 비해 크게 줄어든 수치이다. 〈표 13〉 특히 2004년에 비해 1개사가 자본 잠식 상태에 들어간 반면, 2개사는 자본잠식 상태에서 벗어나 신문사들의 경영 상태가 점차 좋아지고 있음을 보여 준다.

지역 주간 신문의 경우도 2004년에 비해 부채 비율이 190.56%(자본 잠식 21개사를 제외한 17개사 평균)에서 2005년 87.98%(자본 잠식 22개사

〈표 13〉 지역 일간 신문의 부채[13]

비율(%)

연도	2002	2003	2004	2005
평균	1,912.1	1,056.9	294.80	217.76

※ 출처 : 미디어경영연구소 / 지역신문발전위원회

---

13) 2002년과 2003년 평균 부채 비율은 미디어 경영 연구소의 자료를 인용한 것이며 2004년과 2005년의 통계수치는 2007년 우선 지원 대상사로 선정된 신문 16개사 평균임(자본 잠식 5개사 제외).

를 제외한 16개사 평균)로 크게 낮아졌다. 〈표 14〉

아직까지 자본 잠식의 상태에서 벗어나지 못한 신문사가 많은 것은 문제점으로 지적될 수 있으나 자본 잠식 상태에서도 14개사의 경우는 부채 비율이 많이 개선된 것으로 미루어 지역 신문 지원 사업의 효과를 확인할 수 있었다.

일간 신문의 영업 이익률은 2004년 −12.15%에서 2005년 −6.42%로 높아졌고, 주간 신문도 −77.44%에서 −51.64%로 크게 좋아졌다.

매출액 증가율에서도 일간 신문의 경우 2004년 0.95%에서 2005년 7.19%로 크게 증가했다. 반면 주간 신문의 경우 57.16%에서 53.88%로 감소했다. 그러나 이러한 수치는 일부 신문사의 급격한 매출액 변동에 따른 것으로 우려할 일은 아닌 것으로 판단된다.[14)]

임금 수준도 점차 높아지고 있는 것으로 분석된다. 일간 신문의 경우 2005년 월 평균 급여가 전년도에 비해 올라가고 있는 추세이며 소폭이나마 평균 고용 인원도 증가하고 있다.[15)]

이러한 개선은 신문사 구성원들의 복지 향상으로 연결되고 복지 향상은 지면의 질적 향상으로 이어지고, 지면의 질적 향상은 독자들의 신뢰로 이어지게 되어 있어 악순환의 고리를 끊는 기제로 작용될 것으로 전망된다.

또한 실제 지면 개선 등을 통해 독자들의 신뢰도는 높아지고 있는 것으로 조사되었다.

지역 신문 발전 위원회가 2007년 1월과 2월 사이 우선 지원 대상 신문사 구독자 789명을 대상으로 조사한 결과에 따르면, 현재 구독하고 있는 지

---

14) 예를 들면 한 주간 신문의 경우 2004년 매출액 증가율이 무려 1,080%였으나 2005년에는 28.02%로 크게 낮아졌고 또 다른 주간 신문은 2004년 452%에서 2005년 52.31%로 줄었다.

15) 이러한 수치는 2004년도 지역 신문 발전 기금 신청사 108개사와 2005년도의 103개사의 평균이다.

역 신문에 대해 전체 응답자의 75%가 신뢰하고 있으며 전년도 대비 신뢰도 상승했다는 비중은 43.9%에 달했다(지역신문발전위원회, 2007a).

구독 신문에 대한 개선도 역시 모든 항목에서 개선되었다는 의견이 54%로 나타났고 신문 내용의 질적 향상이 이뤄졌다는 답변은 무려 71.9%에 이르렀다. 지속적인 구독 의향 86.3%, 다른 사람에게 구독을 권유할 의향 있음도 59.2%에 달한다.

〈표 14〉 지역 주간 신문의 부채 비율[16]

단위 : %

연도	2002	2003	2004	2005
평균	–	–	190.56	87.98

※ 출처 : 지역신문발전위원회

〈표 15〉 일간 신문의 월평균 급여[17]

단위 : 원

연도	2004	2005	2006
평균	1,630,088	1,696,730	–

출처 : 지역신문발전위원회

〈표 16〉 일간 신문의 평균 고용 인원[18]

단위 : 명

연도	2004	2005	2006
평균	122.03	123.82	–

출처 : 지역신문발전위원회

---

16) 지역 주간 신문의 부채 비율은 해당 연도의 우선 지원 대상사 중에서 자본잠식 신문사를 제외한 통계임.
17) 일간 신문의 월평균 급여는 해당년도 지원 신청 신문사를 대상으로 한 통계임.
18) 일간 신문의 평균 고용인원은 해당년도 지원신청신문사를 대상으로 한 통계임.

제주도 내 독자들을 대상으로 한 조사에서도 이 같은 신뢰도 향상이 입증된다(고영철 외, 2006, 261~263쪽).

우선 지원 대상 신문사로 선정된 〈한라일보〉와 〈제민일보〉에 대한 신뢰도는 각각 3.33점, 3.18점으로 선정되지 않은 〈제주일보〉 2.97점 보다 유의미한 수준으로 높게 나왔다.[19] 선정사와 비선정사 간을 비교해 처음으로 조사한 결과 지원 효과가 나타나고 있음이 증명된 것이다.

다섯째는 기자를 비롯한 종사자들의 자질이 향상되고 언론인으로서의 자긍심과 사명감이 높아졌다는 점이다.

좋은 신문이 되기 위한 가장 선결적인 조건은 전문성과 윤리성을 갖춘 우수한 인력이라고 할 수 있다. 그러나 어떻게 보면 지역 신문 종사자들은 그동안 관심의 사각 지대에 방치되어 있다시피 하였던 것이 현실인데, 이들에 대한 특화된 교육과 연수 그리고 인력 지원 등을 통해 자질을 향상시키고 그들에게 언론인으로서의 자부심과 사명감을 높였다는 것은 이 사업 최대의 성과라고 할 수 있다. 왜냐 하면 물적 지원은 한시적으로 이루어질 수밖에 없지만 우수한 인적 자원은 설사 지원 사업이 종료된다고 하더라도 좋은 지역 신문을 이끌어가는 밑거름이 될 것이기 때문이다.

지난 2006년 주제별 전문 연수, 해외 단기 연수, 인턴 기자 연수 등 각종 연수에 참가한 기자의 수는 무려 75차례에 1,008명에 달하는 것으로 집계되었고 사별 연수까지 합하면 그 숫자는 어마어마하다.

게다가 참가자들의 95% 이상이 만족하고 있는 것으로 나타나 큰 성과를 거두고 있는 것으로 보여진다. 또 예비 언론인 학교, NIE 전문가 교육, 티칭 펠로십 등의 교육에 참여한 일반인, 교사, 학생 등도 1,400여 명에 이르

---

19) 제주도내 독자 267명을 대상으로 하여 조사 분석한 결과, 3개 신문의 평가에는 통계적으로 유의미한 차이(p⟨.01)가 나타났다. 신뢰도와 호감도, 만족도 모두 5점 척도로 측정한 결과이다.

러 지역 신문이 지역 사회에 뿌리내리도록 하는 데 기여했다(한국 언론 재단, 2007, 18~20쪽).

이러한 지원 사업의 실시로 인해 지면이 개선되어 독자들의 만족도가 증가한 것으로 분석된다.

지역신문발전위원회의 조사 결과에 의하면 현재 구독하고 있는 지역 신문에 대해 전체 응답자의 68.8%가 만족하고 있는 것으로 나타났다. 전년도 대비 만족도 상승했다는 비중은 48.3%로 조사되어 앞으로의 전망도 매우 밝은 편이다(지역신문발전위원회, 2007).

제주도의 조사에서도 이 같은 만족도가 입증된다(고영철 외, 2006, 261~263쪽). 우선 지원 대상 신문사로 선정된 〈한라일보〉와 〈제민일보〉가 각각 3.37점, 3.09점으로 선정되지 않은 〈제주일보〉(3.03점)보다 높은 것으로 나타났다. 만족도에서도 〈한라일보〉와 〈제민일보〉가 각각 3.23점, 3.00점으로 2.94점에 그친 〈제주일보〉보다 높았다.

한편 경기 인천 지역과 부산 경남 지역을 대상으로 한 지원 사업의 성과 분석 연구 결과를 보더라도 지원 사업을 통한 지역 신문 신뢰도는 매우 높은 것으로 나타났다.

경기 인천 지역 독자들을 대상으로 한 지원 대상 신문사의 신뢰도 변화

〈표 17〉 2007 지역신문 지원사업의 성과 분석결과 신뢰도 및 만족도

단위 : %

구 분	경기 인천 지역			부산 경남 지역		
	크게 증가	조금 증가	변화 없음	크게증가	조금 증가	변화 없음
지역 신문 신뢰도	23.	857.1	19.0	23.5	58.8	17.6
지역 신문 만족도	14.3	52.4	28.6	17.6	64.7	11.8

출처 : 이수범 외 ; 문종대 외, 2007 재구성

조사에 대해 80.9%(조금 증가 57.1%, 크게 증가 23.8%)가 증가하였다고 응답하였으며 만족도도 66.7%(조금 증가 52.4%, 크게 증가 14.3%)가 증가했다고 답했다(이수범 외, 2007).

부산 경남 지역 독자들을 대상으로 한 지원 대상 신문사의 신뢰도 변화 조사에 대해서는 82.3%(조금 증가 58.8%, 크게 증가 23.5%)가 증가하였다고 응답하였고 역시 만족도에서도 82.3%(조금 증가 64.7%, 크게 증가 17.6%)가 증가한 것으로 조사되었다(문종대 외, 2007).

지원 대상사 신문의 만족도가 증가되는 만큼 전체 지역 신문의 만족도도 점차 상승하고 있는 추세이다. 한국 언론 재단이 조사한 바에 따르면, 전체 지역 신문의 독자 만족도는 2002년 2.81점(5점 만점)에서 2004년 2.90점, 2006년 2.96점으로 상승했다(한국언론재단, 2006 : 한국언론재단 : 2004).

앞서 몇 가지 측면에서 긍정적 성과를 열거하였지만 아직 미흡한 부분도 많고 가야 할 길 또한 멀다. 가장 큰 문제는 지역 신문들의 이러한 긍정적 변화가 아직까지는 지역 사회와 지역 주민들에게까지 전달되지 못하고 그들만의 변화에 머물고 있다는 점이다.

즉 지역 신문 구독자 및 광고 증가, 경영 여건 개선, 품질 향상과 지역 사회에서의 영향력 증대, 독자 확대로 이어지는 선순환적 모델로 자리 잡기까지에는 아직은 요원하다는 느낌이다. 그 이유는 신문 산업 전반의 쇠퇴라는 시대적 조류와 함께 지역 신문 스스로가 오랫동안 쌓아온 이미지를 바꾸기에는 시간이 부족하였다는 외적 요인이 크지만, 선정된 신문사 스스로도 차별화된 이미지로 탈바꿈하려는 노력이 부족하였기 때문이라고 생각된다.

따라서 위원회에서는 그간의 개별 신문사에 대한 지원 사업과 더불어 지역 신문 전반의 이미지 개선을 통한 지역 사회에 뿌리내리기를 위한 사업과 선정된 신문사들 간의 네트워크 형성에 도움을 주어 차별화된 이미지 구축을 통해 지역 신문의 시장 구조에 변화를 모색하고자 한다.

이제 남은 문제는 지원 사업이 시행되는 기간 동안 지역 신문들이 하루 빨리 자생력을 갖추는 일이다. 모든 사업에 있어서 외부적 지원은 약도 되지만 독이 될 수도 있다. 온상 속에서 재배되던 화초가 갑자기 거친 비바람과 마주치게 되면 차라리 처음부터 벌판에서 생명력을 키워온 것만도 못한 결과가 초래될 수도 있다는 점을 결코 잊어서는 안 될 것이다.

5. 지역 주민과 지역 신문

물론 앞서 제시한 전망이나 성과에 대한 평가가 너무 낙관적이라는 측면도 부정할 수는 없다. 그러나 그 성과가 긍정적으로 나타날 것인가, 부정적으로 나타날 것인가 하는 것은 전적으로 지역 신문 경영자를 비롯한 종사자들의 의지에 달려 있다.

구한말에 제정되었던 '광무 신문지법' 이래 언론 관련 각종 법률들이 규제 중심이었던 것에 비하면 이 법은 개혁 조건이라는 단서가 달려 있기는 하지만 지원을 위한 법률이라는 점에서 기존의 언론 관련 법들과는 그 맥을 달리한다.

또한 이 시대 최대의 명제인 국가 균형 발전과 지역 분권이라는 큰 흐름 속에서 지역 신문들은 과거와는 다른 위상과 역할을 부여받고 있고, 그런 의미에서 관심의 사각 지대에 방치되어 있다시피 하였던 지역 신문들을 공론의 장으로 끌어냈다는 점만으로도 큰 의미를 갖는다. 따라서 지역 신문 종사자들은 일간이냐, 주간이냐 또는 이 법이 경영진에 유리한가 일선 기자들에 유리한가 하는 식의 편 가르기나 자사 이기주의에 함몰됨이 없이 모처럼 찾아온 호기를 십분 활용하여 악순환의 고리를 단절시키고 발전의 획기적 전기로 삼고자 하는 노력을 기울여야 할 것이다.

　지역 신문의 개혁은 결국 외부로부터의 강제나 지역 주민으로부터의 압력이 아니라 지역 신문 스스로의 변모와 개혁을 위한 노력으로부터 비롯되어야 한다는 점 때문이며, 지역 주민이나 지자체 등도 지역 신문들의 변모를 위한 노력을 애정 어린 시선으로 지켜보며 지역 신문의 소생이 결국은 지역 발전으로 연결되어 그 이익이 주민들에게 돌아온다는 적극적인 인식을 가져야 할 것이다.

〈참고 문헌〉

고영철 · 최낙진 · 강성보, 「지역신문발전기금 우선지원신문사 선정 시행 1년 평가 ; 제주지역을 중심으로」, 『지역신문 정책과 지원효과』, 한국언론재단, 2006.

김성완, 「지역비리 언론인 225명 구속」, 『벼랑 끝 지역신문, 활로는 없나』, 〈미디어 오늘〉, 2006년 4월 12일자, 2006.

김영호, 「지역신문 지원제도의 의의와 전망」, 전국 광역 시 · 도 공보관 세미나 발표문, 2006.

김영호, 「지역신문지원 3년 자생력 갖춰야 할 때」, 『신문과 방송』 3월호, 2007.

김중석, 『지방분권과 지방언론』, 금강출판사, 2004.

문종대 · 김연식 · 안차수, 「부산경남지역의 지원사업 효과」, 『지역신문 지원사업의 성과분석』, 지역신문발전기금 조사연구 2007-1, 한국언론재단, 2007.

문화관광부, 『정기간행물 현황』, 2006a.

문화관광부, 『미디어백서』, 2006b.

민형배, 「분권화를 위한 지방신문 육성 지원의 전제; 광주 지역 사례를 중심으로」, 『분권과 혁신』 2월호 , 2003.

우희창, 「지역신문 지원사업의 성과와 한계」, 지역신문협회 주최 지역신문발전지원특별법 시행 3년, 연속 토론회 발제문, 2007.

유선영 · 김수정 외, 『신문지원제도 ; 한국형모델』, 한국언론재단, 2004.

이수범 · 박정의 · 하주용, 「인천경기지역의 지원사업 효과」, 『지역신문 지원 사업의 성과분석』, 지역신문발전기금 조사연구 2007-1, 한국언론재단, 2007.

지역신문발전위원회, 『지역신문 구독자 조사』, 지역신문 총서 2005-02, 2005a.

지역신문발전위원회, 『지역신문발전기금 우선지원대상사 구성원 · 독자만족도 조사결과』, 2007a.

지역신문발전위원회, 『지역신문발전기금 성과관리 체계』, 2007b.

지역신문발전위원회, 『지역신문 지원 3년 성과와 과제-1기 지역신문발전위원회백서』, 2007c.

지역신문발전위원회, 『지역신문 컨퍼런스 발표문』, 2007d.

지역신문발전위원회, 『지역신문 컨퍼런스 발표문』, 2008.

차재영 · 문종대, 「지역신문의 공적지원모델에 대한 연구」, 『지역신문 정책과 지원효과』, 지역신문발전기금 조사연구 2006-2, 한국언론재단, 2006.

한국언론재단, 『2004 한국의 지역신문』, 2004.

한국언론재단, 『2006 언론수용자 의식조사』, 2006a.

한국언론재단, 『2006 언론 경영실태 분석』, 2006b.

※ 이 외에 필자의 논문 및 발표문을 요약, 수정한 것은 별도의 인용 표기를 하지 않았다.

지역 미디어와 공공성

제9장 이 글은 필자가 참여하고 있는 한국언론정보학회 매체자본연구회의 공동 연구 결과물인 〈커뮤니케이션 기술 발달에 따른 방송 공공성의 진화 연구(방송위원회 2007 연구 보고서)〉에 상당 부분 근거하고 있다.

1. 서론

1987년 이전까지 한국 사회의 갈등 축은 억압적 정권과 민주화 운동으로 요약됐다. 이후 87년 민주 항쟁을 계기로 절차적 민주화가 진행되었고, 한국의 시민 사회 역시 성장을 거듭하며 민주화의 완성(실질적 민주화, 경제적 민주화)을 위해 나아갔다. 하지만 1970년대 서구 복지 국가의 위기와 맞물리며 등장한 신자유주의는 1980년대 세계화의 경향으로 이어졌고, 1990년대 들어 한국 사회 역시 이 물결 속에 휩싸이게 되었다.

자본의 논리에 입각해 시장, 경쟁, 민영화 등으로 상징되는 신자유주의의 파고는 한국 사회의 실질적 민주화의 걸림돌이 되는 것을 넘어서 사회, 문화, 경제 등 총체적 영역에서 새로운 질곡과 갈등의 축을 만들어 내고 있다. 요컨대, 한국 사회를 비롯한 전 지구촌이 시장 자유주의의 논리와 공공성 논리의 대립을 과정적으로 경험하고 있는 것이다.

사회 각 부문에서 진행되고 있는 공공성의 축소와 시장의 강화는 미디어 영역에서도 동일하게 진행되고 있다. 여기에 커뮤니케이션 기술의 발전에 따라 미디어 환경 역시 급격히 변화하고 있다. 디지털 융합, 방통융합이라 일컬어지는 환경의 변화는 신자유주의의 물결과 조응하면서 미디어 부문 내에서도 시장 자유주의의 입지를 강화하고 있다.

지난 2007년 10월 전국 경제인 연합회가 제출한 '규제 개혁 종합 연구' 보고서는 시장주의에 입각한 자본의 논리를 대변한다. 방송 통신 미디어 부분에 대한 보고서의 핵심 주장은 첫째, 미디어 간 교차 소유 등 규제 완화(신문 방송의 교차 소유 허용, 일간 신문의 복수 소유 금지 철폐 등), 둘째, 공영방송사의 민영화 추진(KBS2, MBC의 민영 방송화), 셋째, 대기업의 미디어 산업 진출 허용(방송 및 신문 시장의 진입 허용), 넷째, 미디어 전반에 대한 규제 완화(방송 광고 판매 대행의 독점 폐지, 국내 제작 방송 프로그램 편성 기준 완화)로 요약된다(한국 경제 연구원·전국 경제인 연합회, 2007, 1550~1552쪽). 이러한 주장은 기존의 공익성 철학은 다매체 다채널 환경에서 효율성을 상실했고, 오히려 미디어 산업의 발전을 저해하고 있다는 인식에 기초하고 있다.

따라서 각종 규제의 개선 및 완화를 통해 '시장주의적' 미디어 환경을 조성하여 글로벌 경쟁력을 갖추어야 한다는 것이다. 실용과 시장의 효용을 내세우는 이명박 정부의 이념은 시장 자유주의를 바탕으로 하기에 한국 사회 내 각 부문에서 공공성의 위기를 확산시키고 있다. 미디어 공공성 역시 예외가 아니다.[1]

이 글은 이 같은 사회적 흐름 속에서 공공성 블록의 논의를 강화하기 위한 것이다. 이를 위해 이 글에서는 공공성의 이념과 가치를 검토하고, 변화된 환경 속에서 적용 가능한 미디어 공공성 개념을 제시하고자 한다. 이울러 지역 미디어 공공성의 확장을 위해 지역성 개념이 어떻게 그 지평을 확장해야 할 것인가를 논의하고자 한다.

---

1) 2008년 12월, 집권 여당인 한나라당은 대기업 및 신문사의 지상파방송 및 보도. 종합 편성 채널 진출을 가능케 하는 방송법 개정안, 신문과 방송의 겸영 허용 금지조항을 삭제하는 신문법 개정안을 제시했다.

2. 공공성의 개념과 차원

(1) 공공성 개념 : '사적인 것'과의 구분

'공공성'이란 개념은 매우 추상적이며 다의적이다. 예컨대, 공공성은 논자에 따라 혹은 논의의 맥락에 따라 공개성, 공공 영역, 공론장 등의 의미로 이해된다. 이처럼 공공성의 개념에는 여러 의미가 내포되어 있다. 따라서 공공성의 개념을 고찰하기 위해서는 공공성의 어원과 의미의 확장을 살펴보는 것이 유용하다.

'공공의, 공적인'이라는 뜻을 지닌 영어 'public'의 어원은 라틴어 'pubes'로부터 출발한다(Mathew, 1984 : 임의영, 2003에서 재인용). 매슈 (Mathew)에 따르면 pubes는 개인의 행위가 타인에게 미치는 영향을 이해할 수 있는 능력이나 자기 자신의 입장에서 벗어나 전체를 볼 수 있는 능력인 성숙성(maturity)을 의미한다. 그리고 pubes의 반대편에는 'private'이 자리한다. private은 박탈(to deprive)을 의미하는 라틴어 'privatus'에서 유래했다. 이는 부족 혹은 모자람을 의미하는 것으로 인간으로서의 자격이 부족한 상태를 의미한다.

라틴어 pubes는 15세기 중엽 '사회의 공동선'이라는 의미를 담고 영어 public으로 출현한다. 이후 16세기 중반 '누구나 볼 수 있도록 명백히 드러난 상태'라는 의미가 추가되었고, 17세기 무렵부터 오늘날과 비슷한 뜻으로 자리 잡았다. private이 어떤 사람의 가족과 친구로 한정되는 보호된 생활 영역을 의미하는 반면, public은 어느 누구든 볼 수 있는 상태로 의미가 확장된다. public은 공동선, 현저성, 사생활 밖에서 이루어지는 것, 많은 사람들과 관련된 것이라는 의미를 담고 있다(임의영, 2003, 26쪽).

사적인 차원을 넘어서 누구에게나 열려 있는 것으로서의 공공성은 근대의 형성과 밀접한 관련을 갖으며 역사성을 획득한다. 공공성은 중세 귀족과 성직자에 의한 비밀스럽고 의식적인 정치 질서를 세속화하고, 시민과 대중들이 접근할 수 있게 만드는 것을 의미했다. 나아가 시민과 대중의 의사에 기초하여 국가 질서가 정당화되도록 하는 근대적인 정치 기획의 핵심을 표현한다. 근대가 성립되는 과정에서 공공성은 중세와 근대를 구분짓는 결정적인 것의 하나로 기능한 것이다. 실제 18세기 이후 계몽적, 이성적 사고방식을 토대로 한 근대적 삶과 정치 질서의 형성 속에는 공공성이라는 개념이 투영되고 있다(조한상, 2006).

근대가 성립되는 과정에서 중세와 근대를 구분짓는 결정적인 것의 하나로 작동한 공공성은 자본주의의 발전과 함께 그 영역의 변화를 갖게 된다. 이에 대한 논의는 아렌트(Arendt)와 하버마스(Habermas)의 공론장 이론을 통해서 설명된다.

아렌트(Arendt, 1958~1996)는 공공 영역(public realm)과 사적 영역(private realm)의 구조 변동을 통해 공론장 이론을 제시했다. 그에 따르면, 현대사회에 골격을 부여한 근대성(modernity) 개념은 공공 영역의 쇠퇴와 사적 영역과는 다른 성격을 띤 사회 영역의 등장을 특징으로 한다. 서구에 있어서 고대 도시국가는 생산의 영역인 가정과 공동체 운영을 논의하는 정치 영역이 뚜렷하게 구분되어 있었다. 가정은 가부장이 지배하는 불평등한 영역이고, 반면에 정치 영역은 공공 영역으로서 자유롭고 평등했다.

이후 중세는 정치 영역으로서의 공공 영역 쇠퇴 및 부재를 특징으로 한다. 중세의 장원은 가정이 확대된 형태로 사적 영역만 존재했다. 근대 자본주의는 사적 영역과 공공 영역이 다시 구분되는 동시에 경제 활동을 중심으로 하는 새로운 사회 영역의 형성을 특징으로 한다. 이 새로운 사회 영역은 시장을 중심으로 하는데, 시장을 통해서 과거에 사적 영역으로 분류되었던 경제 활동이 가정의 울타리를 벗어나게 되었다. 이제 과거의 사적 영역은 그 의미가 바뀌어 친밀함의 내적 공간으로 제한된다. 이러한 근대 사회의 특징은 시장의 이미지를 가진 사회 영역의 등장인 동시에 공공 영역의 쇠퇴라고 아렌트는 진단한다.

하버마스(Habermas, 1962~2001)의 공론장 이론은 아렌트의 이론과는 다소 상이한 방식으로 공론장의 구조 변동을 설명한다. 그에 따르면, 공론장의 개념을 이해하는 데 있어 특히 모호하며 까다로운 부분은 바로 '공적(public)'이라는 형용사의 다차원적인 의미이다. 하버마스의 정의를 종합해 보면, 공론장은 다음과 같은 다섯 가지 의미에서 공적이다. 첫째, 그것은 모든 이들에게 열려 있으며, 둘째, 모든 이들과 관련되어 있다. 셋째, 거기에서 사람들은 자신의 이성을 공적으로 사용한다. 넷째, (특히 단수의, 일반적, 정치적) 공론장은 이른바 '공공 당국(public authorities)' 내지 국가의 활동과 관계되어 있다. 다섯째, 그것은 공동선이나 공통의 이익을 다룬다. 이러한 각각의 속성은 서로 겹쳐지고 서로를 조건 지우면서, 사적 영역과 대비되는 공론장의 본질을 이룬다.

이상에서 보았듯이 공공성 개념은 어원적 출발에서부터 사적인 것과 대별되면서 의미를 확장해 왔다. 때문에 공공성은 중세, 근대의 형성, 자본주의의 심화 속에서 보다 다원적인 의미를 포괄하게 된다. 이와 관련, 임의영(2003, 28~30쪽)은 Webster 사전의 public 개념에 대한 정의를 다음과 같이 소개한 후, 그에 따라서 공공성의 정의를 해석한다.

1. ① 모든 사람 혹은 국가의 모든 영역의, 모든 사람 혹은 국가의 모든 영역에 관련된, 혹은 모든 사람 혹은 국가의 모든 영역에 영향을 미치는 ② 정부의 혹은 정부와 관련된 ③ 공동체 혹은 국가의, 공동체 혹은 국가와 관련된, 혹은 공동체 혹은 국가에 봉사하는 2. ① 인류 일반의 혹은 인류 일반에 관련된, 보편적인 ② 일반적인, 대중적인 3. 사적인 일과는 대립되는 것으로서 회사 혹은 공동체의 이익에 관련된 4. 일반적인 혹은 국가적인 복지에 헌신하는 5. 공동체의 모든 구성원들에 의해서 접근 가능한 혹은 공유된 6. ① 일반적인 시야에 노출된 ② 개방된, 잘 알려진, 현저한 ③ 인지할 수 있는

이상의 사전적 정의에 따르면 공공성의 개념은 다음의 여섯 가지로 해석할 수 있다. 첫째, 행위 주체(agency)와 관련되어 있다. 일반적으로 국가, 정부, 공동체의 행위를 공적인 것으로 규정한다. 둘째, 공공성은 다수와 관련되어 있다. 다수의 사람들에게 공통적으로 또는 보편적으로 관련된 경우를 공적이라고 규정할 수 있다. 이는 공중(the public) 개념과도 연결되어 있다. 셋째, 공식성과 관련되어 있다. 여기에서 공공성은 국가나 정부뿐만 아니라 사회생활 전반에 적용할 수 있도록 확대되어 사적이나 감정적으로 행위하는 것과 대비되는 경우를 의미한다. 넷째, 행위의 목적과 관련되어 있다. 사적 이익을 추구하는 것이 아니라, 공익(public interest)을 추구하는 것을 공적이라고 볼 수 있다. 여기에서 무엇이 공익인가는 고정된 것이 아니고 지속적인 토론을 요구하기 때문에, 이는 규범적이고 윤리적이라고도 말할 수 있다. 다섯째, 공공성은 접근 가능성과 공유성을 뜻한다. 이 점에서 공공재(public goods)와도 밀접한 관련을 맺는다. 여섯째, 개방성(openess) 및 공지성(publicity)과 관련되어 있다. 어떤 것이 공적이라는 의미는 사람들에게 널리 알려진다는 것과 다르지 않으며, 나아가 '알권리' 및 공공의 문제에 대한 토론의 계기로 작동한다는 것이다.

(2) 공공성의 차원

추상적이고 다의적 개념인 공공성이 사회적 관계 속에서 어떻게 발현되는 것인가라는 문제는 또 하나의 논의로 이어진다. 공공성의 실천과 차원은 논자에 따라서, 그 적용 분야에 따라서 다양하게 설명될 수 있다.

먼저 임의영(2003)은 공공성이 개인이 아니라 사회 전체의 차원에서 '공동체의 조화'를 이념으로 한다는 점에 주목한다. 따라서 조화를 이루기 위한 조건은 개인이나 소수 집단이 아니라, 토론을 통한 '합의'의 도출이다. 이 과정에서 공동체 구성원의 '참여'는 필수적인 요구이다.

이렇게 볼 때, 공공성은 핵심적인 두 가지 차원으로 구성된다. 첫째, 윤리적 차원으로 사회 정의 또는 공익을 의미한다. 둘째, 정치적 차원으로 사회 정의 또는 공익을 구현하기 위한 참여와 실질적 민주주의를 의미한다. 이를 도식화하면 다음 〈그림 1〉과 같다.

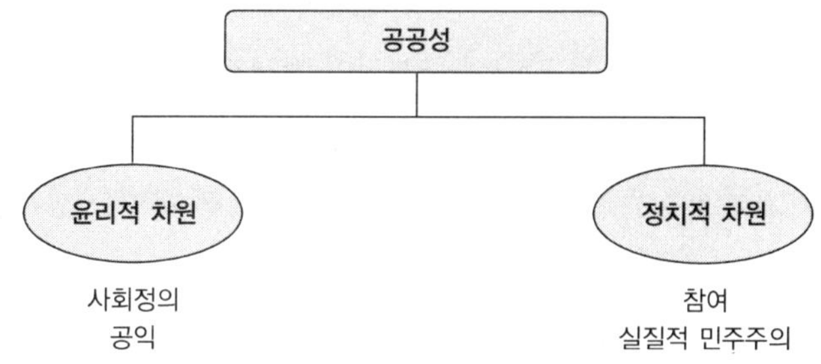

〈그림 1〉 공공성의 두 가지 차원

※ 출처 : 임동욱 외(2007), 87쪽

〈표 1〉 공공성의 범주, 개념 및 작동 원리

공공성 범주	개념	작동 원리
경제적 범주	공공재, 보편적 서비스, 보편적 접근성	공공재에 대한 공적 소유와 통제
행정·정치적 범주	국가, 정부, 공공 기관, 법, 제도, 공공 정책과 규제	공공 서비스와 공공 기관의 운영, 공공 정책, 사적 부문에 대한 규제
커뮤니케이션 범주	가시성, 공개성, 공론장, 공공 영역, 여론, 공적 이성이나 도덕, 지식, 공통 감각, 공통 문화	커뮤니케이션 매체와 커뮤니케이션 공간·장의 활성화, 비판과 합리적인 토론, 사회적 참여 확대, 공중 문화(공통 문화)나 도덕의 형성

※ 출처 : 이영주(2006), 197쪽

그러나 이러한 공공성의 두 가지 차원은 그 추상 수위가 대단히 높다. 따라서 보다 현실적으로 공공성의 내용과 형식을 둘러싸고 논의가 벌어지는 영역들로 재구성할 필요가 있다. 이영주(2006)는 공공성 개념을 크게 경제적, 행정 · 정치적 커뮤니케이션 범주의 세 가지로 구분하여 논의한다. 공공성의 경제적, 행정적, 정치적 커뮤니케이션 범주는 서로 밀접하게 관련되어 있다. 따라서 하나의 사회적 제도에서 경제적, 행정 · 정치적 커뮤니케이션 범주에 따르는 각각의 구체적인 개념과 작동원리는 고정된 것이 아니라, 언제나 그 구체적인 내용이 열려 있다고 말할 수 있다.

신진욱(2007, 30~35쪽)은 보다 구체적으로 현실적 개입을 생각할 수 있는 행동 강력적 차원으로서 공공성의 분석적 지표와 규범적 가치를 다음과 같이 제시한다. 첫째, 다수 사회 구성원에 대한 영향 : 공공적인 것의 특징은 다른 행위자들에 미치는 결과를 초래하기에 책임성과 민주적 통제가 수반되어야 한다. 둘째, 만인의 필수 생활 조건 : 모든 사회 구성원의 최소한의 삶의 질과 시민적 권리를 보장할 수 있는 연대와 정의의 원칙에 입각해야 한다. 셋째, 공동의 관심 : 공공 영역의 활성화를 위해서는 공동의

〈표 2〉 공공성의 분석적 지표와 규범적 가치

분석적 지표	규범적 가치
다수 사회 구성원에 대한 영향	• 책임성(accountability) • 민주적 통제(democratic control)
만인의 필수 생활 조건	• 연대(solidarity) • 정의(justice) 공동의 관심사
공동사의 관심	• 공동체 의식(communitarianism) • 참여(participation)
만인에게 드러남	• 개방(openness) • 공개성(publicity)
세대를 넘어서는 영속성	• 세대 간 연대(intergenerational solidarity) • 책임(responsibility)

※ 출처 : 신진욱(2007), 35쪽

관심사를 반영해야 할 뿐 아니라 공동의 관심 자체를 의식적으로 형성해야 하며, 이러한 측면에서 공동체 의식과 참여가 필수적이다. 넷째, 만인에게 드러남 : 공공적 사안을 다루는 규범적 원칙은 비밀주의가 아니라, 개방과 공개성이어야 한다. 다섯째, 세대를 넘어서는 영속성 : 역사적 영속성을 갖는 것들이 공공적 성격을 갖기에 공동체의 영속성이라는 관점에서 세대 간 연대와 책임을 가져야 한다.

이상에서 보여지듯 공공성의 실현을 위한 논의는 윤리 · 정치적 차원이라는 추상적인 수준에서부터 현실 개입의 지점에 이르기까지 다양하게 논의되고 있다. 공통적으로 관통하는 것은 공공성이라는 것 자체가 하나의 규범이론으로서 한 사회 속에서 실현되어야 할 공적인 가치나 원리를 제시하고 있다는 것이다. 예컨대, 공익, 개방, 참여, 책임, 정의와 같은 요소들이다. 공공성의 개념과 철학 그 자체에는 공적이고 공동체적인 제도와 규범을 추구하거나 이를 매개하는 과정과 원리를 내포하고 있는 것이다.

3. 디지털 융합 시대와 미디어 공공성

(1) 미디어 공공성의 위기

굳이 하버마스의 표현을 빌리지 않더라도 오늘날 공공성의 지향과 실현은 공론장의 활성화를 핵심으로 한다. 그리고 이는 사회적 소통을 책임지고 있는 미디어와 분리하여 사고할 수 없다. 하지만 커뮤니케이션 기술의 발달에 따른 미디어 환경의 변화, 그리고 신자유주의의 대세 속에서 미디어 공공성 논의는 서로 다른 해석을 낳고 있다.

시장 자유주의에 입각한 산업론은 미디어 공공성에 위협을 가하는 강력한 흐름이다. 산업론은 미디어 환경의 변화에 따라 경제적 역할과 산업성을 강조하는 방향으로 전환해야 한다고 강조한다. 특히 디지털 융합에 따라 방송과 통신의 경계가 약화되면서 이념과 정책적 충돌이 치열하다. 다매체 다채널 시대의 도래로 전파 희소성에 따른 규제 명분이 사라지고 있으며, 케이블 방송, 위성 방송, DMB, 인터넷 등 새로운 미디어 플랫폼과 유료 방송 시스템이 등장하면서 공영 방송의 독점적 지위를 주장할 수 없다는 것이다. 나아가 시장의 진입과 퇴출을 자유로운 시장 구조에 맡기는 것이 보편성 및 다원성 등 방송의 가치를 더 효과적으로 달성할 수 있다는

〈표 3〉 미디어 규제정책과 이념 체계

	공익론	산업론
철학적 기초	공동체주의 공익을 사익과 구별되는 실질적 가치로 인식	고전적 자유주의, 합리주의 사익의 집합을 공익으로 파악
중심 가치와 목표	사회 문화적 가치 우선 : 인간, 공동체, 사회의 존엄성, 문화적 가치 제고＋경제적 효율성	경제적 효율성 우선 : 개별적 욕구 충족의 극대화, 기술 및 산업 발전, 물질적 성장과 풍요＋사회 문화적 가치
하위 이념	다양성, 다원성, 공정성, 보편적 서비스, 사회 문화적 및 경제적 민주주의(보편성 및 분배의 형평성), 문화 정체성, 지역주의, 민족주의, 사회적 안정	기술 혁신, 경제적 효율성, 생산력, 국가 경쟁력, 성장
커뮤니케이션 산업에 대한 인식	한 사회의 집합적 의식, 정체성, 문화를 생산하는 숭추석 영역	근본적으로 여타의 사업과 큰 차이를 두지 않음
규제 접근 방식	공적 개입이 요구되는 커뮤니케이션 영역을 폭넓게 설정. 정책적으로 허용되는 것을 한정하는 방식. 사전 규제 방식	공적 개입이 요구되는 영역을 최소화하고자 함. 정책적으로 허용되지 않는 것을 제외하고는 자유롭게 허용하는 방식. 사후 규제 방식

※ 출처 : 윤석민 (2005), 주요 내용 발췌

주장이다. 요컨대, 시장 자유주의에 입각한 경쟁과 효율성의 측면에서 시장친화적 미디어 정책이 고려되어야 한다는 것이다(한국 경제 연구원·전국 경제인 연합회, 2007). 공익론적 입장과 산업론적 입장은 다음과 같이 비교될 수 있다.

산업론에 힘을 실어 주는 또 하나의 사회적 요소는 1980년대부터 세계적으로 본격화되고 있는 신자유주의의 물결이다. 신자유주의는 자본과 노동의 유연화, 민영화, 탈규제 등을 내세운다. 그리고 신자유주의는 상품 교역을 넘어서 문화 및 서비스 영역에까지 침투하고 있다. 미디어 관련 영역 역시 이에서 자유로울 수 없다. WTO을 통한 다자간 무역 협상과 지역 무역 협정을 통해 신자유주의 글로벌 경쟁력을 앞세워 미디어 시장의 구조적 변화를 이끌어 내고 있다. 이에 따라 미디어 산업 역시 탈규제 정책으로 흐르고 있고 방송의 공적 책임 논의가 점차 시장과 산업 논리에 의해 침식당하고 있음을 볼 수 있다.

한편, 방송 통신의 융합이라는 환경 속에서 공익성에 근거한 기존 방송 정책 이념의 변화 필요성이 제기되기도 한다. 방송과 통신은 역사적 맥락을 달리하였기에 이에 따른 정책 및 이념적 기조 역시 그 맥락을 달리해 왔다. 방송의 경우 '공익성'이, 통신의 경우는 '보편적 서비스'라는 가치가 각 영역에 적용되어 왔다. 전파 희소성에 근거해 공공 수탁의 가치를 중시했던 방송 이념은 사회적 가치 생산자로서의 방송 미디어의 역할과 책임을 전제하고 있다.

요컨대, 방송은 한 사회의 다원성, 공정성, 공평성, 객관성, 교육성을 담보해야 하며, 시청자의 권리를 보장해야 하고, 경제적 이윤이 아니라 그 사회의 가치와 문화를 포괄하는 공적 역할과 책임을 수행해야 함을 내포하고 있다(정지연 외, 2007). 이에 반해 통신에서 언급되는 '보편적 서비스'란 일반적으로 '모든 이용자가 언제 어디서나 적절한(affordable) 요금으로 제공받을 수 있는 기본적인 정보 통신 서비스'라는 정의를 바탕으로 한다. 여기서 ‘모든 이용자’란 이용자의 소득 수준의 고저, 신체 장애의 유무 등에 무관하게 누구나 사용할 수 있어야 함을 의미하며, ‘언제, 어디서나’는 도시뿐만 아니라 도서, 산간 지역 등 거주 지역에 상관없이 원할 때 사용할 수 있어야 함을 의미한다.

또한 ‘적정한 요금’은 전국적으로 유사하거나 동일하며, 이용자가 지불 가능한 요금 수준이어야 함을 의미한다(고창열, 2006). 요컨대, 방송의 ‘공익성’ 개념이 서비스의 가치와 사회적 책임을 강조하는 것이라면, 통

〈표 4〉 공익성과 보편적 서비스의 개념 비교

		공익성 (public interest)	보편적 서비스 (universal service)
기원	지역	서구	미국
	목표	공공 이해를 우선하는 평등한 서비스	상업적 이해 속에서 기본적 서비스 구현
	근거	전파 지원의 희소성 사회적 영향력	독점의 반대급부 사회적 형평성
구성 요인	공통점	지리적 보편성 지불의 보편성 소구의 보편성 소수 계층의 배려	지리적 보편성 지불의 보편성(저렴한 가격) 이용의 보편성(공평성) 소수 계층의 배려
	차이점	정치적 독립성, 소수자 배려, 지역성, 다양성, 중립성, 질적 수준 보장	지속성
구현	기본 정책	방송 사업자 규제 정책	이용자 지원 정책
	정책 변화	프로그램 공익성에서 디지털 매체 접근성	망 접근권에서 서비스 향유권 강조, 전화에서 방송 및 정보 통신 전매체로 기본 서비스에서 고도 서비스로

※ 출처 : 이상식(2003), 공익성과 보편적 서비스 개념의 비교 연구. 135쪽

신의 '보편적 서비스'는 서비스 재화에 접근할 수 있는 도구적 효율성, 시장적 효율성의 측면을 강조하고 있다.

방통 융합이 진행되면서, 융합 서비스들이 유료화되고 있는 추세를 감안할 때 정보 격차(digital divide)를 해소하기 위한 방안으로 방송 영역에도 통신에서 적용되는 보편적 서비스 개념을 적용하자는 논의가 제기되고 있으며 이에 대한 타당성이 검토되고 있다(성숙희, 2006 ; 곽정호, 2005). 또한, 방송 공익성의 대체 이념으로 보편적 서비스가 제기되기도 한다. 방송 채널의 증가로 시장 경쟁이 치열해지는 상황에서 모든 방송 시스템에 공익성을 요구할 수 없기에, 방송의 공익성은 공영 방송을 통해 실현하고 기타 유료 방송 시스템에는 완화된 공공 서비스 의무를 부과하거나 일정한 기금을 징수하는 방향으로 해야 한다는 것이다(송종길·최용준, 2001).

하지만 보편적 서비스 제고가 시장이 만들어 낸 허구의 신화에 불과하다는 주장도 있다. 보편적 서비스는 수용성(affordability), 접근성(accessibility), 양질의 서비스(quality of service)를 구성 요소로 하는데, 경제적 효율성 개념과 일치한다는 것이다. 따라서 보편적 서비스 규제는 시장지향적 접근 방법이며 실질적으로는 규제가 필요 없다는 것이다(Verhoest, 2000. 정용준, 2006a에서 재인용).

이상의 간략한 검토에서 보듯이, 미디어 환경의 변화 속에서 정책의 이념 역시 변화를 요구받고 있으며, 이는 크게 두 가지 차원에서 정리될 수 있다. 하나는 전통적 공익성에 기초한 질서가 효용성을 상실하였기에 시장경쟁과 산업성에 초점을 두어야 한다는 산업론의 대두이다. 또 다른 하나는 새로운 미디어 환경이 대두되었기에 전통적 공익성 개념을 보완하거나 보편적 서비스와 같은 다른 가치로 대체되어야 한다는 것이다. 물론, 이와 같은 입장들 모두 실현해야 할 이념적 목표로 공공성과 공익성의 가치를 간과하지 않는다. 하지만, 새로운 각자의 방점을 달리함으로써 미디어 정책에 대한 요구를 달리하는 차이를 보여 주고 있다.

(2) 공공성의 진화

미디어 환경이 변하고 있다고 할지라도 미디어 공공성의 철학과 이념을 방기할 수는 없다. 이는 사회에 존재하는 다원적인 가치와 이를 유통시키는 미디어가 사적 이윤 추구의 수단이 될 수 없으며, 공동체 구성원 모두의 이익(공익)을 위해 노력해야 한다는 당위론적 원칙이 여전히 강하게 작용하기 때문이다(송종길·최용준, 2001). 하지만 미디어 공공성의 실현 방안은 사회적 환경과 밀접한 관련을 갖기에 그 내용성은 시대에 걸맞게 재구성되거나 진화할 필요가 있다.

이와 관련, 디지털 융합시대 공익성 변화를 추적한 강상현 등(2006)은 외국 및 우리나라에서 보여지고 있는 공익성 개념의 변화는 다양성, 소비자 선택, 경쟁, 질, 보편적 서비스, 사회적 약자 보호 등이 강조되고 있다고 분석한다. 더불어 디지털 시대에 다원화된 시장이 제공하지 못하거나 훼손하는 가치인 창의성, 통합성, 다원성과 같은 요소들은 공익성이라는 보다 확장된 개념 속에서 보호되어야 할 것임을 강조하고 있다.

다소 간략하고 정리되어 있지만 위 표에서 함축하는 내용 중의 하나는 공익성의 범주들이 개별 국가들의 상황을 반영하고 있다는 것이다. 예컨

〈표 5〉 환경 변화에 따른 공익성의 변화

	아날로그 시대 공익성	디지털 시대 공익성
영국	• 공공 서비스 방송 • 정보, 교육, 오락 제공	• 다양성, 다원성, 품질 • 경쟁, 선택, 질
미국	• 공중의 이익, 편의, 필요 • 지역성, 다양성	• 경쟁, 다원성, 지역성
한국	• 독립성, 자율성, 책임성, 공정성, 형평성, 객관성, 다양성	• 보편적 서비스, 다양성과 균형성, 사회적 약자 보호

※ 출처 : 강상현 (2006), 31쪽

대, 영국의 경우 공공 서비스에 여전히 중점을 두는 가운데 '경쟁, 선택, 질'이라는 새로운 범주를 수용하고 있다. 또한 미국의 경우 상업 미디어와 네트워크 체제 속에서 '지역성'의 범주를 우선시했지만 1996년 텔레커뮤니케이션 법 이후 '경쟁'이 우선시되는 기조를 유지하고 있다. 이처럼, 공익성 진화는 나라와 시대에 따라 그 하위 범주들을 달리하고 있다.

미디어 공공성은 사회적 관계성 속에서 재구성될 수 있다. 이는 김승수 (2007)의 논의 속에서 살펴볼 수 있는데, 기본적인 논의의 틀은 사회 공공성의 측면에서 공적 가치를 실현하자는 것이다. 그는 우선 공공성의 범주를 국가·시장·시민 사회적 공공성으로 구분하고, 사회 공공성은 이러한 세 범주를 아우르며 사회 구조적인 측면을 강조하는 것이라고 언급한다. 요컨대, 사회 공공성은 사회 전반에 걸쳐 공통적으로 필요한 가치와 이념을 정립하고 실천을 통해 사회적 이익을 증대해야 한다는 개념이다. 미디어도 이러한 개념에 부합해서 독립성, 무료 보편적 서비스, 다양성, 지역

<표 6> 공공성론의 비교

유형	내용
국가적 공공성	• 국가 주도로 사회적 통합에 기여
시장 공공성	• 시장의 장점을 활용하여 기업, 소비자의 욕구와 필요 충족 • 수용자 비용부담의 적절성, 공정 경쟁, 매체 균형 발전 • 자원의 효율성, 대중 오락과 같은 공적 가치 충족
사회 공공성	• 시민 사회의 기본적 요구 충족 • 보편적 서비스, 시민 참여, 상호 작용성 구현 등
시민 사회적 공공성	• 사회 전반에 걸쳐 필요한 가치를 선택해서 사회 운영의 논리로 발전 • 독립성, 다양성, 지역성, 대안성, 창의성, 문화 및 기술주권 등 공적 가치 강조

※ 출처 : 김승수 (2007), 13쪽

성, 상호 작용성, 창의성, 대안성, 문화 및 기술 주권과 같은 공익적 가치에 복무해야 한다는 것이다.

4. 미디어 공공성과 지역성 : 지리적 지역성에서 사회적 지역성으로

지역성은 지역 사회의 필요와 이익에 부응하는 활동을 포괄하며 다양한 측면으로 나타난다. 즉, 정치적 측면에서 민주적인 지방 자치의 실현, 경제적 측면에서 지역 경제의 활성화, 사회적 측면에서 지역 사회의 통합과 합의의 창출, 문화적 측면에서 지역 문화의 전승과 창달 등이다(이진로, 2004). 때문에 지역성은 공공성의 구성 차원에서 매우 중요한 개념이다.

나폴리(Napoli, 2001)는 미디어 정책에서 지역성이 중시되는 이유를 정치적인 측면과 문화적인 측면으로 구분하여 제시한다. 먼저, 정치적으로 지역성이 필요한 이유는 정치적 통제의 분산과 관련한다. 지역성을 통한 국가 정치력의 지역 분산은 시민 개인적 차원에서 참여와 관심을 증대시키고 사회적 차원에서 공동체 의식을 강화함으로써 시민 및 사회적 단위 모두에게 공익적 가치를 지닌 것으로 간주된다. 또한, 문화적 측면에서는 특정 지역의 고유한 문화적 가치와 전통이 그 지역 사회의 공동 연대감을 형성하기 위한 기본적인 요인이라는 것을 바탕으로 한다.

지역성의 실현은 세계 각국의 커뮤니케이션 정책에 반영되어 있다. 미국의 경우, 지역성을 방송의 공익성 추구를 위한 하나의 중심 가치로 추구해 왔다. 미국의 커뮤니케이션 정책의 이념을 분석한 나폴리(Napoli, 2001)는 미국의 최상위 방송정책 이념으로 공익성(public interest)이 상정되고, 그 아래 지역성, 사상의 자유 시장, 보편적 서비스가 존재하며, 사상의 자유는 다시 다양성과 경쟁으로 분화된다고 설명한다.

또한 전통적으로 공익적 가치를 추구해 온 영국 역시 '다양성과 복수성의 유지(Communication Act 2003, 4장)'라는 조항을 통해 지방과 지역의 메커니즘을 강조한다(임동욱, 2004).

스트라비츠키(Stravitsky, 1994)에 따르면 지역성은 전통적으로 공간성, 지리적 위치에 기초해 확립되어 왔다. 요컨대, 도,시,구 등 지리적으로 근접한 공간을 행정적인 단위로 연결하는 가운데 공동의 이해관계를 포용하는 개념으로 파악되어 온 것이다. 이러한 개념은 지역 방송사의 역할이나 권한을 효율적으로 배분할 수 있다는 장점을 갖지만 다음과 같은 한계를 갖는다고 지적된다(임영호, 2002 ; 이은미 외, 2006). 첫째, 지리적 지역성은 도구적 효율성 차원에서 공간을 이해하기에 사회적 가치와 이익을 반영하지 못한다. 둘째, 행위자가 방소사와 정책 기관으로 국한되고 다양한 사회적 행위자의 역할이 간과된다. 셋째, 공간적인 지역을 마치 자연현상인 것처럼 주어진 그대로 당연하게 받아들여 무비판적 자세로 이어질 수 있다는 것이다.

한편, 지역성을 한 사회가 보호해야 할 공익적 가치로 파악하는 규범적 지역성 개념 역시 강조되어 왔다. 이 개념은 지역이라는 공간 단위를 동질적인 상징적 정체성을 유지하는 공동체로 간주하여 보호 육성해야 한다는 관점을 유지한다. 지역이 사회적 제반 관계에서 열악한 조건이기에 지원 보호를 통해 지역성을 담보해야 한다는 것이다. 이 관점에 기초한 지역성 논의는 지역 주민의 공동체 의식 제고, 동질적 문화 공동체, 지역 생활의 문화 매체, 지역 문화의 건전한 육성과 개발 등과 같은 논의로 전개된다 (정상윤, 2003 ; 김성재, 2006). 하지만 이러한 규범적 지역성 개념 역시 당위적 차원에서 지역성을 논하며, 추상적이고 비현실적인 것의 강조로 이어지는 우려를 가지고 있다.

그러므로 지금까지의 지역성 개념을 극복하고 사회적 측면에서 규정되는 지역성을 강조하는 논의들이 제기된다(임영호, 2002 ; 강명현 · 홍석민, 2005). 사회적 지역성 개념은 사회적 공간으로서의 지역 개념을 강조한다. 사회적 공간이란 공간을 매개로 해서 벌어지는 사회적 현상을 일컫는데, 이는 기존의 특정 공간 내의 현상에만 머무는 것이 아니라, 그 공간을 둘러싸고 전개되는 제반 사회, 경제, 문화적 측면으로 시각을 확대해야 한다는 것을 강조한다(강명현·홍석민, 2005, 115쪽). 요컨대, 단지 사회 생활이 전개되는 물리적 장이 아니라, 사회관계가 생산되고 재생산되게 하는 매개체로 규정되는 것이다(임영호, 2002, 292쪽).

이러한 논의를 바탕으로 이은미 등(2006)은 지역성의 이념 체계를 보다 정교하게 제시한다. 즉, 지역성 개념의 구성 차원을 구조(지역 공동체 경제획정 기준), 행위(지역 미디어의 행위 규제), 효과(지역성의 달성)의 측면으로 구분하고, 여기에 지역성 개념의 구성 요소를 씨줄과 날줄로 엮으면서 지역성이 담보해야 할 이념성을 구체화하고 있다.

이같은 지역성의 구체화는 미디어가 지역이라는 공동체의 수요와 관심사에 부합하여 활동할 때 달성되는 기능적 효과라는 측면을 강조한다. 지역성의 개념 규정을 미디어 요인과 더불어 사회적 지역성을 담보하기 위

〈표 7〉 지역성 이념의 체계

	구조	행위	효과
일상 생활권	일상 생활권에 따른 권역 설정	지역 정보의 강화	지역 생활 밀착
지역 시장	자립이 가능한 시장 권역	지역 방송사의 영업, 편성에서 자율성	지역 경제 활성화 지역 방송 사업 기반
지역 정치	지방 자치 행정 단위	지역 정치 뉴스 강화	주민 자치 참여 유도
지역 정서	지역 문화권	지역 문화적 내용 강화	상징적 구심 역할 공동체 의식 고양
미디어 기술	가시청권, 타 매체 분포	미디어별 지역 프로그램 편성 차등화	미디어별 지역성 분화, 차별화

※ 출처 : 이은미 외 (2006), 49쪽.

한 사회적, 문화적, 정치적 요인들을 종합하는 장점을 갖고 있다.

또한 정용준(2006b)은 방송의 지역성의 지수를 지리적 지역성, 내용적 지역성, 과정적 지역성으로 다차원하여 제시하고 있다. 이중 지리적 지역성은 프로그램의 지역 제작, 내용의 지역성은 프로그램의 지역 이해 반영, 과정적 지역성은 지역 공동체 구성원들의 참여 및 독려를 반영한다. 이같은 지역성 지표는 그동안 단일한 차원에서 논의되던 지역성 개념을 다차원화했다는 점에서 주목을 받는다.

지역성은 좁은 의미로 보자면 지역 공동체가 갖는 공통된 특성 또는 정서로 이해될 수 있다. 하지만 보다 포괄적인 의미에서 지역을 매개로 하는 총체적 생활 양식이다. 따라서 지역 미디어는 이러한 총체성을 반영하는 가운데 지역 공동체의 공적 삶이 원활히 영위될 수 있도록 매개하여야 한다. 더불어 커뮤니케이션 기술의 발달에 따른 미디어 환경 및 사회 변화는 지역성의 개념을 공간적 근접성 속에 국한시키지 않는다. 이에 지역성이 개념 역시 사회적 지역성으로의 확장 속에서 파악할 필요가 있으며, 지역 미디어 공공성은 이러한 개념들 속에서 추구되어야 할 것이다.

〈표 8〉 지역성 지수의 차원

지리적 지역성	• 지역 제작 관련 예산 비율 • 수익의 지역 사회 환원 • 지역 출신 고용 정도
내용적 지용성	• 자체 제작 프로그램 비율 • 프로그램 장르의 다양성 • 주 시청 시간대 지역 프로그램
과정적 지역성	• 시청자 불만 처리 실적 • 시청자 위원회 운영 • 지역 이슈 및 여론조사 • 지역 미디어 센터 등 지역 사회 봉사

※ 출처 : 정용준 (2006b), 36쪽

5. 맺는말

공공성의 문제가 사회적 중심 키워드로 부상했다. '민주화 투쟁을 넘어 공공성 투쟁'이라는 언술이 설득력 있게 다가온다. 이는 신자유주의의 세계화가 가속화되고 한국 사회 역시 그 흐름에서 자유로울 수 없는 상황으로부터 발현된다.

공공성 개념은 어원이 말하고 있듯이 '사적인 것'과 대별되는 개념이다. 전통적으로 시장은 공적 구조와 대별되는 사적인 영역이었으나 근대 사회가 진행되고 자본주의가 심화되면서, 시장 역시 사적인 영역으로부터 분리되어 자신의 고유한 영역을 확보했다. 국가, 시장, 시민 사회가 재구조화되면서 공공성 역시 재구성되고 있다. 하지만 시장의 영역은 이윤 추구와 경쟁의 논리가 지배하기에 시장의 확대, 신자유주의의 세계화, 시장 자유주의의 확산은 불안정성을 심화시키는 방향으로 작동하고 있다.

사회적 공론장의 기능을 담당하고 있는 미디어는 공적인 영역이다. 때문에 공공성 가치가 지켜져야 한다. 하지만 시장의 확대와 커뮤니케이션 기술의 발전은 미디어 공공성의 진화 혹은 재개념화를 요구한다. 한편, 지역성 개념 역시 미디어 공공성의 차원에서 매우 핵심적인 개념임은 두말할 필요가 없다. 하지만, 지역성 개념 역시 기존의 공간적 개념에서 사회적 개념으로 전환될 필요가 있다. '새 술은 새 부대'라는 의미가 아니라, 사회적 변화를 반영하는 가운데 공공성의 개념을 재구성하고 이를 사회적 실천 속에서 담보해야 한다는 것이다. 한 가지 덧붙이자면, 공공성의 구성 개념으로서 시민성을 사고해야 한다는 것이다.

시민(citizen)이라는 개념은 서구의 역사성 속에서 등장하지만, 기본적으로 '도시 공동체에 속하는 구성원'이라는 의미를 내포하고 있다. 나아가 공동체에 참여함으로써 그 존재가 이해되는 개념이다. 때문에 수동적인 개념이 아니라 자율, 참여, 책임, 활동의 개념을 담보한다. 시민성이 발휘되지 않는다면 공공성의 위기, 하버마스식의 표현을 빌리자면 체계(경제 체계, 시장)에 의한 생활 세계의 식민화가 가속화될 것이다.

〈참고 문헌〉

강명현·홍성민, 로컬리즘과 지역방송, 『한국방송학보』, 19권 1호. 109~138쪽, 2005.

강상현 외, 디지털 시대, 방송의 공익성 정립방안, 방송위원회 연구보고서, 2006.

곽정호, 방송의 보편적 서비스제도 도입방안 분석, 『정보통신정책』, 제17권 1호, 2005.

고창열, 미국의 보편적 서비스제도 관련 논의, 『정보통신정책』, 18~19쪽, 2006.

김성재, 다매체 시대, 지역 언론의 정체성과 로컬리즘, 광주전남언론학회 주최 '지역 언론의 정체성과 로칼리즘의 구현' 세미나 발표문, 2006.

김승수, 공공성 철학의 시련과 생존 : 방송 공공성과 공익성 진화를 위한 차기 정권의 개혁과제, 한국방송프로듀서연합회 창립20주년 기념세미나 발제문, 2007.8.31, 2007.

송종길·최용준, 방송·통신 융합시대 정책일원화를 위한 규제·정책기구 개편방안 연구, 한국방송진흥원 연구보고서 01~17, 2001.

신진욱, 공공성과 한국사회, 『시민과 세계』, 11호, 18~39쪽, 2007.

윤석민, 『커뮤니케이션정책연구』, 서울 : 커뮤니케이션북스, 2005.

이상식, 공익성과 보편적 서비스 개념의 비교 연구, 『한국언론정보학보』, 20호, 2003.

이영주, 텔레비전 공공성의 사회적 구성 : 정치적, 문화적 긴장을 중심으로, 『방송문화연구』, 18권 1호. 183~201쪽, 2006.

이은미 외, 지역성 개념의 제도화 방안 연구, 방송위원회 연구보고서, 2006.

이진로, 지역방송의 지역성 구현과 방송법의 규제 방안, 『한국방송학보』, 18

권 3호, 643~678쪽, 2004.

임동욱, 지역성 구현을 위한 방송법 개정 방향, 방송균형발전연대 지역방송세미나, 2004.

임동욱, 커뮤니케이션 기술 발달에 따른 방송 공공성 진화 연구, 방송위원회 연구보고서, 2007.

임영호, 공간이론을 통해 본 한국 방송학의 정체성 문제 : 지역방송 관련 연구를 중심으로, 『한국방송학보』, 16권 2호. 275~303쪽, 2002.

임의영, 공공성의 개념, 위기, 활성화 조건, 『정부학연구』, 제9권 1호. 23~50쪽, 2003.

정상윤, 지방분권 시대의 지역방송, 한국지역언론학연합회 주최 '지방분권 시대의 지역방송 위상과 과제' 세미나 발표문, 2003.

정용준, 보편적 서비스와 수용자 복지, 『방송연구』, 2006년 겨울호. 31~58쪽, 2006a.

정용준, 『방송의 지역성 지수 개발』, 방송위원회, 2006b.

정지연 · 윤상호 · 박태희, DMB 정책과정에서 살펴본 디지털 미디어의 공공성에 관한 연구, 『사이버커뮤니케이션학보』, 통권 제21호. 153~196쪽, 2007.

조한상, 헌법에 있어서 공공성의 의미, 『공법학연구』, 제7권 3호, 251~ 274쪽, 2006.

한국경제연구원 · 전국경제인연합회, 규제개혁 종합연구 : 시장경제 창달과 국가경쟁력 강화를 위한 규제개혁 로드맵, 2007.

Arendt, H., *The human condition*. Chicago : The University of Chicago Press, 이진우 · 태정호 역 (1996). 『인간의 조건』. 서울 : 한길사, 1958.

Habermas, J., *Strukturwandel der Öffentlichkeit* : Untersuchungen *zu einer Kategorie der bürgerlichen Gesellschaft*, 한승완 역 (2001), 『공론장의 구조와 변동 : 부르주아 사회의 한 범주에 관한 연구』, 서울 : 나남출판, 1962/1990.

Napoli, P.M., *Foundations of communications policy*, Hampton Press, 2001.

Stravitsky, Alan G., The changing conception of localism in U.S. Public Radio, *Journal of Broadcasting & Electronic Media*, *38(1)*, pp. 19~33, 1994.

III

미디어 문화 콘텐츠 비평

미디어 산업의 구조 연구

제 10 장

1. 서론

우리나라에 대한 평가는 사람마다 다를 수 있다. 하지만 우리나라가 경제 구조가 육체 노동 경제에서 정신 노동 경제로 이행하며, 아날로그 문화에서 디지털 문화로 전환한다는 점에서는 의견이 일치한다. 미국 주간지 《타임》도 한국의 경제적 변화를 이렇게 상징적으로 표현하였다.

"한국은 현대 경제를 일으키기 위해서 제조업의 힘을 사용했었다. 이제 한국은 머리를 쓰는 경제에 집중하고 있다." (*Times*, 2005.11.14. p.15)

외국인들은 한국이 디지털 기술과 디지털 경제를 기반으로 정보 자본주의로 질주한다고 평가한다. 아닌 게 아니라, 우리나라는 정보와 금융의 통합을 바탕으로 새로운 형식의 산업과 시장을 형성하는 중이다. 국가적으로도 미디어 산업에 대한 지원은 상당하다. 사람들도 미디어 산업으로 몰린다. 모두들 미디어 산업에 대한 관심이 대단하다.

미디어 산업에는 다른 산업에 없는 그 무엇이 있는 것일까? 미디어 산업은 그동안 우리가 생각하고 경험했던 것이 아니다. 미디어 산업은 놀라울 정도로 다양하게 분화하고, 경쟁도 치열하다. 그래서 이 장에서는 미디어 산업의 구조 변화에 대해서 논의하고자 한다.

미디어 산업에 관해 논의하려면 이론적 틀 거리가 있어야 한다. 임정수 (2007. 33~34쪽)에 따르면 미디어 산업론은 미시적 미디어 산업론, 거시적 미디어 산업론, 정치 경제학으로 구분된다. 미시적 산업론은 미디어 시장의 수요와 공급, 가격과 비용을 주로 연구하며, 거시적 미디어 산업론과 정치 경제학은 미디어 시스템을 연구한다. 다만 정치 경제학은 미디어 시스템을 자본주의 생산, 권력, 민주주의, 문화와 연관지어 비판적으로 연구하는 점이 다르다. 그리고 성향상 비판적이다. 이 글에서는 이런 이론을 두루 이용하여 미디어 산업에 접근하고자 한다.

(1) 개념

미디어 산업은 문화 산업에서 나온 개념이다. 한국 표준산업 분류에 따르면, 문화 산업은 다음과 같은 영역을 포괄한다.

- 출판	- 만화	- 음악	- 게임
- 영화	- 애니메이션	- 방송	- 광고
- 캐릭터	- 기타		

문화 산업진흥 기본법도 위와 같은 분야를 문화 상품, 문화 산업이라는 틀로 규정했다. 이 법 제2조 제1항에 따르면 문화 산업이란 '문화 상품의 기획, 개발, 제작, 생산, 유통, 소비 등과 이에 관련된 서비스를 행하는 산업'으로서 다음과 같은 것을 포함한다.

① 영화와 관련된 산업

② 음반, 비디오물, 게임물과 관련된 산업

③ 출판, 인쇄물, 정기 간행물과 관련된 산업

④ 방송 영상물과 관련된 산업

⑤ 문화재와 관련된 산업

⑥ 만화, 캐릭터, 애니메이션, 에듀테인먼트, 모바일 문화 콘텐츠, 디
   자인(산업 디자인은 제외한다), 광고, 공연, 미술품, 공예품과 관련
   된 산업

⑦ 디지털 문화 콘텐츠 및 멀티미디어 문화 콘텐츠의 수집, 가공, 개발,
   제작, 생산, 저장, 검색, 유통 등과 이에 관련된 서비스를 행하는 산업

⑧ 그 밖에 전통 의상, 식품 등 전통문화 자원을 활용하는 산업으로서
   대통령령으로 정하는 산업

제2조 제2항은 문화 상품을 '예술성, 창의성, 오락성, 여가성, 대중성(이
하 '문화적 요소'라 한다)이 체화되어 경제적 부가가치를 창출하는 유·
무형의 재화(문화 콘텐츠, 디지털 문화 콘텐츠 및 멀티미디어 문화 콘텐츠
를 포함한다)와 서비스 및 이들의 복합체'로 규정했다. 제2조 제3항에서는
콘텐츠란 '부호, 문자, 음성, 음향 및 영상 등의 자료 또는 정보를 말한다.'
고 했다. 또 제2조 제3의2항은 문화 콘텐츠를 '문화적 요소가 체화된 콘텐
츠'라고 정했다. 제2조 제4항에는 디지털 콘텐츠를 '부호, 문자, 음성, 음
향 및 영상 등의 자료 또는 정보로서 그 보존 및 이용에 효용을 높일 수 있
도록 디지털 형태로 제작 또는 처리한 것을 말한다.'고 규정했다. 제5항의
디지털 문화 콘텐츠는 '문화적 요소가 체화된 디지털콘텐츠를 말한다.'
제6항의 멀티미디어콘텐츠는 '부호, 문자, 음성, 음향 및 영상 등과 관련
된 미디어를 유기적으로 복합시켜 새로운 표현 및 저장 기능을 갖게 한 콘
텐츠를 말한다.'고 했다.

우리나라는 미디어 산업, 미디어 시장이라는 말보다는 문화 산업, 문화
시장이라는 말을 많이 쓴다. 그러나 문화 산업은 공연, 문화재 등 순수 문
화적 상품이나 서비스까지 포괄하는 개념이다. 이 글에서는 미디어를 매
개로 정보나 대중문화를 생산, 유통하는 개념으로 미디어 산업, 미디어 시
장이란 말을 썼다. 미디어 산업을 이해하기 위해 우선 시장의 규모를 추정

해 보자.

3대 미디어인 방송, 신문, 인터넷 포털의 시장 분할을 보자. 2006년 3대 미디어 시장의 규모는 13조 1,740억 원이었으며, 이중 방송이 73.7%로 가장 비중이 높다. 신문과 인터넷은 각각 19.4%, 6.9%를 차지했다(박주연·전범수, 2007, 184쪽). 방송 시장은 매년 조금씩 늘어나는 추세이며, 인터넷 포털은 폭발적으로 성장하는 중이다.

한편, 통신 산업도 미디어 시장에 적극적으로 진출했다. 방대한 규모의 통신 산업은 향후 미디어 산업에 상당한 영향을 미칠 것이다. 2007년 통신 산업은 5만 9,000명을 고용해서 총 32조 원의 수익을 올렸고, 미디어 시장에까지 진출함으로써 규모가 더 커질 것으로 보인다. 누가 이 거대한 시장의 주도권을 가질 것인가? 벌써부터 자본끼리 경쟁하고, 미디어끼리도 사

〈표 1〉 미디어 시장의 규모(2006년 기준)

산업	시장 규모(억 원)	종업원 수(명)
출판	19조 8,792	218,377
방송	9조 7,198	29,308
게임	7조 4,489	32,714
캐릭터	4조 5,509	19,889
영화	3조 6,836	25,769
음악	2조 4,313	65,431
만화	7,300	12,818
애니메이션	2,885	3,412
디지털 교육 및 정보	1,179	1,480
광고	9조 1,180	27,487
합계	48조 8,501	436,685

※ 주 : 광고는 이미 개별 산업에 포함된 것이므로 중복을 피하기 위해 계산에서 뺐음.
※ 출처 : 문화체육관광부(2008.3). 2006년도 기준 광고산업통계 조사결과.

활을 건 다툼이 치열하다.

(2) 중요성

미디어 시장은 다른 산업을 보조하고, 정치적, 문화적 기능이 중요하게 취급되었지만 지금은 경제적 기능이 더 강조되고 있다. 왜 그렇게 미디어 산업이 주목을 받는지 그 까닭을 한번 보자.

첫째, 미디어 산업은 자본주의 체제에서 가장 역동적인 분야의 하나이다. 매년 초고속 성장하고 있으며, 다른 산업의 성장을 견인하기도 한다. 판도라 TV 한 가지만 봐도 그렇다. 판도라 TV의 하루 클릭이 무려 2,000만 건이라고 한다. 이것이 전부가 아니다. IPTV, TV 포털, DMB, 무선랜(WLAN), 와이브로, HSDPA 등 새로운 미디어가 쏟아져 나온다. 이것은 전자 산업, 통신 산업, 콘텐츠 산업을 동시에 부양하는 효과도 있다.

둘째, 다른 분야에 비해 미디어 산업의 성장률이 높다. 미디어 시장의 다변화로 인해 전통적인 시장이라 할 수 있는 방송, 영화, 음악 시장이 위축되는 반면, 인터넷이나 게임 시장과 같은 신흥 시장은 급속도로 성장하였다. 2005년 기준으로 전통적인 시장인 방송, 영화, 음악 시장의 규모는 8조 6,352억 원, 3조 2,948억 원, 1조 7,899억 원이었다.

신흥 대중문화 시장을 대표하는 게임 시장은 규모가 8조 6,798억 원에 이른다고 하니 급속한 성장이 놀랍기만 하다. 인터넷 콘텐츠 시장의 규모도 이미 수 조 원대이 시장으로 성장했다. 반면 전통적인 지상파 방송, 영화, 음악 시장의 규모는 줄어들면서 정체 상태에 빠져 들었다.

셋째, 미디어 시장의 규모가 크고, 많은 인력을 고용한다. 2006년 기준으로 세계 오락과 미디어 시장의 규모는 총 1조 4,537억 달러에 이르며, 미디어 시장만의 규모는 9,652억 달러에 이른다고 한다(문화 관광부, 2007나, 30쪽). 우리나라는 어떤가? 2005년 현재 미디어 시장은 총 42만 명을 고용해서 45조 원의 매출액을 올렸다. 2006년에는 43만 명의 종사자가 총

48조 원을 벌었다(위 〈표 1〉 참조).

넷째, 미디어 산업은 정보와 문화와 같은 정신적 세계를 통제하는 힘이 있다. 이것을 긍정적으로 보면 미디어 산업은 민주적 여론 형성에 이바지하는 등 민주주의에 기여할 수 있는 반면, 부정적으로 보면 상업적 이익과 여론 획일화를 조성할 수도 있다.

다섯째, 미디어 산업은 소비주의 환경을 조성함으로써 수용자들이 소비자가 되도록 촉진하여 기업의 판매 향상을 도와준다.

여섯째, 미디어 산업은 전통문화의 계승과 발전, 대중문화의 확산 등 문화적 기능을 수행하며, 이것은 국가 유지와 민족 공동체 형성에 중요한 역할을 한다.

일곱째, 미디어 산업은 무역, 민간 외교의 첨병 역할을 함으로써 국가와 기업의 이익을 증가시킨다.

2. 시장을 향한 미디어 산업의 구조 분화

시장 진입이 훨씬 자유로워진 탓인지 다양한 자본이 각축을 벌인다. 이전에 미디어 시장은 신문과 방송이 지배했으나, 지금은 미디어 산업 자본, 전자·통신 산업 자본, 금융 자본, 인터넷·게임·연예 오락 자본, 외국계 광고 산업 자본, 종교 자본, 일반 산업 자본 등이 경쟁하는 시장으로 바뀌었다.

이들이 미디어 시장에 진출한 이유와 목적은 천차만별이지만 공통점은 이윤, 권력과 영향력 추구에 있다고 할 것이다. 그렇지만 미디어 소유 그리고 재원 조달 방식에 따라 미디어의 성격과 기능에서 많은 차이가 있다. 이 때문에 미디어 소유 구조의 이해가 선행되어야 한다.

그런데 흥미로운 변화가 있다. 미디어 시장에서 신문이나 지상파 방송과 같은 구 미디어 산업 자본은 퇴조하는 대신, 통신, 인터넷, 케이블 방송과 같은 신 자본이 미디어 시장을 재편하고 있다. 아래 자료를 보면 정보, 문화 서비스를 제공하는 미디어 기업의 면면이다.

　미디어 산업에서 통신 산업 자본과 인터넷 포털의 위세가 대단하다. 인터넷 포털 기업인 NHN도 2007년 수입이 9,000억 원을 넘었고, 시장 점유율도 60%를 넘는다. 순수익은 3,000억 원에 가깝다. 성장률이나 수익률만 좋은 것이 아니다. NHN는 수익 기반도 다양하다.

<표 2> 주요 미디어·통신 기업의 경영 실적

기업	매출액(억 원)	순이익(억 원)
KT	11조 9,364	9,682
SK텔레콤	10조 1,611	1조 8,714
KTF	7조 2,933	2,441
하나로 텔레콤	1조 8,683	72
KBS	1조 4,245	216
MBC(지역 MBC)	1조 3,095	334
CJ 계열 미디어	1조 428	-
NHN	9,202	2,810
SBS	8,512	553
제일기획	7,491	756
GS 홈쇼핑 계열	6,564	-
중앙일보	5,729	-110
현대백화점 계열	4,786	-
태광 티브로드	4,137	-
조선일보	4,031	99

※ 주 : 금융감독원 전자공시 자료를 중심으로 작성했음.
　　중앙일보는 연결 제무재표에 따른 것임.

　NHK의 매출 구성을 보면 검색 수익이 53%로 제일 많고, 게임 매출 26%, 배너광고 13%, 전자 상거래 매출 6%, 기타가 2%를 차지했다.

　반면에 일간지는 정체의 늪에 있다. 일간지의 영향은 무시하지 못할 정도이나 산업으로써 영향력은 시원치 않다. 조선일보가 4,000억 원이 넘는 수입에다가 이익 잉여금도 2,913억 원을 보유하고 있는 정도다. 그럼에도 신문 시장이 점차 어려워지기 때문에 신문 기업은 방송 시장 진출에 적극적이다.

(1) 방송 산업

　방송은 우리나라 미디어 속에서 가장 규모가 크고, 영향력이 제일 크다. 이 때문인지 여러 종류의 방송 양식이 출현했고, 많은 신규 자본이 속속 시장에 진출하고 있다. 지상파 방송 독점은 이미 오래 전 이야기일 뿐이다.

　지상파 방송의 시장 점유율은 2006년 45.1%에서 3.3% 포인트 떨어진 41.8%에 그쳤다. 이와 비교해 케이블 TV는 매년 상승하는 추세이다. 2006년 케이블 TV는 49.1%의 시장 점유율을 기록하다가 2007년에는 52.2%를

〈표 3〉 방송 시장의 규모 비교(2007년 기준)

방송 양식	매출액(억 원)	점유율(%)
지상파 방송	33,902	41.8
방송 채널 사용 사업(PP)	27,531	33.9
종합 유선 방송(SO)	14,867	18.3
위성 방송	3,574	4.4
위성 DMB	1,165	1.4
지상파 DMB	75	0.1
합계	81,114	100.0

※ 출처 : 방송위원회(2008). 1~2쪽

차지함으로써 방송 시장의 반 이상을 차지하게 된 것이다. 여기에는 홈쇼핑 채널, 인터넷 전화 서비스 수익 등이 포함된 것이기는 하지만 케이블 TV는 유료 방송을 주도할 뿐 아니라, 지상파 방송과도 대등하게 경쟁할 수준에 올라섰다고 볼 수 있다.

1) 지상파 방송

지상파 TV는 지난 반세기 동안 미디어 시장을 지배했다. 보편적 서비스, 엄청난 수용자 규모와 시청률, 브랜드 위력, 막대한 제작비, 드라마 제작 능력, 월드컵 중계 등 값비싼 중계료 지불 능력 등은 지상파 TV의 경쟁력이다. 여기에 덧붙여 시청자의 생활 습관에 맞춘 편성은 다른 채널과 다른 장점을 가진다. 하지만 지상파 방송이 미디어 시장 전체에서만이 아니라, 방송 시장에서 차지하던 절대적 위상은 계속 떨어지는 추세이다. 영향력, 재정 등 모든 면에서 정체가 심각하다.

한국 방송 산업은 지상파 방송의 독주 체제에서 유료 방송과 복점하는 과도기에 있다. 지상파 방송이 과도기를 거치면서 그간 누려 왔던 영향력이나 규모의 경제는 어느 정도 감소될 것이다. 이에 지상파 방송은 수신료 인상, 중간 광고 허용, MMS 도입, 재송신 비용 부과, 재방송률의 증대 등을 통해 난관을 돌파하려고 한다.

2) 케이블 TV 산업

케이블 TV는 전국에 걸쳐 가구 대비 80% 가량이 이용하는 보편적인 서비스다. 케이블 방송이 지금처럼 대중적이고 보편적인 미디어가 될지 예상한 사람은 많지 않다. 역사적으로 너무 많은 곡절을 겪었기 때문이다. 케이블 방송에 대해서는 다음과 같은 몇 가지 특징을 기억할 필요가 있다.

－전국에 산재한 난시청 지역의 시청자들이 적은 부담으로 지상파 방송을 시청할 수 있게 만들었다. 방송위원회가 전국의 1,547명에게 왜 케이블 TV 가입했는지 묻자, 이 중 57.1%가 텔레비전을 더 잘 보기 위

한 것이라고 답했고, 23.5%는 채널이 다양하기 때문에, 11.9%는 내 의사와는 상관없이 가입했다고 응답했다(방송위원회, 2006). 이것은 케이블 방송 그 자체의 상품성보다는 난시청 해소를 목적으로 케이블 TV에 가입했다고 볼 수 있다. 이렇게 되기까지는 난시청 해소를 필요한 투자를 하지 않은 KBS에 큰 책임이 있으며, 다른 지상파 방송의 책임도 적지 않다.

- 처음으로 다채널 서비스를 공급함으로써 케이블 TV는 지상파 TV의 독점을 해체시켰다.

- 방송위원회가 미디어 균형 정책을 내세워 방송 시장의 자유 경쟁을 유도했다.

- 추가로 비용을 부담하면서까지 다채널 서비스를 즐길 수 있는 능력을 가진 수용자들이 생겼다.

- 초기 박리다매의 요금 정책이 적중하여 가입자를 획기적으로 증대시켰다. 이들은 머지않아 다채널 서비스에 중독자가 되었다.

- 엄격한 내용 규제를 받는 지상파 방송과 달리 케이블 방송은 성적 표현을 비롯한 내용상의 자유를 비교적 많이 누린다.

- KT와 SKT 등 통신 회사들이 IPTV를 전국적으로 서비스를 시작함으로써 케이블 TV는 실질적인 경쟁자를 만난 셈이다. 유료 방송 시장은 케이블 TV, IPTV, 위성 방송이 경쟁하는 시장으로 재편되고, 케이블 TV가 선점 효과를 어느 정도 유지할지가 관건이다.

케이블 TV는 다양한 자본으로 구성되지만 3집단이 분할한다. 재벌, 3대 지상파 방송 계열 PP, 그리고 미국산 프로그램과 채널이 그것이다. 케이블 TV는 103개 SO와 58개 PP로 구성된다. SO는 총 1만 3,381명으로 고용하여 연간 1조 8,467억 원의 수입을 올린다. PP는 9,279명을 고용해서 총 3조 6,697억 원의 수입을 기록했다(〈매일경제〉, 2008.3.4, A35쪽).

케이블 TV는 수용자의 텔레비전 시청 행태를 완전히 바꿨다. 전국 가구의 19%만이 지상파 TV로 텔레비전을 시청하며, 72%는 케이블 TV, 6%는 스카이라이프를 시청한다(『Cable Ad』, 2008, 봄호, 79쪽).

3) 기타 유료 방송

위성 방송, 위성 DMB, 지상파 DMB, 모바일 TV 등 다양한 양식의 유료 방송이 자리를 잡고 있다. IPTV는 특히 유료 방송은 물론 방송 산업 전반에 걸쳐 큰 변동을 촉발할 가능성이 있다.

(2) 신문 산업

인터넷이 나오기 전까지 신문은 미디어의 왕이었다. 신문은 가장 많은 정보를 하루 간격으로 실어 나름으로써 최고의 영향력을 행사할 수 있었다. 그러나 미디어 산업에 경쟁 체제가 구축되고, 인터넷이 대중적 소통 수단으로 자리 잡음에 따라 신문의 위상은 크게 떨어졌다. 신문의 신뢰 위기는 특히 신문 산업의 미래를 어둡게 한다.

인터넷과 영상 취향의 젊은 세대들은 활자 문화인 신문을 멀리한다. 그러니 매년 신문 구독률은 떨어질 수밖에 없다. 한국 언론 재단이 조사한

<표 4> 신문 정기 구독률 추이

연도	구독률 (%)
1996	69.3
1998	64.5
2000	59.8
2002	52.9
2004	48.3
2006	40.4
2007	34.6

※ 출처 : 한국언론재단(2007), (2008)

것을 보면, 중앙 일간지의 가구 구독률이 1986년에 71.6%였고, 10년 후인 1996년에도 69.3%에 이르렀다. 다시 10년 후인 2006년에는 40%대로 뚝 떨어졌다. 이것이 1년 후인 2007년에는 30% 대로 주저앉았다.

한국 언론 재단 조사에 따르면, 가구별 신문 구독률은 1998년 65%에서 2000년 60%로 떨어졌다. 2002년에는 53%, 2004년에는 48%로 계속 하락했다. 2006년에는 41%로 40%대를 겨우 유지하다가 2007년에는 35%로 떨어졌다. 이것은 얼마 안 있어 30% 대로 더 떨어질 것이다.

독자가 반으로 줄어든 지난 10년 동안 도대체 무슨 일이 있었던 것일까? 신문은 막강한 대중적 영향력 때문에 언론 권력이라는 감투까지 썼다. 그러나 이들은 세상 바뀌는 것을 모르고 개혁에 소홀했다. 언론 권력은 정도, 정론, 공정성, 공익을 추구하기보다는 선정성, 파당성을 더 중시했고, 사익 추구에 골몰해 왔다.

한국 사회에서 대선 등 선거까지도 민주주의 축제가 아니라 권력을 쟁취하려는 정치 공학에 따라 움직이며, 중우정치의 장으로 전락시킴으로써 민주주의를 위협하기도 한다(박승옥, 2007.11.12). 이러한 왜곡된 정치와 변질된 민주주의는 사실상 신문을 비롯한 미디어의 책임이 크다.

(3) 인터넷

소리 혁명-문자 혁명, 인쇄 혁명, 방송 혁명, 디지털 혁명은 인류가 걸어온 커뮤니케이션 발전사이다. 그 가운데 우리가 지금 경험하는 디지털 혁명은 아날로그 문명을 하루아침에 바꿀 정도로 막강하다. 인터넷에서는 공급자나 수용자가 따로 없다. 그만큼 커뮤니케이션 구조가 평등하다는 뜻이다.

2008년에는 미국 쇠고기 수입과 광우병 파동에서 인터넷은 촛불 시위를 전국에 알리고 사람을 모으는 데 중요한 역할을 하였다. 오마이 뉴스, 아고라, 아프리카 TV 등 인터넷 미디어 앞에서 전통적인 신문은 속수무책이었다. 인터넷 미디어는 대체로 국민의 편에 서서 진실을 말한 반면, 신문 기업은 정부 여당, 미국, 미국 축산업자 편에서 정보를 전달했다. 이렇게 인터넷이 기존 미디어 독점자들과 대립각을 분명히 세웠다.

네이버, 다음 등 5대 포털 미디어는 정보 시장만이 아니라, 대중문화 흐름에도 큰 영향을 준다. 이들의 연간 수입은 2조 원대에 가깝다.[1] 포털 미디어는 정보 유통에 커다란 영향을 주었다. 특히 2008년 벌어진 촛불시위에서 네티즌은 다음에 아고라를 만들어 이명박 정권과 조중동이 지지하는 미국산 쇠고기 수입을 반대하는 운동을 펼쳤다. 인터넷은 누리꾼들에게 정보 교환, 광장으로 모임, 단결이라는 신호를 보낸다. 이런 힘과 함께 정보 검증 기능은 인터넷이 가진 힘이다.

(4) 통신 산업 자본

통신 산업 자본의 대중문화 시장 진출은 엄청난 파급 효과를 미친다. 생산, 유통 등 전 분야가 큰 변화를 겪고 있는 것이다. 통신 산업 자본이 음반, 영화, 드라마 등 대중문화 시장에 진출한 것과 불법 다운로드라는 2가지 요소는 유통 구조를 왜곡시켰고, 이것은 대중문화 시장의 침체에 큰 영향을 미쳤다(《한국일보》, 2008.4.28). 예를 들어, 이동 통신사가 운영하는 온라인 음악 서비스가 한 달에 5,000원에 모든 곡을 다운로드하게 만들어 음악 제작 시장과 전국 음반 소매점을 파탄시켰다(위 기사).

통신 기업은 이제 IPTV까지 갖게 됨에 따라 유료 방송 시장에 진출할 수 있게 되었다. 통신 산업의 영토 확장은 결합 서비스의 경쟁력을 증대하기 위한 것이다. KT는 집전화＋인터넷＋메가 TV＋휴대전화를 값싸게 제공하며, 하나로 텔레콤은 집전화＋인터넷＋하나 TV를, 엘지 데이콤은 인터

---

[1] NHN는 포털(네이버), 게임(한게임), 첫눈닷컴(검색), 네오플(게임) 등 인터넷과 오락 분야에서 두각을 나타냈다.

넷 + 마이엘지 TV + 인터넷 전화를 공급하고 있다. 이것은 방대한 규모의 경제와 범위의 경제를 이용한 것이다.

(5) 연예 오락 산업

인터넷의 대중화와 인터넷 게임은 오락 시장의 성격을 변질시켰다. 특히 인터넷 게임은 전통적인 대중문화라 할 수 있는 영화, 음악, 애니메이션 분야를 앞서기 시작했다. 그런데 좀더 주목할 점은 디지털 오락시장이다. 예컨대 2007년 아날로그 음악시장은 650억 원인 데 비해 디지털 음악시장은 3,700억 원으로 늘었다. 둘은 이미 격차가 크게 벌어진 것이다.

연예 오락 산업은 재벌, SK나 KT와 같은 통신 회사가 진출함에 따라 시장 규모나 전략, 투자 등 많은 것들이 변하고 있다. SK는 YBM 미디어, IHQ, TU 미디어, YTN 미디어, 청어람을 운영하며, KT는 싸이더스, FHN, 스카이라이프, IPTV 등 다양한 미디어와 서비스를 제공한다.

영화 산업은 일찌감치 재벌이 지배해 왔다. 영화 상영 부문은 3대 체인인 CGV, 메가박스, 롯데시네마가 점령하였다. 배급 부문은 CJ 엔터테인먼트, 시네마 서비스, 쇼 박스, 롯데 엔터테인먼트가 통제한다(류형진 외, 2006.9, 1쪽). 영화 투자도 CJ 엔터테인먼트, 시네마 서비스, KTB 네트워크, 삼성 벤처 투자, 미래에셋 캐피털 등 재벌이나 벤처 투자 회사가 주도한다(문화 관광부, 2007, 227쪽).

그러나 연예 오락 산업은 대부분 수익성 위기로 고전해 왔다. 영화 산업의 경우 창의성 결여, 수출 부진, 온라인 불법 유통, 제작 과잉의 문제가 수익성을 악화시키고 있는 것이다(고정민, 2007, 3쪽).

외주 제작 산업의 성장도 뚜렷하다. 2006년 지상파 방송의 총 제작비가 9,129억 원이었는데, 이중 1/3 정도인 2,962억 원이 외주 제작사의 몫이었다. 2007년 8월 마지막 주를 기준으로 방송3사는 총 44편의 드라마를 편성했다. 이 가운데 외주 제작사가 만든 드라마는 70.5%인 31편이었다. 총

드라마 시간 중 외주 제작 드라마의 시간이 차지한 비중은 72.9%나 되었다(이만제 · 김영덕, 2007, p.iv).

2008년 4월 1일 기준으로 방송 3사는 주당 총 25편의 드라마를 3,370분 방송하는데 이중 70%인 2,420분의 분량을 제작하고 있다(박창식, 2008). 25편의 드라마 가운데 16편은 외주 제작사가 만든 것이고, 방송사 자체 제작은 9편에 불과하다. 방송사와 외주 제작사는 많은 드라마를 만들어 한류 시장의 형성에 결정적인 역할을 했지만, 이제는 한계에 다다른 느낌이다. 외주제작의 목적, 정책 등 많은 것을 손질해야 되는 것이 아닌가 생각한다.

연예 오락 시장의 발목을 잡는 것이 또 하나 있다. 불법 복제 문제이다. 음반과 영화, 그리고 게임 분야는 불법 복제의 직접적인 피해자들이다. 음반시장을 보자. 2000년만 해도 국내 음반 시장은 4,104억 원 규모였다. 그러던 것이 2002년에는 30% 이상 삭감되어 2,861억 원 규모였다. 2004년에는 1,388억 원으로 전년에 비해 반 토막이 났다. 2006년에는 또 반으로 축소되어 시장 규모는 848억 원에 불과했다. 시장 위축은 영세 상인 중심의 음반 소매 시장을 파탄시켰다.

몇 년 전에 전국적으로 1만 개가 넘던 음반 소매점이 지금은 500개로 줄었다(〈매일경제신문〉, 2007.9.28, A16). 1/20로 줄어든 것이다. 영화 산업도 음반 시장과 유사하다. 영화 산업도 온라인 불법 유통을 비롯해 창의성 결여, 수출 부진, 과잉 제작 등으로 위기를 맞았다고 한다(고정민, 앞 글). 영화 산업은 2006년에 총 4,122억 원이 제작비로 썼으나 무려 1,000억 원가량 적자를 냈다. 수익성 위기에 직면한 것이다.

(6) 지역 미디어

한국 사회는 서울 집중으로 인해 모든 것이 불균형하고 불안정하다. 정보와 문화 분야에서도 그렇다. 서울의 거대 미디어는 전국 시장을 장악하기 때문에 지역 미디어가 존립할 근거를 약화시킨다.

지역 사회는 서울 중심적 정보와 상업적인 대중문화에 길들여 있다. 그런데 지역 사회를 대상으로 하는 지방 일간지, 지역 민방, 지역 SO, 지역 주간지, 지역 인터넷 미디어가 지역 사회의 여론과 문화 형성에 어느 정도 기여하지만 절대적인 것은 아니다.

지역 미디어는 대체로 생존에 급급한 실정이다. 그나마 사정이 제일 좋다는 지역 방송도 문제가 많다. 김병선의 조사에 따르면, 지역 방송의 제작비는 형편없는 수준이다. 지상파 TV의 자체 제작 프로그램의 10분당 평균 비용은 26만 9,000원이었다. 이것으로 전 국민이 시청하는 프로그램을 만든다니 놀랍다. 그런데 더 놀라운 사실은 지역 방송의 제작비이다. 아래 자료를 보자.

〈표 5〉 방송사별 자체 제작 프로그램의 10분당 제작비 비교

방송	10분당 제작비(만 원)
지상파 TV	26.9
KBS	51.7
EBS	43.2
MBC 본사	125.1
SBS	102.0
지역 MBC	5.0
지역 민방	8.0

※ 주 : 2006년 기준
※ 출처 : 김병선(2008), 63~64쪽

지역 방송은 10분당 제작비가 10만 원도 안 된다. 지역 MBC가 평균 5만 원, 지역 민방 평균이 8만 원이다. 이것으로 지역 방송의 기능을 다 할 수 있을까? 그런데 그 많은 수입은 다 어디로 빠져 나간 것일까?

지역 수용자들은 지역 미디어가 투자를 확대하고, 자원을 집중시켜 좀

더 지역 사회에 유익한 서비스를 바란다.

(7) 개인 미디어

모든 시민이 미디어를 가질 수 있는 시대가 왔다. 인터넷 덕분이다. 판도라 TV, 마이 TV, YouTube, Myspace와 같은 사용자 제작 동영상(UCC)이 날로 보편화 되고 있다. 한국에서도 인기를 끌고 있는 미국의 유튜브(YouTube)는 구글이 16억 5,000만 달러에 인수할 정도로 수익성과 영향력이 있다. 유튜브는 전 세계에 걸쳐 매일 1억 개의 동영상이 클릭되고 있으며, 1분마다 10시간 분량의 동영상이 올라온다(〈매일경제〉, 2008.3.13, A16쪽). 이처럼 인터넷 기반 미디어가 새로운 소통 공간을 만들고 있는 것이다. 기존 미디어와 달리 개인을 기반으로 구축되는 UCC나 블로그와 같은 개인 커뮤니케이션 양식은 돈과 권력을 추구하는 상업적 커뮤니케이션과는 다른 점이 많다.

(8) 진보 미디어

1990년대 중반 무렵부터 민주주의가 뿌리를 내리기 시작했다. 그 실과는 진보 미디어의 대중화이다. 한겨레신문과 경향신문과 같은 비판적 성향의 신문이 있고, 오마이뉴스, 프레시안, 대자보와 같은 진보적 인터넷 미디어도 있다. 아프리카 TV, 라디오21, 노컷 TV, 진보신당컬러 TV 등 다양한 종류의 진보적 인터넷 TV도 대안적, 비판적 정보의 유통에 기여하고 있다. 다음 아고라처럼 특정한 포털 공간이 진보적 정보 공간으로 이용되기도 한다.

(9) 외국계 자본

한국 미디어 시장에 들어온 외국 자본은 여러 가지가 있다. 미디어 산업 자본, 금융 자본, 광고 산업 자본 그리고 전자 · 통신 자본이 대표적이다.

1) 외국계 미디어 기업

외국계 미디어 기업은 한국의 영화, 통신사, 비디오 시장에 오래 전에 진출했다. 제너럴일렉트릭-NBC 유니버설, 타임워너, 디즈니, 뉴스코퍼레이션, 야후와 같은 지구적 미디어 기업 대부분이 한국에서 활동 중이다. 특히 유료 방송 산업에는 수 십억 달러의 외자가 들어온 것으로 추정된다. 경제 위기 아래서 유료 방송이 큰 적자를 내고 재정난에 허덕일 때 외국 기업이 헐값에 지분을 사들인 것이다.

음반 시장에서도 유니버설뮤직, 소니뮤직 등 5대 외국계 음반 회사가 45% 가량을 지배한다. 영화 시장이나 애니메이션 시장도 이와 비슷한 양상이다. 통신 뉴스와 경제 정보 시장에서는 블룸버그, 다우존스, 로이터가 지배적이다. 최근에는 인터넷까지 진출하여 상당한 세를 쌓았다. 예를 들어 미국이 운영하는 야후는 개방, 지구화, 개인화를 기본 개념으로 해서 한국 시장에 진출하고 있다(《중앙일보》, 2007.10.23).

2) 외국계 광고 자본

외국계 광고회사는 한국 시장에서 약진을 거듭했다. 국내 최대 광고 회사인 제일기획도 외국인 지분이 50%나 된다. LG 애드, 금강기획, TBWA 코리아, 코래드, 휘닉스 커뮤니케이션, 맥켄 에릭슨은 모두가 외국계 기업이다. 상위 10대 광고 회사 가운데 외국인이 100% 보유한 회사도 5개나 된다. 일본 자본의 투자와 시장 잠식도 상당한 수준이다.

외국계 광고 회사의 시장 점유율은 1998년 10.7%에 불과했다. 그러던 것이 1999년 20.7%, 2000년 34.4%, 2001년 40%로 급격히 늘었다. 2003년에는 약간 내린 38.0%를 차지하였다.

방송 광고 시장을 보아도 외국 광고 회사의 비중이 높다. 1998년 10.7%이었던 시장 점유율이 2000년에는 32.2%로 늘었고, 2003년에는 외국계 광고 회사는 총 방송 거래의 48.5%까지 차지함으로써 지배권의 문턱에까지 왔다. 2004년에는 전년보다 좀 떨어진 46.1%를 차지했고, 2005년에는 50%를 넘어섰다.

3. 맺는말

지금까지 미디어 산업의 구조를 살폈다. 미디어 산업에 새로운 자본, 새로운 기술이 들어옴에 따라 이전과는 딴판의 시장이 만들어지고 있는 것을 볼 수 있었다. 통신 산업 자본, 재벌 자본, 외국계 자본이 시장에 진출하여 기존 미디어 판도를 바꾸려는 움직임도 있다.

그런데 미디어 시장은 거대 자본끼리의 주도권 다툼으로 날밤을 샌다. 이 싸움을 결정짓는 요소는 여러 가지가 있겠지만, 결국 누가 수용자의 신뢰와 이용 습관을 선점하느냐 여부에 달렸다고 해도 과언이 아니다. 수용자의 선택은 미디어 시장에서 돈, 영향력, 언론 권력의 향방에 중대한 영향을 미칠 것이다.

여러분은 어떤 미디어를 선택하겠는가? 수용자의 미디어 선택은 마치 유권자가 대통령이나 국회의원을 선택하는 것과 비슷한 효과가 있다. 어떤 후보가 정직하고 능력이 있는지를 냉정히 판단해서 투표해야 하듯이 어떤 미디어가 유익하고, 정의로운 정보를 공급하는지 판단해서 선택해야 한다. 별 생각 없이 투표하고, 미디어를 선택해서 생기는 이익과 불이익은 그런 선택을 한 유권자나 수용자에게 고스란히 돌아간다.

그런데 미디어 시장이 무한 경쟁으로 치달으면 이익은 별로 돌아오지 않고, 불이익은 눈덩이처럼 불어나 우리에게 짐이 된다. 수용자들은 미디어 선택에 신중, 또 신중해야 할 것이다.

〈참고 문헌〉

권호영·김미경,『방송의 미래와 전략, 2017』, 커뮤니케이션북스, 2008.

김병선, 프로그램 편성 비율 고시가 지역 지상파 방송 편성에 미치는 영향. 한
국방송학회 외 주최 학술세미나 발제문, 한국방송회관, 2008.

김선남 외, 티브로드 전주방송 지역자체 채널 콘텐츠 개발을 위한 조사연구
한국방송학회·호남언론학회 공동주최 토론회 발제문, 전주 : 전북대
사회과학대학, 2007.

김승수,『언론산업의 정치경제학』, 개마고원, 2004.

김승수,『정보자본주의와 대중문화 산업』, 한울아카데미, 2007.

고정민, 한국영화 위기의 진단과 과제』, 삼성경제연구소, 2007.

류형진 외, 영화산업 독과점 현황과 공정경쟁질서 확보방안, 영화진흥위원회,
2006.3.

민영상 외, 방송사 소유제한의 대기업 기준 완화시 시장 영향, CJ투자증권,
2008.3.5.

문화체육관광부,『2006 문화산업백서』, 2007.

박승옥, 우리는 파국적 회오리 속에 들어갔다,『프레시안』, 2007.11.12.

박주연·전범수,『미디어다양성』, 한국언론재단, 2007.

방송위원회,『2006 TV 시청행태연구』, 2006.

방송위원회,『2007년도 방송사업자 재산 상황』, 2008.

송종길, 대만 케이블TV 산업의 현황과 전망,『동향과 분석』, 통권 163호, 2002.

양문석 외, 신문산업관련 자료의 활용을 위한 실태조사 연구, 신문발전위원
회, 2008.

이만제·김영덕, 국내드라마 제작 시스템 개선방안 연구, 한국방송 영상진흥
원, 2007.

이재국, 신문위기의 본질은 저널리즘의 위기,『방송문화』, 2008.2.

임정수,『영상미디어산업의 이해』, 한울아카데미, 2007.

정두남,『지상파 디지털방송 멀티모드 서비스 도입에 관한 연구』, 한국방송광
고공사, 2007.

한국언론재단, 『2008 언론수용자 의식조사』, 2008.

한국언론재단, 『2007 언론수용자 의식조사』, 2007.

댄 싱어, 2015년 방송시장의 전망, SBS 서울 디지털포털포럼 사무국 엮음, 『미디어 빅뱅, 세상을 바꾼다』, 커뮤니케이션북스, 2008.

Harvey, S., Who rules TV?, J. Wasco(ed), *A Companion to Television*, Blackwell, 2005.

McCHESNEY, R.W., *Communication Revolution*, NY : The New Press, 2007.

미디어 수용자와 질적 연구

제11장

1. 서론

그동안 미디어 연구는 방법론에 있어서 실증주의 관점을 적용한 수량적 통계 연구가 큰 비중을 차지해 오고 있었으나, 최근에 미디어 텍스트 혹은 미디어 생산자와 수용자 연구에 있어서 질적 연구 방법론을 적용한 연구가 확산되고 있는 경향을 보이고 있다.

특히 본 장에서 초점을 맞추고자 하는 수용자 연구에 있어 이러한 새로운 경향은 실증주의적 관점의 미디어 수용자와는 다른 인식론적 배경을 기초로 실증주의 연구의 한계를 비판, 극복하고자 하고 있다. 이러한 질적인 접근에 있어서 수용자 연구는 주로 민속지학적 접근을 중심으로 발전해 왔으며, 90년대 이후 국내에서도 민속지학적 연구의 확산과 더불어 점차 그 연구 성과가 축적되고 있다. 이러한 접근은 수용자 연구의 인식론 및 방법론적 변화와 맞물려 수용자 혹은 수용자와 미디어 텍스트의 관계를 바라보는 관점의 변화와 깊이 연관되어 있다.

국내 미디어 연구에 있어 질적 연구 방법의 확산은 실증주의 과학적 방법의 한계, 즉 사회 과학에서 연구하는 인간 현상은 자연 과학에서와 같은 객관적 관찰과 검증에 의해 설명되어질 수 없는 것이라는 인식과 맥을 같이 한다. 생산자 혹은 수용자에 대한 질적 접근은 참여 관찰이나 심층 인터뷰를 통해 미디어 생산 혹은 소비가 이루어지는 조건과 상황 속에서 행위를 이해하고자 한다.

양적 접근 방법에 대한 도전으로서 민속지학과 같은 질적인 연구 방식의 강점은 연구하고자 하는 현상에 대하여 다양한 측면의 관계를 파악함으로써 상황적 이해를 제공해 줄 수 있다는 점이라 할 수 있다. 그러나 민속지학적 방법은 실제 연구를 수행할 때 이 연구 방법을 엄격하게 적용시키는데 있어서의 어려움이 지적되어 왔으며, 미디어 연구에 있어 민속지학적 연구들은 연구 전통 혹은 방법론이 불분명하다는 비판을 받고 있다(정재철, 1997 : 104).

이러한 비판은 민속지학적 접근의 방법론적 원칙과 절차가 안정적이고 통일되어 있지 않음을 의미하는 것이면서도, 민속지학적 연구 방법 자체에 대한 논의의 필요성을 제기하는 것이라 할 수 있다. 국내 학계에서 민속지학적 수용자 연구는 양적인 증가와 더불어 수용자에 대한 논의에 있어 인식과 접근 방법의 다양화, 주제와 분석 대상에 따른 방법론 적용의 유연성 등의 성과를 가져왔다고 할 수 있지만, 이러한 성과만큼 수용자 연구에 있어 민속지학적 방법의 적용에 대한 심층적인 논의는 매우 부족했다고 할 수 있다.

따라서 본 장은 질적인 수용자 연구의 주요 방법으로 활용되고 있는 민속지학적 접근이란 무엇이며, 국내 미디어 연구에서 민속지학적 수용자 연구가 어떻게 활용되어 왔는지를 분석, 평가해 봄으로써 민속지학적 연구의 경향과 특성을 살펴보고자 한다. 이를 위해 미디어 연구에 있어서 질적인 접근과 이러한 접근에서 바라보는 수용자와 미디어 텍스트와의 관계에 대한 이론적 논의와 더불어 이를 토대로 1980년대 이후 진행된 민속지학적 수용자 연구의 흐름을 살펴보고자 한다.

여기서 첫째, 이 접근 방법의 원류인 인류학적인 민속지학 연구와의 차이를 근거로 나타나는 수용자 연구에서의 민속지학을 둘러싼 방법론적 논란을 짚어 보고자 한다. 둘째, 국내 연구를 중심으로 수용자 연구에서 민속지학적 연구 방법이 어떻게 적용되고 있는지 실제 연구 사례를 분석함으로써 민속지학적인 수용자 연구의 연구 초점, 활용 방식과 연구 경향을 파악한다. 셋째, 연구 사례에 대한 분석을 토대로, 기존 민속지학적 수용자 연구에 대한 반성과 이러한 접근의 방법론적 쟁점을 살펴봄으로써 민속지학적 접근 방법의 의미와 한계를 논의한다.

2. 수용자 연구와 민속지학적 접근

(1) 미디어 연구의 질적인 접근

미디어 연구에 있어 질적인 연구는 전통적인 커뮤니케이션 연구의 지배적인 연구 방법이 되어 왔던 양적인 연구와는 다른 인식론적 배경을 토대로 하고 있다.

양적 연구와 질적 연구의 차이는 단순히 기법의 차이라기보다는 서로 다른 지적, 학문적 전통 및 철학적 배경을 가지고 있는데, 질적 연구는 사회 해석학적 전통의 범주에 해당되는 학파들, 특히 현상학, 민속 방법론 및 상징적 상호 작용론과 밀접히 연계되어 있다. 질적 연구의 철학적 바탕은 매우 광범위하며, 이들은 사회가 어떤 요인에 의해서 변화하며, 사회적 현상에서 무엇이 중요하고, 또 사회적 실체가 어떻게 형성되어 있는가 등에 대하여 각기 독특한 관점을 가지고 있다.

따라서 이러한 다양한 학문적 전통들로부터 질적 연구의 철학이나 방법론적 원칙들을 간결하게 수렴하는 것은 매우 어려운 일이지만, 질적 연구의 특성은 대체로 다음과 같이 요약된다(Bryman, 1988; Mason, 1996).

첫째, 질적 연구는 사회적 실체와 현상이 어떻게 해석, 이해되고 경험되거나 생성되는가에 관심에 있다는 점에서 해석주의적인 철학적 입장을 기초로 하고 있다.

둘째, 질적 연구는 사건, 행위, 가치 등을 연구 대상자들의 시각에서 관찰한다.

셋째, 질적 연구는 자료가 창출되는 사회적 맥락에 보다 관심이 있다. 이런 점에서 질적 연구는 전체론적 접근(holism)이라 할 수 있으며, 사회적 실체들을 그것의 전체적인 맥락 속에서 설명되고 이해되어야 한다고 본다.

넷째, 분석과 설명 방법에서 복합성, 세부사항, 맥락을 이해하는 데 중점을 둔다. 이런 점에서 피상적인 유형이나 추세, 상관 관계를 묘사하기보다는 본질적인 형태의 분석과 설명을 강조한다.

다섯째, 질적 연구는 자료를 만들어내는 방법이 유연하며, 비교적 개방적이고 비구조화된 연구전략을 채택하는 경향이 있다.

여섯째, 질적 연구는 이론과 개념의 설정 및 검증이 자료 수집과 동시에 진행되는 접근 방법을 선호한다.

연구 방법론으로서 이러한 질적인 접근은 양적인 연구에서와 같이 인간 행동을 수치로 단순화하거나 환원시켜 보는 것으로는 인간 내지는 인간의 커뮤니케이션을 이해할 수 없다는 점에서 양적 연구의 환원주의(reductionism)를 비판한다(Priest, 1996).

또한 질적 연구는 흔히 자연주의적(naturalistic)인 것으로 언급되는데, 그것은 인간 행동이 기계적인 방식으로 이루어지는 것이 아니므로 인과분석이나 변인 조작으로 분석될 수 없으며, 대신 그러한 행동이 갖는 의미들에 접근해야 한다고 본다. 즉 양적인 접근은 행위를 의미 발생의 맥락으로부터 고립시킨다는 한계를 가지고 있으며, 이에 대해 질적인 연구는 현상에 대한 다양한 측면의 관계를 파악함으로써 맥락적 이해를 제공한다는 장점이 있다.

물론 질적 연구가 방법론적으로 완벽한 것은 아니며, 양적 연구에 배치되거나 양립 불가능한 것도 아니다. 질적 연구와 양적 연구는 연구 대상이나 목적에 따라 어떻게 적절히 활용하며 또 어떻게 결합할 것인가를 고려해야 한다.

아울러 질적 연구는 연구 수행 과정에서 연구 현장을 감안한 의사 결정과 상황의 변화에 민감하게 대처해야 하며, 이러한 과정에서 연구자 자신의 행동과 역할을 부단히 점검하고 성찰하는 것이 중요하다. 특히 연구 대상에 대한 기술과 설명은 선택적으로 관찰, 해석되며 연구자의 세계관이나 연구 목적 등에 영향을 받을 수 있다는 점에서도 비판적 자기 성찰은 연구 전 과정에 걸쳐 지속적으로 이루어질 필요가 있다.

(2) 질적 접근에서의 수용자 연구의 흐름

수용자 연구는 인식론적 틀에 따라 혹은 연구의 목적과 접근 방법에 따라 다양한 관점을 가지고 논의되어 왔다. 커뮤니케이션을 사회적 기능이나 행동적 효과로서 파악하는 전통적인 주류 커뮤니케이션 연구의 행동주의적 관점이나 수용자들의 이용과 요구에 초점을 맞춘 수용자 중심의 구조 기능주의적 관점과는 달리, 미디어 텍스트에 대한 수용자 해독과 수용에 관한 연구는 해석적·현상학적 접근으로서 이해된다.

해석적 접근은 커뮤니케이션에 있어 언어와 상징(symbols)의 역할, 그리고 의미의 공유 과정으로서의 상호 작용 과정을 강조하고, 미디어의 이데올로기적 효과나 사회적 의미 구성에 관심을 두고 있다. 이러한 해석적 접근에서의 수용자 연구는 수용자에 의한 텍스트의 해독과 텍스트와 수용자 간의 상호 작용에 의한 의미화 과정에 관심을 기울임으로써, 다양한 사회 집단의 구성원들과 미디어 텍스트 사이에 수립된 해석적 관계를 탐구한다. 이러한 인식론적 배경에 기반한 수용자의 개념은 메시지의 해독과 의미 창출에 있어 능동적인 존재로서, 여기서 수용자는 메시지의 소비자에서 나아가 의미의 생산자로서 인식된다. 이러한 시각에서 수용자상은 일상생활에서 매스 미디어를 능동적으로 소비하는 적극적 의미 창출자로서, 미디어에 대한 수용자의 다양한 해석이 가능하게 되었다.

이와 같은 능동적이고 적극적인 의미 창출자로서의 수용자상은 홀(Hall, 1980)의 부호화·해독(encoding/decoding) 모델을 통한 텍스트와 수용자에 대한 이론적 전개와 밀접한 연관을 갖는다. 홀의 모델은 수용자 연구를 포함한 영국 문화 연구의 전반에 전환점을 제공하였고 수용자와 미디어 텍스트의 관계에 대한 새로운 시각을 마련하는데 중요한 역할을 하였다.

특히 홀의 모델은 특정 텍스트에 대한 해독의 의미와 해독자의 사회적 위치에서 비롯된 경험 사이의 일치 여부를 탐구하는 작업을 발전시킴으로써, 텍스트의 지배 이데올로기 분석에 치중되었던 기존의 해석학적 연구에서 벗어나 수용 연구로 관심의 이동을 가져왔다. 이러한 방향 전환을 통해 텍스트 의미는 텍스트 내에서 구성되는 것이 아니라, 수용자의 사회적, 문화적 위치와의 밀접한 관련성 속에서 때로는 수용자가 텍스트의 지배적 의미에 저항하고 문화적 정체성을 구성해나가는 방식으로서 해독의 문제가 제기되었다.

홀의 부호화·해독 모델은 이후에 몰리(Morley, 1980)의 'The Nationwide Audience' 연구를 포함한 몇몇 경험적 텔레비전 수용 연구를 통해 검증되었다. 몰리의 연구는 'The Nationwide'라는 텔레비전 프로그램에 대한 수용자의 해독이 수용자의 사회적, 계급적 배경에 따라서 다양하게 이루어질 수 있다는 것을 실증적으로 검토하고자 하였다.

몰리의 연구에서 중요한 발견은 홀의 가정과는 달리 시청자의 해독이 사회적 위치에 의해 직접적으로 규정되지 않는다는 점이라 할 수 있다. 이에 대해 몰리는 홀이 해독에 있어 계급의 역할을 지나치게 강조하고 있음을 지적하고, 사회 계급이 수용자의 해독에 직접적인 영향을 미친다기보다는 수용자의 계급적 위치가 그들이 접근할 수 있는 담론의 종류와 영역을 제한하기 때문에 해독의 차이가 발생할 수 있음을 제시하였다. 즉 텍스트와 수용자의 관계가 단순하거나 획일적이지 않으며, 수용자의 사회적, 담론적 위치(social, discursive position)에 따라 다양한 해독의 가능성을 열어 놓았다.

몰리의 연구는 텔레비전 텍스트 해독과 수용자의 위치의 관계를 살펴봄으로써, 수용자를 개인이나 대중(mass)이 아닌 사회적 주체(social subjects)로서 개념화하여 수용자에 대한 새로운 시각을 제공하였다는 점에서 의의를 찾아볼 수 있다. 그러나 몰리의 연구는 수용자의 사회적 속성에 대한 협소한 정의, 즉 주로 계급에 기초하여 수용자 해독의 다양성을 바라봄으로써 성, 연령, 인종, 종교 등 수용자의 다양한 사회적 위치를 고려하지 못하고 있다는 점에서 한계점을 드러내고 있다.

또한 몰리의 연구는 특정 텔레비전 프로그램에 대한 수용자의 해독의 문제에만 집중하고 있을 뿐만 아니라, 이 연구에서 인터뷰 대상자들은 인위적 공간에서 연구자가 제시한 프로그램을 시청함으로써 그들의 일상적인 텔레비전 시청 경험과는 전혀 다른 상황에서 연구가 이루어졌다. 몰리 자신도 이러한 시청 맥락(viewing context)의 문제를 인식하여 가공된 맥락이 아닌 자연스러운 시청 맥락, 즉 가정에서의 시청 경험을 살펴보아야 함을 지적하였다.

실제로 이후의 경험적 수용 연구들은 특정 프로그램에 대한 해석의 문제에서 나아가 프로그램의 선택이나 선호의 문제로, 그리고 텔레비전 시청을 비롯한 미디어 소비가 이루어지는 맥락의 문제로 관심을 돌리고 있다(Ang, 1985; Modleski, 1982; Morley, 1986; Radway, 1987 등). 수용자의 취향과 선호의 문제에 관심을 둔 연구들은 수용자가 텍스트 소비를 통해 경험하는 즐거움의 문제에 주목하여 수용자의 즐거움이나 저항성의 관점에서 텍스트의 의미와 수용자 해독의 문제를 제기하였다.

이러한 연구들은 대부분 텍스트에 내재하는 즐거움이나 수용자의 개별적 경험과 특정 장르 사이의 관계를 다루고 있다.[1] 피스크(Fiske, 1986)는 텍스트를 대중의 일상생활 속에서 완성되는 의미와 즐거움의 촉발제로 보았는데, 대중은 단순히 대중문화를 소비하는데 그치는 것이 아니라 의미와 즐거움을 생산해 내며, 이는 곧 문화산물에 부여된 지배적 의미에 대한 저항적 실천으로 귀결된다. 이러한 관점에서 미디어 수용의 즐거움과 저항성을 다루는 수용자 연구들은 대중문화 소비 경험이 불러일으키는 즐거움을 허위적인 것으로 상정하는 이데올로기 분석이 소홀히 해 왔던 일상성에 주목하여, 매일매일의 삶 속에서 수용자들이 미디어 수용을 통해 느끼는 즐거움과 의미를 설명하고자 하였다.

(3) 민속지학적 수용자 연구

앞서 살펴보았듯이, 해석적 패러다임에서의 질적 연구들이 텍스트 중심적인 연구에서 수용자 중심으로 방향 전환을 하면서, 많은 경험적 수용자 연구들은 실제 미디어 수용이 이루어지고 있는 일상생활 속에서 수용의 의미를 설명하고자 하였다. 이러한 연구 경향은 미디어 수용 행위는 실험실과 같은 통제된 환경이나 텍스트의 분석을 통해서는 이해될 수 없다고 보고, 미디어 수용 행위를 그것이 위치한 일상적 맥락 속에서 분석하고자 하였다.

이와 같이 미디어 수용의 특성을 맥락적 차원에서 설명하고자 하는 질적인 수용자 연구들은 대부분 민속지학적 접근 방법을 사용하고 있다. 전통적인 양적 연구들이 수용자를 연구자의 학문 세계로 불러들여 연구하였다면, 민속지학은 연구자들이 직접 수용자의 세계로 들어가 수용자의 구

---

1) 예를 들어 여성수용자와 장르의 관계에 초점을 맞추고 있는 여성의 솝오페라나 로맨스 소설의 선호에 대해 논의한 연구들을 들 수 있다(Ang, 1985; Hobson, 1982; Modleski, 1982; Radway, 1987).

체적 생활을 그들의 직접적 목소리로 듣는다.

해머슬리와 아킨슨(Hammersely & Atkinson, 1995)은 민속지학이란 연구자가 장기간 사람들의 일상생활 속에 들어가 무엇이 일어나는지를 관찰하고, 말하는 것을 듣고, 질문함으로써 연구 관심을 설명하는 데 이용 가능한 광범위한 자료를 수집하는 하나의 사회 연구 방법이라고 밝히고 있다. 몰리와 실버스톤(Morley & Silverstone, 1991) 역시 민속지학은 현장에 들어가 표면적으로든 암묵적으로든 일상적인 행위에 대한 직접적인 관찰과 인터뷰를 통해서 문화적 맥락 속에서의 주체의 실천을 기술하고 해석하려는 시도라고 설명하고 있다. 예컨대 텔레비전 수용자 연구에서 연구자는 수용자와 함께 가정이나 직장에서 텔레비전을 시청하면서 관찰하고 인터뷰하는 등 수용자의 일상생활 속에서 텔레비전 시청이 어떤 의미를 지니는지, 텔레비전을 통해 어떠한 의미를 생산해 내고 있는지 등의 문제를 설명하고자 한다.

민속지학은 인류학에서 발전되어 왔던 것으로 사회학 연구를 포함한 다른 학문 분야에서도 주요한 접근 방법으로 삼고 있다. 미디어 연구 분야에서 민속지학적 접근은 미디어 생산자 및 수용자의 행위에 대한 질적인 접근에서 많은 관심을 받고 있는 방법으로서, 민속지학적 접근 방법의 확산은 앞서 살펴본 1980년대 이후 진행된 수용자 연구의 경향과 맞물려 있다. 이러한 경향의 수용자 연구는 텍스트의 이데올로기 분석이나 특정 텍스트에 대한 수용자 해독 연구와 같은 텍스트 중심 연구에서 벗어나 일상생활 속에서 다양한 미디어 소비에 대한 연구에 집중되어 왔다. 미디어 수용자에 대한 질적인 경험 연구를 수행한 이들 연구는 '민속지학적' 연구로 지칭되어 왔다.

그러나 미디어 수용자 연구 분야에서 사용되는 민속지학적 접근은 몇 가지 방법론적 문제점이 지적되어 왔는데, 특히 인류학적 접근 방법을 결여하고 있다는 점에서 비판받아 왔다. 질레스피(Gillespie, 1995)는 수용자 연구의 민속지학적 방법은 집중적이고 장기적인 현지 조사를 결여하고 있다는 점에서 단순히 질적인 방법으로 지칭되는 것이 마땅하다고 주장하였다.

유사한 관점에서, 나이팅게일(Nightingale, 1996)은 문화 연구 분야에서 '민속지학'이란 용어의 오용을 지적하면서, 그것은 현장에서 수행된 경험적 수용자 연구를 합리화하기 위해 사용되어 왔을 뿐이라고 지적하였다. 이러한 나이팅게일의 비판은 다섯 개의 수용자 연구[2]를 예로 들면서 이들 연구들이 기술의 심층성 결여(minimal description), 연구자의 통제와 같은 방법론적 이슈에 대한 관심 결여, 수용 집단(community)보다는 텍스트와 생산에 관심을 둔다는 점에서 '민속지학적' 속성을 결여하고 있음을 지적하였다(앞글, 110~113쪽).

수용자 연구에 있어 이러한 지적들의 중요성을 인식한다 하더라도, 이러한 비판은 논란의 여지가 있다. 이들 비판은 수용자 연구와 인류학적 민속지학 연구의 차이를 드러냄으로써 수용자 연구의 방법론적 결함에 집중하고 있다. 그러나 민속지학적 수용자 연구를 옹호하는 입장에서는 수용자 연구가 인류학적인 민속지학적 접근 방법을 재생산한다기보다는 변형한 것으로, 이들 수용자 연구는 '의미 투쟁(the struggle for meaning)에 대한 탐구'라는 점에서 인류학과는 다른 목적을 가지고 있다고 본다(Fiske,

---

2) 나이팅게일은 다섯 개의 텔레비전 수용자 연구 – 텍스트 생산과 수용자 해독을 드러내고자 한 홀(Hall)의 의도를 좇아 수행된 연구들-를 사례로 제시하면서 미디어 수용자 연구에 나타난 민속지학적 방법을 비판하였다. 다섯 개의 연구는 브런슨과 몰리(Brunsdon and Morley)의 Everyday television: 'Nationwide',(1978), 몰리(Morley)의 The 'Nationwide' Audience: structure and decoding(1980)' 홉슨(Hobson)의 Crossroads: the drama of a sopa opera(1982), 앙(Ang)의 Watching Dallas: soap opera and the melodramatic imagination(1985), 툴로와 모란(Tulloch and Moran)의 A Country Practice: 'quality soap(1986)', 버킹햄(Buckingham)의 Public Secrets: East Enders and its audience(1987)이다.

1996).

이러한 연구는 장기간의 관찰보다는 의미 생산에 대한 집중적인 탐구를 요한다고 볼 수 있으며, 참여 관찰자로서 수용자 집단과 장시간을 보내는 것이 친밀한 대화적 인터뷰를 통해 그들의 이야기에 귀를 기울이는 것보다 반드시 더 생산적이라고 볼 수는 없다(Gray, 2003). 아울러 사회 연구자는 타자의 문화를 연구하는 인류학자와는 달리 자기 자신의 문화를 탐구한다는 점에서 내부 지식(local knowledge)[3]을 가지고 있으며, 이미 '장기간의 개인적 현장 경험(long personal field experience)'을 가지고 있다(Alasuutari, 1999 : 8)는 것이다. 이러한 점에서 연구자의 장기간의 참여 관찰과 같은 인류학에서 요구하는 민속지학의 조건은 필수조건이라기보다는 연구의 목적에 따라 결정되는 것으로 보여진다.

또한 나이팅게일의 비판의 경우, 사례로 제시된 수용자 연구들은 특정한 텔레비전 프로그램의 텍스트적 특성을 조사하고자 한 것으로, 그 결과 맥락(context)을 설명하는 데 실패하였다. 이러한 연구들은 텔레비전 텍스트를 읽거나 혹은 수용자 '해독에 대한 해독(reading of reading)'을 밝히는 것으로서, 사회적 맥락으로서 총체적으로 수용자와 텍스트의 관계를 기술한 것이 아니라, 해독의 일부분만 밝히고 있다(주창윤, 1997)는 비판을 받고 있다.

이는 민속지학적 수용자 연구에 대한 비판이 수용자의 텍스트 해독 연구에 집중되어 있다는 점과도 밀접한 관련이 있는데, 앞서 언급했듯이 민

---

3) 거어츠(Clifford Geertz)가 '내부지식(local knowledge)'이라고 언급한 것은 사회연구자들이 문제 제기한 대상들을 이해하기 위한 규칙과 담론들에 대해 이미 익숙함을 의미한다. 따라서 수개월간의 참여 관찰의 결여란 측면에서 미디어의 민속지학을 비판하는 것은 문제가 있다고 말한다. 타자의 문화를 연구하는 인류학과 달리 미디어연구의 경우 연구자는 내부자로서, 현장 연구는 연구가 시작되기 수년전에 이미 시작되었다는 것이다(Alasuutari, 1999 : 8).

속지학적 수용자 연구의 초점이 수용자 행위에 대한 상황적 이해를 지향하고, 이러한 관점에서 텔레비전 시청 등의 수용 행위는 그 자체 역동적인 사회적 과정으로서, 그리고 일상 생활의 맥락 내에서 이해되고 있다는 점에서 위의 비판은 다른 수용자 연구들에 일반화되기는 어렵다.

그러나 이와 같은 민속지학적 수용자 연구를 둘러싼 인류학적 민속지학의 관점의 비판은 지나치게 한가지 입장으로만 단순화되어 이루어지고 있다는 문제 또한 지적된다. 즉 민속지학적 수용자 연구에 대한 옹호적 입장은 장기간의 현장 조사(Gray, 2003)나 타자의 문화를 주로 연구하는 인류학적 입장으로부터의 비판과 관련 반론을 제기(Alasuutari 1999)하고 있으나, 앞서 나이팅게일이 지적했듯이 기술의 심층성 결여나 수용 집단보다는 텍스트와 생산에 관심을 두고 있다는 비판 등과 관련해서는 여전히 논란의 여지가 남아 있다.

이런 점에서 장기간의 참여나 관찰을 강조하는 인류학적 민속지학의 입장 외에 기술(description)이나 해석을 강조하는 입장이나 타 문화가 아닌 연구자 자신이 속한 문화권에서 수행된 인류학적 연구들 또한 민속지학적 미디어 수용자 연구에 시사점을 제공할 수 있다. 이러한 다양한 인류학적 민속지학의 입장들로부터 민속지학적 수용자 연구는 수용자의 삶의 경험을 두껍게 기술(thick description)하고, 수용 집단(community)의 미디어 수용을 둘러싼 전반적인 과정에 대한 보다 자세하고 깊이 있는 분석의 필요성에 대한 중요한 통찰력을 제공받을 수 있을 것이다.

이상에서 그동안 민속지학적 수용자 연구에 대해 제기된 인류학적 민속지학의 관점으로부터의 비판의 초점이 주로 심층적, 장기적 참여 관찰 방법의 결여라는 문제와 관련되었던 것과는 달리 수용자 연구에서 있어 민속지학적 접근에 대한 논의는 보다 다양한 시각에서 이루어질 필요가 있는 것으로 보인다.

이와 관련 최근의 추세는 '원주민(native)의 시각에서 그들의 삶의 방식을 이해하는'(Spradley, 1979 : 3) 목적을 수행하는 방법론으로서 민속지학을 규정하는 경향이 있으며, 민속지학의 범위가 넓어지면서 다른 집단간 비교와 같은 다양한 방법이 사용되기도 한다(Murphy and Kraidy, 2003 : 304). 이러한 관점에서는 제한된 관찰이나 인터뷰 중심 연구라 할지라도 민속지학적 목적, 즉 연구 참여자의 '생생한(real)' 경험에 대한 통찰과 이해에 기반한 것일 경우 민속지학적 연구라고 보는 경우가 많다(Walford, 2001).

이렇게 볼 때 일상적인 환경에서 수용자들의 미디어 소비 경험에 대한 심층적인 분석을 시도하고 있는 최근의 수용자 연구는 '민속지학적' 의도를 가진 것이라 하겠다. 이들 연구는 미디어 소비가 이루어지는 일상적 공간(환경)에 접근하여 그 속에서 사람들의 행위를 탐구하고자 한다. 민속지학적 접근의 명백한 특성이라 할 수 있는 '상황 속에서의 미디어 소비(혹은 생산)의 이해'는 양적인 방법들과는 구별되는 민속지학적 방법의 강점이라 할 수 있다. 양적인 접근은 미디어 소비를 그것이 일어나는 맥락으로부터 고립시키는 한계가 있다. 더욱이 수용자 경험의 다차원적이고 복잡한 특성은 양적인 방법만을 통해 파악하기 어렵다.

양적인 방법과는 대조적으로 민속지학적 접근은 복잡하게 구조화된 맥락에 대한 분석을 통해 참여자들의 행위, 경험, 가치에 대한 심층적인 기술적, 해석적 설명을 제공하고자 한다. 따라서 민속지학적 작업은 사람들의 삶의 현실과 그들의 관점에 기초한다. 다시 말해, 민속지학적 접근은 연구자가 사람들의 일상생활 속으로 들어가 가능한 한 자연스러운 상황에서 그들의 실천을 발견적으로 관찰하고, 기술하고 해석하는 방법으로 이해될 수 있다.

이런 점에서 민속지학적 접근은 보편적인 법칙을 탐구하는 것을 목적으로 하는 것이 아니라, 특정한 문화 내에서 삶의 구체적인 경험과 그 속에서 자원(resources)으로서 사용된 가치, 신념, 사회적 규칙 등에 대한 세부적인 설명을 제공하고자 하는 것이다(Hammersley and Atkinson, 1995 : 10).

이상에서 볼 때 수용자에 대한 민속지학적 접근은 수용자를 보다 인간주의적 시각에서 커뮤니케이션의 주체로서 파악하고, 미디어 수용을 매일의 삶 속에 위치지어 일상성을 강조하고 있다. 즉 미디어 수용은 텍스트, 수용자, 그리고 수용 맥락 간의 복잡한 상호 관계 속에서 이루어지며, 이는 수용자의 미디어 수용 경험과 깊은 상관성이 있는 것으로 이해된다.

3. 분석 대상 및 분석 절차

본 장에서는 국내 연구를 중심으로 수용자 연구에서 민속지학적 연구 방법이 어떻게 적용되고 있는지 실제 연구 사례를 분석하고자 한다. 분석 대상으로 커뮤니케이션학의 주요 학술지에 게재된 논문들을 선택하였다.[4]

분석 대상 논문은 1994년부터 2005년 상반기까지의 기간 동안 학술지에 게재된 수용자 연구 논문들 중에서 앞서 논의한 민속지학적 수용자 연구로 분류될 수 있는 논문만을 선정하였다. 1994년부터 분석 기간이 정해진 이유는 90년대 중반부터 국내에서 민속지학적 접근 방법을 사용한 수용자 연구가 학술지에 게재되기 시작했기 때문이다. 이 기간 중에 민속지학적 방법을 사용한 생산자 연구들[5]도 소수 있었으나, 본 장에서는 연구 목적

---

4) 커뮤니케이션학의 주요학술지로서 〈한국언론학보〉, 〈한국방송학보〉, 〈언론과 사회〉, 〈한국언론정보학보〉, 〈방송연구〉, 〈프로그램/텍스트〉를 선정하였으나, 실제 분석 대상에 포함된 논문들이 수록된 학보는 〈한국언론학보〉, 〈한국방송학보〉, 〈언론과 사회〉, 〈프로그램/텍스트〉로 나타났다.

5) 대표적인 예로서, "텔레비전 다큐멘터리 프로그램의 생산과정에 대한 민속지학적 연구"(이오현, 2004)가 있다. 이 논문은 KBS 〈인물현대사〉란 프로그램을 대상으로 제작진에 대한 참여관찰과 심층면접을 통해 매체생산과정에 대한 경험적 연구를 수행하고 있다.

에 따라 수용자 연구에 한정하여 분석 대상을 선정하였다.

최종적으로 선정된 분석 대상 논문은 17편으로 나타났는데, 이들 논문은 해당 연구자가 민속지학적 연구 방법을 사용하고 있음을 밝히고 있거나, 민속지학적 방법임을 명시하지 않았다 하더라도 이론적 논의와 분석 기법을 검토하여 민속지학적 미디어 수용 연구로 분류될 수 있다고 판단되는 논문들을 선택한 것이다. 분석 절차는 다음과 같이 이루어졌다.

첫째, 분석 대상으로 선정된 논문들의 연구 주제, 연구 참여자 및 연구 대상 매체(혹은 장르)를 확인하였다. 연구 참여자는 조사 대상 수용자들로서, 이들은 연구에 따라 관찰 대상자이거나 연구 주제와 관련된 정보를 제공하는 정보 제공자(informants) 또는 연구자의 질문에 응답하는 응답자들(interviewees)이라고 할 수 있다. 아울러 이들 연구 참여자들이 수용한 매체나 장르가 무엇인지 살펴보았다.

둘째, 분석 대상 논문에서 사용된 이론적 논의와 연구 방법을 살펴보았다. 이론적 논의에 대한 검토는 해당 논문이 주제와 관련하여 사용하고 있는 이론적 배경보다는 본 장의 목적에 따라 수용자 연구 혹은 민속지학적 접근과 관련하여 사용된 이론이나 문헌이 무엇인지 살펴본 것이다. 연구 방법에 대해서는 해당 연구에서 사용하고 있는 구체적인 방법(개인 혹은 집단의 심층 인터뷰, 참여 관찰, 집단 토론, 편지 분석, 자기 기술지 등)을 확인하고 이러한 방법이 구체적으로 어떻게 이루어졌는지 검토하였다.

셋째, 분석 대상 논문들의 연구 목적과 분석 내용을 토대로 해당 논문의 연구 경향을 세 가지, 즉 텍스트 해독에 관한 연구, 미디어 소비에 관한 연구, 하위 문화 연구로 구분하였다.[6] 텍스트 해독 연구는 특정 미디어 텍스

---

6) 물론 이러한 구분이 엄격하게 배타적이지 않기 때문에 논문에 따라 두 가지 연구 경향을 모두 가지고 있는 경우도 있었지만, 연구자들이 비중을 두고 있는 분석과 연구 목적에 따라 분류하였다.

트를 선정하여 수용자가 텍스트 의미를 어떻게 해석하고 창조해 나가는지에 초점을 맞춘 연구 경향이라 할 수 있다. 미디어 소비[7]에 관한 연구는 특정 텍스트의 해독의 문제에서 벗어나 미디어(혹은 장르)의 소비가 어떻게 이루어지고 있으며, 그러한 미디어 소비가 수용자의 일상생활 속에서 갖는 의미를 탐구하는 데 집중한 연구들이라 할 수 있다. 하위 문화 연구는 수용자 하위 집단을 대상으로 그들의 대중문화 실천과 하위 문화적 특성을 밝혀내는 데 초점을 둔 연구 경향이라 할 수 있다. 이러한 연구 경향에 대한 고찰을 통해 국내 민속지학적 수용 연구들의 연구 초점과 접근 방식을 파악하고자 하였다.

4. 국내 민속지학적 수용 연구의 적용 사례와 동향

(1) 연구 참여자 및 대상 매체

먼저 본 장에서 분석 대상으로 하고 있는 17편의 논문들의 연구 참여자 및 연구 대상 매체 혹은 장르가 무엇이지 살펴보았다.

연구 참여자는 사회적, 담론적 위치에 있어서 매우 다양하게 나타났다. 대부분의 연구들이 연구 목적에 맞추어 청소년, 여성, 주부, 노동자 집단 등으로 연구 대상의 범위를 구체적으로 설정하고 있었는데, 이에 따라 성, 연령, 지업 등이 사히저 위치에 있어 다양한 수용자 집단이 연구 참여자로 나타났다.

---

7) 여기서 '미디어 소비'란 미디어 이용과 유사한 개념이나, 미디어의 도입, 소유, 사용 등 미디어와 수용자가 관계를 맺는 전 과정과 수용자의 일상 속에서 그러한 행위가 갖는 의미 등을 포함하는 보다 포괄적인 개념으로 사용되었다. '미디어 이용'이란 표현을 사용하지 않은 것은 이용과 충족 연구와 같은 실증주의 커뮤니케이션 연구에서 사용되는 '이용'의 개념과의 혼돈을 피하기 위해서이다.

아울러 몇몇 연구들은 미국 영화 관객(이수연, 1995), 초기 라디오 수용자(마동훈, 2003), 일본 대중문화 동호회 활동(윤경원·나미수, 2005a), 팬픽참여(김훈순·김민정, 2002), 팬클럽 활동(김현정·원용진, 2002)과 같은 특정한 문화적 취향 혹은 활동을 가지고 수용 대상을 한정함으로써 담론적 위치에 있어서도 다양한 수용 집단을 대상으로 하고 있음을 알 수 있다. 또한 대부분의 민속지학적 수용 연구들이 수용자 집단 간의 차이를 검증, 설명하는 것이 아니라, 특정 수용자 집단의 삶의 현장을 기술하는 데 목적이 있다는 점에서 연구 대상자들을 인구 통계학적 특징별로 할당, 표집하는 방법은 필요하지 않았다고 하겠다. 몇몇 연구들에서는 연구 참여자에 대한 접근(access)과 구체적인 표집 방법이 기술되지 않았는데, 기술된 경우에는 연구 주제와 관련된 후원자(sponsor)[8]를 통해 연구 참여자를 소개받거나 희망자를 모집(예 전규찬, 1996; 나미수, 2001; 양정혜, 2002)한 경우와, 눈덩이식 표집(예 나미수, 2002; 윤경원·나미수, 2005b; 2005b)을 한 경우, 그리고 연구 현장에서 직접적인 접촉을 통해 연구 참여자를 모집한 경우(김창남, 1994 ; 김훈순·김민정, 2002 ; 마동훈, 2003)가 대부분이었다.

연구 대상 매체(혹은 장르)별로는 텔레비전 수용 연구가 7편으로 가장 많았고, 인터넷(컴퓨터 수용 및 팬픽 연구 포함) 수용 연구 3편, 대중음악 및 영화 수용 연구 각각 2편, 라디오 수용 연구 1편, 기타 대중문화 수용 연구가 2편이었다.

---

8) 후원자(sponsor) 혹은 게이트키퍼(gatekeeper)는 연구하고자 하는 현장이나 사람들에 대한 연구자의 첫 번째 접촉 대상자로서 연구 현장이나 참여자들에 대한 접근을 도와주거나 통제하는 존재이다(Hammersley & Atkinson, 1995: 64). 예를 들어 연구자의 친척, 지인, 동료 등 기존의 사회적 또는 개인적 네트워크나 연구하고자 하는 문제와 관련된 공식적 단체들이 후원자가 되어 이들을 통해 연구 참여자를 모집할 수 있으며, 최근에 나타나고 있는 인터넷 수용자 관련 연구들의 경우 특정 사이트의 운영자들이 후원자가 될 수 있다.

〈표 1〉 국내 민속지학적 수용 연구의 사례

연구 연도 및 연구자	연구 주제	연구 참여자	매체 (장르)	민속지학적 접근 방법		연구 경향
				이론적 논의	방법	
1995, 이수연	한국 관객의 미국 영화 해독	18~26세 남녀 25명	영화	Marcus & Fisher	집단 및 개별 인터뷰	텍스트 해독
1997a, 윤선희	수용자의 멜로 드라마의 의미 생성과 자아 정체성 구성	연령, 교육, 직업별로 다양한 8명	텔레비전 드라마	Cilfford & Marcus	개별 인터뷰	텍스트 해독
1997b, 윤선희	수용자의 일상성과 포스트모던 이미지 구축	10명의 남녀 대학생	영화	없음	집단 및 개별 인터뷰	텍스트 해독
2002, 양정혜	텍스트의 지배 이데올로기 해독의 남녀 차이	대학(원)생 남녀 30명	텔레비전 드라마	Hall, Condit	집단 인터뷰, 참여 관찰	텍스트 해독
2002a, 이오현	능동적 수용자론의 검토	26~35세 주부 15명	텔레비전 드라마	Morley, Condit	개별 인터뷰	텍스트 해독
2002b, 이오현	텍스트의 다의성과 수용자 해독과의 관계	웹사이트 이용자	텔레비전 드라마	Lewis, Morley	웹사이트 편지 분석	텍스트 해독
1996, 전규찬	텔레비전 만화영화 시청과 의미 생산	초등학생 남녀 18명	텔레비전 만화 영화	없음	집단 인터뷰 및 토론	미디어 소비
1998, 박동숙	여성 수용자의 TV 뉴스 시청의 의미	20~30대 남녀 46명	텔레비전 뉴스	Morley. Jensen	집단 인터뷰 및 토론	미디어 소비
2001, 나미수	홈컴퓨터 이용, 젠더와 테크놀로지의 관계	20개 가족	컴퓨터	미디어 소비와 젠더	집단 인터뷰	미디어 소비
2002, 나미수	주부 수용자의 인터넷 이용의 의미	전업주부 15명	인터넷	일상생활과 미디어 소비	개별 인터뷰	미디어 소비
2003, 마동훈	초기 라디오 수용과 근대적 일상	40~80대 남녀 33명	라디오	초기 방송매체 수용자 연구	구술 및 현지 방문조사	미디어 소비
1994, 김창남	노동자 집단의 대중문화 실천과 저항	생산직 남녀 노동자	대중음악	Hall, Morley, de	설문, 집단 토론, 인터뷰	하위 문화
2002, 김훈순, 김민정	팬픽을 통한 성 환타지와 정치적 함의	팬픽 참여자 10대 소녀	팬픽	없음	개별 및 집단 인터뷰, 참여 관찰	하위 문화

2002, 김현정, 원용진	서태지 팬덤 사례 분석을 통해, 사회 구성체로서 팬덤의 문화 실천 고찰	서태지 팬클럽 회원	대중음악	팬덤 연구	기록물 분석, 자기 기술서	하위 문화
2003 김영찬, 이기형	드라마 팬들의 문화적 실천	인터넷 팬카페 회원	텔레비전 드라마	없음	참여 관찰, 인터뷰, 자기 기술지	하위 문화
2005a, 윤경원, 나미수	일본 대중문화 수용과 하위 문화 형성	19~22세 남녀 22명	대중문화	청소년의 대 중문화 수용	참여 관찰, 개별 인터뷰	하위 문화
2005b, 윤경원, 나미수	일본 청소년들의 한국 대중문화 수용과 의미	18~22세 남녀 22명	대중문화	없음	개별 인터뷰	하위 문화

민속지학적 수용 연구의 대부분이 텔레비전 수용 연구에 집중되어 있는 경향을 발견할 수 있는데, 이는 특히 서구에서 초기 민속지학적 수용 연구들이 특정 텔레비전 텍스트의 해독의 문제를 다루었던 것과 유사한 연구들에서 주로 나타나고 있음을 알 수 있다. 또한 텔레비전 수용 연구들 대부분이 드라마를 다루고 있었는데, 드라마가 일상적이고 인기가 있는 장르라는 점이 작용하였음을 짐작할 수 있으나, 수용 연구가 매체별, 장르별로 다양화할 필요가 있는 것으로 보인다. 2000년 이후에는 수용 연구에 있어 인터넷 등의 새로운 매체에 대한 관심이 증가하고 있는 것으로 나타났으며, 컴퓨터, 인터넷, 팬픽 등의 수용 연구가 이 시기 이후에 등장하였다. 아울러 한류 및 동아시아의 문화 흐름이 활발해짐에 따라 이에 대한 수용 연구도 증가하였다.

(2) 이론적 논의와 연구 방법

다음으로 분석 대상 논문들이 사용하고 있는 이론적 배경과 연구 방법들을 살펴보았다. 이론적 배경은 민속지학적 접근이나 수용자 연구와 관련된 문헌 고찰이나 이론적 논의에 있어서 어떤 학자의 관점을 주로 인용하고 있는지를 살펴보았는데, 4편을 제외한 연구들이 민속지학적 방법이나 기존 수용자 연구에 대한 논의를 포함하고 있었다. 기존 수용자 연구로서 많은 연구들이 민속지학적 미디어 수용 연구의 선구라 할 수 있는 몰리(Morley)의 연구를 제시하고 있었고, 민속지학에 대한 논의로서는 해머슬리와 아킨슨(Hammersley and Atkinson)의 논의가 가장 많이 언급되어 있었다. 분석 대상 논문들의 수용 연구에 대한 이론적 고찰에 있어서 가장 중요한 것은 이들 연구가 기반하고 있는 수용자에 대한 인식이라 할 수 있는데, 이는 미디어 텍스트와 수용자의 관계에 있어서 수용자의 힘을 어떻게 바라보느냐와 관련되어 있다.

다수의 연구들은 의미 생산의 능동적인 주체로서 수용자를 바라보는 홀의 부호화·해독 모델 및 피스크의 능동적 수용자론, 혹은 일상생활 속의 능동적 실천으로서 수용행위를 바라보는 드 세르또(de Certeau)의 논의에 기반하여 수용자의 의미 생산과 문화 실천을 고찰하고 있는 반면, 소수의 연구들(이오현, 2002a ; 2002b ; 양정혜, 2002)은 이러한 수용자의 의미 생산의 능동성이 과장되어 있음을 비판하면서, 콘디(Condit, 1991)의 관점을 수용하여 수용자의 힘이 한계지어지는 방식을 탐구할 필요성을 제기하였다.그러나 해석학적 접근의 질적 수용자 연구의 전통이 그러하듯이 대부분의 연구들은 수용자의 사회적 위치로부터 텍스트를 능동적으로 해석하거나 이용하는 수용자들의 의미 실천 행위로서 미디어 수용을 바라보는 관점에 기반하고 있었다.

한편, 분석 대상 논문들의 연구 방법을 살펴보면 2편을 제외한 모든 연구들이 심층 인터뷰를 주요 방법으로 채택하고 있었다. 앞서 민속지학적 수용 연구에 대한 비판으로서 장기간의 현장 조사의 부족을 언급하였지만, 심층 인터뷰는 수용자 연구의 민속지학적 접근에 있어 가장 주된 방법인 것으로 나타났다. 몇몇 연구들은 심층 인터뷰만으로 이루어지는 조사의 한계를 극복하기 위하여 기타 부가적인 방법으로 참여 관찰, 집단 토론, 그리고 설문 조사를 병행하고 있었다(김창남, 1994 ; 김훈순, 김민정, 2002 ; 양정혜, 2002 ; 마동훈, 2003 ; 김영찬, 이기형, 2003 ; 윤경원, 나미수, 2005a).

다양한 연구 방법의 사용은 민속지학적 수용자 연구와 같은 질적 연구의 타당성을 높이기 위한 한 방법이라는 점에서 필요하다. 즉 현장 연구(field research)의 결과와 해석의 타당성을 높이기 위해서는 다원적 방법론적 측량(triangulation)의 필요성이 지적된다.[9] 다원적 방법론적 측량은 서로 다른 출처(source)로부터 자료를 수집함으로써 하나의 출처로부터 끌어낸 결론을 검토하는 것(Hammersley and Atkinson, 1995: 231)으로, 동일한 현상을 연구하는데 두 가지 이상의 방법을 사용하여 자료를 수집함으로써 한가지 방법만 사용하여 생길 수 있는 판단오류 등의 문제점을 보완하고자 하는 것이다. 그러나 분석 대상 논문들에서 두 가지 이상의 방법을 적용한 경우는 많지 않았다.[10]

아울러 대부분의 연구들이 연구 방법에서 특정 연구 방법을 선택한 이유나 연구 설계와 절차에 대해 자세한 논의를 하지 않고 있다. 예를 들어 심층 인터뷰를 사용한 연구들은 개별 인터뷰 혹은 집단 인터뷰를 하거나 때로는 두 인터뷰 방식을 병행한 경우도 있었는데, 대부분의 연구들에서 왜 이러한 인터뷰 방식이 적절한지에 대한 설명이 제시되어 있지 않다. 각

---

9) triangulation은 '삼각측량'으로 번역되기도 하는데, 본 장에서는 '다원적 방법론적 측량'이라고 명명했다. 그것은 triangulation을 직역하면 삼각측량이지만, 실제로 담고 있는 의미는 세 가지 관점이나 방법을 교차시킨다는 의미라기보다는 '복수'의 방법을 적용함으로써 하나의 방법을 적용할 때 생기는 문제점을 극복한다는 의미이기 때문이다.

10) 집단 인터뷰와 개별 인터뷰를 병행한 연구들의 경우, 동일한 연구 참여자들에게 두 가지 방식의 인터뷰를 적용했다기보다는 연구 참여자에 따라 집단 인터뷰나 개별 인터뷰 중 하나만을 선택적으로 적용한 경우는 다원적 방법론적 측량으로 보지 않았다.

각의 방법이 연구 목적에 맞추어 어떤 적절성을 갖는지 혹은 방법상 어떤 타당성을 갖는지에 대한 논의가 없을 경우, 연구자의 편의에 의한 또는 특정한 근거없이 자의적인 방법의 사용에 따른 연구 결과의 정당성 부족이 초래될 수 있다.

또한 연구 설계와 절차에 대해서도 충분한 설명이 제시되지 않고, 대부분 연구 대상자의 특성과 연구 방법, 인터뷰 기간과 소요 시간 정도의 간단한 정보를 제공하고 있는 경우가 많았다. 그러나 민속지학적 연구 방법론은 보편적인 분석틀이나 절차가 존재하지 않는다는 점에서 연구 설계와 절차에 대한 논의는 더욱 중요하다고 하겠다.

이러한 논의들이 제시되고 있는 연구 사례로서, 이오현(2002b)은 간단하게나마 마샬과 로스만(Marshall & Rossman, 1999)의 방식에 따른 질적 분석 절차에 대한 논의를 포함하였다. 김창남(1994)은 생산직 노동자 집단과의 인터뷰에 있어서 연구자와의 관계 즉 나이, 학력, 신분 등의 차이에서 오는 부담감 때문에 개별적 인터뷰보다는 집단 토론에서 훨씬 더 자연스럽고 적극적인 태도가 나타났음을 언급함으로써, 연구자와 연구 참여자 간의 관계에 따른 적절한 연구 기법의 활용과 관련한 함의를 제공하고 있다. 나미수(2001)는 가족 인터뷰에 있어서 시험(pilot) 인터뷰를 통해 가족 전체 인터뷰와 가족 구성원에 대한 개별 인터뷰가 어떤 장점과 문제점이 있는지를 확인한 과정을 소개하고, 부모 인터뷰와 자녀 인터뷰로 구분하여 인터뷰를 실시하게 된 근거를 밝히고 있다.

초기 라디오의 도입과 근대성 체험이라는 주제를 다루고 있는 마동훈(2003)의 연구는 방법론의 설계와 연구 대상자들에 대한 접근에 대해 비교적 상세한 설명을 제시하고 있다. 즉 30~60년 전의 초기 라디오의 수용을 조사한다는 점에서 수용자들의 회상에 의존하는 구술사적 방법론에 대한 논의와, 초기 라디오를 경험한 농촌 지역의 사례 연구로서 선정한 지역 사회의 특성에 대한 설명, 그리고 제보자에 대한 접근 방법 등 연구 현장과 제보자, 연구 주제에 따른 연구 설계에 대해 자세히 다루고 있다.

민속지학적 연구들은 연구 참여자를 어떻게 선택, 접근할 것인가에서부터 연구자의 정체나 연구의 목적을 밝힐 것인지의 여부, 어떤 기법을 어떻게 사용할 것인가에 이르기까지 연구 설계와 절차가 연구들마다 다르며, 연구 현장에서 그때그때 나타나는 문제점들을 극복하기 위해 지속적으로 연구 전략을 수정하고 의사 결정을 내려야 한다(Mason, 1996)는 점에서 이러한 연구 수행 과정에 대한 논의들은 매우 중요하다고 볼 수 있다.

그러나 분석 대상 논문들 대부분이 연구자의 통제, 개입이나 연구 참여자와의 상호 작용의 문제 등과 같은 방법론적 이슈에 대한 관심이 결여되어 있었고, 이와 관련하여 이들 논문들이 갖는 또 하나의 문제점은 자기 성찰성(self-reflexivity)에 대한 논의가 거의 드러나 있지 않았다는 점이다. 다만 김영찬, 이기형(2003)의 연구에서는 다른 연구 사례들과는 달리 방법론과 자기 성찰성에 대해 심도 있는 논의를 보여 주고 있는데, 즉 연구자와 연구 대상자와의 관계설정에 있어서 연구자로서의 권위적 위치보다는 팬이자 대화자로서의 위치를 유지하고자 하였으며, 두 명의 연구자가 갖는 서로 다른 주체적인 관점을 줄이기보다는 일종의 혼성적 주체(hybrid subjectivity)로서 접근함으로써 관찰자이자 대화자로서의 연구 주체의 위치와 이것이 연구 대상자 혹은 연구와 어떻게 관계를 맺는지에 대해 성찰적 논의를 포함시키고 있었다.

성찰성이 함축하는 것은 연구자의 지향점이 가치나 관심을 포함한 사회적, 역사적 위치에 의해 형성된다는 것이다(Hammersley and Atkinson, 1995: 16). 연구자의 존재가 연구하고자 하는 현상에 대한 설명에 있어서 '진실'을 오염시킬 수도 있다는 점에서, 민속지학적 연구 결과의 타당도에 의문을 제기하는 지적이 있어왔다. 민속지학적 연구를 포함하여 대부분의 사회 연구는 자료의 수집과 연구자의 해석에 있어 연구 주체의 위치

(subject position), 연구 의도, 연구되는 상황에 의존한다. 이런 측면에서 민속지학적 진실은 본래적으로 '부분적'이다(Clifford, 1986). 연구자와 연구 실천 모두 역사적으로 위치지워지고 문화적으로 특정한 하나의 입장을 취한다.

따라서 연구는 항상 연구자의 특정한 관점으로부터 현실을 해석하고 구성하는 문제라고 할 수 있다(Morley and Silverstone, 1991). 따라서 연구자는 자신의 사회적 배경이나 가치, 신념을 비롯한 자신의 주관성이 연구 세계를 관찰하고 의미를 부여하며, 행위를 해석하고, 연구 참여자와 대화하는 방식에 구체적으로 어떻게 영향을 끼치는지에 대해 의식적으로 해체하는 작업이 필요하다. 이는 연구 수행시 연구자의 체계적이고 지적인 혹은 개인적인 관여가 자료 수집과 분석, 그리고 연구 결과를 읽을 독자에게 자료를 제시할 때 어떤 영향을 미치는지에 대해 연구자 스스로 엄격히 성찰한다는 점에서 매우 중요한 작업이라 할 수 있다.

(3) 민속지학적 수용 연구의 경향

민속지학적 수용 연구의 경향은 크게 텍스트 해독에 관한 연구, 미디어 소비에 관한 연구, 하위 문화 연구로 분류하였다. 연구 경향을 살펴본 결과, 텍스트 해독 연구가 6편, 미디어 소비에 대한 연구 5편[11], 하위 문화 연구는 6편으로 나타났다. 텍스트 해독 연구는 앞서 이론적 논의에서 살펴보았던 초기 민속지학적 수용 연구의 주류를 차지하고 있는 연구 경향으로, 특정 텍스트에 대한 수용자들의 해석이나 그러한 수용을 통한 즐거움을 조사한 것이다.

---

11) 전규찬(1996)과 박동숙(1998)은 미디어가 아닌 만화영화와 뉴스라는 장르를 연구 대상으로 하고 있지만, 특정 텍스트에 대한 해독보다는 이러한 장르를 각각 어린이와 여성 수용자들이 일상에서 어떻게 경험하는지에 중점을 두고 있다는 점에서 미디어 소비 연구에 포함시켰다.

한편 미디어 소비 연구는 일상생활 속에서 미디어 수용의 의미를 설명하고자 한 것으로, 텍스트의 의미 분석이나 특정 텍스트에 대한 수용자 해독연구와 같은 텍스트 중심 연구에서 벗어나 일상생활 속에서 다양한 미디어 소비에 집중하는 연구 경향이라 할 수 있다.

텍스트 해독 연구와 미디어 소비 연구의 구분은 몰리와 실버스톤(Morley and Silverstone, 1991)이 민속지학적 수용자 연구의 접근 방법을 수용 분석과 민속지학적 방법으로 구분한 것과 유사한데, 여기서 수용 분석은 텍스트 해독 연구에, 민속지학적 접근 방법은 미디어 소비 연구에 해당한다고 볼 수 있다.[12] 국내의 민속지학 연구는 이러한 세 가지 연구 경향이 고루 나타나고 있음을 알 수 있는데, 이는 기존에 텍스트의 의미와 해독 과정에 중점을 두는 수용 분석에 집중되었던 경향과는 다른 양상을 보이는 것이라 하겠다. 즉 1988년에서 1996년까지 발표된 국내의 민속지학적 수용자 연구의 사례를 분석한 정재철(1997)의 연구는 국내 연구들이 대체로 홀의 부호화 · 해독 모델에 근거한 수용분석 연구에 한정되어 있음을 밝히고 있으나, 본 장에서 살펴본 결과 텍스트 해독 연구와 더불어 최근에는 미디어 소비 연구 및 하위 문화 연구도 점차 증가하고 있는 것으로 보인다.

텍스트 해독 연구들은 텍스트 의미 생산에 있어서 수용자의 능동성을 기반으로 수용자의 저항성을 밝히는 데 초점을 맞추고 있다. 윤선희(1997b)와 이수연(1995)의 연구는 수용자들이 미디어 텍스트의 지배적 의미에 저항하는 것을, 윤선희(1997a)의 연구는 수용자들이 미디어 텍스트 안에서 지배 문화에서 벗어나는 요소들을 찾아내어 이를 즐기면서 지배 문화에

---

12) 몰리와 실버스톤은 민속지학적 수용 연구의 두 가지 접근 방법으로서, 첫째, 수용 분석은 텍스트와 수용자간의 의미 생산의 문제에 비중을 두고 있으며, 둘째, 민속지학적 접근은 의미 생산과 더불어 맥락(context)의 문제에도 초점을 맞추어 일상생활에서의 미디어 이용행위에 대해 심층적인 접근을 하는 것으로, 관심영역이 분화되고 있음을 지적하고 있다(Morley & Silverstone, 1991).

저항하는 것을 밝힘으로써 수용자가 텍스트에 의해 지배되지 않고 이를 적극적으로 활용할 수 있다는 가능성에 주목하고 있다.

반면, 또 다른 텍스트해독 연구들은 텍스트의 다의미성과 수용자의 능동성에 의문을 제기하고 수용자와 텍스트의 상호 작용 속에서 의미 생산을 살펴보고 있다. 이오현(2002a; 2002b)은 기존 연구들이 수용자의 능동성을 강조하고 미디어 텍스트의 영향력에 대한 탐구는 소홀히 하고 있음을 지적하고, 수용자의 힘과 미디어 텍스트의 헤게모니적 힘이 서로 관계하는 방식을 통해 능동적 수용자론을 재검토할 필요성을 제기했으며, 양정혜(2002)는 수용자가 대안적 의미를 생산하기보다는 지배적 가치관이 내재된 기존의 해석틀에 의존해 친숙한 의미들을 재생산하는 경향이 있음을 밝혀내고 있다.

한편 미디어 소비 연구는 수용자들의 일상생활 속에서 미디어 혹은 특정장르를 어떻게 경험하는지를 살펴보고 있는데, 전규찬(1996)은 어린이의 텔레비전 만화영화 시청이 가정내 권력관계 즉 부모의 규율적 통제력에 의해 조건지워지고, 어린이의 만화영화의 재미가 이야기나 주제보다는 외형적, 주변적 요소에서 얻어짐을 발견함에 따라 만화영화 수용이 어린이의 개인적 경험, 가정 내 미시적 맥락, 그리고 거시적 사회관계에 의해 중층적으로 결정됨을 밝히고 있다.

나미수(2001)는 가족의 홈컴퓨터의 소비를 가정생활이라는 일상적 맥락 속에서 살펴본 결과, 가족구성원들 간의 권력 관계와 가족 생활의 구조가 홈컴퓨터의 접근과 이용 패턴을 형성하는 중요한 요인임을 발견하고, 나아가 가정의 사회 문화적 맥락으로서 가부장적 자본주의 사회에서 형성된 젠더 관계가 여성과 남성의 홈컴퓨터에 대한 상이한 이해와 이용에 있어 결정적인 역할을 하고 있음을 드러내고 있다.

마지막으로 하위 문화 연구는 노동자 집단, 일본 대중문화 동호회 집단, 팬픽 활동 집단과 팬클럽과 같은 특정 하위 집단들의 대중문화 실천과 하위 문화적 특성을 밝혀내는 데 초점을 두고 있다. 김훈순과 김민정(2004)은 팬픽 문화의 주체로서 10대 소녀들이 성 환타지를 만들고 소비하는 경험과 이것이 여성 문화로서 갖는 의미를 살펴봄으로써, 가상공간에서 사랑에 대한 욕망과 성애적 관계에 대한 호기심을 표현하고 즐기는 소녀들의 팬픽 문화가 기존의 남성 위주의, 이분법적인 성 질서를 벗어나 여성주의적인 감성이 교류되는 여성 문화의 가능성을 보여 주고 있음을 밝히고 있다. 김영찬과 이기형(2003)은 텔레비전 드라마 〈네 멋대로 해라〉의 팬들의 활동과 그들이 일상에서 표현해 내는 상징적인 행위와 의식 그리고 문화적인 수행을 살펴봄으로써, 단순한 소비 행위로 치부되어 온 미디어 수용이 문화 생산과 문화적 실천으로 이어지는 다양한 양상들을 짚어내고 있다.

이상에서 국내 민속지학적 수용 연구들의 사례들에서 나타난 주제, 연구 참여자 및 대상 매체를 살펴보고, 이들 사례들에서 사용된 이론적 논의와 연구 방법에 대한 분석을 통해 수용자에 대한 인식 및 방법론상의 특성을 고찰하였다. 아울러 민속지학적 수용자 연구 경향을 텍스트해독 연구, 미디어 소비 연구, 하위 문화 연구로 분류하여 연구 초점과 접근 방식을 살펴보았다.

5. 맺는말 : 민속지학적 수용자 연구의 방법론적 의미와 한계

본 장은 수용자 연구에 대한 질적 연구 방법으로 확산되고 있는 민속지학적 연구의 특성과 경향을 살펴봄으로써 수용자 연구에 있어 민속지학적 접근 방법의 의미와 한계를 검토해 보고자 하였다.

먼저, 수용자와 미디어 텍스트와의 관계에 대한 이론적 논의와 더불어 민속지학적 수용자 연구가 어떻게 발전되어 왔는지 고찰해 보았으며, 여기서 수용자 연구에 있어 민속지학적 접근 방법에 대한 비판과 관련된 논의들을 살펴보았다.

이러한 논의를 토대로 본 장에서는 국내 민속지학적 수용 연구 사례에 대한 검토를 통해 민속지학적 연구 성과에 대해 비판적 성찰을 하고자 하였다. 이를 위해 17편의 국내 민속지학적 수용자 연구 사례를 선정하여, 연구 참여자 및 연구 대상 매체, 이론적 논의와 방법론 그리고 연구 경향 등에 대한 분석과 평가를 시도하였다.

분석 결과를 요약하면, 먼저 분석 대상 논문들은 민속지학적 수용자 연구의 연구 참여자로서 사회적, 담론적 위치에 있어 매우 다양한 수용자 집단들을 대상으로 하고 있는 반면, 대상 매체로서는 텔레비전에 치중하고 있는 것으로 나타났다. 이러한 경향은 특히 특정 텍스트의 해독을 다루는 수용 연구들에서 주로 나타났으며, 이는 텍스트 해독 연구에 있어 대상 매체의 다양화가 보다 요청되고 있음을 보여 주는 것이라 하겠다.

분석 대상 연구 사례들의 방법론에 있어서는 대부분 심층 인터뷰를 주요 방법으로 활용하고 있었으며, 몇몇 연구의 경우 부가적으로 제한된 참여 관찰이나 편지 분석 등의 방법을 사용하고 있었다.

그러나 대부분의 연구에서 이러한 다원적 방법론적 측량(triangulation)은 많지 않았는데, 현장 연구의 결과와 해석의 타당성을 높인다는 측면에서 다원적 방법론적 측량은 더 많은 연구들에서 채택될 필요가 있다고 할 수 있다.

또한 이들 연구 사례에서 나타난 몇 가지 공통된 방법론적인 문제들로서, 연구 방법 선택의 근거나 타당성 그리고 연구 설계와 절차에 대한 설명이 미비했다는 점과 연구자의 관여와 같은 방법론적 이슈들에 대한 논의가 매우 부족했다는 점을 들 수 있다. 이는 각각의 연구들에서 방법론에 대한 보다 심층적인 논의의 필요성을 제기하는 것이며, 이러한 논의는 민속지학적 연구가 안정적이고 체계화된 방법론이 없으며 개별 연구들마다 매우 다양한 연구전략과 절차가 가능하다는 점에서 더욱 중요하다고 하겠다.

한편 국내 민속지학적 수용 연구의 경향은 크게 텍스트 해독 연구, 미디어 소비 연구, 하위 문화 연구로 구분하여 살펴볼 수 있었다. 텍스트 해독 연구는 전반적으로 텍스트 자체에 집중하는 경향을 보이면서 해독의 문제를 사회적인 과정으로 연결시키지 못하고 있음에 따라, 미디어 수용 행위가 포함된 수용자의 일상생활 구조에 대한 복합적인 이해라는 민속지학적 속성이 부족한 것으로 보인다.

이는 앞서 살펴보았던 서구의 민속지학적 수용 연구 특히 텍스트 해독 연구들이 다양한 맥락적 측면들을 설명하는 데 실패하고 있다는 비판점이 국내 연구에서도 여전히 내포되어 있음을 보여 주는 것이라 하겠다. 그러나 앞서 살펴보았듯이 국내 민속지학적 수용자 연구가 미디어 소비 연구와 하위 문화 연구로 확대되는 경향과 함께, 이들 사례들에서 텍스트의 문제에서 맥락(context)의 문제로 관심의 비중이 이동하면서 하나의 사회적 과정으로서 미디어 수용 행위를 둘러싼 일상생활 맥락을 분석하고자 하는 시도들이 엿보이는 것은 매우 바람직한 경향으로 보인다.

이상에서 국내 연구 사례를 통해 민속지학적 수용 연구의 특성과 경향을 살펴본 결과를 토대로 제기되는 방법론상의 논의를 종합해 본다면 크게 두 가지 관점으로부터 정리해 볼 수 있겠다. 하나는 전통적인 실증주의 관점으로부터 제기되는 문제이고, 다른 하나는 인류학적인 민속지학의 관점으로부터의 문제이다.

첫째, 이들 연구 사례들은 실증주의 관점에서 비판받아 왔던 민속지학적 자료의 특성, 즉 자료의 상대적, 주관적 특성과 이로 인하여 과학적 분석에 부적합한 것으로 간주되어 왔던 특성을 보여 주고 있다고 하겠다.

실증주의 관점에서 지적하는 것은 만일 민속지학적 결과물이 성, 계급 등에 기초한 확률 표집 방법과 같은 과학적 절차를 통해 얻어진다면 좀더 신뢰할 만하고, 그것의 분석적 설명이 다른 상황에도 일반화될 수 있다는 것이다. 그러나 민속지학은 실증주의적 의미에서 통계적 일반화나 규범의 적용 같은 과학적 절차를 추구하지 않으며, 수용자의 특정한 경험과 해독의 맥락을 연구하는 민속지학적 수용자 연구에 있어 과학적 표집과 일반화되는 결과물은 유용하지 않다고 하겠다.[13)]

이러한 비판에서 더욱 중요한 것은 자료가 수집되는 과학적 절차의 문제보다는 표상(representation)의 문제일 것이다. 이것은 민속지학적 자료나 설명이 연구하고자 하는 현상을 얼마나 정확하게 드러내는가 하는 문제이다. 이러한 문제와 관련해서 민속지학적 자료가 단지 현실을 반영하는 것이 아니라 현장에서 연구자의 참여과정, 자료 분석, 설명, 글쓰기를 통해 구성되는 것이라는 비판이 있어 왔다(Hammersley, 1992). 그러나 사회 연구에서 목적은 현실을 재생산하는 것이 아니라 선택적으로 그것을 기술하는 데 있으며, 이런 점에서 연구는 '연구자와 정보 제공자 사이에 특정한 담론적 만남(discursive encounters)의 결과로서 역사적으로 문화적으로 특

---

13) 이는 결국 연구의 타당도 문제와 관련된다고 할 수 있는데, 레이더(Lather, 1986)가 지적한 질적연구의 타당성을 검증하기 몇가지 방법적 절차는 민속지학적 수용자 연구의 방법론과 결과해석의 타당성을 위한 준거로서 매우 유용한 것으로 보인다. 첫째, 다양한 연구 방법의 사용으로, 이것은 앞서 언급한 다원적 방법론적 측량(triangulation)의 필요성을 강조한 것이라 하겠다. 둘째, 연구 참여자에 의한 연구결과의 검토와 평가(members' checks)로서, 이는 참여자 일부에게 연구자의 분석과 결론을 평가하도록 하는 것이나. 이러한 절차는 자료의 해석에 있어 연구자가 특권적 입장에 있지 않음을 말하는 것이며, 민속지학적 연구에 있어 해석의 타당성은 연구자가 얼마나 연구현장 내지는 연구 참여자의 삶에 근접해 있느냐로 평가할 수 있는 것이라 하겠다. 셋째, 진보적 주관성(progressive subjectivity)으로서, 이는 연구자가 가지고 있었던 연구시각이나 전제가 실제 연구작업을 통해 얼마나 변화되었는지를 성찰하는 것이라 하겠다. 앞서 언급했듯이 연구하고자 하는 현상이 참여자의 관점과 해석에 의해 설명되고 이해될 필요가 있다는 점에서, 연구시작전의 연구문제나 관점은 실제 자료와 현장의 상황에 의해 변화가능하며 이에 따라 생겨나는 이론과 현상간의 괴리에 대한 반성이 필요하다고 하겠다.

정한 지식을 생산하는 것'이다(Ang, 1989: 105).

이런 관점에서 민속지학적 연구의 경우, 연구하고자 하는 현상의 복잡성과 의미 구조를 충분히 이해하고 해석하기 위하여 참여자에 대한 연구자의 깊은 관여와 의사 소통이 강조되기도 한다. 연구자의 주관성이 연구 과정과 결론의 도달에 중요한 역할을 하는 해석적 연구에서는 보다 믿을 만하고 확실한 자료를 얻기 위하여 연구자가 참여자로부터 객관적 거리를 얼마나 유지했느냐보다는 얼마나 현상에 가깝게 다가갔는가 하는 근접성의 정도가 타당도로 간주되기도 한다.[14)]

둘째, 앞서 살펴본 연구 사례들이 평균 1~2시간 정도의 인터뷰를 주된 방법으로 하여 제한된 참여 관찰이나 편지 분석 등의 방법을 사용하고 있었는데, 이러한 접근 방법은 연구 참여자에 대한 일상적인 정보를 수집하는 데 있어서 한계를 갖고 있다고 할 수 있다. 단기간의 현장 경험을 기반으로 한 이러한 민속지학적 접근 방법은 특히 인류학적인 민속지학의 관점으로부터 비판받아 왔음은 이미 언급한 바 있다.

그러나 앞서 지적하였듯이 이러한 비판이 장기간의 참여 관찰의 부족이라는 측면에만 집중되어 온 것과는 달리, 인류학적 민속지학으로부터 제공되는 중요한 함의로서 수용 집단(community)의 시각에서 그들의 삶의 방식을 이해는 것이라든가 하나의 사회적 과정으로서 미디어 수용에

---

14) 민속지학적 연구에서 연구자와 연구 참여자간의 상호작용 상황은 오류의 잠재적인 요인이 될 수 있다는 비판을 받아왔다. 알라수타리(Alasuutari, 1999: 51~52)는 이러한 오류를 없애고 연구의 신뢰도를 향상시키기 위한 방법으로서 첫째, 연구 참여자에게 연구목적이나 의도를 숨기는 방법과 둘째, 연구자가 연구 참여자와 '라포 (rapport) - 감정이입, 상호신뢰, 이해, 공감대 등 -'를 형성함으로써 진실되고 정직한 데이터를 얻을 수 있도록 하는 방법을 제시하고 있다. 전자가 연구자와 연구 참여자의 상호작용 효과를 제거하고자 하는 것이라면, 후자는 그러한 상호작용을 보다 유용한 정보를 얻을 수 있는 원천으로서 긍정적으로 활용하고자 하는 것이라 할 수 있다.

대한 이해 그리고 수용자의 생생한 경험에 대한 심층적인 기술과 분석 등이 민속지학적 수용자 연구에 중요한 통찰력을 제공해 줄 수 있을 것으로 보인다.

이상에서 볼 때, 미디어 수용자 연구에 있어 민속지학적인 방법론이 실증주의적인 양적 방법론과 차별화되는 강점은 일반화되고 탈맥락화된 연구 결과를 생산하는 데 목적을 두는 것이 아니라, 특수한 사례와 맥락에 집중하면서 연구 참여자들의 실제 삶 속에서 현상을 이해하고자 한다는 점이다.

이러한 연구는 중립성이나 객관성의 신화 속에 연구자 혹은 연구작업을 위치시키기보다는 연구자와 연구 참여자들간의 상호 교류가 중요시되며 연구 작업에 개입되는 연구자의 학문적인 권위나 사회적, 역사적 위치가 연구나 연구 참여자와 어떻게 관계를 맺는지에 대한 부단한 자기 반성적 사유를 필요로 한다. 따라서 보다 중점을 두어야 할 문제는 각각의 연구들이 선택한 연구 방법의 근거나 타당성, 연구 설계 및 절차의 구성, 그리고 자료 수집이나 해석에 있어 연구자의 관여 등의 문제들에 대한 자기 성찰성에 대한 논의라 할 것이다.

앞서 살펴보았듯이 대부분의 국내 연구들에서 방법론적 이슈와 성찰성에 대한 논의는 부족한 것으로 나타났다. 그러나 성찰성의 문제는 민속지학적 연구뿐만 아니라, 모든 사회 연구의 중요한 특성으로서(Hammersley and Atkinson, 1995: 17), 연구자의 사회적 위치나 주관성이 연구 참여자와 연구 현장을 바라보는 관점과 연구 결과 해석에 잠재적으로 영향을 미칠 수 있다는 점에서 자기 성찰성의 문제는 피할 수 없다. 연구자는 단지 현상을 기술할 수 없고, 자료를 의미있게 만드는 과정에서 그것을 해석하는 것이 불가피하다. 따라서 연구자는 자료의 해석에 영향을 미칠 수 있는 연구자의 입장을 노출, 해체시시키는 작업이 필요하다.

이러한 주관성에 대한 자기 성찰은 연구의 제한점이라기보다는 독자로

하여금 연구 작업에 관여된 연구자의 영향을 인식하게 함으로써 보다 나은 해석과 읽기를 위한 자원으로 간주될 수 있다. 아울러 각각의 연구들에서 이러한 방법론적 이슈들과 자기 성찰성에 대한 논의는 이후의 민속지학적 수용자 연구의 연구 전략과 연구 방법의 틀을 설계하는 데 매우 중요한 함의를 제공할 수 있을 것이라는 점에서 그 중요성이 더욱 강조된다.

민속지학적 연구는 체계적인 분석틀이나 방법론상으로 분명한 틀이 갖추어져 있지 않으며, 이는 수용자 연구에 대한 민속지학적 접근에서도 마찬가지다. 수용자 연구에 있어 민속지학적 접근의 방법론상의 한계를 인식하는 것은 물론 중요하다. 그러나 민속지학적 수용자 연구는 엄격한 과학적 분석을 기초로 정확한 사실(facts)과 포괄적이고 완전한 '진실'을 추구한다기보다는 특정한 역사적, 문화적 입장으로부터 현실에 대한 이해를 추구하는 접근 방법이다.

다시 말해서 민속지학적 연구는 일상생활 속에서 다양하고 다차원적으로 구조화되어 있는 현실에 대한 관심이며, 그러한 연구의 중요성은 구체적인 세부 사항들과 예기치 않은 특성, 그리고 역사에 대해 우리의 해석을 민감하게 한다는 데 있다(Ang, 1989: 110).

따라서 민속지학적 수용자 연구가 다른 접근 방법들과 차별화되면서 그 가치가 발견되는 지점은 사람들의 미디어 수용 행위를 고립된 현상이 아닌 지속적인 문화적 실천과 관계의 맥락 속에서 구현되는 것으로 이해하면서, 수용자들의 특정하고 구체적인 미디어 수용 경험 뿐만 아니라, 그러한 수용 경험과 그 뒤에 놓여 있는 일상생활과의 상호 작용 속에서 미디어 수용 행위를 논의한다는 데 있다.

〈참고 문헌〉

김창남, "대중의 문화실천과 대중문화의 저항성: 노동자집단의 대중음악 실천을 중심으로", 〈언론과 사회〉, 통권 제4호, 54~80쪽, 1994.

김영찬, 이기형, "〈네 멋대로 해라〉 폐인들의 문화적 실천에 관한 현장 보고서", 〈프로그램/텍스트〉, 제9호, 2003.

김훈순, 김민정, "팬픽의 생산과 소비를 통해 본 소녀들의 성 환타지와 정치적 함의", 〈한국언론학보〉, 48권 3호, 330~353쪽, 2002.

나미수, "홈컴퓨터의 소비를 통해 본 젠더와 테크놀로지에 관한 연구", 〈한국언론학보〉, 제46-1호, 75~115쪽, 2001.

나미수, "일상생활에서 인터넷의 문화적 의미: 전업주부의 인터넷 이용을 중심으로", 〈한국방송학보〉 통권 16-3호, 260~293쪽, 2002.

마동훈, "초기 라디오와 근대적 일상: 한 농촌지역에서의 민속지학적 연구", 〈언론과 사회〉, 12권 1호, 56~91쪽, 2003.

박동숙, "여성의 TV뉴스보기: 공론장의 가능성에 대한 수용자중심적 탐구", 〈한국 방송학보〉, 제10호, 167~198쪽, 1998.

양정혜, "성찰적 TV수용의 한계: 남녀 집단간의 여인천하 해독에 대한 연구", 〈한국방송학보〉, 통권 16-1호, 268~299쪽, 2002.

원용진, 김현정, "팬덤, 진화 그리고 그 정치성: 서태지 팬클럽 분석을 중심으로", 〈한국언론학보〉 46권 2호, 253~278쪽, 2002.

윤경원, 나미수, "문화지역화와 미디어 수용자 하위문화: 청소년들의 일본대중문화 수용에 관한 연구", 〈한국언론학보〉, 49권 1호, 5~28쪽, 2005a.

윤경원, 나미수, "일본 청소년들의 한국 대중문화 수용과 문화적 정체성", 〈한국방송학보〉, 제19-1호, 7~46쪽, 2005b.

윤선희, "자본주의 거울에 비친 나르시시즘: 텔레비전 드라마 수용자의 〈애인〉읽기", 〈언론과 사회〉, 통권 제16호, 134~167쪽, 1997a.

윤선희, "포스트모던 영상미학의 아우라와 시뮬라시옹: 포스트모던 세대 수용자의 〈비트〉 읽기", 〈한국언론학보〉, 제42-2호, 327~359쪽, 1997b.

이수연, "한국관객의 미국영화 읽기: 문화제국주의 이론의 비판적 검토", 〈언론과 사회〉, 통권 제10호, 53~85쪽, 1995.

이오현, "미디어 텍스트에 대한 수용자의 힘과 그 한계: 일일드라마 〈보고 또 보고〉의 사례분석", 〈한국방송학보〉, 통권 16-4호, 206~245쪽, 2002a.

이오현, "텔레비전 드라마 수용자 연구: 다의성(polysemy)의 문제를 중심으로", 〈한국언론학보〉, 제46-6호, 96~126쪽, 2002b.

전규찬, "텔레비전 만화영화 보기와 이야기하기", 〈언론과 사회〉, 통권 제12호, 89~119쪽, 1996.

정채철, "민속지학적 수용자 연구(Ethnographic Audiences Research)의 방법론적 과제와 전망: 문화연구에서의 연구전통을 중심으로", 〈한국방송학보〉, 제9호, 103~144쪽, 1997.

주창윤, "텔레비전 드라마의 '경험적 수용미학'을 위하여: 수용 연구에 대한 비판과 대안", 〈언론과 사회〉, 통권 제16호, 68~99쪽, 1997.

Alasuutari, P.(ed), *Rethinking the Media Audience*, London: Sage, 1999.

Ang, I., *Waching Dallas: Soap Opera and the Melodramatic Imagination*, London: Methuen, 1985.

Ang, I., "Wanted: audiences. On the politics of empirical audience studies", in E. Seiter, H. Borchers, G. Kreutzner and E. M. Warth (eds), *Remote Control: Television, Audiences and Cultural Power*, London and New York: Routledge, 1989.

Bryman, A., *Quantity and Quality in Social Research*; 홍동식, 조정문, 고승한 역 (1992), 〈사회연구에 있어서 양적 방법과 질적 방법〉, 서울: 전문출판사, 1988.

Clifford, J., Partial truths, in J. Clifford and G. E. Marcus(eds.), *Writing Culture: The Poetics and Politics of Ethnography*, Berkeley: University of California Press, 1986.

Fiske, J., "Down under cultural studies", *Cultural Studies*, 10(2), pp. 369~374, 1996.

Gillespie, N., *Television, Ethnicity and Cultural Change*, London: Routledge, 1995.

Geertz, C., *Local Knowledge: Further Essays in Interpretive Anthropology*, New York: Basic Books, 1983.

Gray, A., *Research Practice for Cultural Studies: Ethnographic Methods and Lived Cultures*, London: Sage, 2003.

Hall, S., Encoding/decoding, in S. Hall, D. Hobson, A. Lowe and P. Willis(eds.), *Culture, Media and Language*, London: Hutchinson, 1980.

Hammersley, M., *What's Wrong with Ethonography?*, London: Routledge, 1992.

Hammersley, M. and Atkinson, P., *Ethonography: Principles in Practice*, second edition, London and New York: Routledge, 1995.

Hobson, D., *Crossroads: The Drama of a Soap Opera*, London: Methuen, 1982.

Lather, P., Issues of validity in openly ideological research, *Interchange*, 17(4), pp. 63~84, 1986.

Lincoln, Y. and Guba, E., *Naturalistic Inquiry*, Beverly Hills: Sage, 1985.

Mason, J., *Qualitative Researching*; 김두섭 역 (1999), 〈질적 연구 방법론〉, 서울: 나남, 1996.

Modleski, T., *Loving with a Vengeance: Mass-produced Fantasies for Women*, New York: Methuen, 1982.

Morley, D., The *'Nationwide' Audience: Structure and Decoding*, London: British Film Institute, 1980.

Morley, D., *Family Television: Cultural Power and Domestic Leisure*, London: Comedia, 1986.

Morley, D., *Television, Audience and Cultural Studies*, London & New York: Routledge, 1992.

Morley, D. and Silverstone, R., Domestic communication: Technologies and meanings, in K. B. Jensen and N. W. Jankoski (eds.), *A Handbook of Qualitative Methodologies for Mass Communication Research*, London and New York: Routledge, 1991.

Murphy, P. D and Kraidy, M. M. Towards An Ethnographic Approach to

Global Media Studies, in Murphy, P. D and Kraidy, M. M.(eds.), *Global Media Studies: Ethnographic Perspectives*, London: Routledge, pp. 3~19, 2003.

Nightingale, V., *Studying Audiences: The Shock of the Real*, London and New York: Routledge, 1996.

Priest, S. H. *Doing Media Research: An Introduction*, Thousand Oaks, CA: Sage, 1996.

Radway, J., *Reading the Romance: Women, Patriarchy and Popular Literature*, London: Verso, 1987.

Spradley, J. *The Ethnographic Interview*, New York: Holt, Rinehart & Winston, 1979.

Walford, G. *Doing Qualitative Educational Research: A Personal and Reflective Guide*, London: Continuum, 2001.

TV 드라마와 여성 문화

제12장

1. 서론

TV 시청자들이 드라마에 몰입하는 것은 세계적인 현상이라고는 하지만, 우리의 경우는 우려를 자아낼 정도로 높은 수위에 올라와 있다. 이러한 드라마 선호 현상은 TNS 미디어 코리아(2008.6.1)가 최근에 실시한 TV 시청률 조사에서도 밝혀졌다. 이 조사에 의하면, 지상파 방송의 TV 드라마가 시청률 1위에서 5위 가운데 4개나 차지하였다고 한다.[1] 이 수치는 기록적인 것이라고 할 만큼 높은 것이다.

통계청 자료(2004)에 의하면, 우리 국민 상당수(56.7%)가 주말인 토요일과 일요일에 각각 3.6시간, 4.2시간을 TV 드라마 시청에 할애한다고 한다. 이들은 평인에도 세계인이 평균 드라마 시청 시간인 2시간 7분보다 훨씬 많은 2시간 24분 정도를 드라마 시청에 투자한다. 많은 사람들이 TV뉴스(32.8%)보다 드라마(37.1%)를 더 선호한다는 사실에서도 우리는 국민

---

1) 1위는 〈조강지처 클럽((SBS)〉(30.9%), 2위는 주말연속극 〈엄마가 뿔났다(MBC)〉(27.1%), 3위는 주말극장 〈행복합니다(SBS)〉(21.8%), 4위는 〈일요일 일요일 밤에(MBC)〉(18.8%), 5위는 주말연속극 〈천하일색 박정금(MBC)〉(16.5%) 이에 대해서는 http://tnsmk.co.kr 참조할 것.

들이 얼마나 드라마를 사랑하는가를 엿볼 수 있을 것이다. 이러한 시청자
들 가운데 특히 여성(61.6%)과 초졸 이하(62.2%)가 더 TV 드라마에 몰입
하는 것으로 나타났다.

이러한 드라마 선호 현상은 TV 방송사들이 드라마를 시청률 경쟁의 중
요한 대상으로 삼고 있는 사실과 크게 관련이 있다. 지난 1962년 KBS가
최초로 TV 드라마 〈나도 인간이 되련다〉를 방송한 이래 드라마를 통한 방
송사 간 시청률 경쟁은 더욱 뜨거워졌다. 각 TV 방송사는 자사의 시청률
을 제고할 목적으로 드라마에 할당하는 시간을 늘렸을 뿐만 아니라, 드라
마 장르도 대폭 확대했다. 이렇게 방송사가 드라마에 큰 비중을 두게 되
자, 드라마는 상업성과 선정성이라는 문제에서 자유로울 수 없게 되었다.
그렇게 되면서 드라마의 상업성 및 선정성과 관련된 많은 논란이 사회 전
반에 걸쳐 일게 되었다.

TV 드라마가 갖는 사회적 중요성은 이것이 여가 활용의 중요 수단이라
는 데에 있다. 이러한 사실은 여러 지표를 통해서 잘 입증되고 있다. 예를
들면, 한국광고공사(2006)가 국민이 선호하는 여가 활용 방법에 관한 조사
를 한 바 있는데, 여기에서도 TV 시청(25.5%)이 압도적으로 우세하였다.[2]
다른 여가 활용 방법 예를 들어, PC 활용(게임, 인터넷 등 포함, 14.5%), 등
산(10.4%), 영화(3.9%) 등은 이에 비하면 턱없이 낮은 수준에 머물러 있었
다[3](권호영, 2007, 9쪽 재인용).

사회 일각에서 TV 드라마의 사회적 영향에 관한 논의가 제기되고 있는
데, 이들 논의는 주로 드라마의 부정적인 영향에 초점을 맞추고 있다. 이
러한 논의에서 끊임없이 제기되는 문제 가운데 하나는 TV 드라마의 저질
성이나 성 차별성과 직·간접적으로 관련이 되어 있다. 이들은 TV 드라마

---

2) 드라마 시청의 성 비구성을 보면 여성은 31.5%, 남성은 19.6%를 차지함.

3) 본 글에서는 가장 높은 비율을 차지한 여가 활용 항목인 기타(39.1%)를 제외하였음.

가 지나치게 선정적이고 폭력적으로 만들어져서 저질 문화를 양산할 뿐만 아니라, 여성을 상품화 혹은 사물화해서 '2등 시민'으로 전락시키고 있다고 주장한다.

물론 그동안 TV 드라마가 부정적인 역할만 한 것은 아니다. 예를 들면, 80년대 몇몇 드라마가 소외 계층의 실상을 담아 냄으로써 사회 불평등 현상을 부각시키는 데 기여하였다.

또 90년대 초반에 만들어진 일부 TV 드라마도 여성 문제를 조명함으로써 이를 사회 문제로 확대하는 데 기여를 하였다. 90년대 후반에 제작된 일부 드라마는 IMF로 인한 사회 충격을 완화시키는 데 중요한 역할을 수행하기도 하였다. 그러나 불행하게도 이러한 유형의 드라마는 수적으로 매우 제한되어 있다.

그래서 그런지 TV 드라마는 변화를 반영하거나 지향하지 못한다는 부정적인 평가를 벗어나지 못하고 있다. 실제로 많은 경우에 이들은 극히 보수적인 가부장적인 이데올로기를 담기도 하였다. 이러한 현상은 황금시간대 드라마나 주말 드라마에서 특히 두드러진다. 예를 들면, 〈소문난 칠공주〉(KBS)는 아버지를 절대적 존재로 묘사하고 있으며, 〈하늘이시여〉(SBS)나 〈별난 남자 별난 여자〉(KBS)는 가부장제의 유물인 핏줄을 강조하였다. 더 나아가서 이들은 남성 지배, 여성 종속이라는 왜곡된 성 역할을 강조하였다.

본 글은 TV 드라마가 갖는 사회적 의미를 비판적인 안목에서 살펴보는 데 그 목적을 두고 있다. 구체적으로, 본 글은 드라마 수용자의 특성은 어떻게 구성되어 있으며 이들은 드라마를 어떻게 수용하는가, 드라마의 편성비중이 왜 지속적으로 확대되는가, 드라마는 성 역할(sex role)을 어떻게 묘사하는가, 드라마는 성 역할 고정 관념을 어떻게 재생산하는가 등을 살펴보는 데 그 초점을 두었다.

2. 드라마 수용자의 특성 및 수용 과정

여성이 남성보다 TV 드라마를 더 많이 시청하고 있으며, 여성 시청자 가운데에서는 30~50대의 연령층이 다른 연령층에 비하여 더 드라마를 선호하는 것으로 알려져 있다. 이들은 여가 시간의 3/4을 TV 드라마를 보면서 지내고 있다(통계청, 2002). 특히 가정주부(3시간 55분)의 드라마 시청 시간은 전체 여성의 평균 드라마 시청 시간(2시간 47분)보다 훨씬 더 많다(KBS, 1995, 115쪽). 그래서 그런지 각 방송사는 드라마를 제작하는 데 있어서 이들을 주요 공략 대상으로 삼고 있다.

TV 시청이 개인의 행태에 지대한 영향을 미치는 점을 고려해 볼 때(한국여성개발원, 1995, 45쪽) 여성 시청자들은 드라마가 제시하는 여성상을 어떻게 수용하고 이를 어떻게 평가하는가를 알아볼 필요가 있다. 특히 여성 시청자의 경우 TV 드라마의 의존도가 높다는 점, 그리고 이들의 드라마 시청행위가 '매우 일상적으로 이루어지는 행위'라는 점을 고려해 볼 때, 이들의 드라마 수용 과정을 살펴보는 것은 매우 유용하다고 할 것이다.

김훈순·박동순(2002)은 서울에 거주하는 20세 이상 여성 500명을 조사 대상자로 선정하여 이들의 시청 행태를 연구한 바 있다. 이들의 연구 결과에 의하면, 여성 시청자들이 가장 선호하는 여성상은 슈퍼우먼형이었고, 그 다음이 전통적 여성상, 진보적인 여성상 등의 순인 것으로 나타났다. 특히 나이가 많거나 학력이 낮은 계층의 수용자는 전통적인 여성상을 선호한 반면, 연령이 낮거나 학력이 높은 계층은 진보적인 여성상을 선호하였다. 그러나 슈퍼우먼형은 연령 및 학력과 무관하게 모든 여성들이 선호하였는데, 심지어는 진보적인 성향의 시청자들까지도 이를 선호하였다.

이러한 현상은 현실의 삶에서 여성이 겪는 '아노미적 갈등'을 반영한 데에서 비롯된 것이라고 할 수 있다(김훈순·박동순, 2002). 즉, 수용자들이 겉으로는 남녀 평등을 추구하는 것처럼 보이지만 실제로는 전통적인 여성상을 지향하고 있다. 또한 이러한 현상은 페미니즘 관점에서 볼 때 여성 인권에 바람직하지 못하다고 할 수 있을 것이다.

여성 드라마 시청자의 성 차이 현상에 대한 소극적인 의식은 유선영·윤희중(1995)의 연구에서도 확인된 바 있다. 이들에 의하면, 여성 시청자 대다수는 드라마에서 상투적으로 등장하는 순종형, 현모양처형 등과 같은 가부장적이고 전통적인 여성상을 긍정적으로 수용한다고 한다(46쪽). 또 다른 연구(한국여성개발원, 1995)도 여성 시청자들이 드라마에 포함된 여성 문제에 대해서 비판적이지 못한 것을 발견한 바 있다.

예를 들면, 여성 시청자들은 드라마 속의 폭력성이나 선정성은 문제를 삼았던 반면, 드라마 속에서 여성을 비하하거나 성 차별을 하는 것에 대해서는 전혀 문제 삼지 않았다. 이를 통해서 우리는 전반적으로 한국의 여성 시청자들은 TV 드라마 속에 포함된 성 차별적인 메시지를 별 비판 없이 수용하는 전통적인 시각에 머물러 있음을 알 수 있다.

최근 들어 양성 평등을 지향하는 사회적 변화로 인하여 드라마 속에도 일하는 여성이나 자기 개발을 하는 여성이 많이 등장한다. 이와 관련하여 이종님(2004)은 여성 시청자들이 이러한 여성들을 어떠한 여성상과 연결시키는가를 조사한 바 있다.

그에 의하면, 응답자의 가장 많은 수(42.9%)가 진취적인 여성이 많다고 응답하였고, 현모양처형(25.1%), 우유부단한 형(21.4%), 자기 중심형(10.6%)이라고 답한 사람의 수는 상대적으로 적었다. 다시 말해, 일반적으로 여성 시청자들은 드라마에 등장하는 여성상을 긍정적으로 인식하고 있었다. 그러나 여성상에 대한 평가는 응답자의 사회 문화적 특성에 따라 크게 다르게 나타났다. 예를 들면, 학생과 20대 집단은 진취적인 여성이 많다고 답한 반면, 전문가 집단과 40대 여성은 순종형 및 현모양처형이 많이 등장한다고 답변하였다.

한편 시청자들이 드라마 속에 포함된 여성상을 인식하는 데 있어서는 그들이 보유한 성 역할 태도가 매우 중요한 것으로 알려져 있다(김선남 외, 2004). 예를 들면, 진보적 성 역할 태도를 가진 수용자들은 드라마에 등장하는 전통적인 여성상과 슈퍼우먼 여성상을 보수적 성향의 여성상으로 인식하였던 반면, 보수적인 성 역할 태도를 가진 수용자들은 동일한 여성상을 진보적인 여상상인 것처럼 인식하였다.

이들 연구에 나타난 바를 보면, 연장자, 저학력자, 주부일수록 드라마의 전통적인 여성상을 더 선호한다.

3. 드라마 비중의 확대 배경

외국의 사례를 살펴보면, TV 프로그램 가운데 드라마가 차지하는 비중은 매년 축소되는 경향을 보여 주고 있다. 특히 비현실적인 드라마가 TV 방송에서 퇴출되는 경향이 두드러진다. 프랑스의 경우, 픽션 장르로 분류되는 TV 드라마의 방송 시간은 1990년에 5,493시간이었던 것이 2003년에는 1,465시간으로 무려 4,000시간이나 감소하였다. 일본에서도 비현실적인 TV 드라마의 시청률이 떨어지는 현상이 최근 들어 심하게 나타나고 있고, 영국의 경우도 피크타임 대 TV 드라마 편성 비중이 지난 20년 동안 지속적으로 축소되었다.

그러나 우리는 이러한 세계적인 추세와는 거꾸로 가고 있는 것 같다. 최근 TV 방송사가 드라마를 과도하게 방송하고 있어서 프로그램의 다양성과 공익성이 훼손될 정도라는 평가가 나올 정도이다. 예를 들면, KBS의 경우 드라마가 차지하는 비중(오후 6시에서부터 자정까지의 시간대에 방영되는 전체 프로그램 가운데)은 2004년에는 10개 가운데 3개, 2005~2006년에는 10개 가운데 2개, 2007년에는 8개 가운데 2개로 해가 갈수록 그 비중이 확대되었다(백혜영, 2007). 이러한 TV 드라마 편성률(전체의 16.9%)은 이웃나라 일본의 것(10.9%, 2005년)보다 훨씬 더 높은 것이다. 이러한 현상은 TV 방송사 간 시청률 경쟁에서 야기된 것으로 여러 면에서 득보다는 실이 많다고 하지 않을 수 없다(백혜영, 2007).

지상파 TV 방송이 방영한 이러한 드라마를 유형별로 구분하여 살펴보면 이들 가운데 상당 부분이 비현실적인 내용을 담고 있는 멜로물인 것을 알 수 있다. PD연합 회보가 조사해서 발표한 바에 의하면, 2006년 1년 간 TV 방송 3사가 제작 방송했던 전체 드라마(76편) 가운데 90%가 멜로물이었다고 한다. 이 드라마들은 주로 사랑, 불륜, 이혼 등을 소재로 해서 제작된 것으로 극단적이거나 과장된 인물과 내용을 동원한 특성을 갖고 있다.

TV 드라마가 우리사회에서 시청자, 특히 여성 시청자의 관심을 받는 장르로 자리 잡은 데에는 몇 가지 이유가 작용한 것 같다. 드라마의 특성과 관련하여 그 이유를 살펴보면[4] 다음과 같이 정리될 수 있다.

첫째, TV 드라마는 사회문화적 속성과 밀접한 관련을 맺고 있다는 점이다. 즉, TV 드라마에 포함된 주제, 상황, 등장인물 등은 보편적인 심리적, 신화적, 사회적 호소력을 가지고 있을 뿐만 아니라, 대중적인 문화 양식으로 반복적으로 나타난다. 그 결과, TV 시청자는 드라마 속 대사나 장면, 등장인물 등을 실생활에 존재하는 것으로 수용하게 된다. 즉, 시청자들의 TV 드라마 시청은 삶의 일부의 연장선상에서 일어난다.

둘째, TV 드라마가 인기 있는 이유는 이것이 이야기 구조가 인물과 인물 간의 상호 관계에 초점을 두고 있다는 데에서도 찾을 수 있다. 시청자들이 드라마에 빠질 수밖에 없는 것은 스토리가 아니라, 등장인물의 매력과 개성 그리고 그들 간의 관계 때문이다. 그렇기 때문에 드라마는 필연적으로 다수 남녀 간의 삼각, 사각 관계를 부각시키게 된다. 특히 이러한 현상은

---

4) 이는 김선남·김홍규(2002, 150~152쪽)를 재구성한 것임.

멜로드라마에서 두드러지는데, 이는 멜로 드라마가 서로 얽히고 설킨 남녀나 가족 관계에서 빚어지는 갈등과 해결 과정을 반복적으로 전개하기 때문이다.

셋째, 시청자의 TV 드라마 선호 현상은 그것이 갖는 시간적, 공간적 동시성과 관련이 있다. 즉, 드라마는 시공을 초월하여 시청자에게 다가갈 수 있다. 심지어는 역사극, 시대극을 접하는 과정에서도 다수의 시청자들은 이것을 현대의 사건으로 인식해서 그 내용이 지금 자신의 주변에서 일어나는 것으로 인식한다.

넷째, 드라마가 여성의 경험과 유사한 내용으로 구성되어 있다는 것도 중요한 요인이 될 수 있다. TV 드라마의 구조나 내용은 여러 면에서 전업주부의 인생과 상당한 유사성을 갖고 있다. 즉 여성이 경험하는 삶과 드라마 속에 묘사된 삶은 서로 비슷한 것이다. 따라서 전업주부는 다른 시청자들보다 자신의 인생 구조 및 내용과 유사한 드라마에 몰입하게 되고, 자신의 욕구를 드라마 시청을 통해서 충족시키려고 한다.

TV 드라마가 갖는 이러한 특성으로 인해 드라마는 '사회적 거울'로 작용하여 시대를 반영할 뿐만 아니라, 수용자에게 현실에 관한 특정한 신념과 가치관을 주입시킬 수 있다. 우리가 성과 관련하여 드라마의 사회적 역할에 관심을 쏟는 이유도 바로 그것이 야기할 수 있는 사회적 폐해 때문이다. 특히 드라마는 이혼이나 삼각관계, 고부간의 갈등 등 선정적이고 극단적인 줄거리를 담고 있을 뿐만 아니라, 전통적인 성 역할에 입각한 여성상을 제공하기 때문에 이것은 부정적인 성 문화를 창출할 가능성을 항상 안고 있다.

최근에 나타나는 일반적인 추세나 변화하는 방송 환경에 비추어볼 때, 우리의 TV 방송사들도 제작 및 프로그램 편성 관행을 바꾸어야 할 것 같다. 우선 드라마를 주요 시청률 경쟁의 대상으로 삼는 관행에서 벗어나서 다양한 프로그램을 제작, 방영하려는 노력을 지속해 나가야 할 것이다. 방송관계자들은 국제적인 추세도 다양한 TV 프로그램을 방영하여 수용자들에게 채널 선택권을 부여하는 방향으로 가고 있다는 점을 인식해야 할 것이다. 드라마를 제작, 방영하는 경우에도 드라마가 계층별 다양성을 담아낼 수 있도록 하는 한편, 사회 현실을 충실하게 반영할 수 있도록 배려되어야 할 것이다. 뿐만 아니라, 드라마의 내용도 사회 변화를 주도할 수 있는 방향으로 전환되어야 할 것이다. 특히 TV 드라마가 여성을 상품이나 사물의 대상으로 삼아서 가치를 폄하하는 관행에서 벗어날 필요가 있다. 특히 드라마가 이러한 여성 왜곡이라는 비판에서 벗어나기 위해서는 무엇보다도 극의 내용에서 비현실적인 요소들을 과감하게 배제해야 할 것이다.

4. 드라마의 성 역할 묘사

성 역할(sex role)은 개인에게서 기대되는 행위나 태도의 일부로 그 내용이 구성되는데, 이것은 특정 행위나 태도와 관련하여 남녀별로 적절한 것과 그렇지 못한 것으로 나뉘어 있다. 특정 사회의 이러한 성 역할은 남자 또는 여자에게 필요한 태도는 권장하고, 그렇지 못한 태도나 행위는 규제하는 일련의 사회화 과정을 통하여 고정관념으로 구축된다.

사회가 동원할 수 있는 많은 사회화의 수단 가운데 정보 사회에서 가장 강력한 영향력을 갖는 것이 바로 대중매체, 특히 TV 방송이다. 그렇다면 TV 드라마가 성 역할 고정관념의 재생산과 관련하여 어떠한 역할을 어떻게 하는지에 관해서 우리가 이해해 둘 필요가 있다.

TV 드라마가 담고 있는 성 역할 고정관념 및 재생산 과정은 여러 차원에서, 여러 기준에 입각하여 살펴볼 수 있겠지만, 4가지 기준, 즉 성향, 역할, 직업, 그리고 외모를 기준으로 삼아 종합적으로 살펴보는 것이 가장 효과적인 접근인 것으로 알려져 있다(김동일, 1994, 79쪽). 이러한 기준에 입각하여 그 내용을 살펴보면, 그것은 다음과 같이 정리될 수 있을 것이다.

(1) 성향 : 여성의 의존성과 남성의 독립성

드라마는 남녀의 성향을 완전히 다르게 재현한다. 즉, 여성은 의존적인 존재로 그려지는 반면, 남성은 독립적인 존재로 그려진다. 김정자(1985)에 의하면, 드라마 속 남자 주인공들은 여자 주인공에 비하여 더 적극적이고 독립적이고, 공격적이고 야심이 많은 존재라고 한다. 또한 이들은 지도적이고 용감하며 권위적일 뿐만 아니라, 냉정하고 이성적인 결정을 내리는 존재로 그려진다. 반면, 여자는 남자에 비하여 지도력이 떨어지고 소극적인 존재로 묘사된다. 또한 여자는 위기 상황에서 결정을 쉽게 못 내리는 우유부단한 소유자로 재현된다.

드라마 속에 나타나는 이러한 대비적인 남녀 성향은 다른 연구(고찬희, 1984)에서도 확인된 바 있다. 고찬희(1984)의 연구 결과에 의하면, 드라마 속에서 남성은 능동적이고 강인하고 지배적이며 호전적인, 즉 행동적 성향의 소유자인 반면, 여성은 의존적이고 순종적이며 추종적, 감성적 성격을 소유한 존재로 묘사되었다. 송유재(1990)도 드라마가 여성을 의존적, 순종적, 추종적이며 남성보다 덜 적극적이며 야심이 적은 존재로 묘사하는 것을 확인한 바 있다.

2000년대에 들어서도 여전히 드라마는 여성을 의존적 존재로 재현하는 것을 반복하고 있다. 오혜란(1991)과 강익희·하윤금(2001)은 2000년대에 들어서 독립적, 이성적, 가정적인 영역에서는 남녀 차이가 뚜렷하게 나타나지 않았다는 연구 결과를 토대로 최근 들어 드라마가 사회 변화를 상당 부분 반영하고 있다고 주장한 바 있다. 하지만 전문직 영역에서 활동하는 남녀를 묘사하는 것을 살펴보면, 여전히 분명한 성별 차이가 존재하는 것을 알 수 있다. 즉, 드라마 속 전문직 여성들은 전문직 남성에 비해 더 의존적일 뿐만 아니라, 일의 처리도 자율적이지 못한 것으로 묘사된다.

이것이 장기적으로 전문직 여성에 대한 부정적인 이미지를 재생산할 수 있다는 측면에서 볼 때, 이러한 묘사는 바람직하지 못한 것이다(강익희 · 하윤금, 2001, 19).

(2) 역할 : 돌보는 자로서의 여성과 부양자로서의 남성

드라마에 등장하는 남녀의 등장 인물의 수를 비교해 보면 차이가 거의 없다. 지난 80년대 17편의 드라마에 등장하였던 남녀의 수를 비교해 보면, 남성이 50.7%, 여성이 49.3%로 수적 차이가 거의 없었다(김정자, 1985). 최근 들어서는 여성 등장인물의 수가 오히려 남성보다 더 많다. 이경자(2002)에 의하면, 방송 4사 10편의 드라마에 총 167명이 등장하였는데, 여성(55%)이 남성(45%)보다 더 많았다고 한다. 2002년 3월부터 8월까지 방송 3사의 주중 및 주말 연속극 11개 드라마에서도 마찬가지였다. 등장인물 222명 가운데 여성(118명)이 남성(104명)보다 14명이나 더 많았다(이수연, 2002).

등장인물의 수가 특정한 성에 편중되지 않았다는 사실을 드라마가 성차별을 상당 부분 극복한 증거로 받아들여서는 안 될 것이다. 각 등장인물의 역할 차이를 비교해 보면, 성 역할의 고정관념이 드라마에 여전히 남아있음을 알 수 있다. 주연과 조연, 보조역 배역에서 특히 성별 차이가 크게 나타난다. 예를 들면, 남성은 주역과 조역에서 많이 등장한 반면, 여성은 보조역에서 더 많이 등장하였다. 김정자(1985)에 의하면, 드라마의 178명의 주연 가운데 남성(61.2%)이 여성(38.8%)보다 압도적으로 더 많았다고 한다.

역할 구분과 관련해서 성별 차이는 더 극명하게 나타난다. 예를 들면, 남성은 주로 직업을 가지고 가족을 부양하는 존재로 그려지는 반면, 여성은 가정을 지키는 전통적인 가사에 치중한 것으로 묘사된다(송유재, 1984). 특히 가족 안에서도 남편(58.8%)은 주로 재산 관리에 관련되어 있는 역할에 포진한 반면, 여성(71.4%)은 주로 생활비 관리와 관련되어 있다. 또 여성이 가정 안에서 맡는 업무는 주로 부모 부양(89.2%), 자녀 양육 및 교육(90.6%), 가사 활동(96.0%) 등에 국한되어 있다(이경자, 2002). 여성은 현모양처, 즉 돌보는 자로서, 반면에 남성은 가부장, 즉 부양하는 자로서의 역할이 드라마에서 재생산되고 있는 것이다.

또한, 드라마는 여전히 가부장적 가치관을 반영하고 있다. 예를 들면, 아버지의 권위로 가족 갈등이 봉합되는 구조를 통하여 기존의 가부장 중심의 보수적인 가치관을 재생산하고 있다(홍지아, 2008, 211쪽). 변한 것이 있다면 과거의 드라마는 가부장적 남성상으로 전통적인 가치관을 믿고 따르는 아버지와 할아버지 세대의 남성을 부각했던 반면, 최근의 드라마는 여성과 가정을 중시하고 부드럽고 온화한 성격을 지녔지만, 여전히 강인하고 능력 있는 현대판인 20~30대의 청장년층 남성을 많이 다루고 있다는 점일 뿐이다(박나경, 2005, 25쪽).

(3) 직업 : 전업주부로서의 여성과 전문직 종사자로서의 남성

드라마에서 직업여성이 등장하는 정도를 보면 드라마가 사회 변화를 어느 정도 반영하는지를 알 수 있다. 최근 들어, 드라마에 직업여성의 등장 비율이 상당히 높아졌다. 지난 85년의 경우, 드라마에 등장한 여성 가운데 46.4%는 직업여성이었던 반면에 전업주부는 22.4%에 지나지 않았다. 이러한 비율은 현실 속 직업여성의 비율(33.0%)보다 더 높은 것이다.

수치상으로 나타난 이러한 측면만 본다면 드라마는 사회 변화를 주도하고 있다고 할 수 있을 것이다(김정자, 1985). 그러나 실상을 들여다보면 이것 역시도 성 차별 극복과는 무관해 보인다.

드라마가 소개하는 직업 유형에는 남녀 간의 큰 차이가 있다. 드라마에 등장한 남성 직업은 전문 기술직(27.4%), 서비스직(23.8%), 사무직(11.4%), 농업 어업직(10.6%), 행정 관리직 및 판매직(8%)의 순이었던 반면, 여성 직업은 서비스직(31.1%), 전문 기술직(24.8%), 농업 어업직(16.5%), 판매직(13.5%), 생산직 운수 관련직(7.1%), 사무직(6.5%)의 순이었다. 즉, 드라마에서 남성은 전문 관리직, 행정 관리직, 사무직 등에서 더 등장한 반면, 여성은 판매직, 서비스직, 농업직에 등장 비율이 높다. 또한 전문 기술직(의사, 교수 등)에는 남성을, 하위 전문 기술직(교사, 간호사)에는 여성을 배치함으로써, 직업 권위와 관련하여 남녀 차이를 두고 있다. 이러한 현상을 통하여 우리는 드라마 속에서 성별 직종 분리 현상이 뚜렷하게 나타난다는 것을 확인할 수 있는 것이다.

이러한 현상은 최근에도 여전히 반복되고 있다. 높은 시청률을 얻었던 드라마, 청춘의 덫(1999년, SBS), 겨울 연가(2002, KBS), 완전한 사랑(2004, SBS), 신입사원(2005, MBC), 내 이름은 김삼순(2005, MBC), 장밋빛 인생(2005, KBS) 등에 등장하는 주요 남성 인물들과 여성 인물들의 직종도 확연히 구분된다. 남성은 대부분 건축가, 방송국 PD, 대기업 직원, 의사 등 전문직 종사자들이었던 반면, 여성은 대체로 사회적 위광이 훨씬 떨어지는 직종에 종사하는 자들이 대부분이었다(박나경, 2005, 19~20쪽).

(4) 외모 : 성적 대상자로서의 여성과 능력 소유자로서의 남성

드라마는 젊고 예쁜 여성을 선호한다. 드라마에 등장하는 여성 31.2%는 19~29세에 집중되어 있고, 30~39세는 22.4%, 12세 이하는 14.1%에 불과하다. 그러나 드라마에 등장하는 남성들의 분포는 이와 다르다. 즉, 남성 등장인물 가운데 30.7%가 30~39세 연령대였던 반면, 19~29세는 20.7%, 40~49세는 18.0%에 불과하다(김정자, 1985).

이러한 차별적인 성별 연령 분포는 다른 연구에서도 확인된 바 있다. 송유재(1990)의 연구에서도 등장인물 가운데 여성은 주로 20세였던 반면, 남성은 30대 및 50세였다. 이경자(2002)도 여성의 경우 20대(31.5%)가 가장 많았고, 50대(18.5%), 40대(17.4%), 30대(16.3%), 10대(9.8%)가 그 뒤를 이었던 반면, 남성은 50대(26.7%), 30대(25.3%), 20대(24.0%)의 순이었다. 드라마에 등장하는 20~30대의 여성은 전체의 절반인 47.8%에 해당하였다. 이수연(2002)에 의하면, 드라마는 젊은 여성 중심으로 이야기를 전개함으로써 현실세계를 균등하게 반영하지 못하고 있다고 한다. 드라마는 주로 20~30대 젊고 날씬하고 예쁜 여성들이 딸, 며느리, 친구로 등장하였으며 또한 그들의 젊음과 아름다움을 클로즈업하였다(이경자, 2002).

또한, 드라마에 등장하는 전체 등장인물의 외모에 있어서도 성별 차이가 나타났다. 남성은 여성에 비하여 뚱뚱하고 못생겼을 뿐만 아니라, 옷도 잘 못 입는 것으로 나타났다. 이러한 남녀 차별적 묘사만 보더라도 드라마가 얼마나 많은 방법을 동원하여 등장 여성의 성적 매력을 부각시키고 있는가 하는 것을 쉽게 알 수 있다.

이수연(2002)에 의하면, 드라마에 등장한 여성 인물 가운데 70%는 '용모가 단정하였으며', 이 가운데 57.6%는 '날씬하고 매력적인' 존재였다고 한다. 이러한 사실을 토대로 그는 드라마가 여전히 외모와 관련된 성 역할 고정관념, 즉 여성은 성적 대상이라는 우리 사회의 고정관념을 반영하고 있다고 주장하였다.

5. 성 역할 고정관념의 재생산 이유

그렇다면 여기에서 우리는 왜 드라마가 그 많은 비판에도 불구하고 전통적인 여성상을 그려내는 것에서 한 발짝도 벗어나려고 하지 않는가를 살펴볼 필요가 있다. 이와 관련하여 일찍이 앤더슨(Andersen, 1983 : 351~360)은 4가지 관점, 반사가설론, 성 역할 학습론, 남성 중심적 매체 조직론, 그리고 사회 경제적 접근에 입각해서 그 이유를 살펴볼 것을 권유한 바 있다. 이러한 4가지 관점을 토대로 우리는 성 역할 고정관념이 TV 드라마에서 재생산되는 이유를 다음과 같이 정리할 수 있을 것이다.

첫 번째 관점은 반사 가설론이다. 이에 의하면 매스 미디어는 일반인의 가치를 반영하는 데 민감하다고 한다. 그렇기 때문에 일반 대중 특히 여성 스스로가 그렇게 여성을 전통적인 존재로 생각하는 경향이 있는 한 드라마는 전통적인 여성상을 반영할 수밖에 없다. 이 입장에서 보면 매스 미디어가 제시하는 이미지는 일반인들 사이에서 수용되는 가장 보편적인 이상형인 것이다. 그러나 이 이론은 성 역할 고정관념에 입각한 여성상을 설명하는 데 있어서는 나름대로의 설득력을 갖고 있지만 드라마가 일반인의 가치를 단순히 반영하는 존재인지, 아니면 일반인이 받아들일 수 있는 가치를 창조하는 적극적인 존재인지에 관한 문제를 숙제로 남겨두고 있다.

두 번째 관점은 성 역할 학습론이다. 이에 의하면 매스 미디어는 가장 보수적인 남녀 가치를 반영하여 시청자로 하여금 이러한 성 차별적 가치를 수용하도록 만드는 존재라고 한다. 이와 같은 주장은 사람들이 기존의 고정관념에 입각하여 행동하는 사회적 동물이라는 논리에 입각하고 있다. 그러나 시청자는 드라마가 제공하는 것이면 무엇이든지 수용하는 수동적 존재가 아니라는 사실과 관련시켜 볼 때, 이 이론 역시 제한적인 설명력밖에 갖지 못한다고 할 수 있을 것이다.

세 번째는 남성 중심적 매체 조직론이다. 이 관점에 의하면, 성 불평등이 매스 미디어 내부 조직에 존재하기 때문에 매스 미디어 내용에 성 불평등 내용이 담겨진다는 것이다. 즉, 드라마에 등장하는 여성의 종속적 지위는 방송조직에 형성되어 있는 가치나 사고에 의하여 영향을 받는다. 다시 말하면 드라마를 제작하고 통제하는 위치에 여성이 배제되어 있기 때문에 전통적인 여성상이 강조되는 드라마가 제작될 수밖에 없다. 이런 입장에서 보면 드라마의 왜곡된 여성상을 타파하기 위해서는 무엇보다도 먼저 방송 조직에서의 남녀 평등 실현이 전제되어야 할 것이다. 이는 방송 조직에 많은 여성이 진출하는 것을 필요조건으로 제시한다. 이 관점 역시 다른 관점과 마찬가지로 충분한 설득력을 갖지 못한다. 예를 들면, 이 이론은 매체 조직 내에 근무하는 종사자들이 성별에 관계없이 조직의 가치를 수용하도록 사회화되어 매체 조직이 지향하는 목적에 순응할 수밖에 없는 경우에 대해서는 설명하지 못한다.

네 번째 관점은 사회 경제적 접근이다. 이것은 매스 미디어의 왜곡된 여성 이미지의 발생 원인을 자본주의 이데올로기에서 찾고 있다. 이 입장에 의하면, 매스 미디어가 갖는 상업성 때문에 여성상은 왜곡될 수밖에 없다고 한다. 예컨대 매스 미디어는 소비자들의 관심을 끌기 위해서 매스 미디어의 내용을 오락적이고 선정적으로 만들게 되는데, 그 과정에서 여성이 전형적인 희생물로 이용된다는 것이다. 이 접근법 역시 설명력의 한계를 갖고 있다. 예를 들면, 이 이론은 매체 소유자나 경영자들이 여성을 착취하려는 불순한 의도가 전혀 없음에도 불구하고 이들이 상업성 때문에 어쩔 수 없이 미디어 내용을 오락적이고 선정적으로 만들었다고 주장함으로써, 이들에게 면죄부를 주는 한계를 안고 있다.

드라마에 의해서 성 역할 고정관념의 재생산되는 이유를 규명하기 위해서는 앞에서 소개된 관점 가운데 특정한 관점에 입각해서 설명하려고 하기 보다는 이러한 관점을 종합적으로 수용해서 그 이유를 밝히는 것이 필요하다. 그러한 다차원적 접근이 필요한 이유는 성 역할 고정관념은 특정 사회나 매체 조직 안팎에 존재하는 다양한 요소들이 복합적으로 작용하여 재생산될 수 있기 때문이다.

6. 맺는말

지난 수십 년 간 TV 방송사 간 시청률 경쟁을 주도해 왔던 드라마는 여성과 관련하여 매우 비현실적이고 성 차별적인 내용들을 담아냈다. 이러한 현상은 수십 년 간 반복되어 왔으며 일부 학자들, 특히 여성학자들은 이러한 현상이 바뀌어져야 한다고 주장하여 왔다. 그러나 그러한 현상은 전혀 달라지지 않았다. TV 드라마가 여성을 왜곡하고 열등한 존재로 그려내는 이유는 드라마 제작에 종사하는 자들의 일상화되고 습관화된 관행이나 사회 통념을 그대로 반영하려는 의지에서 비롯된 것일 수도 있고, 또 가부장적 사회에서의 매스 미디어의 생존 전략이나 상업화의 수단에서 비롯된 것일 수도 있다.

TV 드라마가 현실 및 여성을 왜곡하지 못하도록 유도하는 과정에서 드라마 생산자의 의식변화 못지않게 중요한 것은 드라마 수용자의 올바른 의식이다. 앞서 언급한 것처럼 시청자의 학력, 연령, 직업에 따라서 드라마를 수용하는 데 있어서 차이를 보일 수 있지만, 전반적으로 시청자들은 드라마에서 비하되고 왜곡된 여성상을 무비판적으로 수용하고 있다. 이러한 측면에서 볼 때, 우리는 TV 시청자들이 드라마를 비판적으로 수용할 수 있도록 하기 위하여 '미디어 교육'의 제도화를 앞으로 더 강화해 나갈 필요가 있다고 하겠다.

성 차별적인 드라마 내용을 바꾸기 위해서는 무엇보다 시청자들이 TV 드라마를 비판하고 변화시키는 데 적극적으로 동참하여야 할 것이다. 수용자들의 태도를 변화시키기 위해서는 관련 단체나 기관, 학자 등의 역할이 특히 중요하다. 이들은 여성의 삶과 여성 문화가 텔레비전에서 어떻게 묘사되고 있는가, 그것이 여성에 대한 고정관념과 편견에 어떻게 반영되는가, TV의 성 고정관념적인 내용이 현실 속의 여성 삶을 어떻게 왜곡하는가, 더 나아가 TV가 여성을 올바르게 묘사할 때 여성에 대한 사회적 고정관념과 편견이 어떻게 변화할 수 있는가 등과 관련된 연구들을 수행하고 그 결과를 토대로 많은 정책적 대안을 제시할 수 있어야 할 것이다. 이와 관련해서 한국여성개발원(1995,75)을 중심으로 이러한 노력들이 체계적으로 이루어 있다는 사실은 우리 사회의 미래가 올바른 방향으로 궤도를 찾아가고 있다는 증거가 될 수 있을 것이다.

이 분야에서 기대되는 향후 연구는 TV 드라마 시청자들이 왜 성 차별 현상을 무비판적으로 수용하는지 그리고 시청자 및 생산자의 의식을 바꾸기 위해서는 우리가 어떠한 노력을 하여야 하는지를 꼼꼼히 따져 볼 수 있어야 할 것이다. 이러한 연구를 수행함에 있어서 우리는 무엇보다 먼저 오랫동안 TV 드라마의 전통적이고 비현실적인 여성 재현과 보수적인 드라마 수용 행태 간에는 일정한 관계가 있어 왔음을 주목하여야 할 것이다.

〈참고 문헌〉

강익희 · 하윤금, 『텔레비전에 나타난 직업의 성정형화에 관한 연구』, 텔레비전 모니터보고서(2001~2), 한국방송진흥원, 2001.

권호영, 『한국인의 미디어 이용과 지출 행태의 변화』, KBI 포커스(07~04), 한국방송 영상산업진흥원, 2007.

고찬희, 〈텔레비전 드라마의 성차별에 따른 고정관념연구〉, 서강대석사학위논문, 1984.

김동일, 『성의 사회학』, 문음사, 1994.

김선남 · 김홍규, 『텔레비전과 페미니즘』, 범우사, 2002.

김선남 외, 수용자의 드라마 여성이미지에 대한 수용행태연구』, 한국방송학보』, 18-1, 76~115쪽, 2004.

김정자외, 『건강한 가정설계를 위한 대중매체 연구: TV의 남녀역할분석연구』, 한국여성개발원, 1985.

김훈순 · 박동숙, 현실과 상징세계의 여성의 삶: 여성 TV수용자의 인식을 토대로, 『프로그램/텍스트』, 제6호, 159~194쪽, 2002.

박나경, 〈한국 텔레비전 드라마에 나타난 남성상 연구−현대 멜로드라마의 남성상 왜곡현상 고찰〉, 중앙대학교 대학원 석사학위논문, 2005.

박숙자, TV 드라마 속의 가부장제와 남성상, 『연세여성연구』, 2-1, 145~175
    쪽, 1996.

백혜영, 시청자는 드라마에 치인다, 『PD저널』, 제535호, 2007. 11. 21/7.

송유재, 『여성과 매스 미디어』, 이화여대 신문방송학과 창설 30주년 기념 학
    술 심포지엄 논문집, 1990.

오혜란, 〈TV 드라마에 나타난 여성의 역할에 관한 연구〉, 서강대 석사학위
    논문, 1991.

유선영·윤희중, 여성의 일상적 시공간에서의 텔레비전 시청경험, 『한국언론
    학보』, 제37호, 여름호 5~61쪽, 1995.

이종님, 〈성평등적 관점에서 바라본 드라마 속의 여성〉, 미디어 세상 열린 사
    람들 주최 2004 TV속의 여성 세미나 발제논문, 2004.

이수연, 『평등문화 확산을 위한 TV 프로그램 모니터 결과 보고서』 (연구보고
    2002-06), 여성부, 2002.

임인숙, 한국언론의 부권상실론의 변화와 정치성, 『가족과 문화』, 제18집 4호,
    65~92쪽, 2006.

한정자, 『여성의 대중매체 수용의 의식 개발 프로그램-텔레비전을 중심으로』
    ('95연구보고서 200-12), 한국여성개발원, 1995.

홍지아, 〈TV드라마의 모성재현을 통해 드러난 상징적 경계의 특성과 변화에
    대한 연구〉, 2008 한국여성커뮤니케이션 봄철 정기학술대회 발표논
    문, 199~230쪽, 2008.

Andersen, M.L., *Thinking About Women: Sociological and Feminist
    Perspectives*, 이동원·김미숙(1993), 『성의 사회학』, 이화여자대학교
    출판부, 1983.

미디어 폭력과 청소년

제13장

디지털 기술의 발달로 새로운 미디어 기기들이 지속적으로 도입되면서 국내 미디어 환경이 혁명적으로 변화하고 있다. 1995년 케이블 TV의 도입으로 촉발된 미디어 환경의 변화는 2002년 디지털 위성 방송의 도입으로 시청자들에게 본격적인 다채널, 다매체 시대를 제공하게 되었다.

또한, 컴퓨터와 통신 기술의 조합은 인터넷 방송이라는 새로운 매체를 통해 무수한 영상물을 제공하게 되었고, 최근에 도입된 DMB와 같은 이동형 방송 서비스들은 이제 소비자들이 언제 어디서나 영상물을 사용할 수 있는 환경을 조성하고 있다.

다채널, 다매체화와 뉴미디어가 지속적으로 등장하면서 매체 간 또는 채널 간 시청자들을 확보하기 위한 경쟁이 더욱 치열해지고 있다. 근본적으로 시청률에 따라 좌우되는 광고 수입에 의존하고 있는 방송 산업의 경우 다양한 매체의 등장에 따라 경쟁이 더욱 심화되고 있다.

경쟁의 심화는 각 매체 또는 채널들이 시청자들의 이목을 끌어 모으기 위해 더욱 유희적이고 폭력적이며 오락적인 콘텐츠를 제공하도록 촉발시키고 있다. 결과적으로 미디어 환경이 더욱 경쟁적으로 변화되면서 수많은 미디어 영상물이 범람하게 되고, 이로 인해 더욱 선정적이고 폭력적인 내용의 오락물이 지나칠 정도로 제공되게 되었다. 지속적으로 제작, 제공되고 있는 조직 폭력배 소재 영화들의 흥행과 이종 격투기와 같은 스포츠화된 폭력 TV 프로그램의 선호는 이러한 실상을 잘 반영하고 있다.

더욱이 청소년들이 가장 즐겨하는 전자 게임에서도 이러한 측면이 잘 나타나고 있다. 리니지와 워크래프트 그리고 슈팅게임 등과 같이 청소년들에게 가장 선호되고 있는 컴퓨터 게임 및 온라인 게임의 대부분이 폭력을 소재로 하고 있다.

또한 최근 초등학생부터 성인층까지 애용하는 경주 게임인 '카트라이더'에서조차도 낮은 수준이지만 폭력을 일반적 행위로 묘사하고 있으며, 대개의 롤플레잉 게임은 폭력적 행위를 수단으로 해서 목적을 달성해 가도록 프로그램이 구성되어 있다.

청소년들의 여가 활동 대부분을 차지하는 것이 TV 시청과 컴퓨터 이용 또는 인터넷 이용(통계청, 2004)이라는 점을 감안할 때 문제의 심각성은 더욱 증가한다.

통계청의 조사에 따르면, 우리나라 청소년들은 여가 시간의 절반 가량을 TV 시청과 컴퓨터 게임에 소비하고 있는 것으로 보고되고 있다. 이는 결과적으로 청소년들이 많은 시간 동안 폭력 영상물에 노출될 수 있음을 의미한다.

더욱 심각한 문제는 청소년들이 이러한 폭력 영상물을 소비하는 동안 폭력적 행위뿐만 아니라, 지속되고 위협적인 언어에 익숙해져 실생활에서 자연스럽게 사용하게 될 수 있다는 점이다.

청소년들은 부적절한 영상 정보의 홍수 속에서 살아가면서 이러한 영상물의 이용에 의해 직접적이고 즉각적인 영향을 받거나, 그렇지 않더라도 잠재적이고 누적적인 영향을 받을 수밖에 없는 환경에 처해 있다. 부적절한 영상물의 이용은 청소년들로 하여금 사회 규범 및 체계에 대한 왜곡된 시각을 배양하도록 함으로써 사회적 일탈 행위를 일으킬 수 있는 단서를 제공하고 있다.

이미 다수의 국내 미디어 환경 실태 조사 연구에서 미디어 환경의 변화에 따라 폭력 영상물의 증가가 야기되고 있는 것으로 보고되고 있고, 실질적으로 상당량이 청소년에 의해서 소비되고 있는 것으로 조사되고 있다. 특히 주목할 점은 청소년들이 폭력 영상물에 대한 노출이 빈번해지면서 폭력에 대한 둔감화 현상이 나타나고 있는 것으로 보고되고 있다(최용준, 유제민 & 우형진, 2005)는 점이다.

이러한 현상은 특히 컴퓨터 또는 온라인 게임에 의해서 더욱 심각하게 야기되고 있다. 폭력적인 컴퓨터 게임 및 온라인 게임을 많이 이용하는 학생들일수록 동료들 중 폭력적인 학생들을 더 멋있고 인기 있는 것으로 간주하는 경향도 나타나고 있다(유홍식, 2005). 이는 이미 청소년들 사이에서 일정정도 폭력에 대한 미화 및 우상화가 이루어지고 있음을 시사한다.

따라서 급속히 변화하는 미디어 환경 속에서 청소년들을 유해한 폭력 영상물로부터 보호하기 위한 정책 방안 마련이 시급한 현안이다. 본 고는 급변하는 미디어 환경 속에서 청소년들을 유해한 영상물로부터 보호하기 위한 방안을 제안하고자 한다.

이를 위해서 먼저 다양한 미디어를 통해서 제공되고 있는 폭력 영상물의 실태 및 청소년들의 탈규범적 행위 실태를 분석하여 이의 관계성을 알아보고, 나아가 유해 매체물에 대한 청소년 보호 정책의 문제점을 파악하여 폭력 영상물이 청소년들에게 끼칠 수 있는 부정적 영향을 최소화할 수 있는 정책적 가이드 라인을 제시하고자 한다.

또한, 청소년들이 다양한 미디어를 통해 제공되는 수많은 유해 콘텐츠를 올바르게 인식하고 판단할 수 있는 능력을 배양하도록 할 수 있는 정책 방안을 모색하고, 이를 통해 청소년들이 급속도로 발전하고 있는 멀티미디어 환경을 통해 제공받고 있는 다양한 영상정보의 가치를 보다 효과적이고 긍정적인 차원에서 소비할 수 있도록 하고자 한다.

1. 청소년들의 폭력 영상물 노출 실태

(1) 텔레비전

텔레비전 프로그램의 폭력성은 도입 초창기부터 논쟁거리가 되어 왔다. 그러나 이의 영향성에 대한 논란은 연구자들과 사업자 간의 첨예한 대립으로 여전히 진행되고 있다.

우리나라에서도 텔레비전 프로그램의 폭력성이 지속적으로 비난의 대상이 되어왔다. 그러나 시청률 경쟁 심화, 방송통신위원회(구 방송위원회)의 전문적 규제 미흡, 각 방송사 프로그램 제작 여건상의 문제점 등과 같은 환경적 요인에 의해 프로그램의 폭력성이 더욱 유발되고 있다.

프로그램 폭력성에 대한 (구)청소년 보호위원회의 조사(청소년 보호위원회, 2004)에 따르면 지상파 방송과 케이블 TV 간의 차이는 있지만 대부분 폭력 장면들을 다수 묘사하고 있는 것으로 나타났다. 이를 구체적으로 살펴보면 먼저 지상파 3사(KBS2, MBC, SBS)의 경우 각각 173건, 92건, 224건의 폭력 묘사가 나타났다. 케이블 TV의 경우 청소년들이 가장 선호하는 만화 채널(애니원 503건, 투니버스 218건), 교육 채널(재능스스로 1,538건, 대교 어린이방송 275건), 게임 채널(MBCgame 263건, 온게임넷, 308건) 그리고 음악 채널(m-net 193건, km TV 376건)에서도 다수의 폭력 묘사가 나타났다.[1]

폭력 묘사의 내용별로 살펴보면, 대부분의 경우 대인에 대한 직접적인 폭력(무기 이용 폭력, 신체 이용 폭력, 무기 사용 위협, (비)언어적 위협)이 주를 이루고 있는 반면 상대적으로 간접적 폭력(대물 폭력, 재물 탈취, 조롱, 모욕, 비난, 거짓말, 속임수, 기타)은 낮은 빈도를 보이고 있다. 케이블 TV의 교육 채널을 제외하고 지상파 3사를 포함한 대부분의 채널에서 직

---

[1] 2004년 9월 2주간 프로그램 모니터링 결과

접적인 대인 폭력 묘사가 70% 이상을 차지하고 있다. 이는 대인 관계에 있어서 폭력 사용을 하나의 해결책으로 인식하거나 사회적으로 정당화할 수

〈표 1〉 방송 채널별 폭력 묘사 모니터링 결과

단위 : %

분류		KBS2	MBC	SBS	애니원	투니버스	재능스스로	대교어린이	온게임넷	MBC game	m-net	kmTV
모니터링/시간(분)		3,480	3,480	3,720	4,260	4,260	4,260	4,260	4,260	4,260	4,260	4,260
폭력 묘사/시간(%)		44분 (1.3)	34분 (1.0)	151분 (4.1)	48분 (1.1)	36분 (0.8)	245분 (5.8)	157분 (3.7)	2,170분 (50.9)	486분 (11.4)	26분 (0.6)	49분 (1.2)
폭력 문항 (건수)	무기, 흉기를 사용한 폭력 장면	37	16	24	172	92	230	90	122	114	40	85
	신체를 사용한 폭력 장면	55	37	46	105	66	274	34	19	86	59	147
	무기를 사용하여 위협하는 장면	41	5	24	30	19	120	24	105	48	54	92
	언어, 비언어적 위협 장면	21	12	37	55	18	202	27	4	0	13	28
	대물 폭력	8	10	16	22	10	193	38	13	1	18	20
	재물 탈취	0	0	3	12	0	11	5	0	0	0	1
	조롱, 모욕, 비난	9	8	16	26	7	292	32	0	0	9	1
	거짓말, 속임수를 사용	0	1	17	7	1	29	10	0	0	0	0
	기 타	2	3	41	74	5	187	6	0	59	0	2
	합 계	173	92	224	503	218	1,538	275	263	308	193	376

※ 출처 : 청소년 보호위원회(2004). 방송의 청소년 유해환경 실태조사 및 개선방안 재구성

있는 발판을 마련해 주고 있다. 주목할 점은 취학 전 아동들이 즐겨보는 재능 스스로방송과 대교 어린이방송에서도 높은 빈도의 폭력 장면 묘사가 나타나고 있다는 점이다. 이는 두 방송이 모두 만화 프로그램을 많이 편성하고 있으며 만화 프로그램들이 일반적으로 희화화된 폭력을 자주 묘사하고 있기 때문인 것으로 풀이된다. 그러나 희화화된 폭력 묘사의 경우도 충분한 비판 능력을 갖추진 못한 취학 전 아동들에게는 심각한 영향을 미칠 수 있다는 점에서 간과해서는 안 될 것으로 판단된다.

스포츠 프로그램의 경우에도 폭력적인 장면의 노출이 많이 지적되고 있다. 스포츠는 시청자들이 선호하는 프로그램 유형의 하나로서, 드라마(31.1%), 뉴스·보도(27.8%), 쇼·오락(15.2%)에 이어, 네 번째로 선호되는 프로그램 유형(6.8%)이다(한국방송광고공사, 2004). 특히, 최근 들어 인기를 얻고 있는 이종 격투기의 경우 폭력성과 그에 따른 부정적인 영향에 대한 의견이 높아지고 있음에도 불구하고 2003년 케이블 방송과 위성 방송에서 방영을 시작한 이래, 마니아 층을 형성하면서 인기 스포츠로 빠르게 자리 잡고 있다. 일부 격투기 프로그램은 시청률이 30%를 넘기도 하였으며, 이러한 인기를 반영하듯 드라마나 오락 프로그램, 영화 등에서도 이종 격투기를 주요 소재로 삼고 있다.

문제는 이들 이종 격투기나 프로 레슬링과 같은 격투 프로그램이 스포츠 프로그램이란 명분으로 현재 등급제 대상 제외 프로그램이라는 점이다. 실질적으로 프로그램밍에서 나타나고 있는 폭력 묘사는 채널 사용 사업자(PP : program provider)가 자체 등급을 19세 이상 시청가로 표기할 만큼 과도한 폭력이 자주 등장한다. 예를 들어, 케이블 채널 사용 사업자들의 경우 이종 격투기, 레슬링 프로그램에 대해 자체적으로 등급을 적용하여 15세 이상 시청가와 19세 이상 시청가로 구분하여 명시하고 있다. 이종 격투기, 프로 레슬링 프로그램이 국내 고정 시청 계층을 확보한 인기 프로그램으로 청소년층에도 높은 인기를 얻고 있는 만큼 과도한 폭력 묘사에 따른 영향성을 고려하여 제도적 보호장치에 대한 논의가 필요한 시점이다.

(2) 영화 및 비디오

1999년 이후 지속된 한국 영화 산업의 성장은 한국 영화의 점유율이 외국 영화를 압도하면서 호황을 누려 왔다. 이는 한국 영화 발전에 분명 긍정적인 요소이지만 부정적인 측면도 강하게 존재한다. 대부분 상업적으로 성공한 영화들이 조폭, 살인, 근친상간, 폭력 등의 내용을 다룸으로써 사회문화적인 부분과 청소년들의 정서 함양에 문제를 야기할 수 있기 때문이다. 조폭 영화들은 폭력 행위를 교본을 보여 주듯이, 묘사하거나 폭력적인 내용을 희화화하여 쉬지 않고 보여 줌으로써 억지스러운 상황 설정으로 관객의 웃음을 유발하고 있다(전병국, 2001).

문제는 청소년들이 이러한 폭력성이 높은 영화에 쉽게 노출되고 있다는 점이다. 청소년 위원회(유홍식, 2005)의 조사 결과에 따르면, 청소년들의 폭력소재 영화에 대한 노출 정도가 심각한 것으로 나타났다. 중학생과 고등학생의 노출 정도를 조사한 결과, 각 영화별로 적게는 27.9%에서 많게는 60%의 조사 대상 중·고등학생이 동 영화들을 관람한 것으로 나타났다.

비록 영화 산업 측면으로는 이들 영화들이 관객 동원과 수익면에서 성

〈표 2〉 폭력 영화에 대한 노출 정도

		말죽거리잔혹사 (15세 이상 관람가)	공공의 적 (15세 이상 관람가)	친구 (18세 이상 관람가)	올드보이 (18세 이상 관람가)
일반 청소년	중학생	63.3%	25.9%	39.4%	37.6%
	고등학생	56.7%	29.8%	56.7%	52.6%
	계	60.0%	27.9%	48.1%	45.1%
위기 청소년		67.0%	36.5%	61.9%	50.8%

※ 출처 : 청소년 위원회(2005), 『청소년의 유해영상물 이용실태 및 영향 연구』

공한 영화이고, 일부는 호평을 받은 영화이다. 하지만 이들 영화들이 근친 상간, 직계 존속의 살해, 학교 내에서의 조직적인 폭력, 조직 폭력배의 우정 등과 같은 매우 폭력적인 내용을 담고 있어 청소년들이 관람하기에는 정서적으로 바람직하지 않을 수 있다. 그럼에도 불구하고 많은 청소년들이 이들 영화를 관람하였고, 더욱이 중·고등학생의 관람이 불가한 영화도 관람한 것으로 나타났다.

더욱 심각한 문제는 학교 및 사회적으로 문제가 있는 위기 청소년의 경우, 이러한 영화에 대한 노출 정도가 상대적으로 일반 청소년에 비해 높게 나타나고 있다는 점이다. 이는 일반 청소년들보다 위기 청소년들이 더욱 폭력을 소재로 하는 영화를 선호하고 있다는 것을 의미한다.

폭력 영상물을 시청한 집단일수록 폭력 성향 및 선호도가 높은 것(유홍식, 2005)을 감안할 때 청소년들의 폭력 범죄 실태에 지대한 영향을 줄 수 있을 것으로 판단되며, 특히 위기 청소년의 경우 더욱 큰 부정적인 영향을 받을 수 있을 것으로 판단된다.

따라서 전국 초·중·고등학교 학생을 대상으로 사회조사연구소(사회조사연구소, 2003)가 실시한 조사 결과에서도 남학생의 81.5%와 여학생의 64.3%가 미성년자 관람불가 영화나 비디오를 본 경험이 있는 것으로 나타났다. 이는 전체 73.3%의 학생이 미성년자 관람불가의 영화나 비디오를 본 것을 뜻한다. 따라서 부적절한 영화나 비디오 영상물에 대한 노출의 심각성은 단순히 특정 집단에서만 국한된 것이 아니고, 전반적으로 모든 청소년에게 문제가 되고 있다.

(3) 게임

초고속 인터넷의 발전과 함께 온라인 게임이 청소년들에게 TV 시청 다음으로 중요한 여가 행위로 자리잡고 있다. 조사에 따르면 초등학생의 84.4%, 중학생의 88.0%, 고등학생의 87.6%가 온라인 게임을 해 봤다고 응답해, 청소년들의 86.2%가 온라인 게임을 해 본 경험이 있는 것으로 나타났다(대한민국게임백서, 2005).

온라인 게임에 1회 접속시 평균 게임 시간은 '1시간 이하'라는 응답이 41.9%인 반면, '1시간 이상'이라는 응답은 58.2%였다. 또한 1회 접속시 게임 시간은 평균 106.03분(1시간 46분)이었으며, 학년이 높아질수록 온라인 게임을 더 많이 하는 것으로 나타났다. 온라인 게임 중 초등학생 및 중고생이 가장 즐겨하는 게임의 종류로는 '캐주얼 게임'이 66.9%로 높았고, 다음으로 '롤플레잉 게임'이 66.8% 순으로 나타났다(대한민국게임백서, 2005).

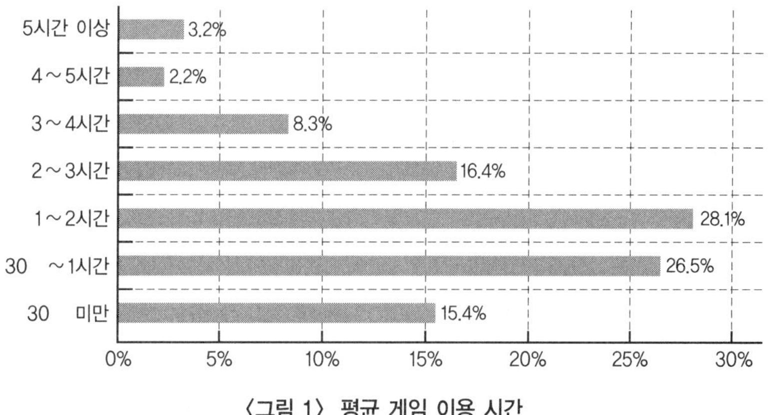

〈그림 1〉 평균 게임 이용 시간

청소년들의 온라인 게임 이용 증가와 함께 폭력성, 선정성, 사행성 등이 사회적인 문제로 대두되고 있다. 대표적으로 온라인 게임물이 가진 탈공간성과 익명성을 바탕으로 게임 진행 과정에서의 지나친 욕설이나 비방, 성적 수치심을 자극하는 음란 언어의 사용, 가상공간 속에서의 PK(player killing), 아이템 매매 사기, 기타 게임 중독에 따른 문제점 등이 빈번하게 발생하고 있다.

또한, 아이템 해킹이나 가상 전리품에 대한 현실에서의 현금거래, 사이버 사회와 현실 세계의 혼란, 가상공간에서의 아이템 확보를 위해 현실 세계로까지 이어지는 폭력 및 폭행 행위, 심지어 사이버 전리품의 교환을 매개로 성적 거래까지 이루어지는 등 사회적인 문제점으로 제기되고 있다(학부모정보감시단, 2004).

온라인 게임 중 MMORPG게임을 중심으로 한 모니터링 결과(학부모정보감시단, 2004)에 따르면 총 53개의 게임을 대상으로 조사한 결과 폭력성이 해당 등급에 적절치 못한 게임물이 29건(54%), 선정성이 적절치 못한 경우가 10건(19%), 사행성이 문제가 된 게임물이 19건(36%)에 이르는 등 조사 대상의 79%에 해당하는 게임물이 사전 등급시의 기준을 초과하고 있는 것으로 나타났다.

2. 청소년 범죄 실태 및 사례

대검찰청의 범죄 분석(2003)에 따르면 전체 강력 범죄 중 19세 미만의 청소년들이 저지는 범죄가 무려 52.9%에 달했던 것으로 분석됐다. 또한 전체 폭력범죄의 90% 가량이 24세 이하의 청소년들에 의해서 자행되었다는 점은 청소년 폭력 범죄의 심각성을 잘 보여 주고 있다. 특히 이러한 청소년 폭력 범죄가 미디어에서 제공하는 폭력적 내용들과 연관 관계를 가지고 있다는 점은 주목할 필요가 있다. 실제로 텔레비전이나 영화, 게임 등을 모방한 청소년들의 범죄 사례가 빈번히 나타나고 있다.

실례로 언론이 대구지하철 방화참사를 보도한 이후 전국에는 다양한 모방 범죄에 대한 협박과 시도가 이어졌다. 당시 방송과 신문은 방화 피의자의 범행 방법을 CCTV와 그래픽 등으로 거의 완벽하게 재상한 바 있다. 7세 어린이를 납치했던 13세 용의자가 'TV에서 보고 한 번 따라 해 본 것'이라는 진술은 언론 보도가 모방 범죄와 연관될 수 있음을 보여 주는 극명한 사례이다.

〈표 3〉 폭력 범죄 현황(1)

2003년	계	7~13세	14세	15세	16세	17세	18세	19세	20세	21세
강력 범죄 (%)	29,969 100	200 0.6	214 7.2	3,102 10.4	3,115 10.4	3,607 12.0	3,693 12.3	3,096 10.3	1,657 5.5	988 3.3
폭행	560	7	45	57	45	64	46	49	30	21
상해	1,152	12	11	107	117	140	123	89	58	42
협박	37	2	2	1	2	3	2	1	2	–
공갈	187	1	1	56	39	30	16	2	–	–
약취와 유인	5	–	–	–	–	2	1	–	–	–
체포와 감금	10	–	–	–	–	–	1	–	–	–
폭력 행위 등 (단체 등의 구성, 활동)	36	–	–	5	15	9	5	–	1	1
폭력 행위 등 처벌에 관한 법률	27,982	178	172	2,876	2,897	3,359	3,499	2,955	1,566	924

	22세	23세	24세	25세	26세	27세	28세	29세	30세 이상	미상
강력 범죄 (%)	1,671 5.6	2,126 7.1	1,596 5.3	1,080 3.6	618 2.1	347 1.2	182 0.6	107 0.4	362 1.2	275 0.9
폭행	41	34	33	21	11	17	6	5	26	2
상해	52	73	64	49	29	26	12	8	42	18
협박	2	5	4	5	–	1	1	1	1	3
공갈	–	1	1	1	–	–	–	–	1	–
약취와 유인	–	1	–	–	1	–	–	–	–	–
체포와 감금	–	–	2	3	1	–	–	–	1	2
폭력 행위 등 (단체 구성)	–	–	–	–	–	–	–	–	–	–
폭력 행위 등 처벌에 관한 법률	1,576	2,012	1,492	1,001	576	303	162	93	291	250

※ 출처 : 대검찰청(2003). 『2003년 범죄분석』

미디어를 통해 지나치게 자세한 보도가 이루어짐으로써 사회에 대한 불안을 부추기고 제2, 제3의 모방 범죄로 연결될 소지를 안고 있기 때문에 범죄 보도는 상업적 수단으로 인용되어서는 안 된다는 주장도 제기되고 있다(김병량 & 김남성, 2004).

청소년 폭력 범죄에서 가장 중요하게 다루어지는 학교 내 폭력의 양상은 현재 고등학교에서 중학교로 급속하게 이동 중에 있으며, 남학생 중심에서 여학생 중심으로 이동하고 있는 것이 특징이다. 비록 학교 내 폭력에 영향을 주는 사회적 요인들로는 핵가족화, 입시 위주의 교육 정책에서 건조한 학교 문화와 교우 관계, 학교 폭력에 대한 일관된 정책의 부재(부처 간 긴밀한 협조 부족), 도덕성 및 준법 의식 저하 등 다양한 요인을 들 수 있지만, 폭력적 매스 미디어의 영향(언론, 게임, 인터넷 등)에 대해서 더욱 심각하게 고려하여야 한다(청소년 보호위원회, 2002).

2002년 조직 폭력배 친구간의 우정과 갈등을 묘사한 영화 ‘친구’의 흥행 이후 청소년들 사이에서는 장래 희망 중 하나로 조직 폭력배가 꼽힐 정도였으며, 학교 폭력에 시달리던 고교생이 영화 ‘친구’를 40여 차례 반복하여 본 뒤 같은 반 친구를 수업 도중 흉기로 찔러 살해한 사건까지 발생한 사실은 폭력 영상물의 영향성을 극명히 보여 주고 있다.

외국 사례에서도 폭력 영상물의 청소년 폭력 범죄 유발에 미치는 영향이 잘 나타나고 있다. 미국에서 영화 ‘매트릭스’를 흉내 낸 10대들이 친구 세 명을 살해하고 사람들을 향해 총을 난사하려고 총과 검으로 무장한 채 차량을 강탈하려다가 체포됐다. 1999년 콜럼바인 고교에서는 영화속 주인공 ‘네오’의 옷차림을 흉내 낸 소년들이 총기 난사로 13명을 살해한 범죄도 발생했다. 그 이후에도 미국 10대들의 ‘매트릭스 모방 범죄’는 계속 논란이 되어 왔다(이자연, 2003).

초고속 인터넷의 발전과 보급이 급속히 증가하면서 청소년들의 게임 중독 현상은 가정과 학교뿐만 아니라, 일탈 행위로 이어져 사회적인 문제로 확산되고 있다. 육군 총기난사 사건의 범인 김모(22) 일병이 게임광이라는 사실이 알려지면서 게임과 현실의 폭력 범죄 연관성이 논란이 되기도 했다. 2001년 서울 S중학교 C군은 스트리트 파이터 게임을 흉내 내며 친구를 마구 때려 전치 8주의 중상으로 입히기도 했다.

2004년 한국정보문화진흥원이 실시한 인터넷 중독 실태 조사에 의하면 응답한 청소년 중 20.3%가 중독 성향을 나타냈으며, 41.2%가 온라인 게임의 현실화 욕구를 느낀 적이 있고, 48.8%는 게임 세계에서 소속감을 느끼는 것으로 나타났다(오원이, 2005).

게임의 묘사가 갈수록 사실적이고 잔인해지면서 외국에서도 논쟁이 심화되고 있다. 미국에서 발생했던 콜럼바인 고등학교 총기난사 사건의 희생자 가족들은 범인들이 폭력 게임의 영향을 받았다며 유명 1인칭 슈팅게임 '둠(Doom)'의 제작사 등 25개 게임 업체를 상대로 지난 2001년 소송을 낸 바 있다. 또 지난 2003년에는 미국 10대 소년 2명이 대히트 액션 게임 '그랜드 테프트오토(Grand Theft, GAT3)'를 모방해 총기난사 사건을 저질렀다며 소니 컴퓨터 엔터테인먼트(SCE)가 피해자들에 의해 피소됐다. 당시 각각 13세, 16세의 청소년들이 거리에서 무차별적으로 총을 난사해 1명이 숨지고 21명이 부상한 사건으로 이들은 조사에서 GAT 3 게임에서 범행의 영감을 얻었다고 진술했다.

이에 따라 미국 등 서구에서는 학부모 단체, 종교 단체 등이 주도해 폭력적 게임에 대한 판매 금지 등 규제를 촉구하는 운동이 활발하게 이루어지며 게임 업계와 갈등을 빚고 있다(연합, 2005. 6. 21).

3. 폭력 영상물 관련 청소년 보호 정책의 문제점

폭력 영상물과 관련한 우리나라 청소년 보호 정책의 문제점은 크게 다원화된 심의 구조, 등급제 중심의 규제 정책, 법의 실효성의 세 가지 측면에서 접근해 볼 수 있다.

(1) 다원화된 심의 구조

오늘날 폭력 영상물과 관련한 우리나라 청소년 보호 정책의 가장 큰 문제점은 다원화된 심의 구조를 지니고 있다는 점이다. 현재 국내 폭력 영상물을 포함한 청소년 유해 매체물에 대한 심의 구조는 청소년 위원회와 각 매체의 심의 기관으로 다원화되어 있다. 그리고 매체별, 분야별로 따지면 수많은 심의 기구들이 존재하고 있는 상황이다.

청소년 보호법에서 규정한 사항을 운영하는 전담 기구는 청소년 위원회이므로 청소년 유해 매체물의 심의, 결정 권한은 시원적(始原的)으로 청소년 위원회에 있다고 할 수 있다. 따라서 각 심의 기관 또는 민간 자율 기구의 청소년 유해 여부에 대한 심의 권한은 청소년 위원회의 권한으로부터 유래한 것이라고 해석할 수 있다.

그런데 현행법의 규정을 보면, 각 심의 기관은 청소년 위원회로부터 심의 권한을 위탁받은 것이 아니라, 제8조 제1항 단서에 의하여 배타적으로 심의 권한을 부여받고 있다.

이와 같은 다원적 심의 구조는 청소년 유해 매체물 심의 결과에 대하여 실질적으로 청소년 위원회가 법적 책임을 진다는 측면에서는 바람직하지 않다고 할 수 있다. 즉, 현재의 심의 구조에서는 가 심의 기관은 법적 책임을 지지 않은 상태에서 심의 권한을 배타적으로 행사한다고 할 수 있다 (황승흠, 2002).

이러한 다원화된 심의 구조의 문제점은 배타적 심의의 법적 권한에만 국한되는 것은 아니다. 일원화되어 있지 않은 심의 기구로 인해 변화하는 미디어 환경 속에서 청소년들이 접할 수 있는 다양한 미디어 폭력물로부터 그들을 보호하기 힘들게 된다는 점이다.

이미 청소년들은 새로운 매체인 인터넷을 통해 성인보다도 더 용이하게 각종 불법 정보를 접하고 있음에도 불구하고, 청소년 보호법에서 규정하고 있는 유해 매체물 제도 또한 과거의 매체 구분론에 근거한 지극히 평면적이고도 도식적인 제도를 21세기 정보화 시대에 적용하고 있어 전혀 실효를 거두지 못하고 있다(박선영, 2002). 즉, TV 등에 적용되는 어린이 시청 시간대, 가족 시청 시간대 등 시간대별로 프로그램을 규제하던 법제가 인터넷상에서는 아무런 의미가 없게 된다.

인터넷에서는 시공을 초월해 실시간에 자신이 원하는 정보를 얻을 수도 있고, 기존에 저장된 정보를 언제든지 꺼내어 볼 수 있는 무한한 가능성을 가졌기 때문이다. 다시 말해, 지금까지 방송에서 어린이와 청소년 보호를 위해 적용해 오던 시간대별의 시청자 구분 방송이 가상공간에서는 아무런 의미가 없어진 것이다.

방송 통신 위원회(구 방송 위원회)가 방송 프로그램 등급제를 실시하고는 있으나, 그 실시 범위가 제한적이고 방법이 명확하지 못해 현재 성과를 제대로 거두지 못하고 있는 상황이고, 가상공간에서는 연령 구분을 확인할 수 있는 방법조차 여의치 않은 관계로 전혀 실효성을 기대할 수 없는 실정이다(박선영, 2002).

(2) 연령 등급제 중심의 규제 정책

다원화된 심의 구조와 함께 폭력 영상물 관련 정책의 문제점으로 등급 분류에 한정된 청소년 보호 정책을 들 수 있다. 현재 우리나라 청소년 유해매체물 정책은 각각의 매체물에 대한 등급을 부여한 후, 이를 표시하고 판매 금지토록 하는 방식으로 되어 있다. 이 등급제 자체 그리고 현재 우리나라에서 시행하고 있는 등급제 실행 방식이 지닌 문제점은 다음(곽진희, 2004, 148~153쪽 재구성)과 같이 정리해 볼 수 있다.

첫째, 등급제 자체는 '금단의 열매(forbidden fruit)' 효과는 갖는다는 점이다. 등급제 표시는 어린이, 청소년에게 그들이 볼 수 없는 프로그램에 대해 시청하고자 하는 호기심을 불러일으킬 수 있다는 것이다.

둘째, 등급 분류 연령대 기준의 비일관성을 지적할 수 있다. 영상물 등의 등급분류 기준은 영화나 비디오물의 경우, '전체 관람가', '12세 관람가', '15세 관람가', '18세 관람가'로 분류하고, 게임은 '전체 이용가'와 '18세 이용가'로 양분되어 있다. 한편 방송의 경우는 '모든 연령 시청가', '7세 이상 시청가', '12세 이상 시청가'에 '15세 이상 시청가'는 방송 사업자가 임의로 추가할 수 있다. 이처럼 각각의 영상물에 대한 등급 분류가 통일되어 있지 않은 실정이다. 이는 미국이나 유럽에서 통상적으로 사용하고 있는 G(전체 이용가), PG(부모의 사전 검토 요구), PG-13(13세 미만의 연령에게는 부모의 높은 주의와 지도가 요망되는 등급), R(성인에게는 적합한 등급이지만, 부모나 성인 보호자를 대동하면 관람 가능한 등급), NC-17(17세 이하 청소년 입장 불가 등급) 등의 등급 분류보다 세밀하지 못한 동시에 부모 역할을 철저히 배제하고 있다.

더욱이 게임물의 이용은 취학 전 어린이부터 어른까지 다양한 연령층이 모두 이용하고 있을 뿐만 아니라, 최근에는 인터넷을 이용한 게임이 주종을 이루고 있고 휴대기기를 통한 모바일 게임도 일반화되고 있는 상황에서 그 내용들 또한 폭력적이고 선정적인 점을 감안한다면 게임물에 대한 양분 분류는 많은 문제점을 야기할 수 있다(박선영, 2002).

셋째, 등급 기준의 모호성을 들 수 있다. 등급의 기준은 단순할수록 일반 시청자들의 혼란을 막고 좀 더 수월한 등급 심의를 할 수 있다는 점에서 바람직하다. 하지만 현행 등급제의 분류 기준에 명시된 내용들에는 많은 모호성이 포함되어 있다. 예를 들어, '7세 이상 시청가' 등급의 폭력 묘사가 상상의 세계에서 또는 비현실적인 방법으로 다루어진 것이나, 일상적인 애정 표현을 넘어서는 신체의 노출이나 성적 행위를 연상시키는 장면 또는 '12세 이상 시청가'에서 폭력을 갈등 해결을 위한 긍정적 수단으로 인식하게 할 수 있는 묘사가 없으며, 각각의 폭력 묘사는 청소년을 자극하거나 모방을 유발할 정도로 구체적이지 아니한 것 등의 규정들이 이에 포함된다. 이 외에도 규정 조항들이 너무 애매모호하여 자의적인 해석을 초래할 수밖에 없다.

따라서 폭력의 개념 정의의 명확화 및 폭력 범위의 확장도 필요하다. 미디어의 청소년 보호 대상은 크게 폭력과 선정이라는 두 가지 축을 중심으로 설정되어 있다. 특히 현재 심의 과정에서 문제 삼고 있는 폭력은 외향적으로 표출되는 폭력적 '행위'만을 기준으로 삼아 규제 대상으로 하고 있다는 점에서 소극적인 의미에서의 폭력성만을 규제 대상으로 삼고 있다는 것이다.

오히려 이같은 폭력에 대한 사회적 금기의 보다 상위의 가치인 인권에 대한 존중과 사회적 약자에 대한 보호와 같은 한 사회 내에서의 구조적이고 제도적인 차원에서의 자행될 수 있는 잠재적이고 내면화된 '폭력' 문제를 보다 적극적으로 심의 대상에 포함시키고 이를 규제할 수 있는 방법을 강구해야 할 것으로 본다 (청소년 위원회, 2004).

넷째, 등급제 대상 장르가 4개 분야로 한정되어 있어 실효성이 약하다는 지적이다. 미국의 경우, 처음부터 뉴스와 스포츠를 제외한 전 장르에 걸쳐 등급이 적용되었으며, 최근에는 뉴스 프로그램의 폭력성이 증가하면서 이 장르에까지 확대 적용해야 한다는 의견이 제기되고 있다. 케이와 사폴스키(Kaye & Sapolsky, 2001)의 연구에서는 '7대 금기시 언어'의 사용 빈도가 시사 보도와 같은 사실 프로그램에서 가장 많이 사용된 것으로 나타났다. 저급한 언어의 3/4이 수상식과 같은 생방송 장면에서 예정에 없이 돌출된다든지 뉴스 매거진이나 리얼리티 프로그램에서 대본에 없던 단어, 속어나 비어 등이 갑자기 튀어나오는 경우가 많았다.

이것은 프로그램 등급제가 드라마처럼 대본에 의해 제작되는 프로그램은 물론이고, 대본에 의하지 않는 리얼리티 프로그램으로 확대되어야 할 필요성을 암시하고 있다.

다섯째, 현행 등급제는 연령에 따른 분류 기준, 즉 연령 등급제(age-based rating system)로서 프로그램의 폭력성, 선정성, 언어 문제 등 내용적 측면의 정보를 알려 주지 못하고 있다는 비판이 있다. 이에 대해서는 내용 등급제(content-based rating system)의 필요성이 강력히 필요하다는 입장이 있는 반면, 내용 등급의 표기로 등급이 지나치게 복잡하면 시청자들이 판단하기 어려워 실효성을 거둘 수 없다는 지적도 있다.

여섯째, 등급제 실시 프로그램의 대상을 어린이나 청소년 프로그램만으로 사고하고 있다는 점이다. 이 경우 성인 프로그램의 폭력성에 대해서는 관대할 수 있으며, 어린이나 청소년이 성인 프로그램을 시청하는 비율이 높다는 점을 감안한다면, TV 폭력 규제가 어린이나 청소년 보호 시간대로 한정되어서는 안 된다. 즉, 어린이와 청소년에게 유해한 프로그램이라면 당연히 노골적인 성 묘사와 폭력이 등장하는 성인 대상의 프로그램들이며, 등급제의 실시는 우선적으로 이러한 프로그램에 대해 적용하는 것이 올바른 순서라고 할 수 있다.

일곱째, 등급제에 대한 인지도 부족을 지적할 수 있다. 방송 프로그램에 대한 국내외 등급제는 연령에 기초하고 있으며, 부모의 시청 지도를 강조하고 있다. 하지만 부모의 TV 시청 지도는 실현 가능성이나 효율성의 부분에서 큰 기대를 할 수 없다. 특히 가정 내 TV 대수가 많아지고, TV 프로그램을 인터넷을 비롯한 다른 미디어를 통해 수용할 수 있다는 점, 부모와 자녀가 함께 시청하는 비율이 낮다는 점을 감안한다면 부모의 시청 지도를 전제하는 등급제의 실효성을 의심할 수밖에 없다.

(구) 방송위원회의 의견 조사에 의하면, 일반 시청자의 등급제 인지도는 51.3%인 것으로 나타났으며, '전혀 들어 본 적이 없다.'는 응답도 과반수(48.7%)에 달해 적극적인 홍보가 등급제 정착에 필수적임을 시사해 주고 있다.

(3) 법의 실효성

영상물 등급제와 같이 폭력 영상물로부터 청소년을 보호하는 제도에 앞서, 이들에게 유해한 영상물 제작에 있어 주의를 기할 필요가 있다. 즉, 현행 법상의 유해 매체물 관련 규정은 접근 금지 등의 관리 대상일 뿐 법적으로 제작과 유통, 소지 자체가 금지되는 것은 아니다.

또한, 영상물의 사전 검열 및 내용 규제는 '표현의 자유'라는 것과 대치되는 것으로 현재 내용물에 대한 심의는 자율 규제의 추세로 가고 있는 상황이다. 그러나 이러한 내용의 자율 규제는 유해한 영상물로부터 청소년을 보호하기에는 현실적으로 법적 강제성이 부족하다고 할 수 있다.

그러나 프랑스의 경우는 형법을 통해 '매체의 종류를 불문하고 폭력적이거나 음란한 내용을 제작, 양도, 방송하여 미성년자가 보고 느낄 수 있도록 하는 경우에는 징역 3년 및 50만 프랑의 벌금형에 처한다(§L227-24)'고 규정하여 다른 어떤 나라에 비해서도 월등히 높은 형량을 규정해 놓고 있다. 따라서 폭력 영상물로부터 청소년을 보호하기 위해서는 제작, 유통 과정에 있어 법적 의무를 강화할 수 있는 제도적 장치의 마련이 고려되어야 한다.

4. 청소년 보호 정책 개선 방안

청소년들을 폭력 영상물로부터 보호하기 위한 가장 쉬운 방법은 청소년들이 유해한 영상물에 접근하지 못하도록 하는 것이다. 다시 말해서 원천적으로 청소년들이 유해한 영상물을 이용하지 못하도록 유해한 영상물을 유통하는 사업자들을 규제하는 방법이다. 그러나 이러한 방법은 디지털화에 따라 방송과 통신이 융합하면서 다양한 미디어가 등장하고 콘텐츠를 제공하는 채널의 수가 기하급수적으로 증가하는 미디어 환경의 변화에는 적용하기 힘들다.

청소년들이 이용하는 미디어와 채널의 수가 지속적으로 증가하는 가운데 이들을 통한 유해한 영상물의 접근을 제한하는 것은 가능하지 않다. 그러므로 청소년들을 유해한 영상물 환경에서 보호하기 위해서는 유해한 미디어 환경을 규제함으로써 청소년들을 보호하는 소극적 방법에서 청소년들이 스스로 다양하고 무한한 미디어 환경을 적절하게 이용할 수 있는 능력을 함양하도록 하는 적극적 방법으로 변모해야 한다. 다시 말해서, 단기적으로는 청소년들이 미디어가 제공하는 허구적 현실로부터 받을 수 있는 영향을 최대한 줄이도록 유통 차원에서의 규제를 강화하고 장기적으로는 지속적인 미디어 교육을 통해서 청소년들이 미디어를 이해하고 활용하는 능력을 배양하도록 하는 것이다.

(1) 사업자 책임 강화

현행 청소년 보호법상의 유해매체물 관련 규정을 비롯한 폭력 영상물에 대한 사업자의 청소년 보호 의무는 비교적 느슨한 편이다. 즉, 청소년 보호법에는 사업자 책임과 자율 규제가 간접적으로 규정[2]되어 있어, 이를

---

2) 제4조 (사회의 책임) ① 누구든지 청소년이 청소년유해환경에 접할 수 없도록 하거나 출입을 못하도록 노력하여야 하고, 청소년이 유해한 매체물과 유해한 약물 등을 이용하고 있거나 청소년폭력·학대 등을 행하고 있음을 안 때에는 이를 제지·선도하여야 하며, 청소년에게 유해한 매체물과 약물 등이 유통되고 있거나 청소년유해업소에 청소년이 고용되어 있거나 출입하고 있음을 안 때, 또는 청소년폭력·학대 등으로부터 피해를 입고 있음을 안 때에는 제21조제3항의 규정에 의한 관계기관 등에 신고·고발하는 등 청소년 보호를 위하여 필요한 노력을 하여야 한다.〈개정 1999.2.5〉 ② 매체물과 약물 등의 유통을 업으로 하거나 청소년유해업소의 경영을 업으로 하는 자와 이들로 구성된 단체와 협회 등은 청소년유해매체물과 청소년유해약물 등이 청소년에게 유통되지 아니하도록 하고 청소년유해업소에 청소년을 고용하거나 출입하지 못하도록 하는 등 청소년 보호를 위하여 자율적인 노력을 다하여야 한다.

보다 적극적으로 실행하도록 하기 위해 사업자의 책임 규정을 분명하게 명시할 필요가 있다. 또한 현행 사업자의 자율 규제의 보완을 위한 청소년 보호 담당자 제도의 도입을 강구해 볼 수 있겠다.

영리를 목적으로 청소년 유해 매체물을 유통시키는 사업자는 청소년 보호 담당자를 지정하도록 법적 의무를 부과하는 방안을 고려할 필요가 있다. 이는 각 사업체들이 청소년 보호 업무를 담당하여 수행하는 전담자를 둠으로써 상시적으로 청소년 위원회와 커뮤니케이션 채널을 구성하고 협의를 통해 문제점들을 해결할 수 있도록 하는 것이다.

이를 위하여 독일과 같이 사업자가 청소년 보호를 위한 자율적인 단체를 구성하고 자율 규제를 실시할 때에는 청소년 보호 담당자의 지정 의무를 수행하는 것으로 보는 조항을 도입하여 자율 규제가 활성화될 수 있도록 하는 방안도 고려할 필요가 있다.

(2) 법적 책임의 강화 : 벌금 등 경제적 제재 조치

현행법 상의 미디어 내용의 자율 규제 방식은 유해한 영상물로부터 청소년을 보호하기에는 현실적으로 법적 강제성이 부족하다. 특히, 표현의 자유를 침해한다는 측면에서 사전 검열에 대한 반감이 거센 가운데 미디어 내용에 대한 부분은 사업자의 자율에 맡겨지고 있다.

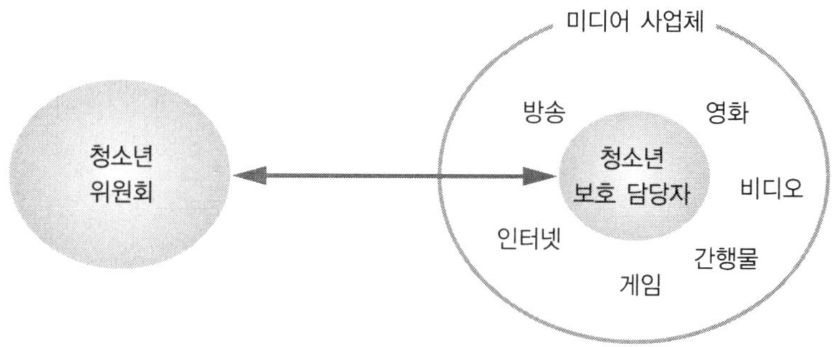

〈그림 2〉 청소년 보호 담당자 제도

이후 타율 규제 기구에 의해 심의가 되며, 사후 심의에 있어 사회적으로 커다란 문제가 되지 않는 한 유해 매체물, 특히 폭력 영상물로 규정되는 경우도 드물고, 폭력 영상물의 심의 대상이 되었다고 할지라도 커다란 제재 조치가 가해지지 않는다.

방송의 경우, 프로그램 내용물에 대한 경고, 제재 조치는 극히 미비하며, 폭력적 표현이나 어린이, 청소년 보호 위반 사례의 경우도 10건 내외로 전체 심의 사례에 10%도 되지 않는 실정이다. 또한 이들에게 부과하는 제재의 종류도 권고, 경고 및 관계자 경고, 주의와 같이 처벌 수위도 극히 미약한 실정이다. 따라서 폭력 영상물로부터 청소년을 보호하기 위한 자체 자율 규제, 사후 심의제도를 강화하기 위한 조치로서 강력한 벌금 등의 경제적 제재 조치가 가해져야 할 필요가 있다.

또한 방송 사업자의 경우, 재허가심사 시 청소년 보호 의무 수행에 대한 평가를 첨가하도록 함으로써 이를 적절하게 수행하지 않았을 경우 불이익을 주는 등의 강력한 방안의 보완이 필요하다.

(3) 연령 구분의 일관성 및 등급 규정의 구체화

현행 영상물의 연령 등급제가 지닌 다양한 문제점을 해결하기 위해서 연령대 구분의 일관성 및 구분 기준의 구체화가 선행되어야 한다. 영상물 등의 등급 분류 기준은 영화나 비디오물의 경우, '전체 관람가', '12세 관람가', '15세 관람가', '18세 관람가'로 분류하고, 게임은 '전체 이용가'와 '18세 이용가'로 양분되어 있다. 한편, 방송의 경우는 '모든 연령 시청가', '7세 이상 시청가', '12세 이상 시청가'에 '15세 이상 시청가'는 방송 사업자가 임의로 추가할 수 있다.

이처럼 각각의 영상물에 대한 등급 분류가 통일되어 있지 않다. 실례로 현재 영화 프로그램이 방송에서 제공되는 경우 프로그램 등급이 재조정되어야 하는 경우가 발생한다. 이 과정에서 '18세 이용가'의 영화 프로그램이 '15세 이상 시청가'의 방송 프로그램으로 등급 지워지기 위한 방송사의 자율적 프로그램 내용 조정이 일관되게 적용되지 않고 있다는 주장이 제기되고 있다.

또한 그 등급 분류 규정 역시, 모호한 측면이 강하다. 방송의 등급 분류 기준을 살펴보면, 폭력성과 관련하여 '19세 이상 시청가'는 살생 묘사 및 유혈 장면 등 강도 높은 폭력 장면이 현실적이거나 구체적으로 묘사된 것, '12세 시청가'는 폭력을 갈등 해결을 위한 긍정적 수단으로 인식하게 할 수 있는 묘사가 없으며, 각각의 폭력 묘사는 청소년을 자극하거나 모방을 유발할 정도로 구체적이지 아니한 것 등으로 규정하고 있으나, 구체적인 폭력성에 대한 지표는 마련되어 있지 않은 실정이다.

더욱이 영화의 등급 분류 기준은 '12세 미만의 자는 관람할 수 없는 영화' 등으로, 비디오는 12세 미만의 사람은 관람할 수 없는 것, 게임은 '18세 이용가'는 청소년은 이용할 수 없는 것으로, 폭력적 묘사에 대한 어떠한 지침도 마련되어 있지 않은 실정이다. 따라서 등급 분류에 있어서 각 연령대별로 적용될 수 있는 보다 구체적인 기준이 마련되어야 할 것이며, 장기적인 측면에서 각 미디어에 공평하게 적용할 수 있는 폭력 지수(violence index)의 개발도 검토할 필요가 있다.

또한 현행 연령 등급제의 모호한 규정을 보완하기 위해서 연령 등급제와 함께 영상물의 폭력성, 선정성, 언어 문제 등 내용적 측면의 정보를 알려 주는 내용 등급제의 도입 필요성이 강력히 요구되고 있다. 즉, 내용물에 대한 구체적인 등급 정보를 제공함으로써 청소년 스스로 시청 여부 판단 및 보호자들의 시청 지도에 보다 구체적인 지표를 제공할 수 있도록 해야 한다.

(4) 청소년 보호 시간대의 현실화

청소년들의 텔레비전 주 시청 시간대와 시청률 자료 그리고 청소년 시청 보호 시간대의 등급별 프로그램 편성 비율을 토대로 본다면 청소년 시청 보호 시간대와 가족 시청 시간대 규정이 현실성 있게 수정될 필요성이 있다.

시청률 데이터를 통해서 청소년들의 텔레비전 주 시청 시간대가 밤 10시에서 12시까지로 나타나고 있고, 10세 미만과 10대 청소년들의 시청률이 밤 11시 이후에 급격히 하락세를 보이는 것을 감안할 때, 그리고 청소년 시청 보호 시간대인 밤 10시 이전에도 간헐적으로 청소년에게 유해한 영향을 미칠 수 있는 프로그램이 방영되고 있는 현실을 감안한다면 현행 밤 10시까지로 되어 있는 청소년 시청 보호 시간대 또는 가족 시청 시간대를 최소한 실질적인 주 시청 시간대인 밤 11시까지 또는 안전하게 12시까지로 조정하는 것이 타당한다.[3]

(5) 배타적 심의 권한의 명확화

다원화된 심의 구조로 인해 배타적 심의의 법적 권한과 변화하는 미디어 환경에 부합되지 않는 매체 구분에 따라 야기되는 문제점을 감안해 보았을 때, 각각의 매체를 총괄적으로 수행, 심의할 수 있는 일원화된 청소년 미디어 심의 기구의 신설을 고려해 볼 수 있다.

이는 각 심의 기관이 보유하고 있는 청소년 유해 매체물 심의 권한은 (구)청소년 위원회로부터 위탁받은 것이라고 해석하는 것이 법해석론적으로 타당한 것으로 판단된다. 이를 위해 청소년 유해 매체물 제도의 체계적, 통일적 관리, 운영을 위해서 일원화된 심의 체계를 확립할 필요가 있다.

다원적 심의 구조를 청소년 위원회 중심의 일원적 구조로 변경하고 그동안 각 심의 기구들이 자율적으로 실시하던 심의 기준을 청소년 미디어

---

3) 보건복지가족부는 현행 오후 1시부터 오후 10시까지인 '청소년 시청 보호 시간대'를 오전 6시부터 자정까지로 확대한 청소년 보호법 시행령 개정안을 지난 7월 입법 예고했다.

심의 기구가 각 심의 기구들과 합의한 규정을 바탕으로 일관되게 심의 업무를 수행하도록 한다.

(6) 심의 기준 및 적용 개념의 일관성·구체화 : 폭력 지수 개발

폭력 영상물의 판단을 위해 심의에 유효한 기준을 만드는 일과 그 정도를 측정하는 시스템을 마련하는 일은 현실적으로 상당히 어려운 부분이 있다. 현재 폭력 영상물은 각 매체물 제작사의 자율적 판단과 이후 심의 기구에 의한 등급제가 시행되고 있다. 이 경우 매체물 제작사, 가령 방송사의 자체 판단은 방송사마다 다를 수 있고, 또한 시청자가 느끼는 그것과도 다를 수 있다.

주관적인 기준에 의한 규제는 형평성이나 합리성의 측면에서 또 다른 오류를 발생시킬 수 있다. 따라서 폭력 영상물에 대한 객관적인 기준 마련이 필요하다. 선진국을 중심으로 추상적인 선언이나 장치를 마련하는 수준에서 벗어나 구체적이고 객관적인 제도나 장치를 마련하는 수준으로 진전하고 있는 것은 이러함 점을 잘 보여 주고 있다.

(7) 미디어 교육 제도의 정착

외국의 경우, 연령 등급제 구분에 있어서 부모의 시청 지도 여부가 등급 구분에 중요한 기준이 된다. 그만큼 청소년들의 미디어 접촉에 있어 부모의 시청 지도는 주요한 문제라고 할 수 있다. 특히 오늘날과 같이 폭력 영상물이 범람하고, 그 폭력 수위가 점점 높아지고 있으며, 어린이를 대상으로 하는 만화영화에서조차 폭력 장면이 허다한 상황에서 부모의 시청 지도도 더욱 중요하다.

다매체·다채널 시대에 폭력적인 만화영화에서부터 스포츠 채널의 프로 레슬링, 영화 채널의 성인 액션물, 무협 채널의 무협 영화, 심지어 지상파 방송의 선정적인 보도 프로그램에 이르기까지 아이들이 폭력 영상물을 접하게 될 가능성은 하루 종일 열려 있는 상황에서 모든 폭력 영상물로부터 청소년들을 격리시켜 놓기는 어려운 상황이다. 따라서 부모가 자녀가 함께 TV, 영화 등의 영상물을 보면서 시청 지도를 하는 것이 가장 바람직하다. 따라서 청소년을 보호하는 1차적인 책임은 부모와 학교, 보육 시설 등에 있음을 인식하고, 그들에게 미디어 교육의 필요성을 홍보하고 실천하여야 한다. 부모와 교사의 인지력이 선행되어 있어야 청소년 보호 관련 정책이 효과를 거둘 수 있음을 간과해서는 안 된다.

마지막으로 청소년들이 미디어로 포위된 환경에서 벗어날 수 없다면 이를 적극적이며 능동적으로 이용하도록 하는 교육을 실시하여야 한다. 미디어 자체가 나쁘기보다는 이를 잘못 이용하는 행태가 문제이다. 따라서 청소년들이 무한한 잠재력을 제공하는 미디어 환경을 자기 개발하는 데 긍정적으로 이용할 수 있도록 미디어 교육 제도를 정착시켜야 한다.

〈참고 문헌〉

곽진희,『디지털 시대 미디어 폭력 연구』(방송문화진흥총서 51), 서울: 한울아카데미, 2004.

김병량·김남성, 선정, 흥미위주로 모방범죄 우려, 〈내일신문〉, 2004.7.21.

김룡기,『보도영상의 선정성 폭력성과 청소년 범죄 현황에 대한 문헌고찰』,중앙대학교 신문방송대학원 영상매체전공 석사학위논문, 2001.

대검찰청, 2003년 범죄분석, 2003.

문화관광부, 대한민국게임백서, 2005.

박선영, 다매체 시대에 어린이와 청소년의 보호를 위한 입법 및 정책 방안,『다매체시대의 어린이·청소년 보호를 위한 정책 연구』, 서울: 방송위원회, 243~308쪽, 2005.12.

방송위원회, 2004년 방송심의사례집, 방송위원회, 2005.

사회조사연구소,『2003년 청소년 종합실태조사』, 사회조사연구소, 2003.

서정보, KBS SKY 스포츠채널 이종격투기 전면 폐지, 〈동아일보〉, 2005.1.18.

신동훈, TV뉴스에 '再演영상' 까지 ...선정성 度넘어, 〈조선일보〉, 2005.3.14.

신진호, 남자의 본능... 이종격투기의 모든 것, 〈세계일보〉, 2004.6.23.

연합, 게임이 '총기난사' 불렀나, 〈매일신문〉, 2005.6.21.

유홍식, 청소년의 유해영상물 이용실태 및 영향 연구, 청소년 위원회, 2005.

유홍식 · 임성원, 이종격투기 프로그램의 스포츠캐스터 표현에 나타난 드라마,『스피치와 커뮤니케이션』, Vol. 3, 153~181쪽, 2004.

오원이, 위험수위 이른 게임중독, 〈조선일보〉, 2005.7.9.

이자연, '매트릭스'가 살인충동을 일으킨다?...美서 모방 범죄 잇따라 "일방적인 매도" 반론도, 〈조선일보〉, 2003.7.12.

전병국, 최근 한국영화의 폭력성과 그 수용성에 관한 고찰,『영화교육연구』, 2001.

청소년 보호위원회,『청소년보호정책 5년,성과와 발전방향 토론회』, 2002.

청소년 보호위원회, 방송의 청소년 유해환경 실태조사 및 개선방안, 2004.

최용준, 청소년시청보호시간대 및 방송프로그램 등급표시의제도 개선방안, 청소년! 푸른성장, 방송환경 개선 정책토론회, 청소년 위원회, 2005.

최용준 · 유제민 · 우형진, 폭력영상물의 청소년 영향성에 대한 임상실험 및 정책연구, 청소년 위원회, 2005.

통계청, 2004 생활시간조사, 2005.

학부모정보감시단,『2004년 매체물 위탁 모니터링 보고서-PC 온라인 게임중 MORPG게임을 중심으로』, 학부모정보감시단, 2004.

한국방송 영상산업진흥원, 케이블방송 프로그램 등급제 관련 편성분석 : 영화, 여성, 애니메이션, 스포츠 채널 중심으로, 한국방송영상산업진흥원 프로그램분석 자료, 2005.

황승흠, 청소년 보호법의 문제점과 개선방향: 청소년유해매체물제도를 중심으로, 청소년 보호위원회 주최『2002 청소년 보호위원회 워크숍』발제문, 3~22쪽, 2002.

Kaye, B. K. & Sapolsky, B. S., *Offensive language in prime time television: before and after content ratings.* Journal of Broadcasting and Electronic media, 45(2), pp. 303~319, 2001.

대중문화와 광고의 활용

제14장

1. 광고는 더 이상 광고가 아니다

컴퓨터는 영어로 '계산하다.'라는 뜻의 'compute'에서 파생된 말로, 본래는 '계산하는 기계'를 의미한다. 실제로 초기의 컴퓨터는 빠르고 정확한 사칙연산을 위해 만들어졌다. 그러나 오늘날의 컴퓨터에서 계산 기능은 수많은 기능 중 극히 작은 부분에 불과하여 보조 프로그램의 메뉴에서나 찾아볼 수 있을 정도이다.

광고 역시 과거에는 상품 판매를 촉진하기 위해 상품에 대한 정보를 널리 알리는 것을 의미하였다. 그러나 오늘날에는 광고가 단순히 상품에 대한 정보를 제공하는 수단으로만 치부되지는 않는다. 즉 광고 본연이 판매 촉진 기능 외의 부가적인 영역이 더욱 커지고 중요해졌다고 할 수 있다.

광고가 활용되는 영역을 세부적으로 논하자면 일일이 다 거론하기조차 힘들 정도이다. 큰 범위에서 대략적으로 살펴보면, 미디어의 일반적인 기능을 수행하는 것은 물론 교육의 영역에서도 중요한 수단이 되고 있다. 또한 예술, 문화, 문학 등의 영역과 테크놀로지의 영역에서도 활용되고 있을 뿐 아니라, 창조적인 역할까지 맡고 있다.

여기에서는 특히 교육 영역과 문화 영역에서의 활용에 초점을 두고 논하고자 한다.

2. 광고는 교육이다

2004년 신지식 금융인으로 선정된 박철(2005)은 "아이들은 매일 두 개의 학교에 다닌다. 하나는 진짜 '학교'이고 다른 하나는 바로 '광고'이다."라고 하였다. 그는 광고가 이미 생활 깊숙이 파고들어 아이들의 생각과 행동을 지배하고 있다고 하였다.

셜리 폴리코프(Shirley Ploykoff)의 사례는 박철의 주장이 사실일 뿐 아니라, 이미 오래 전부터 광고가 교육의 수단으로 활용되어 왔음을 보여 주는 것이다. 20세기를 대표하는 광고 20개 중 하나로 손꼽히는 '그녀는 한 걸까, 안 한 걸까?(Does She or Doesn' t She?)'라는 헤드라인으로 유명한 미스 클레어롤 머리 염색약 광고 카피를 쓴 FCB의 셜리 폴리코프는 이렇게 말한 바 있다. "우리가 진짜 미국인이 되는 방법을 진짜로 배운 것은 잡지 광고였습니다. 집 안을 어떻게 꾸며야 하는지, 식탁을 어떻게 배치해야 하는지, 옷은 어떻게 입어야 하는지, 또 어떻게 잘 손질해야 하는지 등에 관해서요."(리대룡·차유철, 2005)

셜리 폴리코프는 러시아계 유대인 이민자로서 미국에서의 생활 양식을 학교가 아닌 광고에서 습득했다고 자신의 자서전에서 밝혔다.

또 다른 예를 들어 보자.

어느 퀴즈 프로그램에서 "단백질의 한 종류로서 우리 머리털을 구성하고 있는 것은 무엇인가?"라는 질문이 나왔다. 그것을 본 초등학생은 "케라틴일걸."이라고 하였다. 이를 본 아빠가 학교에서 배웠느냐고 묻자, 초등학생은 샴푸 광고에서 본 것이라고 대답하였다. '블루투스' 가 근거리

무선 통신기기 사이에 통신이 가능하도록 하는 기술이라는 것도, '키토산'이 면역력을 높여 주는 효과가 있다는 것도 모두 학교 교육이 아니라 광고를 통해서 배웠다.

이렇듯 광고는 단편적이기는 하지만 생활에 필요한 정보들을 매우 효과적으로 교육하는 도구로 기능하고 있다. 그러나 이러한 것들조차 광고의 교육적 기능 중 일부에 불과하다고 할 수 있다. 뜻있는 교사들과 학자들 사이에서는 광고를 정규 교육의 일부 또는 보조적인 수단으로 활용한다면 교육 효과가 더욱 높을 것이라는 인식이 있었다.

현직 교사들은 개별적으로 광고를 활용하기도 하지만, 온라인과 오프라인 모임을 통하여 자료를 확보하거나 활용하는 방법에 대해 정보를 공유하기도 한다. 대표적으로 '삶이 있는 교실(http://cafe.daum.net/nalamal21c)'과 '깨미동(깨끗한 미디어를 위한 교사 운동, cleanmedia.njoyschool.net)', '전국 국어교사 모임(www.naramal.or.kr)' 등에서 활동하는 초중고 교사들 중 일부가 실제로 광고를 정규 교과에 접목하거나 별도로 광고에 관한 교육을 실시하고 있다.

학자들 중에는 광고를 교육에 접목하는 것을 광고 활용 교육(AIE)이라고 명명하고, 실질적인 효과와 구체적인 방법을 연구하고 있기도 하다. 학계에서 이러한 활동이 본격적으로 시작된 것은 2005년 한국광고학회에서 '광고를 활용한 미디어 교육(AIE)'(이희복, 2005)라는 연구 제안이 발표된 후부터라고 할 수 있다.

물론 광고의 교육적 활용에 대한 논의는 이전에도 있었으나 분명한 목표를 가지고 체계적으로 논의된 것은 그 때를 기점으로 하고 있다. 이후 '광고활용 미디어교육과 교과과정'(이희복, 2006), '학교 광고활용교육 현황과 교사의 인식 연구'(이희복·차유철·신명희, 2008), '광고활용교육이 청소년의 광고 회의주의에 미치는 영향 연구'(차유철·이희복·신명희, 2008) 등의 연구가 이어지면서 보다 구체적인 체계를 갖추어 가고 있다.

광고업계에서도 광고를 학교 교육에 접목할 수 있는 실질적인 방법을 강구하였다. 한국 광고단체 연합회에서『창의력을 키우는 광고 수업 – 광고 길라잡이』(리대룡 · 김재영 · 차유철, 2005)를 출간하여 전국의 초중고교에 배포하였다.

또한 2005년부터 초중고 교사를 대상으로 매 여름 방학 중에 일주일 간 2기에 걸쳐 '광고 연수'를 실시하고 있으며, 2007년부터는 기본 과정과 심화 과정으로 이원화하여 각각 일 주일씩 연수를 하고 있다. 이에 자극을 받은 한국 방송광고 공사에서도 고등 학생 및 교사를 대상으로 한 광고 교육을 실시하고 있다.

실제로 광고가 어떻게 정규 교육 과정에서 적용되고 있는지는 다음의 사례를 통해 알 수 있다.

〈사례 1〉 광고를 이용한 말하기 수업

이 사례는 '전국국어교사모임 매체연구부'에서 만든 것으로, 정규 교과의 학습 효과를 높이기 위한 자료이다.

광고를 이용한 수업 방법

– 전국국어교사모임 매체연구부(중학교)

(1) 광고를 이용한 말하기 수업의 목적과 방향

광고는 30초라는 짧은 시간 안에 전달하고자 하는 내용을 효과적으로 표현하는 데에 생명이 있기 때문에 이를 위해서는 '효과적인 표현 방법'을 알고 사용하는 것이 매우 중요하다. '광고를 이용한 말하기' 수업은 바로 이점, 즉 자신의 생각을 효과적으로 표현하는 훈련을 하게 한다는 점에 수업의 목적이 있다.

따라서 이 단원에서는 광고에 대한 전반적인 이해와 함께, 광고의 목적을 달성하는 효과적인 광고란 무엇인가를 학생들과 함께 공유하는 작업이 선행되어야 한다.

이때 교사는 교과서에서 제시하고 있는 효과적인 말하기의 방법을 중심으로 효과적인 광고의 조건을 유도한다. 그리고 이에 따라 광고를 제작하고 평가하는 활동에 초점을 맞추어 수업을 진행하는 것이 바람직할 것이다.

(2) 수업 진행

① 1차시 : 효과적인 말하기의 필요성과 방법 지도

"광고를 이용한 말하기 수업"의 전개 계획을 제시한 뒤, 교과서를 중심으로 효과적인 말하기의 필요성과 방법을 지도한다. 그리고 다음 시간 과제로 첫째 TV 광고를 보고 인상적인 광고가 무엇인지 생각해 오고, 둘째 모둠별로 시간대별 광고의 종류와 그 광고들이 공략하고 있는 대상이 어느 연령층인지 조사해 오도록 한다.

② 2차시 : '효과적인 광고란 무엇인가'를 학생들과 함께 공유

광고 문안 작성 연습

②-1 '효과적인 광고란 무엇인가'

우선 개별 학습지를 통해 광고 전반에 대한 학습을 하고, '효과적인 광고란 무엇인가'를 중심으로 수업을 전개한다. 이때 효과적인 광고의 조건을 교과서에서 제시하고 있는 효과적인 말하기의 조건과 연결시켜야 한다. 그래야 학생들이 이 조건에 따라 광고를 제작해 봄으로써 결론적으로는 효과적인 말하기의 방법을 몸으로 체득하게 할 수 있다.

㉠ 광고는 보는 사람의 흥미와 관심을 고려해야 한다.

우선 학생들에게 지난 시간에 과제로 내 준 시간대별 광고의 종류와 공략 대상을 발표시킨다. 아이들의 정리에 따르면 오전 시간에는 주부들을 대상으로, 오후 5시부터 7시 사이에는 장난감, 인형, 가방, 교복 등 유아 및 청소년을 대상으로 한 광고가 많았으며 7시부터 9시 사이에는 가족 전체를, 밤 시간대에는 성인들을 대상으로 한 광고가 많았다. 교사는 특히 오후 5시부터 7시 사이의 청소년 대상 광고들의 특징이 청소년이 좋아하는 모델, 음악, 말투 등을 쓰고 있다는 점에 유의하면서, 이는 광고는 보는 대상의 관심과 흥미에 맞추어 제작되기 때문이라는 점을 강조한다. 이를 통해 효과적인 광고 첫째 광고 대상의 관심과 흥미를 고려해야 한다는 점을 학생들과 함께 공유한다.

㉡ 광고에서는 인상적인 광고 문구와

㉢ 모델의 적절한 몸짓 및 표정이 중요하다.

학생들에게 기억에 남는 광고와, 그 이유는 무엇인지 질문한다. 교사는 광고 문구와, 재미있는 몸짓 및 표정, 음향 효과 등이 있는 광고 쪽으로 내용을 유도하여 정리한다. 학생들의 발표 내용을 몇 가지만 정리해 보면 PCS 018의 '바꾸지 마, 다쳐(닥치라구?)', 소피사이드개더의 '난 안심하고 잘 수 있어.', '난 좀더 잘래.', 제일제당의 기업광고 '제일 큰 회사보다는 제일 좋은 회사가 되겠습니다.' 등의 광고는 광고 문구 때문에, 안티프라민 S 광고는 모델이 보여 주는 우스꽝스러운 몸짓 때문에, 롯데리아의 라이스버거 광고는 '롯데리아, 라이스버거'라는 광고 문구와 함께 모델의 재미있는 몸짓과 표정 때문에, 기억에 남는다고 대답하였다.

이렇게 하여 효과적인 광고의 세 가지 조건, '첫째 광고 대상의 관심과 흥미를 고려한다. 둘째 적절한 광고 문구를 사용한다. 셋째 효과적인 몸짓과 표정을 사용한다.'를 함께 공유한다. 그리고 국제 광고대상 수

상작 몇 편을 함께 보면서 효과적인 광고의 실제를 살펴본다.

그리고 제작시 광고 윤리를 지키는 것도 잊지 않는다. 광고 윤리를 지키지 않은 광고, 즉 비방, 허위, 모방 광고 몇편을 보여 주고, 광고 제작을 할 때, 효과적인 광고를 만들기 위하여 광고 윤리에서 벗어나면 안 된다는 점을 주지시킨다.

②-2 광고 문안 작성 연습

이동 통신 광고를 모아놓은 비디오를 보여 주고 통신 회사별로 어떤 광고 문안을 쓰고 있으며 가장 인상적인 광고 문안은 무엇인지 함께 이야기해 본다. 실제로 아이들은 011의 '때와 장소를 가리지 않는다', '놓치고 싶지 않은 순간에는 잠시 꺼두서도 좋습니다.'란 광고 문구를 가장 많이 기억했으며, 019 광고는 문구보다는 아기의 '압바바바'란 말을 더 잘 기억하고 있었다. 그 이유는 019가 가족간의 사랑이라는 이미지 광고에 초점을 맞추었기 때문이다.

따라서 이 광고는 감동적이기는 하지만, 핸드폰 구매와 관련해서는 011이 훨씬 더 효과적임을 이야기하면서 광고 효과를 내는데에서 광고 문안이 차지하는 역할을 강조한다. 그리고 잡지나 신문에서 오린 광고 사진이나, 글자 없는 그림책을 보여 주고 모둠별로 광고 문안을 작성하고 발표시키면서 광고 문안 작성 연습을 함께 해 본다.

③ 3차시 : 광고 제작 전 토의 과정 (광고 제작 계획서, 콘티 작성)

우선 다른 학교 학생들의 광고와 콘티를 보고 평가면서 광고 창작의 김을 잡게 한다. 모둠별로 광고 제작 계획서와 콘티 작성을 하게 한다. 제작 계획서에는 어떤 내용을, 누구에게, 어떤 방법(만화나 사진, 인형극 등 다양한 매체를 사용할 수 있지만, 효과적으로 말하기 단원에서는 연극형식이 가장 적합하다)으로, 어떤 주제로, 어떤 광고 문구를 사용하여 광고할 것인지와 역할 분담 등의 내용을 작성한다.

콘티는 장면, 장면을 그림으로 그리고 그 장면에 쓰이는 음향 효과, 대사, 행동, 유의점 등을 작성한다. 이때, 광고는 주로 상품 광고보다는 공익 광고 제작에 초점을 맞추었다. 이유는 광고를 제작하면서 학생들이 현실을 보다 비판적으로 바라보고, 학생들의 사고방식이나 행동 양식 등에서 개선해야 할 점이나 좋지 않은 점 등을 다시 한 번 생각해 볼 수 있는 기회를 함께 제공하는 교육적인 효과 때문이다.

학생들은 대체로 학교 폭력 방지, 왕따 방지 등의 내용을 가장 많이 다루었으며, 공중전화 예절, 수재민을 돕자, 담임 선생님, 절약하는 생활 등 다양한 내용을 생활 주변에서 끌어냈다.

④ 4, 5차시 : 광고 발표 및 모둠별 평가

전체를 10개의 모둠으로 나누고, 5모둠씩 발표를 시켰으며 시간은 3분 이내로 제한했다. 이때 미리 캠코더로 찍어 온 광고를 보여 주는 것이 가장 효과적이다. 외모 때문에 건강을 해친 뒤 반성하는 한 여학생의 이야기, '외모보다 건강이 중요하다.'는 광고를 캠코더로 찍어온 모둠은 아이들의 몸짓 및 표정 연기와 대사, 광고 문구, 음향 효과 등이 뛰어났다. 특히 한창 건강보다 외모에 관심이 많을 여학생들을 대상으로 한 작품이어서 학생들의 마음을 움직이는 목적을 달성하는 데 매우 효과적인 공익 광고였다.

그러나 모두가 캠코더를 이용하는 것은 현실적으로 매우 어려운 일이므로 수업시간에 학생들이 직접 광고를 하고 평가하는 방법이 가장 무난하다. 평가의 기준은 '첫째 광고 대상의 흥미와 관심을 고려했는가, 둘째 적절한 광고 문구를 사용했는가, 셋째 적절한 몸짓과 표정을 사용했는가' 하는 효과적인 광고의 조건과 이를 전체적으로 평가할 수 있는 기준으로 넷째 전달하려는 내용이 잘 전달되었는가와, 마지막으로 광고 윤리를 지켰는가의 다섯 가지로 정하였다.

평가의 방법은 1모둠과 6모둠, 2모둠과 7모둠 이런 식으로 열개의 모둠을 짝을 지어 주어 발표 첫날은 1~5모둠이 발표하고 그 짝인 6~10모둠이 〈다른 모둠 평가지1〉에 각각 상호 평가를 하게 하고(둘째 날은 당연히 발표 모둠과 평가 모둠이 바뀐다), 발표한 모둠을 제외한 나머지 아홉 모둠은 〈다른 모둠 평가지 2〉에 평가 기준에 맞추어 점수를 주고, 발표한 모둠은 〈자기 모둠 평가지 3〉에 자기 모둠을 평가한다. 다섯 모둠씩 발표와 평가가 끝날 때마다 교사는 평가의 내용을 정리해 주면서 학생의 광고들 중에서 가장 효과적인 표현을 했던 광고를 골라 그 이유를 효과적인 말하기의 방법에 따라 설명해 주는 작업으로 수업을 마무리한다.

(3) 수업의 평가

말하기 단원은 자칫 교과서에 나와 있는 내용을 잠깐 설명하고 가볍게 지나칠 수 있는 단원이다. 그러나 아이들은 표현하고 싶어한다. 국어는 직접적으로는 언어라는 매개체를 통하여, 그리고 더 나아가 자신이 사용할 수 있는 모든 표현 수단(몸짓이나 표정, 기타 여러 매체)을 동원하여, 실생활에서 자신의 생각을 잘 표현할 수 있는 사람으로 성장하도록 지도하는 과목이다.

'말하기 단원'은 이런 점에서 가능한 아이들이 말하기에 흥미를 갖고 자신의 생각을 자유로이 펼치고 표현할 수 있는 시간이 되어야 한다. 광고를 이용한 말하기 수업은 우선 아이들이 흥미를 가지고 자기 표현을 할 수 있다는 점에서 장점이 있다. 게다가 짧은 시간에 전달하고자 하는 내용을 효과적으로 전달해야 했기 때문에 효과적인 표현 방법에 대한 연구를 스스로 할 수 있었다. 또한 광고 제작 처음부터 공익 광고에 초점을 맞추었기 때문에 아이들이 자신을 둘러싼 주변의 문제에 관심을 갖고 이를 주제화했다는 점에서 교육적이었다.

다만 캠코더로 미리 찍어오지 못하고 교실 현장에서 직접 광고를 한 경우, 다양한 매체를 효과적으로 사용하려는 아이들의 욕심과 연습의 부족 때문에 아이들이 예상한 것보다 완성도 있는 작품이 나오지 못한 경우가 많아, 아이들이 실망을 하기도 하였다. 교사가 더욱 시간과 열의를 갖고 캠코더로 한 모둠 한 모둠 광고를 미리 찍어 준다면 가장 이상적이겠지만, 현실적으로 가능하지 않다는 점이 아쉬움으로 남는다. 하지만 가장 현실적인 조건에서 가장 이상적인 수업을 하는 것이 교사의 능력이라면, 다양한 매체를 보다 효과적으로 사용하면서도 완성도 있는 작품을 제작하고, 그 가운데에서 보람과 재미를 느낄 수 있도록 교사는 끊임없이 노력해야 할 것이다.

(4) 관련 학습지 및 토의지

(1차시 – 수업 전개 계획서 / 2차시 – 광고론, 광고 문안 작성지 / 3차시 – 광고 제작 계획서, 콘티 / 4, 5차시 – 다른 모둠 평가지 1, 2 자기 모둠 평가지3)

〈사례 2〉 광고 이해와 창의력 교육

이 사례는 '삶이 있는 교실'에 게시된 것으로, 창의적 재량활동 시간에 실시되었으며, 광고를 만드는 과정을 통해 광고의 작동 방식을 이해하고 창의력을 계발하기 위한 자료이다.

광고, 우리도 할 수 있어요

어느 광고 비평가는 말합니다.

"내가 생각하는 광고는 소비를 유혹하는 '덫'이다. 광고 만들기란 생활 주변에 그 덫을 놓는 행위이다. 덫은 목표물이 자주 오가는 곳에 은밀하게 숨어 있을수록 좋다."

　그런데 우리나라 광고의 70~80%는 10대에서 20대 초반을 주 공략 대상으로 하고 있다고 합니다. 그러니까 아이들은 현재 우리나라 소비 문화의 총아로 자라고 있는 셈이지요. 우리 아이들의 주체적인 삶과 소비를 위해 광고에 대해 함께 연구해 볼 필요가 있습니다. 아이들에게 광고를 직접 만들어 보게 하면 광고가 어떤 방식으로 우리 삶의 도처에 '소비의 덫'을 매설해 놓고 있는지 이해할 수 있게 됩니다. 게다가 아이들은 반짝이는 아이디어와 고도의 창의력을 필요로 하는 광고 만들기 자체를 대단히 재미있어 하기도 합니다.

<표 1> 수업 진행 과정

광고, 우리도 할 수 있어요		
차시	교재 및 수업 자료	활 동
1차시	• 교재 : '100년 전의 광고들', '광고의 요소' • 자료 : 학생들이 각자 가져온 신문, 잡지의 광고	• 퀴즈 : 100년 전의 광고에서 '광고하는 제품' 알아맞히기 • 각자 가져온 신문, 잡지 광고에서 광고에 꼭 들어 가게 되는 내용 알아보고 발표하기
2차시	• 교재 '광고 이론 1'	• 광고 이론(헤드라인, 서브 헤드라인, 본문, 슬로건) 배우기 • 광고 기획사 차리기 : 모둠 구성, 이름짓기
3차시	• 교재 '광고 이론 2' • 광고 기획 1차 회의록	• 광고 만들기의 전체 진행 과정 배우기 • 제품 선정, 제품 이름 및 주 공략 대상 정하기
4~5차시	• 교재 '광고 만들기' • 광고 기획 2, 3차 회의록	• 광고 만들기(4절, 인쇄 매체용으로 작성) 카피 쓰기, 디자인하기
6차시	• 참고-광고 시사회 평가표	• 광고 시사회

　위의 사례에서 알 수 있듯이, 광고는 기존 교과의 내용을 효과적으로 학습하기 위한 수단으로 활용되기도 하고, 별개의 과정으로 진행되기도 하

고 있다. 2002년『광고일반』이라는 교과서가 처음 발간되었고, 최근에는
일부 특성화 고등 학교에서 광고를 독립적인 교과목으로 채택하고 있을
뿐 아니라, 광고 관련 학과를 설치한 고등 학교도 생기고 있다.

　이러한 현상은 광고가 현대 사회 생활에서 차지하는 비중과 중요성에
대한 인식이 증대하고 있음을 보여 주는 것으로, 광고를 교육적으로 활용

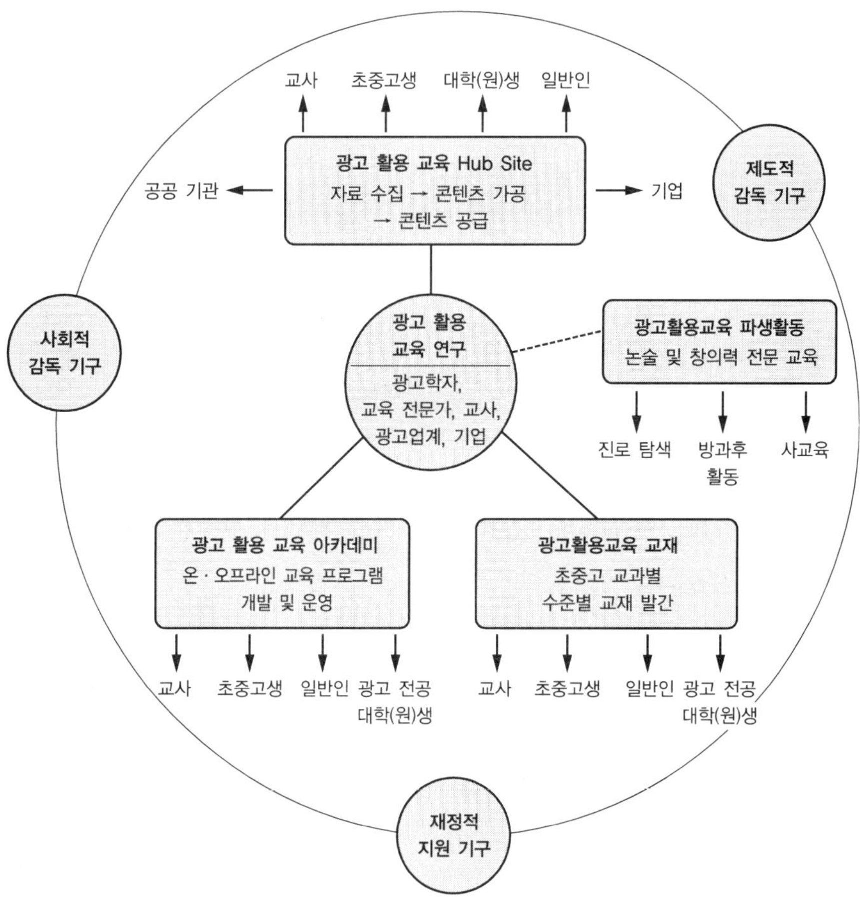

〈그림 1〉 광고 활용 교육 (AIE)의 실행 체계

※ 출처 : 광고활용교육의 이해, 2008, 차유철·이희복·신명희, 한국학술정보. p. 188

할 필요성 역시 점점 커질 것으로 보인다.

〈그림 1〉은 차유철 등(2008)이 광고 활용 교육의 바람직한 체계를 도식화한 것이다.

3. 광고는 스토리이다

2000년대 들어서면서부터 스토리텔링이라는 용어가 여러 분야에서 중요한 화두로 떠오르고 있다. 스토리텔링은 '스토리＋텔링' 혹은 '스토리＋텔＋링'의 구조로, '스토리를 이야기하는 행위'라고 한다. 우리말로 쉽게 '이야기하기'라고 할 수도 있으나 스토리텔링이라는 말이 하나의 용어로 정착이 되어 그대로 사용하고 있다.

스토리텔링의 기원에 대해서는 다양한 설이 있다. 인간이 커뮤니케이션을 하면서 스토리가 시작되었다고 한다면 그 기원은 인류 발생 시대로 넘어갈 수도 있다. 그러나 기록이 시작된 이후로 본다면 남미영(2002, 엄마가 어떻게 독서 지도를 할까, 대교출판)이 기원전 4,000년경 파피루스에 기록되어 있는 '마술사의 이야기'라는 이집트 민담에 기원을 두고 있다고 한 것이 그래도 근사할 것이다.

분명한 것은 스토리텔링이 최근 각광을 받는 주된 원인은 디지털 기술의 발달과 관계가 된 것이다. 따라서 현대의 스토리텔링이 기원은 브렌다 로렐(Brenda Laurel, 1986)의 박사 학위 논문인 〈Towards the Design of a Computer-based Interactive Fantasy System.(Ohio State University 1986)〉에서 인터랙티브 스토리텔링이 처음 언급된 것에서 찾을 수 있다.

그러나 스토리텔링에 대해서는 광고가 할 말이 아주 많다. 광고에서는 TV 광고의 내용을 설명하는 그림판을 '스토리보드(Story board)'라고 할 정도로, 스토리가 광고의 일반적인 표현 양식이라고 할 수 있다. 대부분의

TV 광고는 어떤 형태로든지 서사 구조, 즉 이야기 형식이 존재한다. 물론 인쇄 광고에도 스토리텔링을 활용하는 경우가 많다. 스토리는 반드시 언어로만 표현되는 것은 아니다.

〈그림 2〉 애로우 셔츠 "내 친구 조 홈즈는 말이 되었습니다"

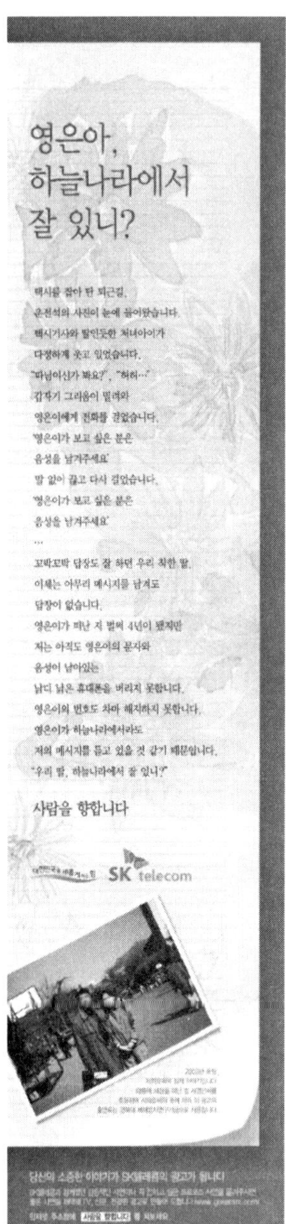

〈그림 3〉 SK텔레콤
'사람을 향합니다'

〈그림 2〉는 미국 광고 명예의 전당에 최초로 들어간 5명의 광고인 중 하나인 조지 그리빈(George Gribbin)이 카피를 쓴 광고이다. 이 광고의 내용은 셔츠의 칼라가 너무 목을 조여서 차라리 말이 되었으면 좋겠다고 생각했던 친구가 죽어서 정말로 말이 되었다는 이야기이다.

〈그림 3〉은 SK 텔레콤의 기업 광고인 '사람을 향합니다.' 캠페인 중 하나인데, 먼저 세상을 떠난 어린 딸을 그리워해서 휴대폰으로 종종 문자를 보내는 아빠의 이야기를 담고 있다.

〈그림 4〉는 카피 없이 비주얼만으로 구성된 광고지만, 영원한 소년인 피터팬도 담배를 피우면, 비주얼에서 보는 것처럼 팍삭 늙어 버리고 요정 팅커벨도 떠나 버린다는 이야기를 전하고 있다.

〈그림4〉 보건복지부 금연 캠페인 '늙어 버린 피터팬'

광고의 스토리텔링은 문학의 스토리텔링과는 달리 비주얼을 수반하는 경우가 많다는 점에서 영화나 연극의 스토리텔링과 유사하다. 인터넷 등과 같은 디지털 미디어를 활용할 수도 있고, 소비자의 의견을 반영할 수도 있다는 점에서 쌍방향적이고 다양한 선택이 가능한 디지털 스토리텔링 혹은 인터랙티브 스토리텔링이라고 할 수도 있다. 또한, 다양한 미디어를 동시에 활용하기도 한다는 점에서는 원 소스 멀티 유즈(OSMU, One Source Multi Use)의 대표적인 사례라고 할 수 있다. 즉 광고의 스토리텔링은 수용의 폭이 넓고 활용의 영역이 다양하다. 이러한 이유로 광고의 스토리텔링 기법과 활용은 오늘날 가장 주목을 받고 있으며 연구의 대상이 되고 있다.

4. 광고는 창의력이다

광고는 아이디어 산업이다. 광고 기획을 하는 과정에서 전략적인 아이디어가 필요하고, 광고물을 만드는 과정에서 문제 해결적인 아이디어가 필요하며, 그것을 집행하는 미디어를 선정하는 과정에서도 미디어 크리에이티브라고 하는 아이디어가 필요하다. 즉 광고를 배운다는 것, 광고를 활용한다는 것은 창의력을 배우고 활용하는 것이다.

우리나라 교육기본법 9조 3항은 '학교 교육은 학생의 창의력 계발 및 인성의 함양을 포함한 전인적 교육을 중시하여 이루어져야 한다.'고 명시하고 있다. 그러나 실제로 우리나라 학교 교육이 창의력 계발에 역점을 두고 있다는 이야기는 별로 듣지 못하였다.

광고가 오히려 그 역할을 대신할 수 있을 것이다. 학교 교육에서의 광고 활용, 문화 예술에서의 광고 활용은 창의력에 대한 배움이 부족한 우리에게 좋은 창의력 교육이 될 것이다.

〈참고 문헌〉

교육기본법, 1장. 2조, 9조.

리대룡 · 김재영 · 차유철, 『창의력을 키우는 광고수업 – 광고 길라잡이』, 한국광고단체연합회, 2005.

박철 · 광고 뒤집어보기, 〈내일신문〉, 2005.

이희복, 『광고를 활용한 미디어교육(AIE)』, 한국광고학회 가을학술대회 발표집, 2005.

이희복, 『광고활용미디어교육과 교과과정, 미디어교육과 교과과정』, 커뮤니케이션북스, 2006.

이희복 · 차유철 · 신명희, 『학교 광고활용교육 현황과 교사의 인식 연구』, 사회과학연구, 2008.

차유철 · 이희복 · 신명희, 『광고활용교육의 이해, 한국학술정보, 2008.

차유철 · 이희복 · 신명희, 『광고활용교육이 청소년의 광고 회의주의에 미치는 영향 연구』, 광고학연구, 2008.

Fox, Stephen, The Mirror Makers, 리대룡 · 차유철 역, 『광고 크리에이티브사』, 한경사, 1997.

Polykoff, Shirley, *Does She or Doesn't She? And How She Did It?*, Garden City, N.Y. pp. 28~29, 1975.

〈참고 사이트〉

cafe.daum.net/nalamal21c

cleanmedia.njoyschool.net

www.naramal.or.kr

www.tvcr.co.kr

미디어 문화와 사회

2009년 3월 10일 1판 1쇄
2010년 3월 30일 1판 2쇄

저 자 : (가나다순) 강준만,

권혁남, 김선남, 김승수, 김영호,
김은규, 나미수, 박영학, 윤승욱,
이영원, 장낙인, 차유철, 최용준

펴낸이 : 이정일

펴낸곳 : 도서출판 **일진사**
www.iljinsa.com

140-896 서울시 용산구 효창동 5-104
대표전화 : 704-1616, 팩스 : 715-3536
등록번호 : 제3-40호(1979.4.2)

값 15,000원

ISBN : 978-89-429-1095-3

* 이 책에 실린 글이나 사진은 문서에 의한 출판사의
동의 없이 무단 전재·복제를 금합니다.